거룩한 제국

거룩한 제국

아메리카·종교·국가주의

정태식

페이퍼로드

머리말

육체적 존재로서 개인이 지니는 문제는 '질병'이다. 질병이 극에 이를 때 죽음으로 연결된다. 한편 사회의 질병은 갈등이다. 갈등이 극에 이르면 폭력이나 전쟁으로 치닫는다. 상호 작용이 일어나는 미시 사회에서는 갈등 해결에 개인 간의 상호 주관성(inter-subjectivity)이 상당 부분 작동한다. 하지만 거시적 차원의 갈등 구조에서는 개인의 역할과 능력이 줄어든다. 구조적 갈등의 거시적 시스템은 개인의 손을 떠나 독립적으로 작동하기 때문이다.

인류가 만들어낸 문명, 즉 과학과 기술, 도덕과 윤리, 법률과 제도 등은 사회의 갈등을 제거하거나 줄이려는 노력의 결과였다. 그러나 반문명적인 행태 또한 여전히 존재해왔다. 폭력으로 갈등을 종식시키려는 시도이다. 폭력은 미시적 차원뿐만 아니라, 국가적 차원이나 국제적 차원에서도 행해진다. 베버가 말한 '폭력의 독점(monopoly of violence)' 주체인 국가가 존재하지만, 학교 폭력이 발생하고 조직폭력배도 생겨난다. 근대 역사에서도 혁명이나 쿠데타가 일어나기도 했고, 국제적 차원에서는 두 차례 세계대전이 발생하였다.

그런데 인류의 역사에서 가장 오랜 기간 동안 지속되어 왔고, 가장 해결하기 어려운 갈등 구조는 정치와 종교의 결합이 만들어낸 갈등 구조이다. 특히 정치와 종교가 연루된 갈등은 미시적 차원에서는 물론 거시적 차원에서는 더욱 해결하기가 힘들다. 최근 잔인한 테러로 전 세계를 위협하는 '이슬람 국가(IS)'나, 9/11 사태를 일으킨 알 카이다 조직, 그에 대한 보복의 일환으로 아프가니스탄 전쟁과 이라크 전쟁을 일으킨 미국의 전직 대통령 부시의 경우가 그 대표적인 예이다. 우리나라에서도 이명박 정권 시절, 기독교계 공직자들이 타 종교에 대한 배타적 태도와 정책 등으로 여러 가지 스캔들을 불러일으켰고, 그로 인해 종교간 갈등은 물론 사회 전체의 균열과 갈등을 가져오기도 하였다.

각 영역의 내재적 목적과 작동 원리에 따르면 성(聖)스러운 영역에 속하는 종교와 세속(俗)적인 영역에 속하는 정치는 서로 어울릴 수 없는 (unmusical) 관계다. 그러나 역사 속의 실재는 다르다. 정치와 종교의 역사는 긴장과 타협의 역사이다. 긴장 관계가 내재적 원칙에 바탕을 둔 것이라면, 타협은 현실적이다. 특히 국내 정치에서든, 국제 정치에서든 정치 세력의 이해관계와 맞물리게 되면 정치와 종교의 타협은 보다 빈번하게 이루어진다.

미국은 정치와 종교의 긴장과 타협이 가장 두드러지게 나타난 나라이다. 물론 긴장보다는 타협이 더 지배적이었고 때로는 타협이 동맹 관계로 치닫는 경우도 있었다. 예컨대 신대륙으로 처음 건너간 청교도들은 미국 국가 건설을 신이 부여한 '광야로의 심부름(errand into the wilderness)'으로 성화함으로써 정치와 종교를 융합하였다. 레이건과 부시(W. Bush)는 근본주의자들과의 동맹 관계를 통해 미국은 물론 세계를 선악의 대결구도로 설정하였다.

그러나 정치와 종교의 타협이 항상 부정적인 것은 아니다. 건설적으로 협조하는 관계로 발전할 수도 있다. 링컨은 흑인 노예 해방을 위해 종교의 힘을 빌리기도 하였고, 마틴 루터 킹 목사 등이 주도한 시민 인권 운동은 인종 차별에 대한 종교의 정치사회적 운동이었으며 험프리(Hubert H. Humphrey Jr.) 등의 정치인들도 이에 동조하고 참여하였다.

이 책에서 중점적으로 다루는 미국의 전직 대통령과 현직 대통령은 모두 종교와의 관계를 중요시하는 모습을 보였다. 그러나 둘 사이에는 차이가 있다. 조지 W. 부시가 '투쟁 모델'의 전형이라면 버락 오바마는 '담론 모델'의 전형이라 할 수 있다. 부시가 국내 정치는 물론 국제 정치에서 승리를 쟁취하기 위해 종교를 정치에 결합시켰다면, 오바마는 제3섹터인 시민사회 차원에서 갈등을 해결하기 위해 정치와 종교의 상보적이고 상호적인 관계를 형성했다고 할 수 있다.

왈리스(Jim Wallis)는 9/11 사태 이후 "부시 대통령은 세계에서 가장 강력하고 공격적인 힘을 행사하는 미국에 하느님을 추가하여 극적인 국면 전환을 가져왔다"*라고 비판하였다. 전쟁이나 무력행사를 선과 악의 갈등을 해소하기 위한 거룩한 종교 전쟁으로 승화시켰기 때문이다. 반면 오바마의 담론 모델 수용은 합리성의 한계를 넘어서기 위해, 인간의 세속적인 노력에 종교적 차원의 가치를 더하려고 한 것이다. 종교와의 공적 담론은 하버마스가 말하는 담론의 장(sphere of discourse)에 호세 카사노바가 말하는 종교의 공적 재등장(public resurgence of religion)이 이루어진 것이라 할 수 있다.

담론 모델이 빛나는 이유는 종교만이 가지는 절대적 가치에 그 배경을 두고 있기 때문이다. 여기서 말하는 절대적 가치는 숭배 대상인 신이나 종교 원리의 절대성도 아니고 종교 자체의 절대성, 또는 종교 가치의 절대성도 아니다. 그것은 보편주의, 보편 이익, 보편적 형제자매애 등이다. 세상의 모든 가치는 상대적이고 특수 이익을 추구하기에 개별적이

---

* "To this aggressive extension of American power in the world, President George W. Bush adds God and that changes the picture dramatically." 영화 *George W. Bush: Faith in the White House*(2004), Grizzly Adams Productions, Inc에서 인용.

다. 이 세상에서 절대적 가치를 내재적으로 가지고 있고 그 가치의 실현을 지향하는 유일한 주체는 종교밖에 없다. 물론 많은 종교가 개별주의적인 주술로 전락하고, 독점적이고 배타적인 집단으로 타락한 것도 사실이지만 말이다.

이 책의 제목과 부제가 나타내듯이 이 책의 핵심어는 아메리카, 종교, 국가주의, 그리고 제국이다. 미국의 다수를 차지하는 복음주의가 기독교 중심의 국가 패권주의를 국내는 물론 국제 사회에서도 전개하려 한다는 점에 방점이 있다. 이는 반근대적이고 반동적이라는 비판을 받는다. 차이를 추구하고 다름을 인정하는 비판 정신은 모더니즘의 상징이며, 특히 근대 문화는 지식을 향상하는 하나의 방법으로 의견의 불일치를 높이 평가한다. 그러나 단일한 의미 체계를 고집하는 기독교 국가주의는 자신들과 일치하지 않는 견해를 정치적 차원의 반역(treason)으로까지 몰아붙인다.

하지만 이러한 복음주의가 지지하는 국가 패권주의에 대한 대항 세력(counterforce) 또한 미국 사회에 존재한다. 이 책의 또 다른 축인 진보적 복음주의 운동이 그것이다. 이들은 복음주의에 대한 내적 성찰을 주저하지 않았다. 더 나아가 전투적이고 배타적이며 공격적인 종교 우익이 세계 패권주의적인 네오콘 중심의 정치 우익과 결탁한 것을 비판하며 나섰다. 그 결과 진보적 복음주의는 복음주의의 정치 참여에 대한 대중의 인식을 투쟁 모델에서 담론 모델로 바꾸게 하였다.

우리나라의 경우 종교와 정치의 결합으로 생겨난 갈등 구조는 이명박 정권의 퇴진 후 수면 아래로 가라앉은 상태이다. 그러나 남북 관계와 관련해 문제가 불거지거나 선거 등의 중요한 행사가 있을 때, 그리고 심각한 사회적 이슈가 생겨날 때 투쟁적이고 전투적이며 배타적인 종교 행태는 다시금 표면으로 부상할 것이다. 문제는 이들의 행태가 미국의 근본주의적 복음주의의 투쟁 모델을 답습하고 있다는 데 있다. 더 커다란 문제는 이들이 인간이 지니는 '차이나 다름에 대한 자연적인 공포(natural fear of difference)'를 활용하여 다른 사상이나 생각, 또는 다른 종교와의 공존을 거부하도록 대중을 호도한다는 데 있다.

한 가지 희망적인 것은 우리 사회에도 진보적 복음주의자들이 존재한다는 사실이다. 이들은 정치와 자본과 결탁한 한국의 기독교 행태에 대하여 내적 자기 성찰을 하는 동시에 정의와 평화 등 사회 문제에도 목소리를 높이고 있다. 아쉬운 점이 있다면 이들의 활동 영역이 종교 영역에만 머물러 있다는 것이다. 이제는 공적 담론의 장인 시민사회에도 적극 참여해야 할 것이다. 비종교적이지만 인간을 존중하는 휴머니즘의 세속적 가치와도 대화를 한다면 자신들의 뜻과 활동의 폭을 한층 넓힐 수 있을 것이다. 종교의 보편주의는 성속을 넘나들기 때문이다. 지식인이 학문의 연구에 있어서 객관성을 견지해야 하는 만큼, 종교인은 초월성과 보편성을 소중히 여겨야 할 것이다. 그렇게 되기를 바라는 것이 이 책의 작은 소망이다.

***

책을 쓰면서나 살아가면서 홀로걷기는 홀로서기만큼이나 어렵다는 것을 느낀다. 짐멜이 말하는 이방인이 지녀야할 '객관적 성찰(objective reflection)'과 '주관적 참여(subjective participation)' 사이의 균형을 잃을 수도 있고, 만하임이 말하는 '자유롭게 부유하는(free floating)' 사회적 무소속(socially unattached)으로서 지식인이 지니는 내공을 상실할 수도 있기 때문이다. 아슬아슬한 지적 여정에서 만난 길동무들이 있어 그래도 위로가 되었다. 그들에게 감사의 마음을 전하고 싶다.

버클리의 자유로운 PSR(Pacific School of Religion)과 고전 사회학의 메카인 뉴욕 뉴스쿨(The New School for Social Research)의 경험은 나의 지

적 자유의 최후의 보루가 되었다. 그곳에서 함께 공부한 동료들과 지적 영감을 준 교수들에게 감사를 드린다. 대구는 나의 고향이 아니다. 경북대 역시 나와 아무런 연고가 없다. 그렇지만 나를 받아주고 연구와 강의에 참여할 수 있게 배려해주었다. 여러 동료들과 교수들에게 감사한다. 특히 지원을 아끼지 않은 사회학과의 모든 선생님들에게 깊이 감사하며, 같이 공부한 학부생과 대학원생 들에게도 고마움을 전한다.

대구경북학회도 마찬가지다. 대구와 경북에 대한 열정이 없던 나를 따듯하게 맞아주고 임원 회의든 운영 회의든 모이는 곳마다 끼어들게 해 주었다. 함께 나눈 학문적 열정과 지적 내화의 즐거움에 감사하지 않을 수가 없다. 대구의 현대종교문화연구소의 세미나 또한 자유로운 종교 토론장을 마련해 주었기에 감사함을 표한다. 감사를 드릴 또 하나의 학회는 한국종교사회학회이다. 동료 회원들은 이 책의 기획부터 관심과 조언을 아끼지 않았고, 사회의 실재에 대한 해석의 촉수가 무뎌지지 않도록 경계하게 하였다.

이방인의 친구들 또한 이방인이다. 고향에 있음에도 외로운 정신적 이방인이다. 경북대 철학과의 임종진 교수와 허재훈 선생이 그들이다. 진정한 보수와 진보의 쌍곡선을 그리는 두 친구는 나로 하여금 힘겹지만 자유로운 줄타기를 주저하지 않게 해주었다. 부족한 글을 꼼꼼히 읽고 책의 제목을 정하는데 도움을 준 국문과의 이상옥 선생에게도 감사를 드린다.

마지막으로 기억해야 할 친구가 있다. 슬프게도 이 글을 마칠 즈음에 소천한 조현식이다. 고려대와 뉴스쿨에서 정치학을 전공한 그는 후배들에게서 천재라고 불린다. 그의 관심은 세계였다. 냉철한 시각과 깊고 넓은 지적 내공을 갖춘 그의 세계 인식은 객관적이고 가치중립적이었기에 만하임이 말하는 지식인의 초연함을 체화한 것이었다. 오랫동안 갈아왔던 그의 지적 칼날이 세상에 펼쳐질 때가 가까워졌다고 생각했는데 병마에 쓰러져 안타까울 뿐이다. 그러나 우리는 그와의 대화가 긴장감과 함께 유쾌하고 활력에 넘쳤음을 기억하고 있다. 이 책을 쓰면서 그에게 얻은 영감이 한두 개가 아니다. 이 책을 그의 영전에 바치고자 한다.

이 책 대부분은 미국 메릴랜드 MCPL(Montgomery County Public Library)의 데이비스(Davis) 도서관에서 썼다. 여름과 겨울 방학마다 매일 출근한 곳이다. 워싱턴 DC 근처의 작은 도시 락빌(Rockville)은 버클리와 뉴욕에 이어 또 다른 나의 머무는 곳이 되었다. 이따금 들르는 스미소니언박물관(Smithsonian Museum)의 모네, 르누아르 등의 인상파 그림처럼 너무 가까우면 볼 수 없기에 뒤로 물러나 바라보아야만 하는 곳이다.

나의 식구들도 이방인이기는 마찬가지이다. 태어난 곳도 서로 다르고 머무는 곳도 일정치 않다. 그렇지만 모두는 함께 하루하루를 즐겁게 지낸다. 아내와 딸과 아들에게 고마움을 전한다.

2015년 7월
데이비스 도서관에서

정태식 씀

차례

머리말 _005

서론 _015

제1부 | 복음주의의 역사 _035

제1장. 영국 청교도 혁명 _041
제2장. 복음주의와 미국: 신 이스라엘 건설 프로젝트 _055
제3장. 개신교 근본주의의 출현: 종교의 정치화 _065
1. 1차 세계대전과 모더니즘 논쟁 _067
2. 1970~80년대 근본주의와 정치 우익의 동맹 _074
3. 9/11 사태와 근본주의의 미국 패권주의와의 동맹 _081

제2부 | 부시의 테러와의 전쟁: 정치와 종교의 반동적 지형 변화 _089

제4장. 부시의 근본주의적 정책: 정치의 종교화 _097
1. 부시의 종교 체험 _099
2. 9/11 테러와 선악 대립 구도 재등장 _106
3. 선악 구도의 전통과 정치적 활용 _111
4. '공동체 종교'의 부활과 국가 비극의 치유 _117
5. 보복 전쟁을 통한 미국의 도덕성과 정치적 우월성 회복 _123
제5장. 아프가니스탄과 이라크와의 성전(聖戰) _129
1. 아프가니스탄 탈레반 정권에 대한 선제적 공격 _130
2. 악의 축 이라크 후세인 정권과의 종교전쟁 _138
3. '테러와의 전쟁'은 '의로운 전쟁'이었는가? _145

제3부 | 오바마의 종교 친화 정책과 보수 우익의 반격 _153

제6장. 오바마와 종교의 공적 담론으로의 초대 _159
1. 오바마의 복음주의 수용과 포용 _159
2. 오바마와 라인홀드 니버: 미국에 대한 성찰과 비판 _167

제7장. 오바마의 종교성 논란과 우파의 도전 _189
1. 오바마의 포스트모던적인 신앙 여정 _192
2. 오바마의 멘토 라이트 목사의 반미 발언 논쟁 _200
3. 티파티 운동과 정치·종교 우익의 도전 _213

제4부 | 진보적 복음주의의 정치 사회적 동력 _231

제8장. 복음주의의 사회 참여로의 성대한 복귀 _237
1. 신복음주의의 등장과 시카고 복음주의 선언 _240
2. 평화를 위한 오순절 행진과 복음주의 갱신 운동 _251
3. 진보적 복음주의의 사회적 부상과 민주당과의 제휴 _257

제9장. 미국 국가주의에 대한 진보적 복음주의의 도전 _267

결론 _281

※ 부록: 종교의 사회적 위치와 역할에 대한 이론적 고찰 _287
   A. 종교와 정치-경제의 긴장과 타협 _287
   B. 현대 사회에서의 종교의 사회적 위치와 역할 _295
     1. 종교와 세속화 논쟁: 분화론과 사유화론 _297
     2. 종교의 공적 재등장과 탈사유화 _301

주(註) _309
참고문헌 _330

서론

1

미국은 제국이다. 이는 이데올로기적인 판단이 아니다. 사전적이며 가치중립적 정의에 따른 제국(empire)은 여러 나라와 다양한 민족 집단으로 구성된 방대한 영토를 지닌 정치 단위로 단일한 최고 권력기관에 의해 지배되는 국가를 의미한다.[1] 그러나 현실적으로는 다른 나라에 대한 정치적, 경제적, 문화적 영향력을 지배적으로 행사하고 있는 국가가 바로 제국이다. 세계에 대한 미국의 정치적 영향력은 기본적으로 군사력에 있다. 경제적 영향력은 자본주의 시장 경제에 있고, 문화적 영향력은 첨단 지식과 과학 기술, 그리고 영화, 음악 등의 대중문화에 있다. 그런데 이 모든 영향력의 중심은 경제에 있다. 군수산업, 지식, 그리고 대중문화 등은 정치 논리나 지적이고 심미적인 논리보다는 경제 논리에 더 무게를 둔다. 미국의 경제 논리는 신자유주의의 세계화에 바탕을 둔다. 그것은 제조업에 대한 의존보다는 전 세계를 무대로 한 자본 시장의 활성화에 주력한다. 과거의 제국들이 '영토 식민지화'를 꾀했다면 이제 강대국들은 '자본 식민지화'를 통해 경제 약소국들에 대한 '자본 침략'을 도모한다.

미국의 군사력은 명목상으로나 실질적으로나 미국의 국가 정체성과 밀접하게 연관된다. 제국은 구성원들을 한데 묶을 수 있는 단일한 민족 정체성을 가지고 있지 않다. 문화적 동질성도 별로 없고, 있다면 소비 중심 문화를 꼽을 수 있을 것이다. 미국의 용광로(melting pot)로 녹아드는 것은 주로 소비문화이다. 그러나 소비의 주체와 단위가 개인이라는 의미에서 소비문화는 집단적 동질성을 만들어 주지 못한다.

다양한 문화와 인종의 제국을 하나로 묶어주는 것은 도덕과 윤리, 또는 법률이 될 수 있다. 그러나 미국이라는 국가 차원의 동질성은 다른 나라와의 경쟁을 통해서도 이루어진다. 경쟁에는 우호적인 경쟁도 있지만 적대적인 경쟁도 있다. 예컨대 올림픽 경기를 통한 경쟁이 전자라면 후자는 적과의 전쟁을 말한다. 실제로 미국은 소련과의 냉전으로 20세기를 보냈다. 소련을 악의 제국이라 호명할 정도의 극도의 적대감이 미국을 하나로 묶어주었다.

미국의 경제를 지탱해주는 중추 산업은 첨단과학을 바탕으로 하는 군수산업이다. 군수산업의 존재는 미국이 항상 잠재적 적을 지니고 있음을 말해준다. 냉전이 종식되었지만 미국은 지구촌의 크고 작은 많은 전쟁에 직접 참여하거나 관여하였다. 따라서 미국은 전쟁으로 먹고 사는 나라가 되었다. 생산품이 소비되어야 공장이 돌아간다. 군수 제품 또한 전쟁이 있어야 소비된다. 카터가 대통령이 되자 미국의 군수산업은 상당히 침체되었고 이후 등장한 레이건이 이를 다시 살려놓았다. 레이건은 미국을 부강한 국가의 선상에 다시 올려놓은 대통령으로 칭송이 자자하다. 휴머니즘과 인권 회복 운동을 전개하고 있는 카터는 인간적으로는 존중을 받지만 정치적으로는 레이건에 미치지 못하다는 평가를 받는다.

미국은 태생부터 적을 필요로 하는 나라였다. 1776년의 미국 독립은 적인 영국으로부터 자유를 쟁취한 것이었다. 미국이 가장 숭고하게 여기는 가치는 자유이고, 미국 애국주의(American patriotism)의 궁극적 목표는 자유를 지키는 데 있다. 문제는 자유(freedom, liberty)가 절대적 가치가 아니라 상대적 가치라는 데 있다. 자유가 빛이 나기 위해서는 상대적 개념인 억압이 있어야 한다. 자유는 억압과의 의존적 관계에 의해 존재론적인 의미를 지닌다. 따라서 자유에는 항상 '— 로부터'가 따른다(free from, liberate from). 영국으로부터 쟁취한 자유가 그렇다.

선의의 경쟁 관계이든 적대적 관계이든, 항상 경쟁 상대나 적을 필요로 하는 미국은 군수산업이 주는 경제적 혜택의 유혹을 떨쳐버리지 못하고 계속해서 전쟁이 필요하게 되었다. 그러나 전쟁의 경우 승자와 패자의 관계에서 보복의 악순환이 반복되지 않게 하려면 승자에게는 승리의 정당성이 부여되어야 하고 패자에게는 패배에 대한 위로가 뒤따라야 할 것이다. 그러나 문제는 전쟁이 한번으로 끝나서는 안 된다는 데에 있다. 군수산업이 계속 유지되어야하기 때문이다. 따라서 제국으로서의 미국은 세계 곳곳에 경쟁 상대나 적을 둘 필요가 있다. 때론 잠재적일지라도 말이다. 냉전에서 미국이 승리한 것은 소련을 잠재적인 적으로 설정하고 고도의 첨단과학을 군수산업에 끌어들였기 때문이다.

미국 경제의 핵심인 군수산업을 유지하기 위해서 미국은 끊임없이 적을 필요로 할 것이다. 경쟁 상대만으로는 부족하다. 올림픽에서의 승리는 심리적 만족감만을 준다. 물론 그것도 미국인의 동질감을 불러일으키기에 충분하지만 일시적일 뿐이다. 그러나 지속적인 동질감을 만들어 주는 것은 잠재적 적의 지속 가능성이다. 싸우고 있지는 않지만 싸울 적이 있다는 것 자체가 미국의 애국주의를 유지해준다. 두려움은 애국주의를 영속시키기 때문이다.

그렇다면 누가 적이 될 것인가. 적은 경쟁 상대의 차원을 넘어선다. 만하임이 말하는 부분적 이데올로기 차원이 아닌, 전체적 이데올로기 차원의 경쟁 상대로 설정될 때 상대는 적이 된다. 적은 공존할 수 없는 존재로 제거의 대상이다. 누가 적이 되는가를 결정하기 위해서는 어떻게 적을 만들 것인가가 필요하다. 물론 9/11 사태처럼 치명적인 물리적 침공을 받았을 때에는 주저 없이 상대는 적으로 간주된다. 그러나 잠재적 적을 설정하기 위해서는 적으로서의 의미 형성과 자격 부여가 필요하다. 그런데 냉전이 종식되면서 이데올로기 또한 종말을 고했다. 전체적 이네올로기 차원에서 소련과 경쟁하였지만 막판에 레이건은 소련을 악의 제국(empire of evil)으로 명명하였다. 이는 적의 의미가 이데올로기보다 더 높은 차원으로 상승되었다는 것을 의미한다. 그것은 종교적 차원으로, 여기서는 상대가 적이 아니라 악, 또는 악마이다. 그러면서 미국은 선의 중심축이 되고 불량국가들은 '악의 축(axial of evil)'이 된다.

지구촌 차원에서 제국으로서 존재하기 위해서 미국은 늘 '적대적 의존 관계(antagonistic interdependence)'를 필요로 하는 나라가 되었다. 이데올로기의 종말은 문명의 출동을 통해 새로운 적대적 의존 관계를 형성하였고, 이때 충돌하는 문명의 중심체는 종교이다. 따라서 미국이 벌이는 전쟁의 상당수는 종교 전쟁으로 승화되었다. 특히 부시의 정권이 치른 전쟁이 그러했다.

2

미국은 지구상에서 가장 세속적인 나라이기도 하지만 가장 종교적인 나라이다. 지극한 성스러움과 극도의 속됨이 공존한다. 사회의 세속화로 인해 유럽에서는 종교가 상당 부분 쇠퇴하였지만, 미국에서는 종교가 여전히 건재하다. 또한 미국은 베버가 말하는 정치, 경제, 지식, 예술, 성(性) 등의 문화 영역이 각기 내적 운영 방침에 따라 본래의 세속적 목적을 가장 잘 달성한 나라이다. 물론 이들 세속 영역과 종교 사이의 갈등이 없지는 않았다. 그러나 이들 사이의 관계는 전반적으로 갈등보다는 조화에 더 무게가 실린 것이었다.

역사적으로 볼 때 미국에서 성과 속 사이에 벌어지는 갈등의 주체는 남침례교(Southern Baptist Convention) 등의 보수적인 교단이었다. 반면 주류 개신교는 모더니즘이나 근대의 합리적인 지적 전통과 조화를 이루어왔다. 신학적으로 전자는 성서에 대한 문자주의를 고집하는 한편, 천년왕국설2 등의 복음주의 신학을 발전시켰고, 후자는 성서 고등 비판(higher criticism) 등의 자유주의 신학을 발전시켰다.

문제는 근대 사회의 지배 체제인 관료주의 국가 체제와 자본주의 시장 경제 체제가 미국에서 가장 성공적으로 발전하였으며, 그 결과 미국은 세계를 지배할 정도로 강력한 힘을 가지게 되었다는 데 있다. 타의 추종을 불허하는 미국의 군사력과 경제력은 제국의 규모와 형태를 띠게 되었고, 국가주의와 경제적 패권주의를 위한 이데올로기나 의미 체계를 필요로 하게 되었다.

더 큰 문제는 세계 경찰을 자처하고 세계 경제를 주도하는 미국이 자천타천 가지게 된 세계 패권주의를 종교가 지지하고 정당화하고 나섰다는 데 있다. 물론 미국은 베버가 말하는 청교도주의와 자본주의의 선택적 친화에 따른 시장 경제를 가장 잘 발전시킨 나라이다. 그러나 시장 경제는 미국을 넘어 세계적 차원으로 확산되면서 세계 패권주의로 확대되었다. 자본주의가 지니는 내재적 추동의 결과 미국의 자본주의는 원심력을 스스로 제어할 수 없을 정도가 되었다. 따라서 미국은 국가주의, 특히 제국주의의 운명에 처하게 되었다. 제국주의가 지니는 패권주의적 속성은 많은 적을 필요로 하고, 또한 많은 적을 만들어 낸다. 결국 미국은 과거 로마가 정치적 보편주의를 의미 체계 차원의 보편주의로 확대하기 위해 기독교를 로마 제국의 종교로 세웠던 것처럼, 세계 패권주의적인 신학을 주장하는 개신교 종파의 유혹을 뿌리치기 힘들게 되었다. 실제로 미국의 역사에서는 기독교 공동체를 전 지구적 차원에서 완성해야 하며 그 주체는 미국이 되어야 한다는 '지배주의'와 '재구성주의'에 바탕을 둔 신학이 등장하였다. 그리고 부시 정권은 이 신학의 의미 체계를 실질적으로 국제 정치에 적용하기도 하였다.

베버는 현대 사회의 세속적 문화 영역 중에서 정치와 경제 영역이 가장 지배적이라고 말한다. 실제로 미국은 이 두 영역에서 세계를 지배하고 있지 않는가. 그렇다면 미국에서 성과 속이 가장 잘 조합을 이룬다는 것은 종교가 이들 세속 영역과 잘 어우러진다는 것을 말해 주는 것이다. 동시에 이것은 세계를 지배하는 미국의 정치력과 경제력이 종교에 의해 지지되고 뒷받침되며 정당화된다는 것을 의미하는 것이 아닐 수 없다. 실제로 미국 기독교 국가주의는 정치적으로는 미국의 군사 패권주의를 강력하게 지지하고 있고, 경제적으로는 개인적 차원에서의 사유 재산의 극대화(extreme enlargement of private property)와 사회 구조적 차원에서의 산업 자본과 금융 자본의 활성화를 적극 지지하고 있다. 신에게 선택받은 나라인 미국을 옹호하는 국가주의자들은 '교회와 국가의 분리'라는 원칙은 하나의 신화에 지나지 않기에 폐기되어야 하고, 경제적 풍요는 신으로부터의 축복이기에 그 결과로 극대화된 사유 재산의 보호는 신의 은총을 보존하는 일과 같다고 여긴다.

그러나 미국이 받았다는 신의 은총은 표면적인 화려함과 강대함에도 불구하고 그 이면에는 인종주의, 군사주의, 경제적 제국주의, 도덕적 권위주의 등이 자리하고 있다. 또한 이들을 받쳐주는 것은 지극히 세속적인 자유론자들(libertarians)과 지극한 신앙을 강조하는 근본주의적인 복음주의자들이다. 이들은 정치 우익과 종교 우익으로 자리매김하면서 각각 세속 영역과 성스러운 영역을 대표한다. 이들은 본질적으로 조화

될 수 없는 관계를 지닌다. 그러나 역사 속에서 이 두 영역은 서로 자주 손을 내밀고 잡아주었다. 특히 미국의 국가주의와 경제패권주의가 대내외적으로 위기에 처할 경우 종교 우익과 지배적 세속 영역의 동맹은 더욱 빛을 발하고는 한다.

3

인간이 지닌 오욕(五慾)은 자연적 욕구와 사회적 욕구로 분리할 수 있다. 식욕, 성욕, 수면욕이 자연적 욕구(natural desire)라고 한다면, 명예욕과 물욕은 다른 사람과 구별되고자 하는 한편 다른 사람으로부터 차별당하지 않으려는 사회적 욕구(social desire)라 할 수 있다. 재물은 단지 사용 가치(use value)만을 가지는 것이 아니라 사회적 가치(social value), 즉 인간의 사회적 욕구를 만족시켜주는 가치를 지니기도 한다. 근대의 사회 계층화를 표현하는 계급(class)은 기본적으로 물질 소유의 차이를 전제로 하며 전근대 사회에서 인격적인 차이를 전제로 하는 신분(status)과 구별된다. 그러나 계급과 신분의 분리는 추상적인 이념형(ideal type) 차원에서만 가능하고 실제에서는 계급과 신분이 복합적으로 나타난다. 따라서 특히 현대 사회에서는 재물의 소유가 삶의 편리함을 제고시켜주는 한편, 사회적 신분과 지위의 상승을 수반하는 인격 평가 기준으로 여겨지기도 한다.

여기에 자본주의의 문제가 도사리고 있다. 사유 재산의 극대화를 꾀하는 현대인들은 재물의 소유 정도에 따라 인격이 부여되고 인격의 차이를 느끼게 되기 때문이다. 갑과 을의 관계는 계약 관계를 넘어 인격적 차등 관계를 수반한다. 알랭 드 보통(Alain De Botton)의 저서 『불안』은 원제가 『신분 불안(Status Anxiety)』이다. 과거 봉건 신분제 사회에서는 낮은 신분의 사람들이 주어진 신분을 의식적으로 저항감 없이 수용하였기에 신분의 차이에서 오는 인격의 차이에 대하여 불만이 없었다.

신분 질서에 대한 의미 체계를 종교가 제공하였고 대중은 의식적 차원에서 이를 적극 수용했기 때문이다. 그러나 "모든 인간은 평등하다"라는 근대적 가치를 절대적 원칙으로 이해하는 현대인들은 인격적 불평등이 여전히 실재하고 있음을 인식할 뿐만 아니라, 불평등의 실재를 겪으면서 당위와 현실의 모순을 경험한다. 따라서 의식의 분열을 겪는 현대인들은 신분적 불안을 강하게 느끼지 않을 수 없게 된다.

그러나 자본주의는 사유 재산의 극대화를 꾀하는 현대인의 삶에 자극을 주고 동기를 유발한다. 베버가 말하는 개신교 윤리는 그 철저한 현세적 금욕주의를 바탕으로 인간을 끊임없이 돈을 벌도록 유도함으로써 자본주의 시장 경제 제도를 창출해내는 데 일조하였다.

하지만 자본주의는 또 다른 방식의 인간 불평등을 야기하였고 새로운, 그러나 보다 강화된 지배와 피지배의 관계를 낳았을 뿐이다. 자본주의의 내재적 속성이면서 끊임없이 지향하고 추구해야 할 것은 자본의 축적이다. "자본은 그 수의 합보다 힘이 세다"라는 논리에 따라 자본은 무한대로 축적되어야 하는 숙명을 지닌다. 그런데 이 자본 축적을 위한 가장 좋은 방법은 노동력 착취에 있다. 결국 마르크스와 엥겔스는 인간의 사회적 소외의 주범이 사유 재산제에 있다고 보면서 사회주의 혁명을 통한 사유 재산의 철폐를 주장하였다. 하지만 거의 1세기 동안 지속된 사회주의 체제는 몰락하고 말았다. 여러 이유가 있겠지만 정치와 경제 행위의 단일 주체인 관료주의로 인해 생긴 생산 동기 유발의 부재가 생산성의 하락을 가져왔기 때문이다. 사유 재산을 극대화 하고자 하는, 그래서 인간의 사회적 욕구를 마음껏 펼치고자 하는 자본주의 시스템의 동력을 동일한 재화의 사용 가치를 모든 이에게 평등하게 제공하고자 했던 사회주의 시스템은 지니지 못했던 것이다.

인간의 욕구는 이처럼 생산의 원동력이 될 수가 있다. 그러나 동시에 마성(魔性)을 지니기도 한다. 마르크스가 염려한 것도 바로 자본주의 시장 경제가 지닌 마성 때문일 것이다. 끊임없는 자본의 축적은 인간을 옆은 물론 뒤도 돌아보지 않고 쉬지 않고 앞으로 나아가게 만든다. 동시에 사회구성원들로 하여금 홉스가 말하는 '만인에 대한 만인의 투쟁(struggle of all against all)'에 몰두하게 한다. 사회 구조 또한 자본주의에 적합한 구조로 만들어지고 인간들은 그 주어진 구조 안에서 자신의 이득 추구를 위해 전력을 다한다. 베버가 말하는 탈인격적이고 몰가치적이며 몰규범적인 목적합리성의 하위 체계인 자본주의 시장 경제와 관료주의 국가 체제가 현대 사회 구조의 중심이 된다.

인간 욕구의 무한한 확대는 무한 경쟁을 유도하고 인간들로 하여금 탈인격적인 구조에서 건조한 의식을 가지고 살게 한다. 베버가 말하는 '혼이 없는 전문가(specialists without spirit)'와 '가슴이 없는 관능주의자(sensualists without heart)'들만이 판을 치고, '의미의 상실과 자유의 상실(loss of meaning and freedom)'만이 있을 뿐이다. 고삐 풀린 자본주의의 탈인격적인 질주는 비인간화를 수반한다. 베버는 이를 '천민자본주의'라 칭하였는데 영어로 말하면 반유대주의(anti-Semitism)를 함축하는 유대인 자본주의(Jewish capitalism)가 된다. 아마도 셰익스피어의 『베니스 상인』에 나오는 유대인 고리대금업자 샤일록을 염두에 두었을 것이다. 그러나 천민자본주의는 금융 자본이 산업 자본을 지배하게 되면서 지극한 부도덕의 경지에 이른다. 농업 중심의 전통 사회에서는 토지 자본이 힘을 지녔고, 산업 사회에서는 산업 자본이 중심을 이루었으며, 금융 자본은 산업 자본의 조력자 역할을 하였을 뿐이었다. 그러나 오늘날은 베블런(Thorstein Veblen)의 말처럼 산업 자본에 기생하던 금융 자본이 독립하여 막강한 힘을 갖는 것은 물론, 산업 자본을 좌우지하기에 이를 정도로 규모 또한 거대해졌다. 이른바 '돈 놓고 돈 먹기'로, 베블런이 말하는 '아무것도 하지 않고 무엇인가를 얻는(get something for nothing)' 식의 현대 경제의 핵심이 되었다. 문제는 파생 상품의 경우처럼, 실제적인 재화의 생산과 아무 관련이 없는 거래가 거듭되는 이 금융 시장에서는 모두가 성공할 수가 없다는 데 있다. 예컨대 주식 시장에서는 버는 자와 잃는 자가 반드시 생기게 마련이다. 돈이 돈을 벌고 이유나 근거 없이 남의 돈을 먹는 행위가 제도의 이름 하에서 버젓이 행해지고 있는 것이 오늘날 자본주의 시장 경제의 실제 모습이다.

이제 인간은 자본주의 시스템의 철장(iron cage)에 갇힌 포로 신세가 되고 말았다. 여러 가지 해결책이 제시되었다. 첫 번째로 자본주의의 마성을 통제하고 조정하는 정책이 사회 민주주의의 이름으로 서유럽에서 제도적 장치로서 마련되었다. 소위 말하는 사회 복지 제도로 기업과 고소득자들로 하여금 높은 소득세를 내게 해서 노동자와 서민의 복지에 힘쓰는 제도이다. 문제는 서유럽에서의 사회 민주주의가 자본주의 사회의 내적 발전 동기에 의해서 시작된 것이 아니라 러시아의 사회주의 혁명에 대한 두려움에서 시작되었다는 데 있다. 그러나 이제는 제2세계로 대표되던 소련과 동구의 사회주의 국가들이 몰락함으로써 자본주의는 두려워 할, 또는 싸울 상대가 없어졌기에 내재적 운영 원리를 제어 없이 작동할 것이다.

또 다른 문제는 신자유주의의 이름으로 철저히 자유 시장 경제의 실천에만 매진하는 미국에 비해 사회 복지 제도를 전면 실시한 유럽의 나라들은 상대적으로 시장 경제의 경쟁력이 뒤떨어진다는 데 있다. 경제 문제가 자국의 문제로만 그치지 않고 지구촌으로 확대되었기 때문이다. 극심한 양극화를 그대로 둔 채 사회 복지 제도 수용을 거부하는 미국의 자본주의 시스템은 여타의 나라들이 경쟁해서 이길 수가 없는 정도로 강력해졌다. 복지 정책 실시 정도에 반비례하는 국가 경쟁력은 우리나라의 문제이기도 하다. 복지 정책 강화를 위해서는 기업에 대한 증세를 해야 하는데 그럴 경우 우리 기업들이 국제 경쟁력에서 뒤처질 것이라는 논리가 지배적이다.

두 번째 해결책은 자본주의적 동기에 대한 문화적 통제이다. 경쟁 구조에서 모두가 개인의 이해관계를 위해 갈등하고 투쟁하지만 도덕과 윤리 등의 문화가 우리의 의식을 통제할 수 있다는 논리이다. 법적 통제나 조정이 아닌 의식의 조정으로, 비록 우리가 투쟁의 한 가운데 서 있지만 인간적인 모습을 잃지 않고 강상의 윤리를 지키게 할 수가 있다는 것이다. 이러한 의식 훈련 역할의 대부분은 종교가 행해왔다.

문제는 종교가 더 이상 현대인의 의식을 지배하지 못하고 있다는 데 있다. 현대인의 의식을 지배하는 것은 자본주의 경제 체제의 경제 논리와 관료주의 국가 체제의 정치 논리이다. 물론 개인적 차원에서는 모두가 도덕적 인간이다. 하지만 니버가 말하는 비도덕적 사회에서는, 즉 사회적 차원에서는 사람과 사람의 관계가 부버가 말하는 나와 그것(I and it)의 관계로 치닫는다. 이는 현대인 개개인은 남에 대한 지배를 목적으로 하는 정치 논리와 남의 주머니를 노리거나 최소 비용으로 최대 효과를 얻고자 하는 시장 논리를 내재화하고 있음을 의미한다. 사유 재산을 통한 물욕과 지배를 통한 명예욕을 추구하는 인간의 마성을 자본주의 시장 경제와 관료주의 정치 체제의 사회제도가 촉구하고 정당화해주고 있는 것이다.

사실 인간의 마성을 의식적 차원에서 통제하는 것이 고등 종교 출현의 본질적인 목적이라고 할 수 있다. 물론 종교가 대상으로 하는 궁극적 단위는 개인이다. 태어나서 죽는 것은 개인이기 때문에 대부분의 종교는 인간 사후의 불확실성 문제의 의미적 해결에 주력한다. 그러나 종교는 사람들로 하여금 살아 있는 동안 다른 사람들과 잘 지내기를 권고한다. 고등 종교가 지니는 보편주의란 지극한 경우 보편적인 형제자매애(universal brotherhood and sisterhood)를 지향하는 것이다. 이 보편애의 근거로 인간의 한계에 대한 고백의 강조를 들 수 있다. 인간은 시공간적으로 제한된 존재(finite or limited being)이다. 이 제한성은 극복의 대상이 아니라 인정해야 하는 대상이 되어야 한다. 그러나 이 제한성을 극복하고자 할 때 인간의 마성이 드러나게 된다. 한계를 극복할 수 있는 장은 현세이고, 극복의 표현은 세속적인 성공 그 이상도 이하도 아니며, 대부분의 세속적인 성공은 다른 사람과의 경쟁을 전제로 한다. 따라서 인간의 마성이 극으로 치달을 때 그 정복의 대상은 다른 사람들이 된다. 경제적 부의 축적을 통한 성공과 정치적 출세는 타인들의 빈곤을 야기하고 타인들의 인격적 종속을 수반하기 때문이다.

고등 종교의 보편애는 수직적으로는 신 또는 절대 원리와의 관계를 지향하지만 신과의 관계는 관념적인 차원에서 회자될 뿐이고 현세에서는 다른 사람과의 수평적인 관계를 전제로 한다. 경천애인(敬天愛人)의 의미가 추상적인 차원에 머물지 않기 위해서는 "사람을 섬기는 것이 하늘을 섬기는 것이다(Serving God by serving others)"라고 해석되어야 할 것이다.

한편, 그리스 비극의 주인공들은 인간의 유한성을 무한성으로 바꾸려는 시도를 하였기에 비극적인 종말을 맞게 된다. 이를 고대 그리스에서는 오만(hubris)이라 칭하였고 중세 가톨릭에서는 인간의 '죽을 수밖에 없는 일곱 가지 죄(seven mortal sins)' 중에서 가장 커다란 죄인 '교만(pride)'으로 간주하였다. 교만한 행위의 궁극적 대상은 신이지만 그것 또한 관념적인 차원의 이야기이고, 결국은 타인에 대한 지배와 압도를 신의 수준에까지 끌어 올리는 현세에서의 행위로 표현되는 것이 바로 교만의 존재론적인 의미이다.

시공간적으로 유한하고 제한된 존재가 스스로를 무한한 존재로 여길 때 인간의 오만함이 드러나고, 여타의 사람들이 한 인간을 절대화할 때 소위 기독교에서 말하는 우상이 세워진다. 반면 제한성이라는 인간의 한계를 고백할 때 우리는 타인의 한계도 인정하고 더불어 살아갈 수 있게 된다. 이러한 가치를 보편적인 것으로 수용하는 것이 고등 종교이다.

따라서 종교는 적어도 그 본질적인 원리에서는 도덕과 가치 문화의 결정체라 할 수 있다.

그러나 오늘날 종교는 인간 한계에 대한 고백에 따른 보편애를 강조하기보다는 시장 논리와 정치 논리를 제도로서의 종교의 운영에 한껏 적용하는 것은 물론, 시장 논리와 정치 논리에 젖은 현대인들의 주술적 욕구에 맞장구를 치는 형국을 보인다. 일찍이 베버는 자본주의가 인류 역사 초유의 문명 성취를 뽐내고 있을 뿐이라 하였고, 신학자 틸리히(Paul Tillich)는 자본주의가 교만의 차원에 이르렀음을 경계하기도 하였다. 기독교 사회 윤리학자인 니버는 민주주의 정치체제의 화신을 자칭하며 우월감에 빠져있는 미국의 오만함을 꾸짖었다. 하지만 더 커다란 문제는 종교가 스스로 시장 논리와 정치 논리에 함몰되어 있다는 데 있다. 종교는 비인간화된 시스템과 제도를 도덕적으로 경계하고 통제할 수 있는 문화의 최후 보루이기 때문이다.

이러한 정치, 경제 시스템과 종교의 융합을 가장 잘 드러낸 것은 미국 복음주의이다. 미국의 종교는 미국 국가주의와 손을 잡고 있고, 특히 복음주의는 보다 전투적이고 공격적인 세계 패권주의를 정치적 차원에서는 물론 경제적 차원에서도 지지하고 있다. 이는 베버는 물론 마르크스도 인정한 '문화의 상대적 독립성'을 종교가 스스로 훼손하는 것이 아닐 수 없다. 종교와 정치가 결합하면서 종교는 정치적 차원의 이데올로기로 추락하고, 정치는 종교적 차원의 가치 수호자로 승화된다. 초월적이고 보편적인 종교의 가치가 국가 패권주의라는 개별주의적인 세속적 가치로 추락하고, 정치는 신의 역할을 대신하는 구원 귀족(salvation aristocracies)의 고상함으로 포장하게 된다. 9/11 사태를 겪으면서 부시와 함께 미국의 근본주의적 복음주의자들은 종교의 정치화와 정치의 종교화, 즉 종교의 이데올로기적 차원으로의 전락과 정치의 종교적 차원으로의 승화에 일조하였다.

4

 이 책의 집필 의도는 최근 미국에서 종교 우익(religious right)에 대한 비판과 함께 등장한 '진보적 복음주의(progressive evangelicalism)'의 종교 내용3과 정치 사회적 활동, 그리고 이에 따른 정치와 종교의 관계 변화를 추적하는 데 있다. 구체적으로는 종교와 정치에 대한 새로운 이론 테제인 '종교의 공적 재등장(public resurgence of religion)'이라는 넓은 이론적 맥락4 하에서, 미국 개신교의 정치 사회적 실천과 정치 신학5이 진보적 복음주의를 통해 어떻게 전개되고 있는가에 대하여 논하면서 정치와 종교 관계의 지평 변화에 대하여 논의를 전개한다.

 진보적 복음주의 운동은 미국의 언론이 주목하고 예상한 만큼의 진전은 보여주지 못하고 답보 상태에 머물러 있다. 오바마의 첫 번째 재임의 중간 선거에서 보여준 티파티 운동의 경우처럼, 여전히 미국의 복음주의는 종말론적이며 근본주의적인 행태를 띠고 있다. 따라서 본 연구는 정치와 종교의 관계에서 미국 복음주의가 전체적으로는 미국 국가주의 등의 흐름을 유지하기에 정치와의 타협을 여전히 보여주고 있다는 사실을 드러내는 한편, 이러한 복음주의의 흐름 속에서 과연 진보적 복음주의는 어떠한 위치와 역할을 하고 있는지 살펴본다.

 미국의 복음주의는 70년대 후반부터 정치와 종교의 관계에서 본래의 탈정치적인 분리주의 모델 대신 종교 우익 모델(model of the religious right)의 선봉이 되기 시작하였다. 이 종교 우익의 출현 배경으로 60년대의 시민권 운동, 베트남 전쟁, 뉴 레프트 운동과 학생들의 시위, 도시 폭동, 그리고 70년대의 워터게이트 사건, 이혼과 미혼모의 증가, 마약과 음란물의 범람 등 사회적 격변과 세속화에 대한 우려, 세속적 휴머니즘과 자유 신학에 대한 적개심 등을 들 수 있다. 벨라(Robert Bellah) 등이 말하는 '새로운 종교 의식'6으로서의 외래 종교 또한 종교 우익으로 하여금 기독교 정체성의 위기의식을 갖게 하였다. 그러나 복음주의가 정치에 뛰어든 것은 1976년 민주당 대통령 후보인 카터가 플레이보이지와 인터뷰를 하면서부터였다. 이 인터뷰가 이슈가 된 것은 인터뷰 내용 때문이 아니라 복음주의자로 알려진 카터가 포르노 잡지와 인터뷰를 했다는 사실에 있었다.[7] 결국 이 사건은 남침례교의 팔웰(Jerry Falwell) 목사로 하여금 정교분리 원칙을 버리게 하였고 '도덕적 다수(Moral Majority)'를 창설하여 근본주의 종교 우익의 정치 활동을 이끌게 하였다.

근본주의의 형태를 띠기 시작한 미국의 복음주의는 이후, 때로는 전통적인 도덕과 윤리의 수호자로, 때로는 대통령 선거에서 킹메이커로, 때로는 신우익과 함께 신자유주의의 적극적인 지원자로 활동하기도 하였다. 특히 9/11 참사를 겪은 후에는 대통령 부시와 더불어 테러와의 전쟁을 통해 미국의 애국주의와 패권주의를 더욱 옹호하기도 하였다.

그러나 부시의 재선 이후부터 복음주의자들은 종교 우익을 비판하고 이들과 결별하면서 정치적 좌파(political left) 쪽으로 이동하고 있다. 이들은 종교 우익이 정치적 파당주의, 낙태와 동성애 이슈 중심의 편협한 도덕주의, 호전적(pro-war) 태도, 여성 차별, 친자본주의, 사형제도 지지, 총기 소지 옹호(pro-gun), 반환경주의 등으로 낙인된 것을 비판하면서 정치와 관련된 문제를 빈곤 문제, 지구 온난화 등의 환경 문제, 질병의 확산과 건강 문제 등으로 넓히고 있고 관심의 폭 또한 지구촌 차원으로 확대하고 있다.[8]

그렇다고 해서 미국의 종교 우익이 완전히 소멸된 것은 아니며 전통적인 복음주의의 교리나 도덕 내용이 바뀐 것도 아니다. 다만 정치와의 관계에서 "종교 우익의 독백은 끝났고 새로운 대화가 시작되었을 뿐이다."[9] 지금까지 관심을 보이지 않았던 여러 가지 정치 사회적 이슈들에 대해 복음주의자들이 주목하기 시작하였다.[10] 복음주의가 여태까지는 종교 우익을 통해 공적 영역의 배타적 독점을 주장했지만, 이제는 종교 자체의 보수적 교리는 여전히 고집하면서도 시민사회 등의 공적 영역으로 진입을 시작한 것이다.

따라서 진보적 복음주의는 하버마스(Jürgen Habermas)가 말하는 공적 담론의 장(場)인 시민사회에서11 카사노바(José Casanova)가 언급한 '종교의 공적 재등장'을 실천하기 시작했다는 의미에서 이전까지의 근본주의적인 종교 우익과 구별된다. 또한 사회 복음이나 자유주의 신학의 주된 관심사인 사회 문제에 주목하기 시작했지만 여전히 보수적인 신앙 체계를 고집한다는 의미에서 자유주의 신학의 주류 개신교 세력과도 구별된다.

진보적 복음주의가 지니는 이러한 특징과 차이를 바탕으로 하여 다음의 다섯 가지를 중점 연구 주제로 설정하였다. 첫째, 미국 복음주의와 정치의 관계 변화(분리주의에서 배타적-독점적 참여로, 그리고 관용적-포용적 참여로의)를 가져온 사회역사적 배경과 원인, 둘째, 진보적 복음주의, 전통적 복음주의, 진보적 자유주의 3자 간의 정치와 종교의 관계에 대한 의미 체계(정치 신학)와 정치 사회적 실천(사회 운동)에 대한 비교, 셋째, 진보적 복음주의의 출현 이후 미국 사회 전체에서의 정치와 종교 관계 전개 과정, 넷째, 진보적 복음주의의 정치적 역할과 한계, 마지막으로 복음주의의 미국에서의 사회적 위치에 대한 전망 등이다.

이를 중심으로 다음의 연구 목표를 설정하였다. 첫째, 실천적 차원의 목표는 다음과 같다. 진보적 복음주의 또한 전통적인 복음주의처럼 개인의 내적 각성과 변화를 추구하지만 동시에 사회적 차원의 변화까지도 꾀한다. 개인의 내적 변화가 윤리적인 문제, 즉 사람과 사람의 관계까지로 이어져야 한다는 것을 복음주의가 인식하기 시작했기 때문이다. 복음주의의 이러한 인식은 종교 윤리의 형성과 실천 과정에서 일어나는 종교 내용과 정치 사회적 맥락과의 변증법적 조응 관계를 보여준다. 따라서 오늘날 진보적 복음주의가 표방하는 확대된 윤리가 지닌 포괄적 내용과 함께 그것의 정치 사회적 배경을 파헤쳐 봄으로써 미국 복음주의의 새로운 현상에 대한 사회학적 함축을 드러내고자 한다.

둘째, 이론적 측면의 목표를 보면, 우선 정치와 종교에 대한 새로운 이념 표상적 구성(ideal typical construction)을 추구하고, 그 다음으로는 현대 사회에서 종교가 지니는 사회적 위치와 역할에 대한 이론적 재성찰, 즉 진보적 복음주의의 출현이 가져온 종교의 사회적 위치와 역할의 변화에 대한 이론적 재구성을 시도하며, 마지막으로는 진보적 복음주의가 정치 신학을 형성함으로써 가지는 정치 사회적 함축에 대한 지식 사회학(sociology of knowledge)적 연구를 시도하고자 한다.

미국에서 종교 운동은 곧 정치 운동이다. 선거를 위해서든 사회의 도덕 윤리 회복을 위해서든, 종교 세력들은 자신들의 종교적 신념에 따른 실천 어젠다를 정치 사회적 차원의 이슈로 끌어올리고는 한다. 전통적인 종교 우익, 또는 근본주의적인 복음주의는 의도적으로든 아니든 공화당의 지지 세력이나 동원 세력이 되었고, 정치 우익과 손을 잡으면서 종교 가치 회복을 위한 투사가 되거나 보수적 사회 질서의 수호자가 되었다. 반면 진보적인 복음주의 또는 종교 좌파는 그 신앙 체계의 보수성에도 불구하고, 복음주의의 편향된 정치성과 근본주의적인 완고함을 비판하는 동시에 대사회적 차원에서 종교적 음치인 민주당을 지지하는 동시에 사회 변혁을 위한 주도 세력으로 등장한다.

이 두 가지 흐름은 사실 복음주의 전통에 이미 자리 잡고 있었다. 중요한 것은 종교 내용과 정치 사회적 상황과의 변증법적 조응 관계에서 이 두 흐름은 각기 나름의 논리를 가지고 대립적인 입장을 표명하며 사회 전면에 등장하였다는 데 있다. 특히 20세기와 21세기에 걸쳐 이 두 움직임이 가장 활발하게 움직이면서 서로 아주 첨예하게 대립한 것은 바로 부시 대통령의 집권기와 오바마가 대통령에 출마하며 선거 운동을 펼친 이후 지금까지이다. 정치적으로 가장 커다란 사건은 물론 9/11 테러 사태이다.

따라서 복음주의에 대한 연구를 통해 종교의 미국 사회 내에서의 정치 사회적 역할과 위치를 추적하고 정치와 종교 관계의 지평 변화를 모색하는 본 연구는 부시 정권과 오바마 정권의 시기를 중점적으로 다루고자 한다. 부시는 근본주의적 복음주의를 자신의 신념으로 삼고 종교 우파의 지지와 함께 네오콘(Neo-conservative)이라 할 수 있는 정치 우익을 중심으로 전쟁을 주도하였다. 반면 오바마는 민주당을 복음주의에 우향우 하게 함으로써 그 종교적 건조함에 윤활유를 치기 시작하였고, 신보적 복음주의의 정치 사회적 지향을 어느 민주당 출신의 역대 대통령보다 더 동조하고 수용하게 되었다. 따라서 제2부와 제3부는 복음주의를 중심으로 하는 정치와 종교 관계 탐색을 도모하는 이 책의 핵심 부분이 될 것이다. 부시의 경우에는 9/11 사태를 겪은 후 아프가니스탄과 이라크 전쟁을 치루면서 대통령 스스로가 보인 근본주의적인 종교 행태를 중점적으로 논할 것이고, 오바마의 경우에는 복음주의 목사를 대통령 취임식에 초청하는 등 종교 우익과의 친화 행보와 정책 등에 대하여 논할 것이다.

부시와 오바마를 통해 살펴본 복음주의와 정치의 실천적 조응 관계와는 별도로 제4부에서는 먼저 진보적 복음주의의 역사적 발전 과정을 다룬다. 아울러 진보적 복음주의 운동이 지니는 사회 변혁적 동력에 대하여, 그리고 대사회적 신념과 입장에서 나타나는 진보적 복음주의와 근본주의적 복음주의 간의 차이에 대하여 논한다.

이에 앞서 1부에서는 미국 복음주의의 역사적 전개 과정을 다루면서 어떻게 미국에서 정치와의 관계를 형성하였으며 급기야 근본주의적인 행태로 발전하였는가에 대하여 다룬다. 이를 위해 미국 복음주의의 원류인 영국의 청교도 혁명을 먼저 다루고 미국에서의 정착과정, 근본주의가 되는 과정, 그리고 9/11사태 이후의 행보 등에 대하여 논의를 전개한다.

  정치와 종교의 관계에 대한 이론적 이해를 위해 〈부록〉에서는 정치종교사회학 이론을 소개하고 있다. 먼저 베버의 종교 사회학의 중심적 이론 틀이라 할 수 있는 정치와 종교의 긴장과 타협의 관계를 다루었고, 현대 사회에서의 종교의 사회적 위치와 역할에 대한 이론을 피터 버거(Peter Berger), 토마스 루크만(Thomas Luckmann), 호세 카사노바 등 뉴스쿨(The New School for Social Research)의 전통을 중심으로 다루었다.*

---

* 이 책의 일부 내용은 필자가 이미 전문 학술지에 게재하였던 논문을 참고한 것임을 밝히고자 한다. 특히 1장과 부록A는 논문(2011b)을, 그리고 7장의 일부는 또 다른 논문(2014)을 수정 보완한 내용으로 구성되었다.

제1부

복음주의의 역사

종교는 일반적으로 끊임없이 변화하는 정치 사회적 조건 또는 상황과의 만남에서 때로는 원칙을 고수하는 식으로, 때로는 타협적인 방식으로 대사회적 실천 강령을 제시한다. 따라서 종교 사회학은 종교가 제시하는 세계관의 역사적 변형에 대하여 고찰하는 한편, 나름대로의 세계관을 고수하면서도 세속적인 이해관계의 동력에서 벗어날 수 없는 종교 주체들이 주어진 역사적 맥락에서 종교 행위와 방향을 어떻게 설정하고 실천하는가에 관심을 둔다.

종교와 정치 사회적 상황의 변증법적 조응 관계에 대한 연구는 종교의 생활 규제 방식(modes of the religious regulation of life)과 이와 연관된 조건(conditions)을 역사사회학적으로 분석했던 막스 베버의 이론과 연구 방법에 기초를 둔다. 특히 그는 『프로테스탄트 윤리와 자본주의 정신』[1]에서는 물론, 미국 방문 후 저술한 소논문 "프로테스탄트 종파와 자본주의 정신"에서 미국 개신교가 지니는 정치 사회적, 그리고 경제적 성격에 대하여 상세히 논하였다.[2] 교회를 중심으로 하는 미국 소도시 사회 공동체에 대한 베버의 연구는 도시화, 세속화, 자본주의의 확산 등으로 야기된 사회 구조의 변화와 정치 사회적 상황 변화에 대한 복음주의의 저항이나 대응을 연구하고자 하는 본 저술의 바탕이 된다.

복음주의(Evangelicalism)의 'evangelical'은 '복음의 진리(gospel truth)'를 지칭하는 용어로, 루터가 가톨릭과 구분하기 위해 *evangelische*

Kirche(evangelical church)를 사용하면서 시작하였다. 이것은 이후 18세기에는 독일과 네덜란드의 경건주의(Pietism)와 영국의 감리교 (Methodism), 그리고 조나난 에드워드(Jonathan Edward) 등에 의한 미국에서의 1차 대각성 운동(First Great Awakening)을 통해, 19세기에는 감리교와 침례교를 중심으로 한 2차 대각성 운동에서, 그리고 20세기 들어서는 미국의 오순절교회(Pentecostal Church) 등을 통해서 세계적으로 확산되고 있는 초교파 운동이 되었다. 주목할 것은 미국의 복음주의가 거듭남을 통한 개인의 영적 체험을 강조하면서도3 예수의 재림이 이 세상에 천년왕국을 가져올 것이라는 전(前)천년왕국설(pre-millenarianism)과 먼저 이 땅에서 천년왕국이 완성되어야 예수가 재림한다고 주장하며 훗날 사회 복음으로 발전한 후(後)천년왕국설(post-millenarianism)로 갈라지기도 하였다는 사실이다. 후자가 사회 개혁에 중점을 두는 자유주의 신학으로 발전하였다면 전자는 타락한 세상을 멀리하면서 성서 무오설, 예수 재림, 복음 전파 등 복음주의의 전통 고수를 강조하였다. 따라서 복음주의의 주류는 보수적인 전 천년왕국설로 기울어졌다.

복음주의는 이처럼 주로 내적 종교 훈련에의 치중과 세상과의 분리를 주장하면서 정교분리 원칙의 수호자로 출발하였지만, 20세기 후반에 들어서서는 공화당과의 정치적 제휴를 보여 주기도 하였고, 신자유주의를 표방하는 뉴라이트 세력의 이데올로기적 지원자 역할을 하는 근본주의로도 전환하기도 하였다. 복음주의는 이러한 과정에서 종교의 공공성(publicity) 표방과 공적 재등장 테제 중에서 '담론 모델'이 아니라 배타적이고 전투적인 '투쟁 모델'의 전형으로 자리 잡게 되었다.

원래 미국 복음주의의 전통은 영국의 종교 개혁에 뿌리를 두고 있다. 17세기에 일어난 영국의 청교도 혁명은 종교혁명이면서 정치혁명이었기에 정치와 종교의 관계에 급격한 변화를 불러왔다. 개혁적 성향을 지닌 신자들의 정치 사회적 부침이 있었고 그럴 때마다 많은 청교도들은 자천 타천으로 미국으로 건너가게 되었다. 문화적으로 백지 상태(tábula rása)였던 미국에 정착한 이들은 종교 개혁의 전통을 바탕으로 한 개인적 삶과 종교 체험에 충실하면서도 신과의 계약(covenant)에 근거한 독특한 정치와 종교의 관계를 만들어 냈다. 이후 헌법 제1수정안을 통해 종교의 탈제도화(dis-establishment of religion)를 만들어냈고 대각성 운동을 통해 두 번째 탈제도화를 완성시킨다.

여기서는 먼저 미국 복음주의의 배경이 되는 영국의 청교도주의의 형성과 청교도 혁명에 대하여 논하고, 다음으로는 미국에서의 정착 과정에서 나타난 청교도의 새로운 정치와 종교와의 관계 정립에 대하여 논하고자 한다. 그 다음은 종교의 탈제도화와 시민 종교의 형성에 대하여, 그리고 마지막으로는 근대화에 대한 반동으로 정치에의 깊숙한 침투를 시도한 근본주의의 출현에 대하여 살펴보고자 한다. 이러한 논의는 우리로 하여금 복음주의가 미국에서 어떠한 역사적 변형을 겪어왔는가를 이해할 수 있게 해 줄 것이다.

제1장

영국 청교도 혁명

 루터에 의해 시작되었고 캘빈이 발전시킨 16~17세기의 유럽 종교 개혁은 여러 차원에서 중세 유럽의 가톨릭이 보였던 균열의 틈바귀에서 생겨났다. 교회 제도적 차원에서는 교황의 명성이 쇠퇴하였고 곳곳에서 과도한 면죄부 판매 등을 통해 종교 타락이 나타났다. 신앙적 차원에서는 교회 지도력의 세속화와 지나칠 정도로 제도화된 신앙 실천 방식에 대한 불만이 있었다. 당시 일반 신자들의 영적이고 신비주의적인 체험 욕구와 복음주의적인 갱신 요구에 대해 제도 교회는 무반응을 보였다.[1]
 사회적 차원에서도 변화의 바람이 분 것은 마찬가지였다. 문화적으로는 르네상스로 대표되는 문학, 예술, 고전 철학 등에 대한 관심이 다시 생겨나기 시작하였고 관찰, 실험, 탐험 등을 통한 자연과 인간에 대한 지식의 발전이 있었다. 경제적으로는 상업 활동이 증가하면서 도시가 성장하기 시작하였으며 경제 개혁의 중요성이 인정되기 시작하였다. 정치적 차원에서는 민족국가(nation state)에 대한 욕구가 꾸준히 상승하면서 봉건적 전통의 분파적 효과를 극복하고자 하는 통치자들이 등장하였다.

영국의 종교 또한 대륙으로부터의 개혁 영향에 노출되면서 이러한 세속적 영역의 발전에 조응하며 발전하였다. 그러는 한편 영국에서의 종교 개혁은 헨리 8세의 개인적 스캔들로 인한 로마 교황청과의 불화로 촉발되었다. 헨리 8세가 루터의 영향을 받은 것은 사실이다. 그러나 교황과의 결별은 불완전한 개혁의 시작에 지나지 않았다. 따라서 영국의 종교 개혁은 오히려 그의 사후 청교도들의 개혁 운동에 의해 완성되었다고 할 수 있다.

영국에서의 청교도 개혁이 초기에는 주로 정치 문제나 사회 문제보다는 종교 내적 문제에 더 관심을 기울였다. 즉, 상징과 예복의 폐지, 성례보다 설교 중심의 예배, 엄격한 윤리적 행위 등을 강조하는 데 더 집중하였다. 그러나 청교도 개혁의 핵심은 캘빈이 제네바에서 계획하였던 정치사상의 실천이었다. 이러한 생각은 에라스트주의 정책(Erastian policy: 교회보다 국가 권력이 우선한다는 국가지상주의)을 천명한 엘리자베스 1세와는 달리, 영국 국교 헌법과 위계에 대해 비판하면서 군주의 의지에 의해 교회가 지배되는 것보다는 신의 의지에 따라 교회가 사회를 지도해야 한다는 주장을 펼쳤던 카트라이트(Thomas Cartwright)[2]의 주장과 맥락을 같이 하는 것이었다.

따라서 청교도 개혁은 종교 개혁 자체이자 다른 한편으로는 정치와 종교의 관계에 대한 새로운 개혁적 요구였다고 할 수 있다. 이미 교황으로부터의 독립이란 의미에서 종교 개혁이 시작되었다. 그러나 튜터 왕가가 교황과 결별하고 영국 국교를 설립한 것은 종교 개혁에 대한 신념에서가 아니라 국가 이익, 특히 헨리 8세의 개인적 목적을 위해서였기에 개혁이 완수되었다고 할 수가 없었다. 종교와 도덕이 국가의 목적에 반하기보다는 국가의 목적에 따라주기를 바라는 군주의 의도에 따라 교황과 결별하였기에 종교적 관점에서 보면 영국의 종교 개혁은 미완성 상태에 있었던 것이다.

둘째, 청교도 개혁의 핵심은 정치와 종교와의 관계에서 새로운 것을 요구한 교회의 국가로부터의 독립과 동시에 종교의 정치 사회적 영향력 행사에 있다고 할 수 있다. 이것은 기본적으로 교회 수장에 대한 군주의 임명권 거부와 함께 교회가 정치인들의 도덕성을 감독하고 책임 있는 정책을 펼치도록 조언할 수 있다는 것을 의미한다. 따라서 청교도들은 국가의 지배하에 있는 영국 국교를 거부하고 때로는 분리주의적인 입장을, 때로는 독립적인 교회를 주창하게 되었던 것이다. 한 마디로 16세기와 17세기 초의 영국은 절대주의 국가가 종교 기관을 강요할 수 있는가 아니면 교회가 교회의 독립을 지지하는 캘빈주의를 따라 국가에 대항하여 목소리를 내고 사회에 영향력을 행사할 권리를 갖는가를 놓고 교회와 국가 사이의 갈등이 전개되었던 시대였다고 할 수 있다.

중요한 것은 영국의 청교도들이 베버가 말하는 구원 귀족이 되어서 때로는 교회의 내적, 외적 정화는 물론 사회에 대한 도덕적 충고 역할을 담당하기도 하였지만 때로는 정치적 영향력을 행사하려 하였고 심지어는 세속적인 권력의 강력한 수단인 폭력을 동원하고 정당시하는 전쟁에도 뛰어들었다는 사실이다. 특히, 왕권을 몰아내고 의회를 중심으로 '성인(Saints)'에 의한 정치를 펼치고자 한 크롬웰(Oliver Cromwell)에게서 청교도의 구원 귀족 역할이 두드러지게 나타나는데 물론, 베버가 말하는 바의 정치와의 긴장이 해소되는 동시에 타협이 이루어지기도 하였다. 여기서 주목해야 할 것은 긴장 해소와 타협의 과정에서 어떠한 의미 체계, 또는 결의론(casuistry)[3]을 청교도들이 만들어 내는가 하는 데 있다. 이러한 과정에서 청교도들이 다수를 차지하는 의회파와 왕권파의 갈등은 경제적인 문제와도 연관된다. 베버가 말하는 청교도적인 전제(專制)(tyranny of Puritanism)[4]를 그 당시 영국의 부르주아 계층이 수용하였다는 의미가 있기에 청교도 혁명은 부르주아지가 지닌 새로운 경제 가치 수호라는 의미에서 부의 종교적 정당화의 모습을 보여준다. 현세에서의 삶을 임무로 평가하는 현세 지향성 표현의 일환으로 세속적 재화 추구가 청교도의 자기 목적적 일로 생각되고 윤리적 가치로 평가되었다. 따라서 부르주아지는 중세적 사고방식을 고수하는 왕당파와 가치 측면에서 갈등할 수밖에 없게 되었고, 귀족이나 왕의 낭비적 삶과 전쟁을 위한 세금 징수 등에 반기를 들게 되었다.

이 장에서는 청교도 운동의 역사적 형성과 전개 과정을 중심으로, 영국 청교도의 정치와 경제와의 관계에 대하여 헨리 8세를 시작으로 하여 크롬웰의 개혁 정책과 그의 사망 후 왕정복고로 인한 개혁 실패까지를 살펴보고자 한다.

국가 중심의 종교 개혁 일환으로 1539년 헨리 8세는 영국 전역의 수도원 시설을 없애고 수도원의 토지를 일반인들에게 나누어 주는 등 개혁을 펼치지만 어떤 신학적 정당화나 개혁의지는 없었다. 대륙에서 일어난 종교 개혁으로부터 영국이 고립된 것도 아니었다. 루터의 책이 영국어로 번역되거나 성서의 모국어 번역 등이 시작되기도 하였다. 그러나 교리는 거의 변함이 없었고 대중의 신앙 실천 방식과 교구의 생활도 예전과 다르지 않았다.

헨리 8세가 죽자 개신교 교육을 받은 9살짜리 에드워드 6세(r. 1547-1553)가 등극한다. 이때가 처음 영국에 청교도주의의 신학적 바탕이 세워진 때였다.[5] 청교도주의의 아버지라 불리는 후퍼(John Hooper) 주교 등에 의해 루터교의 보수주의, 법률, 복음의 강조 대신 츠빙글리 등의 진보적인 개혁 전통이 수용되면서 교황청 스타일의 의복, 장식, 교회 가구 등과 함께 전통적인 예배 의식이 금해졌던 시기였다. 따라서 영국의 제도화된 교회를 교황권의 흔적으로부터 '정화(purify)'하거나 '정화된(purified)' 형식에 의해 예배 보기를 희망하였던 것이다.

그러나 이들의 주장은 가톨릭 신봉자인 메리(Mary, r. 1553-58)의 즉위로 물거품이 되어버리고 영국은 로마 교회로 복귀하게 된다. 수백 명의 개신교도들이 숙청되고 크래머(Thomas Crammer) 등의 대주교들이 화형을 당했으며 선대왕의 재위 기간에 만들어진 개혁 관련 법안은 대부분 폐기되었다.

메리가 죽자 등극한 엘리자베스(r. 1558-1603)는 에드워드 6세의 정신을 상당 부분 회복시켰다. 엘리자베스는 단결과 충성을 중심으로 하는 안정 정책을 추구하였다. 메리의 지배 하에서 일어났던 박해를 없애기 위해 교회에 대하여 관용적이고 포용적인 모습을 보여주었다. 그러나 그녀는 친 개신교 정책을 기대한 개신교도들의 뜻과 달리 영국 교회의 제도적 연속성을 보장하였고 스스로를 영국교회의 최고 통치자(supreme governor)로 칭하는 동시에 성직자들에게는 국가에의 충성을 요구하였다. 엘리자베스의 종교에 대한 이해는 국가의 이익에 반하지 않는 한 허용한다는 것이지 캘빈주의나 청교도주의가 요구하는 교회와 국가와의 관계를 인정하는 것은 아니었다. 그녀는 "미래의 국민 결속은 종교가 아닌 민족성(nationality)에 의해서다"라고[6] 천명함으로써 국가의 통합에 반하지 않는 한에서만 종교가 허용된다는 입장과 함께 국가의 종교에의 우위를 강조하고 실천하였다. 따라서 국가 통합에 도전이 되지 않는 한, 어떠한 종교적 관점도 허용되었다. 아울러 여왕 스스로가 교회 예식 참여에 동의함으로써 종교적 분쟁을 피하려고 하였다. 그러나 청교도들은 교회가 유일하게 따라야 할 것은 신의 말씀이기에 여왕과의 어떠한 타협도 하지 않으려고 했다. 그들의 목표는 국교회를 폐지하는 것이 아니었다. 국교회도들과 마찬가지로 그들은 국가 교회의 존속을 지지하였고 다만 국교회의 개혁과 더불어 그들 또한 함께 존재하기를 원했던 것이다.[7]

엘리자베스 이후의 제임스 1세(1603-1625)와 찰스 1세(r. 1625-1639)

는 장로파가 강한 스코틀랜드 왕이기에 장로파에게 희망을 주었지만 국교회를 선호함으로써 장로파들을 실망시켰다. 결국 국가 교회의 해체 대신 개혁을 원했던 장로파의 꿈이 깨지면서 찰스 1세의 시대는 강요된 일치와 이에 대한 강력한 저항의 시기가 되었다. 일련의 분리주의자들은 박해를 피해, 그리고 자유를 얻기 위해 네덜란드로 이주하였으며 훗날 미국으로 건너가 플리머스 식민지(Plymouth Colony)를 건설하였다. 제임스나 찰스 모두 왕권신수설을 신봉하는 자들로서 의회와 자주 갈등을 빚었다. 특히 제임스 1세는 스페인과의 전쟁을 위해, 찰스 1세는 스코틀랜드와의 전쟁을 위해 세금 징수 등의 문제로 의회와 갈등이 생기자 의회를 해산시키기도 하였다. 문제는 이때 국왕이 가톨릭에 대한 관용적 태도를 보였으며 엘리자베스 치하에서는 중립적이었던 성공회가 로마 쪽으로 기울기 시작하였다는 데 있었다. 찰스 1세의 등장과 함께 영국 대주교 가운데 가장 강력한 힘을 발휘한 런던의 주교 로드(William Laud)는 철저한 국교회의 실천과 순응을 요구하면서 많은 청교도 설교자들의 권한을 박탈하거나 청교도들에게 박해를 가하였다. 1633년에 캔터베리의 대주교가 된 그는 청교도주의보다는 교황권을 선호하여 청교도들을 괴롭혔다. 마침내 1630년대에는 많은 청교도들이 영국을 떠나 매사추세츠의 살렘(Salem)에 정착하게 되었다.[8]

청교도들은 여러 분파로 나누어졌다. 첫째, 영국 교회의 개혁이 만족스럽지 않지만 국교 내에 남아서 개혁을 계속 주장하는 비분리주의 청교도(non-separating Puritans)가 있었고 영국 국교는 타락하였기에 그것으로부터 분리해야 한다는 분리주의 청교도(separating Puritans) 또는 간단하게 분리주의자(Separatists)가 있었다. 따라서 청교도들이 영국에서 차지했던 정치적 중요성은 존재하지만 정치와 종교의 관계에서 취해진 입장은 다양하였다. 예컨대 종교에 대한 국가의 통제 정책(Erastianism)을 인정한 청교도들도 있었고, 기존의 주교를 중심으로 하는 교회의 위계를 인정한 청교도들도 있었다. 장로파의 경우는 장로교 모델을 가지고 영국 국교를 개혁하려고도 하였다. 분리주의자들 중에서는 장로교를 지지하는 자들도 있었고, 보다 평신도 중심의 회중교회를 지지하는 자들(Congregationalists)도 있었다. 분리주의 회중교회자들은 왕권신수설을 이단으로 간주하였지만 많은 장로파들은 국왕에 대한 충성을 맹세하기도 하였다.

분리주의자이든 비분리주의자든 간에 정치적 차원에서 볼 때 영국의 캘빈주의적인 청교도들은 종교를 통한 정치 사회적 영향력을 행사하려 하였음에 틀림이 없다. 특히 베버가 언급했듯이 신의 명령을 지상에서 실천하겠다는 소명 의식에 가득 찬 그들로서는 정교분리와 관계없이 때로는 전쟁에도 참여하는 등의 개별주의적 정치 행위의 모습을 보였다. 구원 귀족은 성전(聖戰, holy war)으로 간주되지 않는 전쟁에의 참여를 강요하는 정치권력에 저항하였고 크롬웰의 군대는 강요에 의한 전쟁 참여를 반대하기도 했다.

구원 귀족으로서의 청교도가 지니는 정치적 속성이 잘 드러난 것은 영국 군대의 총사령관이면서 행정부의 수반이 된 호국경(Protectorate) 크롬웰이 종교적 신념에 기초한 정치 개혁을 시도하면서 부터다. 하원은 1649년에 찰스 1세를 처형하고 '자유공화국(Commonwealth and Free State)'을 선언하는 동시에 국왕직 폐지에 관한 법률을 통과시키고 상원을 폐지하면서 헌법상 최고 권력기구가 되었다. 또한 국무회의(Council of State)를 설치하고 크롬웰을 의장으로 임명하였다.

권력을 잡은 크롬웰의 정치적 이상은 영국의 기독교 국가화였다. 물론 그는 소수보다는 다수에 의해 지배되는 민주주의의 이상을 가지고 있었지만 그가 말하는 다수는 기독교 신자이면서 장로파, 독립파, 그리고 침례파에 속한 자들이어야만 했다. 그가 꿈꾸는 이상 사회는 "'성도(the godly)'가 '성인(Saints)'에 의해 인도되어 신의 뜻에 따르는 '성도의 국가이기"때문이다.10 성도는 예수 그리스도를 믿는 사람들이지만 가톨릭교도, 국교도, 퀘이커 등의 분파주의자들은 배제되었다. 물론 크롬웰은 배제된 자들에게 돌아올 수 있는 기회를 주었고 이들을 탄압하지 않고 설득하려 한 것도 사실이다.

기본적으로 크롬웰 자신은 독립파(Independent)였고 다양한 종교 집단에 대해 관용의 태도를 지녔었다. 그러나 그는 정교분리 원칙을 완전히 수용하지는 않았다. 그는 장로교의 지배도 국교회 등 특정 교파의 지배도 용납하지 않았고 다만 국가의 교회 조직 통제와 국가에 의한 성직자 임금 지불을 고집하였다.

크롬웰이 말하는 '성도'가 대부분의 영국 시민을 포함한다는 의미에서, 또한 그가 여타의 분파주의자들을 포용하려 했다는 점에서, 그리고 당시에는 정치 단위와 종교 단위의 일치가 지배적이던 공동체 종교 (community cult) 시절이었다는 점에서, 그의 정치적 이상이 종교와 정치와의 긴장 관계 해소를 위한 타협에 이르렀다고는 할 수 없다. 문제는 그가 내세운 '성인'에 의한 정치에 있었다. 성인들은 신의 섭리대로 성도들을 올바른 길로 이끌어 성도의 국가 건설 목표를 실현하는 자들이며 의회 의원, 경건한 관료, 군인, 성직자 등이 이 범주에 포함되기도 하였다. 크롬웰은 이들 성인들을 이끌고 청교도적 개혁을 모든 사람에게 확대하는 성도의 국가를 만들려고 했기에 제네바의 캘빈이 내세운 신정정치의 영국 버전을 실현하려 했다고 말할 수 있다. 따라서 1650년에는 도덕과 관련된 입법이 이루어져 '불경스러운 맹세와 저주방지법', 간통법, 매춘 금지법 등을 통과시켰고 이를 어기는 자에게는 벌금형을 비롯하여 낙인, 채찍질, 구금은 물론 심지어는 사형에 이르기까지의 처벌을 가하였다.11

이러한 종교 개혁적인 실천을 행위 논리에까지 확대시킨 크롬웰의 '성인'은 베버가 말하는 구원 귀족으로서 개인과 사회, 그리고 국가 전반의 종교적 개혁을 시도하였지만 문제는 진정한 '성인'은 누구이며 누구를 '성인'으로 뽑느냐 하는 데 있었다. 크롬웰이 원했던 의회 구성원으로서의 '성인'은 독실한 삶(godly life)을 살고 믿을 만한 정치적 식견을 갖춘 자들로 새로운 정치 체제에 위협이 되지 않는 자들이어야만 했다.[12] 이 기준에 따라서 상당수의 국교회도들이 의회를 차지했다는 의미에서 독립파였던 크롬웰의 정치 개혁은 청교도의 종교 개혁과 모순된다고 할 수 있다.

'성인' 구성의 문제는 '성인'의 구성 주체가 자주 바뀌었다는 데에서도 나타난다. 크롬웰은 의회를 '성인'의 구성체로 간주하였다. 그러나 1653년에 군대가 의회 해산을 요청하자 개혁 의지를 상실했다는 이유로 의회를 강제로 해산하였다. 그리고 군인이 '성인'의 역할을 맡아야 한다고 생각하였다. 크롬웰의 비난대로 의원들은 권력을 즐기는 자로 인식되었기 때문이다. 크롬웰은 의회 의원들을 '성인'으로 간주하였지만, 이들 또한 정치인이라는 사실을 인식하지 못하였다고 할 수 있다. 군인이 '성인'의 주요 구성원이 되어야 한다는 그의 인식은 베버가 말하는 전사(warriors) 계급과 종교 계급의 대립이 크롬웰의 이상 국가 실현과정에 잠재해 있음을 암시하는 것이라 할 수 있다. 베버에 따르면 전사는 합리적인 종교 윤리의 수행자가 되는 것이 불가능하고, 정치 엘리트들에게는 죄, 구원, 겸손 등의 개념이 아주 먼 이야기에 지나지 않는다는 것이다.[13]

한편, 크롬웰은 '성인'으로 이루어진 의회 구성에 있어 선출에 의해서가 아니라 자신이 지명하는 방식을 택한다. 선출 방식으로 의원을 뽑을 경우 '성인'이 아닌 자들이 의회에 포함될 수 있고 왕당파가 선출될 수도 있다고 생각했기 때문이었다. 결국, 의회 구성에 있어서 현실적인 문제로 갈등을 겪은 그는 신의 섭리를 믿고,[14] 또한 급진적인 천년왕국설주의자들의 조언에 의지하여 의원들을 지명하게 된다.[15] 크롬웰의 '성인'

지명 행위가 견강부회적인 결의론에 바탕을 두고 있음을 보여준다고 하겠다.

 그럼에도 불구하고 '성인'들은 다양한 종파를 포함하고 있으며 동시에 다양한 사회적 배경을 지닌 자들로 구성되었다. 특히 장로교도, 회중교회 신도 등이 포함되었고 상인, 소도시 법률가 등이 포함되었는데 이들 대부분은 내전 때 의회의 승리에 기여한 보상으로 선출된 자들이었다. 따라서 의회 내에서 상이한 종파와 집단의 이해관계 사이의 충돌이 있었던 것은 당연한 결과였다. 온건주의자와 급진주의자와의 대립이 있었고 내법원이 지주들의 이익을 옹호할 뿐이기에 급신파들에 의해 제기된 대법원 폐지문제, 성직자의 재정 수입과 관련된 십일조의 적절성에 대한 논란, 국가 건설에의 군대의 필요 여부 논란 등이 있었다. 이러한 갈등을 잠재우기 위해 1653년에는 크롬웰을 호국경으로 삼아 의회의 권한을 축소하고 호국경과 국무회의의 권한을 강화시킴으로써 공화정은 크롬웰의 군사 독재 시대를 겪기 시작하였다.

 크롬웰은 자신이 청교도였고 그를 추종하는 많은 청교도 세력을 가지고 있었지만 다양한 종파들을 포함하는 종교 정책을 수용하였다. 그러나 그는 종교에 대한 국가의 통제력을 유지하려 했다. 이러한 정책에 따라 심지어 퀘이커 교도들까지 관용되고 수용되었다. 그러나 크롬웰이 죽으면서 그의 정책은 폐기되고 만다. 장로파와 왕당파는 똑같이 왕정복고를 갈망하였다. 찰스 2세(r. 1660~85)의 복위를 결정한 장기 의회(Long Parliament)와 컨벤션 의회(Convention Parliament)의 구성원 중 다수가 장로파였다. 이들은 다시금 장로파와 국교회를 한데 묶어 하나의 국가 교회를 구성하기를 희망하였다. 그러나 복위한 찰스 2세는 국교회 신자들의 도움으로 컨벤션 의회를 해산하고 새로운 구교회도와 왕당파를 중심으로 한 기사 의회(Cavalier Parliament)를 세우면서 그 어느 때보다 강력한 국교회주의의 재제도화를 이루어냈다. 국가 교회에 속하고

자 하는 장로파들의 희망은 또 다시 무너지고 말았으며 독립파나 침례파와 운명을 같이하게 되었다. 이제 청교도들은 완전히 국교회의 우리 밖으로 벗어나 '저항적인(Protestant)' 국교 반대자가 되었다. 한 마디로 영국의 청교도들은 제네바 식 패턴에 따른 일치된 기독교 왕국의 꿈을 실현하지 못하게 되었다.[16]

따라서 크롬웰로 대변되는 '성인'에 의한 정치는 종교를 정치에 예속시킨 왕권과 달리 종교가 정치를 종교의 이상 실천을 위한 수단으로 간주하였기에, 영국의 공화정은 다수를 위한 정치라는 종교적 명분과 이상에도 불구하고 개별적이고 특수한 이익을 추구하는 정치의 속성을 극복하지 못했다. 또한 크롬웰은 성인에 의한 정치를 주장하였지만 그의 실질적 힘은 군대를 배경으로 하고 있었다. 베버가 말하는 전사와 종교인이라는 모순된 존재를 결합한 것으로 정치와 종교의 타협이 이루어졌었다고 할 수 있다.

한편, 청교도들이 지니는 부르주아지적인 경제 행위의 정치적 배경은 의회에 있었다. 부의 축적을 인정하는 교의를 수용한 신흥 중산 계급과 도시 상공인들이 의회파의 주요 구성원이었기 때문이다. 따라서 1629년에 있었던, 의회 없이 나라를 지배하겠다는 찰스 1세의 결정은 청교도들의 유일한 정치적 발언 통로를 차단하는 것과 다르지 않았다. 세금 징수 문제를 놓고 왕권과 갈등을 벌이는 의회의 다수를 이 청교도들이 차지했었다는 의미에서 이들의 정치적 행보가 경제적인 차원에서의 이해관계와 무관하지 않다고 할 수 있다. 베버가 말하는 자본주의적 영리 감각을 지닌 동시에 가장 강렬한 형태의 종교적 경건을 청교도들이 보였던 것이다.[17] 이는 부르주아적인 중산계층을 중심으로 발전한 영국인들이 청교도적인 전제(專制)를 받아들였다는 것을 의미한다. 문제는 영국 청교도들의 종교적 경건성에 바탕을 둔 엄격한 생활 규제가 영리 감각의 강력한 발전과 어떻게 관련되어졌는가 하는 것이다. 이는 베버가 던진 질문, 즉 몽테스키외가 말하는 영국인의 우월성인 경험, 상업, 자유(piety, commerce, freedom)[18]가 청교도들에 의해 상업 활동과 정치 제도에 적용된 것이 아닌가 하는 질문을 역사적으로 추적하는 것이다. 이는 청교도들의 경건한 신앙 태도가 영국의 자본주의 기업에서 가장 적합한 형태를 찾은 것일 수도 있고, 자본주의 기업이 종교 개혁의 정신적 태도(즉 자본주의 정신)에서 가장 적합한 동기적인 힘(motivational force)을 찾은 것을 의미할 수도 있다.[19]

영국의 청교도는 몇 차례의 내전을 거치면서 크롬웰을 중심으로 영국을 공화정으로 이끌어내는 데 한 몫을 하였다. 특히 1차 내전(1642-46) 결과 청교도들은 영국에서의 중요한 정치와 경제 세력으로 등장하게 되는데 앞서 말한 바의 늘어나는 상업 세력의 중심에 자신들이 있기 때문이었다. 청교도들은 왕과 의회, 그리고 국교회로부터 비호를 받던 독점가, 대투기업자, 은행가들과 치열한 투쟁을 벌였다. 크롬웰은 던버 전투(1650년 9월)가 끝난 후 장기 의회에 "모든 직업의 남용을 중지하기 바란다. 다수를 빈곤케 하면서 소수를 부유케 하는 자가 있다면 그것은 공화국(Commonwealth)에 적합한 것이 아니다"라고 선포하였다.[20] 반면 로드가 이끄는 정부는 왕(Crown)과 교회(Church)가 함께 주도하여 지도하는 '기독교 사회적인' 경제 조직을 추구했으며 왕은 그러한 경제 조직에서 정치적 그리고 재정 독점적 이익을 기대했었다. 바로 이점에 대해 청교도가 투쟁한 것이다.[21] 근대 자본주의가 이제 막 형성되기 시작한 근대의 국가 권력과 결탁하여 오래된 중세 경제 질서의 형태를 부수고 나왔다고 할 수 있다.[22]

따라서 크롬웰 이전부터 시작된 영국의 종교 개혁은 정치 사회적 개혁을 수반하였으며, 정치와 종교 간의 긴장이 고조되어 갈등으로 표출되기도 하였고 타협으로 귀결되기도 하였다. 크롬웰의 군대는 단순히 전사로 이루어진 군대만이 아니라 청교도적인 종교적 지향을 동시에 갖춘 군대였다. 베버는 이것과 관련하여 왕당파(Cavaliers)와 의회파(Roundheads, 크롬웰의 군대)를 두 개의 당파로 본 것이 아니라, 철저히 구별되는 두 종류의 각기 다른 인간들로 구성된 정치 집단으로 보았다.[23] 캘빈주의가 말하는 현세지향성, 즉 현세적 삶을 임무로 평가하는 에토스(즉 세속적 재화에 대한 추구가 자기 목적으로 생각되고 윤리적 가치로 통용되는 생각)에서 나온 근대 자본주의를 내재화한 정치 집단이 의회파의 군대라면, 왕당파는 소명의 개념이 전통주의, 또는 직업은 인간이 신의 섭리에 의해 부여 받은 것으로 그 섭리에 순응해야 한다는 루터의 소명 개념에 머물러 있을 뿐이었다.[24]

한편 국왕폐지법을 만들어냈던 잔부 의회(Rump Parliament, 1648-1653)가 세운 공화정은 제국주의적인 정책을 펼쳤었고, 사법부에서는 불어 대신에 영어를 사용하는 등 민족주의적 배타성을 보여주었다. 영국의 청교도 개혁시도는 '개신교 섭리를 원용하면서 영어 중시로 구체화된 민족주의'[25] 정치 문화와 함께 전쟁 승리를 통한 국가 이익 증대 등 종교가 정치, 경제 영역과 타협하는 모습을 다분히 보여주었다고 할 수 있다.

지금까지 살펴본 바와 같이 청교도주의는 종교 개혁의 맥락에서 성스러운 내적 가치 지향을 우선적인 목표로 삼았지만 영국의 정치 사회적 현실과의 관계에서 타협하지 않을 수 없게 되었다. 그 결과 구원 종교의 보편성을 상당 부분 버리게 된다. 남은 것은 청교도 사고 논리의 절대성 강조와 함께 사회 윤리적 차원은 물론 정치적 차원에 이르기까지 종교가 제시하는 행위 논리에도 이 절대성을 확산시킨 것이다. 즉 정치와 정책의 전개까지 깊숙이 개입하면서 정치 행위나 정책 자체를 절대화하게 되고, 크롬웰의 성인들이 보여주었듯이 정치적 행위자나 정책을 입안하고 실천하는 자들까지도 절대화하기에 이르렀던 것이다. 구원 귀족의 활동 범위가 영혼의 구원과 이를 위한 개인의 도덕적 정화를 넘어서 영국국교회 제도의 정화에까지 미쳤다. 결국 크롬웰 등의 개혁 세력을 중심으로 죄로 가득한 세상의 구원을 정치 행위를 통해, 그리고 입법과 행정을 통해 이루려 시도하였으며 급기야는 전쟁을 성전이라 이름을 붙이고 치르기까지 했던 것이다.

  세상에서 신의 축복을 독차지한 결과 청교도들은 경제적 독점을 추구하는 자본주의 정신으로 무장하고 세상의 정화와 구원을 책임지는, 그리고 이를 실천하기 위해 전사로 탈바꿈하는 등 세속적 영역과의 타협의 진수를 보여주었다고 할 수 있다. 종교가 정치와 결합하게 될 때, 또는 타협하게 될 때 정치는 타협의 미덕을 상실하고 신앙은 타협의 위험에 빠지게 된다. 또한 종교는 스스로 절대성을 주장하지만 신의 절대성은 물론 종교 자체도 상대화된다. 영국의 청교도들은 상대적 가치의 정치가 절대화 되는 것을 보여주었다. 베버가 말하는 구원 종교가 요구하는 인간의 사회적 행위는 '정직'과 '도덕성'에 바탕을 둔 반면, 정치와 경제 행위는 각각 정권의 장악과 최소 비용으로 최대 효과 창출을 목표로 하기에 '정책'과 '전략'을 필요로 한다. 따라서 이들 세속 영역과 긴장 관계를 줄이거나 더 나아가 타협의 관계로 접어든다면 종교의 보편성 상실은 당연한 결과가 아닐 수 없다.

제2장

복음주의와 미국: 신 이스라엘 건설 프로젝트

미국은 문화적 백지 상태에 정치, 사회, 경제적 실험과 채색이 이루어진 곳이다. 그리고 그 바탕에는 종교 개혁의 전통이 자리하고 있기에 미국은 개신교도들이 세운 최초의 서구 사회다. 하지만 국가 건설이 순탄하게 이루어진 것만은 아니다. 무엇보다도 유럽에서 건너 온 사람들의 국가적 배경과 개신교 종교 전통 또한 다양했기 때문이었다. 이민과 정착 과정에서 종교 개혁에 대한 해석의 차이가 생겨나 정치 사회적 갈등까지 만들어 내는 양상을 보였기 때문에 각 식민지마다 종교적 배타성을 드러내기는 하였다. 예컨대 같은 영국에서 건너 온 사람들조차 정치와 종교의 관계에 대해 각기 다른 생각을 지니고 있었다. 영국의 청교도들은 뉴잉글랜드에 정착하였지만 역시 영국에서 건너 온 침례파들은 종교와 정치의 일치 거부로 인해 로드아일랜드로 밀려나게 되었다. 한편 네덜란드와 스코틀랜드의 장로파 신자들과 영국의 퀘이커 교도들은 뉴욕에 정착하였고 모라비안교도, 루터교도, 퀘이커, 그리고 다양한 재침례파 신도들은 펜실베이니아에 자리를 잡았다. 영국 국교도는 남쪽의 버지니아와 조지아 주에서 주축을 이루었다.

그러나 미국 식민지 초기에 정치 사회적 영향력을 가장 많이 행사한 세력은 청교도들이었다. 청교도주의는 종교적 신념과 사회적 태도의 결합체로서 미국 독립전쟁 당시 미국 시민의 75%가 신봉했던 신앙 체계였다. 특히 회중교회(Congregational Church)로 대표되는 청교도주의는 국교회가 공식 종교인 남부와 중부 식민지의 대도시에서 상당한 영향력을 행사하였다. 그러나 청교도적 전통은 미국인들이 겪은 독특한 경험을 통해 상당부분 실제적인 변화를 거치면서 새로운 가치로 자리 잡게 되었다. 청교도들이 미국에서 경험한 정치적, 문화적, 사회적 혁명은 미국적 특성을 지닌 가치의 상당 부분을 만들어 냈으며 정치와 종교의 관계 또한 예외가 아니었다.

영국의 청교도들이 미국으로 건너온 것은 대부분 영국의 정치 상황 변동에 따른 것이었고 특히 정치권력과의 관계 악화 때문이었다. 따라서 청교도들 대부분은 정치와 종교의 분리를 주장하는 분리주의자들(Separatists)이었다. 물론 신대륙으로 건너온 청교도들 중에서 국가와 종교의 일치를 지지하는 사람들도 존재하였다. 그러나 이들이 지닌 정치와 종교의 관계에 대한 신념이 무엇이었든 간에 신대륙에서의 국가 건설 과정은 의미 체계의 조정 과정을 거치게 하였고 미국식 정치 종교 관계를 형성하게 하였다. 그 결과 청교도들은 오늘날까지도 계속 영향을 미치고 있는 미국식 정치 문화의 수사를 만들어 냈다. 제도적 차원에서는 종교의 탈제도화를 가져왔기에 신정 정치도 아니고 정치와 종교가 일치하는 공동체로서의 국가가 주도하는 '공동체 종교'도 아닌 정치 체제를 만들어 냈다. 그렇다고 해서 종교가 정치와 완전히 분리되어진 것도 아니었기에 일종의 신정 정치와 국가 감독 종교의 양극단 사이에서 중간 단계를 새롭게 유지하고 있었다고 할 수 있다. 사회적 차원에서는 도덕주의적 특성이 가미된 공화주의를 바탕으로 나라를 세웠기에 종교가 제시하는 실용적인 도덕적 청렴과 문화적 우월성에 대한 자부심을 사회구성원들이 갖도록 하였고 이를 종교가 다시금 추인하는 식이 되어 훗날 로버트 벨라가 말하는 시민 종교(civil religion)를 형성하게 되었다.

이러한 생각은 미국으로 건너온 청교도들이 지닌 신으로부터의 소명의식, 즉 신이 부여한 '광야로의 심부름'[1]을 완수해야 한다는 신념 때문이었다. 그 결과 오직 미국에서만 국가주의(nationalism)가 기독교적 의미의 성스러움을 실천할 수가 있었다. 이는 성스러움과 세속성이 미국에서 융합되었다는 것을 의미한다. 여기서는 정치적 차원에서, 사회 윤리적 차원에서 성과 속이, 또는 종교와 정치가 어떻게 융합하면서 새로운 정치와 종교의 관계를 만들어 냈는가를 논하고자 한다. 이를 위해 먼저 '도덕률 폐기 논쟁(Antinomian Controversy)'을 중심으로 최초 식민지들의 국가 종교 강화 과정에 대하여 살펴볼 것이다. 이는 종교의 탈제도화를 통해 미국식 정치 종교, 또는 시민 종교의 기틀을 어떻게 마련했는가에 대한 배경을 논의하는 것이다.

새로운 국가 공동체(commonwealth)를 신대륙에서 세우는 일은 쉽지 않았다. 구성원 전체를 독특한 정체성을 가진 국민으로 묶어주는 공통의 습성과 감수성이 아직 갖추어지지 않았기 때문이다. 다양한 국가적 배경과 종교적 전통을 갖고 미국으로 건너 간 사람들이 자신들의 지속적인 과거 경험과 정체성(국가든 종교든 간에)에 새로운 경험을 조화롭게 대치시키는 수단을 갖는 것은 쉽지 않았다. 1630년 매사추세츠에 청교도 공화국을 세운 사람들은 전통의 계속성과 신대륙에서의 경험이 주는 새로움 사이의 섬세한 균형을 유지하려고 노력하였다. 그러나 이러한 노력에도 불구하고 과거와 현재의 갈등은 피할 수가 없었다. 갈등이 가장 두드러지는 영역은 정치와 종교 영역이라 할 수 있다. 영국의 정치적 영향력과 교회 권력의 제도가 여전히 존재하는 시점에서 정치적으로, 그리고 종교 제도적으로 독립을 유지하는 동시에 무시할 수 없을 정도의 연관성을 유지하는 새로운 정치 체제를 만들어 낸다는 것이 쉽지 않았던 것이다.

미국 청교도들이 영국에서 혁명을 주도한 청교도들과 다른 점은 영국 청교도들의 구원 귀족 모습을 미묘한 방식으로 피해갔다는 사실이다. 그들은 질서 정연한 절차와 의례를 정치 활동에 포함시킴으로써 폭력 사용을 통해 문제를 해결하는 구원 귀족의 충동을 억제할 수 있었다. 따라서 신정 정치나 국가 주도 종교 정책의 양 극단으로 치우치기 보다는 중간적인 입장을 취함으로써 교회와 국가 사이에 새로운 관계를 설정하였다고 할 수 있다.[2]

이 새로운 관계를 한마디로 한다면, 헌법 제1수정안에서 제시된 정교 분리 원칙을 고수하면서도 정치 사회적 차원에서는 종교적 영향력 행사와 종교의 권력화 등의 모습을 지키는 것이었다. 이러한 과정이 순탄하게 이루어진 것만은 아니다. 종교 개혁 전통의 의미 체계는 새로운 정치 공동체의 실험이 이루어지고 있는 상황에서 현실과의 변증법적 조응 관계를 겪으면서 종교 내적 갈등을 피할 수가 없었다. 가장 처음 일어난 종교 갈등, 또는 신학적 논쟁은 '도덕률 폐기론 논쟁'이었다. 이는 기본적으로는 신학적 논쟁이지만 국가 종교 대 개인 종교, 공동체 종교 대 종교 공동체, 신앙 대 윤리, 새로운 공동체의 모델로서의 구약성서 대 신약성서 사이의 선택 문제가 포함된다.

뉴잉글랜드에 새로운 이스라엘의 기독교 유토피아를 세우는 일이 어려웠다는 것은 사실이다. 영국의 크롬웰의 혁명과 이후의 왕정복고 등은 미국으로의 이민 정책에 상당한 혼선을 가져왔다. 그러나 더 큰 문제는 종교 내적 긴장의 등장이었다. 무엇보다도 기독교의 오랜 논쟁거리인 구원 달성에 있어서 인간의 역할과 신의 역할에 대한 질문이 있었

다.³

　미국으로 건너간 청교도들은 기본적으로 개혁 신학의 전통에 따라 구원의 주권이 신에게만 있다는 운명예정론을 추종하였다. 즉, 인간은 타락한 존재라는 사실을 인정하였기에 인간의 구원은 전적으로 신의 의지에 달려있고 신의 선택에 의해 결정된다고 믿었다. 그럼에도 불구하고 인간은 신의 축복 여부와 관계없이 신의 뜻에 순종함으로써 신을 영광스럽게 해야 한다고 생각하였다. 이러한 생각은 인간의 외적인 삶의 개선이 구원의 선행 조건이 되지 못한다는 것을 말해주는 것으로 아르미니우스주의(Arminianism)가 주장하는 신의 주권과 인간의 자유 의지 사이의 양립 가능성을 부정하는 것이다. 이것이 반율법적인 '도덕률 폐기 논쟁'을 불러왔다.

　자연인 또한 세례를 통해 '표면적인 계약(external covenant)'을 맺었다면 신의 약속에 응답할 수 있는가? 또는 성령에 의한 심령 변화의 순간을 위해, 그리고 효과적인 소명을 받기 위해 스스로 준비 할 수 있는가, 또는 준비해야 하는가? 이 입장에 동의하는 자들은 뉴잉글랜드를 세운 토마스 후커(Thomas Hooker) 등이다. 그러나 보스턴의 잔 코튼(John Cotton) 등은 신의 선택(election)에는 조건이 없으며 성령에 의한 내적 심령의 변화 경험(inner experience of regeneration)만을 강조하였다. 따라서 코튼의 매사추세츠 식민지 교회는 성령에 의한 내적 변화를 경험한 자만으로 구성원을 제한하였다. 그러나 1634년에 후커와 그의 교인들은 매사추세츠만의 식민지를 떠나 코네티컷의 하트포드(Hartford)로 이주한다. 더 많은 땅을 갖고자 하는 생각도 있었지만 회심에 있어서 율법적인 활동에 대한 생각을 펼치기 위함과 동시에 교회 구성원이 되는 엄격한 자격 조건을 느슨하게 만들기 위해서였다. 또한 보다 확대된 자유에 대한 욕구, 보다 확대된 참정권, 그리고 행정권자의 제한된 권력 행사 등도 고려한 것이었다.

그러나 교회와 국가의 관계에 대한 후커의 사상이 매사추세츠만의 식민지보다 더 자유주의적이지 않다는 데에서 문제가 발생하였다. 코튼이나 후커 모두 국가와의 관계에 있어서는 보수주의적인 입장인 반 분리주의적 입장을 취했다. 이에 대하여 평신도 신학자이며 예언자라 불리는 앤 허친슨(Anne Hutchinson)이 반기를 든다. 그녀는 코튼의 추종자로서 코튼의 구원의 은총에 대한 내적 표식의 강조에 동의하면서 행위 계약(Covenant of Works)을 비판하였다. 행위 계약은 윤리적 행위나 법률의 준수가 신과 인간의 계약이라는 것으로 은총 계약(Covenant of Grace) 즉, 계약은 신의 은총에 의해서만 이루어진다는 생각과 대립되는 개념이다.4 위에서 언급했듯이 구원에 대한 주권은 신에게만 주어지기에 인간의 노력과는 관계없다는 생각이 은총 계약의 핵심이다. 따라서 그녀는 그가 존경했던 코튼이 은총 계약에서 행위 계약으로 돌아섰다고 비판하면서 도덕률 폐기 논쟁을 불러일으켰다. 1936년에 시작된 이 논쟁은 이듬해에 법원에 의해 허친슨의 추방이 결정되고 그녀의 형부 존 윌라이트(John Wheelright) 목사가 추방됨으로써 종결되었다. 허친슨의 비판과 논쟁을 이해하기 위해서 은총계약과 행위계약의 대립이 초기 매사추세츠 식민지 건설과정에서 어떻게 나타났는지 역사적 검토가 필요하다.

 미국으로 건너 간 청교도들의 정치와 종교에 대한 인식이 다양했다는 사실은 이미 언급하였다. 정치와의 관계에 대한 신학적 인식은 고정적이지 않고 역사적 경험에 따른 변화를 겪게 된다. 매사추세츠로 건너간 두 집단은 정치에 대한 두 개의 상이한 인식을 가지고 있었다. 한 집단은 1620년 메이플라워호를 타고 보스턴의 플리머스 항구에 도착한 순례자들(Pilgrims)이다. 이들은 '분리주의 청교도(Separating Puritans)'로 찰스1세(r. 1625-1639)의 박해를 피해 네덜란드로 이주하였다가 스페인의 네덜란드 재점령에 대한 두려움 때문에 미국으로 건너왔고 플리머스에 식민지를 건설하였다. 개인 신앙의 자유를 추구한 이들은 영국국교회와 공존할 수 없었기에 평신도와 성직자 간에 차별을 두지 않는 독립적인 회중교회를 지지했다. 그러나 이들의 이상은 실현되지 못하고 경제적 어려움과 독립된 식민지 건설의 실패로 1691년 매사추세츠 식민지로 강제 합병됨으로써 고유성을 상실하게 된다.

순례자들을 합병하게 되는 매사추세츠 식민지는 1630년 보스턴 지역으로 건너온 1,000여명의 청교도들에 의해 세워졌다. 이들은 대개 국교회와의 완전 분리를 주장하지 않는 청교도들이었고 일부는 국교도들이었다. 이들은 제도 교회의 형태를 취하기에 평신도와 성직자들 사이의 계급적 질서를 인정했다. 문제는 이들 청교도들 또한 순례자들처럼 로마나 캔터베리의 권위에 저항하면서 신앙의 개인성을 인정하였지만, 미국에서 나라를 세우면서 지배 엘리트로 변신하기 시작하였다는 데 있었다. 그리고 초기부터 있었던 개인의 경건함에 대한 강조가 새로운 국가 공동체를 만들면서 이를 위해 필요한 충성과 순종에 대한 강조로 변모하게 되었다는 데에도 있었다.[5]

이러한 과정에서 매사추세츠 청교도들은 순례자들의 개인 종교와 달리 국가 종교를 강조하게 되고 신앙보다는 윤리적 행위와 준법에 초점을 더 맞추게 되며 신약성서에서보다는 구약성서에서 자신들의 새로운 정체성을 더 확인하게 되었다. 이들은 스스로를 신에 의한 '광야로의 심부름'과 '신의 섭리를 수행하는 집단(collective agent of providence)'[6]의 이미지를 지닌 자들로 여겼고, 자신들의 탈유럽을 출애굽(Exodus)과 동일시하면서 자신들이 세워야 할 나라를 새로운 이스라엘로 간주하였다.

선민의식으로 가득 찬 국가 공동체를 지향하는 청교도들은 은총 계약만을 고집할 수가 없게 된다. 공동체 유지를 위해 구성원들의 윤리적 행위와 법률 준수가 절대적으로 필요했기 때문이다. 또한 그들이 신과 맺은 계약은 영적인 차원에만 한정되는 것이 아니라 정치 사회적 차원으로 확대되지 않을 수 없게 된다. 신앙 공동체가 정치 공동체의 모습과 겹쳐지기 때문에 청교도들은 사랑을 중심으로 한 탈정치적이고 탈민족적인 보편적 형제자매애가 강조되는 신약보다는, 율법을 바탕으로 하면서 신의 선택을 받은 국가 유지를 위해, 율법 준수를 강조하는 구약에 더 치중하게 되었다.

허친슨이 제기한 '도덕률 폐기 논쟁'은 청교도들의 은총 계약에서 행위 계약으로의 변모, 즉 정치로부터의 분리가 정치 종교의 설립으로 변하는 과정에서 세기되었던 사건이면서 제도화된 교회와 개인의 신앙이 충돌한 사건이라고도 할 수 있다.7 이 사건의 이면에는 미국의 교회와 국가의 관계가 영국의 국교회처럼 다시금 미국에서 자리를 잡게 되었다는 사실이 숨겨져 있다.

따라서 뉴잉글랜드에서는 구성원들의 행위(works)를 다시금 강조하게 되었고 '예비적 행위(preparation)'를 중시하게 되었다. 그러나 동시에 이들은 아르미니우스주의를 거부함으로써 인간의 노력에 의해 신의 주권 의지가 강요되지 않는다는 캘빈 사상을 지키려고 하였다. 이들이 요구한 것은 다만 신의 축복 약속에 법률 준수로서 응답하는 것이었고, 죄인들의 회개에 있어서 신의 율법이 행하는 역할을 인정하고, 국가 공동체에 거하고자 하는 모든 이로 하여금 신앙적 순종의 필요를 확신하게 하는 것이었다. 종교 개혁의 자유로운 개인 종교 경험을 강조하면서도 전체로서의 공동체 국가 유지를 위해 맺어진 신과의 '국가 계약(national covenant)'이 강조되어지기에 다른 선택의 여지가 없었다.8

요약하면 청교도들은 새로운 체제의 유지를 위한 도덕적 제어 기제를 확보하기 위해, 그리고 신으로부터의 소명 의식을 완수하고 국가주의(nationalism)가 성스러움의 기독교적 의미를 수행할 수 있도록 만들기 위해 처음 영국에서 건너 올 때의 생각과는 다르게 뉴잉글랜드에서 성스러움과 세속성의 융합, 정치와 종교의 결합을 이룬 것이다. 이는 개인적 차원의 소명 의식과 별도로 공동의 소명(common calling)이 있었음을 말해주는 것이기도 하다.

초기 청교도의 정치와 종교에 대한 인식의 특성은 다음과 같이 정리된다. 첫 번째 특성으로 정치 종교적 배타성을 들 수 있다. 청교도주의는 북미의 영국 식민지 정착에 있어서 적극적인 힘으로 작용하였다. 예컨대 매사추세츠만 식민지(Massachusetts Bay Colony)에서는 아직 정교분리 원칙이 만들어지지 않았기에 여전히 '공동체 종교'로서 청교도주의는 이교도나 이단으로 정죄된 종파로 하여금 발붙일 곳이 없게 하였다. 이교도가 가질 수 있는 자유는 '우리(청교도)로부터 떨어져 있을 자유' 밖에 없었다.9 1644년에는 신앙의 개인주의(personalism)를 강조한 침례파들이 청교도의 결속에 대한 도전으로 비춰져 식민지로부터 추방을 당했고, 1659년과 1661년에는 몇몇 퀘이커교도들이 거듭된 추방과 채찍질에도 불구하고 떠나지 않자 보스턴에서 공개적으로 교수형에 처해졌다.

두 번째 특성은 정치와 종교의 융합에도 불구하고 정교분리가 정치적 차원에서만 이루어졌다는 사실이다. 신정 정치가 펼쳐지지 않았다는 것이다. 예컨대 교회 장로들은 시 행정부의 요직에 대한 피선거권이 주어지지 않았다. 켈리(George Armstrong Kelly)에 의하면 청교도주의의 "엄격한 신앙 지침이 두루두루 삶 속에 스며들어 있었지만 국가와 교회는 구별되어 있었고 목회자는 유럽의 어느 곳에서보다도 정치에 대해 약한 통제력을 행사하였다."10 코튼은 매사추세츠의 법률이 모세의 율법을 따라야 한다고 제안하였지만 거의 지지를 받지 못하였다. 성서는 초기 매사추세츠의 도덕적 행위 규범의 시금석(touchstone)이었지만 그 원칙은 식민지 법률 체계의 초석(cornerstone)인 영국 불문율(common law)의 중개를 통해 적용되었을 뿐이다.11

중요한 것은 매사추세츠 만에 식민지를 건설한 청교도들이 1630년에 주지사 윈드롭(John Winthrop)이 명명했던 '언덕 위의 도시'를 세계가 모방해야 할 하나의 새로운 기독교 국가의 모델로 삼았다는 사실이다. 이스라엘에 대한 신의 통치 모델을 바탕으로 신이 부여한 이 세상에 대한 새로운 사명, 즉 세상을 구원하는 역할을 위한 나라를 세워야 한다고 확신하였던 것이다. 새로운 이스라엘로서 선택된 나라의 의미는 훗날 미국이 북미 대륙을 가로 지르는 강대국이 되는 사명 또는 '명백한 운명(manifest destiny)'[12]의 국가가 되면서 고조되기에 이르렀다. 미국은 인디언들로부터, 그리고 멕시코로부디 토지를 빼앗으면서 그 근거로 미합중국의 도덕적 우월성을 내세웠던 것이다. 이러한 신으로부터 선택된 국가로서의 이상은 20세기에 들어 미국이 세계 강대국의 하나가 되면서 미국 외교 정책의 중요한 논리로 발전하였다.[13]

제3장

개신교 근본주의의 출현: 종교의 정치화

헌법적 차원에서 종교의 탈제도화가 있었고 사회적 차원에서의 탈제도화라 할 수 있는 시민 종교의 발전이 있었음에도 불구하고, 복음주의는 근본주의의 색채를 띠고 정치 사회적 차원에서 강한 저항을 표하게 된다.[1] 복음주의의 정치종교화라 말할 수 있는 이 근본주의는 20세기 초에 미국에서 형성되어 오늘에 이르기까지 급격한 사회, 문화 변동의 소용돌이에 대응하면서 부침을 거듭 해 왔다.

근본주의는 그 명칭이 말해주듯이 근본 원리에의 헌신을 강하게 고수하기에 원리와 모순되는 상황에 대하여 강한 거부감을 보인다. 따라서 상황과의 변증법적 조응 관계는 물론 현실과의 타협은 불가능하고, 끊임없이 전개되는 미래의 변화에 대하여 여전히 과거의 잣대와 원리를 적용하려는 성향을 강하게 보여준다. 특히 문화의 변화에 대해서는 비합리적일 정도로 완고한 저항의 모습을 드러냈다.[2] 그러나 근본주의 자체가 역사성이 없는 것은 아니다. 새로운 상황에 대해서는 공격적이고 부정적이기는 하지만 근본 원리를 유지하면서 견강부회(牽强附會)적 해석인 결의론(casuistry)을 통해 다양한 태도 변화를 역사적으로 나타내고는 하였다.

근본주의의 역사성을 강조하는 것은 근본주의라는 용어의 일반적인 사용이 가지는 오류 때문이다. 오늘날 근본주의를 기독교 보수주의와 혼동하여 사용하는 것이 일반적인 추세이다. 성서의 무오성과 문자적 해석 등에 집착하는 기독교인들을 주로 근본주의자로 여기지만 기독교 보수주의와 혼동하는 식의 호칭 사용은 '근본주의'에 대한 또 다른 문자적 해석의 결과이다. 왜냐하면 위에서 말하는 신앙적 자세는 복음주의자들의 일반적인 특성이라 할 수 있기 때문이다. 복음주의자들은 축자영감설을 강하게 믿고 성서를 문자 그대로 이해하며 예수 그리스도의 죽음으로 인한 죄의 용서와 이를 통한 구원에 대한 확신을 가진 자들을 의미한다. 그렇다고 해서 복음주의자들 모두가 근본주의자는 아니다. 예컨대 카터 대통령은 거듭남(born again)의 경험을 고백한 복음주의자이지만 아무도 그를 근본주의자라고 부르지 않는다. 근본주의는 복음주의에서 파생된 하나의 흐름이다. 근본주의가 성립하기 위해서는 무엇보다도 정치와의 관계가 전제되어야 한다. 즉 정치권력을 이용한 종교 세력의 대사회적 영향력의 확대를 공격적으로 꾀하는 종교 운동이 바로 근본주의 운동이다. 따라서 근본주의는 그 강조점이 교리의 신봉 정도의 차원에 있는 것이 아니라 사회적 차원의 교리 수호, 즉 교리에 입각한 대사회적 반응과 운동의 정치화 정도에 있다.

미국의 독특한 사회적 상황이 만들어 낸 역사적 산물로서의 근본주의는 특히 1차 세계대전 후의 1920년대, 세속화가 가속된 1970년대와 80년대, 그리고 9/11 사태를 전후한 2000년대에 적극적이고 공격적인 대사회적 대응을 보였다. 여기서는 근본주의의 역사적 전개 과정에 대하여 논하면서 어떻게 복음주의가 근본주의의 전형적인 투쟁 모델로서 공적 영역에 진입하는가에 대하여, 그리고 어떻게 부분적 가치를 지향하는 이데올로기 종교로 전락하였는가에 대하여 논하고자 한다.

1. 1차 세계대전과 모더니즘 논쟁

'근본주의'는 오늘날 기독교는 물론 이슬람교, 힌두교, 시크교 등 세계적으로 널리 사용되는 극단적이고 자극적인 종교 운동을 지칭하는 용어가 되었다.³ 그러나 이 용어의 원천은 1910년에서 1915년까지 12권의 시리즈물로 학문적 역작(*tour de force*)을 이룬 『근본 원리(*The Fundamentals*)』의 발간에서 찾을 수 있다. 캘리포니아 남부 석유 갑부 스튜어트(Lymann Stewart)의 지원과 추진에 힘입어 '진리에의 증언'을 하는 이 책의 저자들은 주로 미국과 영국의 성서학자들과 대중적 종교저술가들이었다.⁴ 그러나 이 책이 종교인, 선교사, 신학자, 교수, 주일학교 교사 등과 YMCA나 YWCA, 신학교 등에 무료로 배포되었지만 신학 학술지나 대중 신앙잡지에서 거의 언급되지 않는 등 기대한 바의 커다란 반응을 얻지는 못했다. 그것은 책의 내용이 훗날 근본주의 운동의 공격 대상이 되는 모더니즘에 대한 반대, 성서 고등 비판에 대한 반격, 자유주의 신학의 위협에 대한 주의 등과 함께 영혼 구원, 개인의 종교 체험 같은 내용을 담고 있던 반면, 개인적이거나 사회적 차원의 윤리 문제에 대하여는 구체적인 주의를 기울이지 않았을 뿐만 아니라 정치적 논란을 야기하는 내용에 대해서는 의도적으로 언급을 피하였기 때문이다.⁵

그러나 1920년에 '근본주의자'라 불리는 자들이 등장하여 모더니즘과의 논쟁을 시작하면서 근본주의의 상징적 참고 문헌으로 다시금 이 책이 등장하였다. 1925년 테네시 주의 스콥스 재판(Scopes trial)에서 절정을 이룬 모더니즘에 대한 투쟁이 주로 진화론에 대한 공격과 함께 진화론의 학교 교육 금지 등의 이슈에 집중되었지만 실제로 이들이 목표했던 것은 호세 카사노바가 종교의 두 번째 탈제도화라 부른 '정신세계의 세속화(secularization of the life of the mind)', 또는 사상적 탈제도화의 결과로 상실된 공적 영역에서의 지배권 회복이었다.6 따라서 1920년대의 근본주의 운동은 이미 사회의 여러 분야에서 제도적인 분리 내지 이탈을 경험한 종교의 약화된 공적 위상에 대한 불안에서 시작되었다고 할 수 있다. 그 첫 번째 이탈은 정치 제도적 차원의 것으로 위에서 말한 두 번째 탈제도화와 훗날 삶의 방식에서의 이탈 배경이 된다.

1920년대 근본주의 운동의 배경이 되는 정신세계의 세속화란 프랑스 혁명에서 말하는 의식의 자유 또는 사상의 자유의 미국식 버전(version) 이라고 할 수 있다. 미국은 19세기 초 토마스 제퍼슨이 주도한 헌법 제1수정안을 통해 종교 실천의 자유와 함께 정부의 세속적 성격을 공표하였다. 미국에서는 정체적 차원에서 지향하는 정교분리 원칙이 정치혁명을 통해 종교를 제도적으로 퇴출시킨 프랑스나 유럽 국가들과 달리 헌법수정이라는 민주적 절차를 통해 세워졌다.7 카사노바가 첫 번째 종교의 탈제도화라고 한 이 '헌법적 탈제도화'는 교회와 국가의 분리이자 시민공동체와 종교 공동체의 분리였다.8

그러나 헌법적 정교분리가 곧바로 종교의 사유화나 퇴락을 가져 온 것은 아니다. 국가의 세속화가 유럽처럼 사회의 세속화를 가져 온 것은 아니라는 것이다. 오히려 종교는 또 다른 공적 영역이라 할 수 있는 시민사회에서 주도적인 역할을 하였다. 이를 1830년대에 일어난 미국 복음주의 개신교의 시민 종교화 또는 공적 종교화라고 부른다. 즉 개신교 교단의 공통분모로 작용한 복음주의가 미국 시민과 사회 질서는 물론 사회의 에토스를 기독교화 하였다는 것을 의미한다. 복음주의가 시민사회의 공적 담론에서 헤게모니를 장악하였음은 물론, 개신교가 세운 여러 대학과 공립학교, 주일학교를 통해 교육의 전 영역을 복음주의 정신으로 가득하게 하였고, 각종 복음주의 단체나 대중 매체를 통해 사회도덕 운동이나 사회 개혁까지 주도하게 된 것이다.[9]

미국 전역의 소도시에서는 때로는 소수 인종의 출신 배경에 따라, 또는 교단별 차이에 따라, 그리고 계층에 따라 세워진 교회 공동체를 중심으로 사회 집단이 형성되어졌기에 종교 공동체는 곧 사회 공동체였다고 할 수 있다. 베버에 따르면 19세기에 미국인 중에서 교회에 등록하지 않는 자들은 전체 인구의 6%에도 미치지 못했다.[10] 헌법이 보장하는 자유로운 종교 실천은 다양한 종교 시장의 형성과 경쟁을 허용하는 구조적 틀을 마련하였기에 구성원의 사회적 인종적 배경 등의 다양성과 함께 신학적 차이가 교단 등의 종교 공동체 사이에 존재하였지만, 복음주의라는 우산 아래서의 지배적 에토스가 사회적으로 실천되는 데에는 하등의 문제가 없었다. 특히 복음주의의 특성이라 할 수 있는 부흥주의, 경건주의, 성화 운동 등의 미국 사회에서의 제도화는 19세기 후반기까지 계속되었다. 한 마디로 미국의 종교는 탈제도화되는 대신에 공공화되었던 것이다.

그렇지만 이러한 복음주의에 의한 시민사회의 지배가 순탄한 것만은 아니었다. 이미 남북 전쟁의 이면에 깔려 있었던 경제적 차원과 사회 구조적 차원의 변화가 미국인 의식 구조의 변화, 즉 위에서 말한 두 번째 탈제도화인 정신세계의 세속화를 야기하였다. 대표적인 경제, 사회 구조적 변화란 산업화와 도시화를 말한다.

일반적으로 알려진 노예 해방의 의미보다는 농업 사회와 산업 사회와의 갈등이라 할 수 있으며, 보다 구체적으로는 북부의 산업 세력과 남부 농업 세력 사이의 노동력 쟁탈을 위한 전쟁이었던 남북 전쟁(1861-1865)은 북부의 승리로 귀결되면서 미국 사회의 급격한 산업화와 도시화를 가져왔다. 또한 산업 발전에 필요한 노동력의 수요 증가와 함께 노동력의 질적 향상과 전문화가 요구되자, 고등교육의 지향이 종교적인 것에서 세속적인 것으로 완전히 탈바꿈하였다. 여러 대학의 최초 설립 동기가 종교 교육을 통한 교양인의 양성이었기에 처음에는 신학부가 대학의 중심이었지만, 이제 이들은 뒤로 밀려나고 진화론을 포함하여 합리성을 바탕으로 한 자연과학과 인문과학이 사회과학과 함께 전면에 등장하기 시작하였다. 결국 사회를 주도하는 인물 양성기관인 대학의 세속화는 종교의 시민사회에서의 문화적 헤게모니 상실로 이어졌다. 한 마디로 종교적 세계관은 학교에서도, 그리고 지금까지 종교의 에토스를 중심으로 유지되던 시민사회에서도 유일한 지배적 의미 체계로서의 역할을 더 이상 할 수 없게 되었다.

한편 산업화로 인한 도시화와 소도시 통합으로 이루어진 대도시화는 종교 공동체를 더 이상 허용하지 않았고 동시에 개인의 생활 방식에 있어서의 변화, 즉 경제적 개인주의까지도 야기하기에 이르렀다. 주로 19세기 후반부에 시작된 대도시화는 인구의 폭발적 증가와 함께 익명의 사회를 가져왔으며 이전의 소도시 중심의 공동체 형성을 불가능하게 하였고, 그 결과로 대도시에서는 공동체의 중심이었던 교회가 설 곳이 없게 되었다.[11]

산업화가 가져온 또 따른 구조적 변화는 기업 합병이다. 주로 남북 전쟁 직후부터 시작한 대기업화 과정에서 사업체는 국가로부터 또 다른 차원의 인격을 부여받았는데 '법인(法人, legal person)'이 바로 그것이었다.[12] 나름대로의 생명력을 갖게 된 사업체는 더 이상 특정 개인과 동일시되지 않았으며 소유와 경영의 분리와 함께 도덕적 규준에 대한 양심의 가책이나 책임감으로부터의 해방을 가져왔다. 주식 투자자들은 투자에 대한 책임만을 지기에 시장 경제의 비인간적이고 몰가치적인 행태에 대해서는 아무런 책임을 지지 않게 되었다. 오늘날까지도 널리 수용되는 간접투자방식으로의 주식 투자는 투기가 지니는 비윤리적 측면을 가리어 주거나 의식 속에서 걸러내 주었다.

19세기 말까지 계속된 이러한 사회 구조적 변화에 대하여 북부의 전천년왕국설자들과, 전쟁에서 패한 후 정치 사회적 차원에서는 물론 종교적 차원에서도 더욱 분리주의적인 행태를 취한 남부의 복음주의자들은 침묵하면서 개인의 신앙 세계로 침잠하였다. 그러나 복음주의 내의 후천년왕국설자들은 예수 재림을 맞이하기 위해 이 세상을 정화해야하기에 사회에 대한 영향력 감소를 인정하지 않으려 하였다. 하지만 결국 시민사회 내에서의 제한적 역할을 인정하면서 다른 세속적 개혁 운동과 공존을 모색할 수밖에 없게 된다. 한편 모더니즘과의 변증법적 조응 관계를 인정하는 자유주의 신학에 기반을 둔 사회 복음(Social Gospel)이 등장하였는데 이들은 후천년왕국설자들과 함께 주로 뉴잉글랜드를 중심으로 하는 북부에서 활동하였다.13 대표적인 사회 복음의 선구자인 라우셴부쉬(Walter Rauschenbusch, 1861-1918)는 기독교 도그마의 본질인 '하느님 나라'를 '잃어버린 기독교의 사회적 이상'으로 간주하였다. 그는 또한 자유방임주의를 비윤리적이고 비기독교적이라고 비판하면서 온건한 사회주의로의 개혁을 주장하였다.14 진보주의적이고 점진적인 사회주의 사상의 영향을 받은 사회 복음은 자본주의 시장 경제 체제의 통제 불가능한 권력을 제한하고 빈자의 경제적 구원과 정의의 현세에서의 실천을 강조하였다.15

논리적으로는 이러한 정신세계의 세속화에 대한 저항으로서 근본주의의 출현이 예상되었지만 아직은 아니었고 다만 그 기초만이 만들어졌을 뿐이다. 예컨대 북부 복음주의자들 중 보수적인 성향을 가진 자들은 정신세계의 세속화를 종교적으로 극복하고자 노력하였다. 즉 개인의 영혼 구원을 중요하게 여겼고 이를 위한 선교에 더욱 힘쓰게 되었다. 일례로 무디(Dwight L. Moody, 1837-1899)의 부흥 운동 중심의 도시선교운동을 들 수 있는데 그는 인간의 노력에 의한 천년왕국의 이 땅에서의 완성 가능성을 제시한 전임 부흥주의자였던 핀니(Charles G. Finney,

1792-1875)와 달리 교회의 세속적 세상으로부터의 철저한 분리와 함께 결별을 독려하였다. 그러나 무디를 추종하던 전천년왕국설자들은 20세기 초 모더니즘과의 투쟁을 전개하면서 사회 전면에 등장한다.

세속으로부터의 도피에서 세속 사회, 특히 시민사회의 정복에로의 전환, 즉 복음주의의 근본주의화, 또는 전천년왕국설자들의 정치적 무관심에서 정치적 관심으로의 전환이 결정적으로 일어난 것은 미국의 제1차 세계대전 참여를 둘러싼 모더니즘과의 논쟁 때문이었다. 먼저 시카고 대학의 자유주의 신학자들은 전쟁 참여를 거부하는 전천년왕국설자들을 시민적 책임 거부와 민주주의의 이상 파괴 행위자로 비난하면서 이들과 독일 정부 사이의 기금 지원에 대한 의혹을 제기했다. 이에 반격에 나선 무디성서연구원(Moody Bible Institute)의 전천년왕국설자들은 자유주의 신학과 고등성서비판의 독일 기원을 강조하면서 독일 군국주의자들과 자유주의 신학자들과의 연계 가능성을 거론하였다. 두 진영 사이의 신학적 논쟁은 진화론 등의 모더니즘 문화 논쟁으로 발전하였다. 전천년왕국설자들은 약육강식의 진화론과 독일군국주의를 연결시켜 독일을 비난하였고, 결국 전쟁 참여를 지지하면서 근본주의로 전환한다.

결과적으로 전쟁은 복음주의자들을 전투적인 근본주의자로 변모시켜 사회 변화를 둘러싼 다양한 논쟁의 전선에 뛰어들게 하였다. 또한 전천년왕국설자들을 정치화하였고 복음주의 기독교와 미국을 동일시하는, 즉 '공동체 종교'를 지향하게 하였다. 정치 단위와 종교 단위의 일치는 다른 나라와의 적대적 관계가 있을 때마다 거듭해서 등장한다. 미국 근본주의의 전통적 지향점이 된 배타적 애국주의는 근본주의와 복음주의를 구별하는 하나의 준거가 된다. 근본주의 개념이 오늘날 이슬람교의 국가화를 지향하는 이슬람 전사들에게까지 확대되어 사용되어지는 이유가 여기에 있다. 또한 9/11사태를 겪게 되자 테러와의 전쟁을 선과 악의 대립으로 승화시키면서 근본주의자들이 미국 패권주의 수호자 역할을 자처하게 된 것도 이러한 근본주의의 애국 전통 때문이다.

전쟁을 통해 공적 영역에의 진입을 경험한 근본주의자들과 보수적인 복음주의자들은 여세를 몰아 1919년에 정신세계의 세속화로 상실된 시민사회에 대한 지배력을 재탈환하기 위해 우선 수정헌법 19조를 제정하여 금주법과 공립학교에서의 진화론 교육 금지 등을 관철한다. 특히 모더니즘에 대한 이들의 저항은 근본주의가 '모더니즘을 전투적으로 반대하는 개신교 복음주의'라고 불릴 정도로 극심하였다.[16] 북부의 개신교 교단 내의 자유주의 모더니스트들과 공립학교의 진화론 교육자, 그리고 도시화된 미국에서 술과 낭만을 이야기하는 세속주의자들을 상대로 한 근본주의자들의 공격이 절정에 이르게 된 것은 스콥스 재판(또는 원숭이 재판)으로, 진화론을 교육시킨 고등학교 교사 스콥스(John Scopes)를 법정에 세웠던 사건이었다. 젊은 자유주의 변호사 대로우(Clarence Darrow)와 윌슨 대통령의 국무장관을 지내다 미국의 제1차 세계대전 참전을 반대하면서 사임했던 브라이언(William J. Bryan) 검사의 법정 논쟁은 전국에 라디오로 생중계 되면서 미국 전역을 들끓게 하였다.[17] 결국 합리성의 꽃이라고 할 수 있는 법의 심판대에서 합리적인 논리를 갖춘 진화론과의 논리적 대결을 벌인 창조론은 비합리성만을 만천하에 드러내는 결과를 가져왔다. 그러나 논쟁에서의 패배와 관계없이 근본주의자들은 법적인 승리를 이끌어 냈다.

하지만 승리에도 불구하고 근본주의자들은 합리적 에토스가 지배하는 현대 사회의 조롱거리로 불명예만 잔뜩 안게 되었고 결국 전국적 활동을 접고 뒤로 물러난다. 금주법 또한 루스벨트(Franklin Delano Roosevelt) 대통령 취임 이후인 1933년 수정헌법 21조로 폐지된다. 그러나 근본주의가 사라진 것은 아니었다. 단지 수면 아래로 가라앉았을 뿐이었다.

2. 1970~80년대 근본주의와 정치 우익의 동맹

미국인들은 1929년에 시작된 대공황을 겪게 되자 온통 경제 문제에만 관심을 집중하였다. 이후 제1, 2차 세계대전이 끝나면서 미국은 국제정치적 위상이 높아지고 대공황을 극복하면서 경제적 발전에서 커다란 성과를 이룬다. 중요한 것은 이러한 세속적 차원의 발전에도 불구하고 미국에서의 종교는 쇠락하지 않았다는 것이다. 다만 스콥스 재판 이후부터 시작된 종교의 사적 영역에의 침잠만이 계속되었을 뿐이다. 또한 복음주의 개신교는 농촌과 남부로 밀려나고 교단 내부적 갈등으로 분열을 겪게 되면서 더 이상 미국 사회의 공적 영역인 시민사회에서 주도적 역할을 할 수가 없게 되었다. 그러나 이들은 이전의 부흥 운동가들이 사용했던 차별화 정책과 마케팅 기법을 활용하고 발전시키는 한편 다수의 종교 방송 매체를 장악하게 된다. 소위 말하는 TV 복음주의(televangelism)가 20년대부터 계속되어 오던 라디오를 통한 선교 방송을 대신하여 60년대 후반과 70년대 초부터 등장해서는 미국 특유의 선교 매체로 정착하게 되었다. 기금 모금에 있어서 놀라운 성과를 거둔 이들 TV 복음주의자들은 사회의 주변부에서나마 다시금 성장하여 70년대 후반과 80년대 초반에 이르자 재차 근본주의적인 성격을 띠고 시민사회 장악을 시도한다.

이들 근본주의자들의 출현에서 중요한 점은 1960년대의 미국이 카사노바가 미국인의 삶의 방식에 있어서 '개신교의 탈제도화(dis-establishment of Protestantism)'라고 부르는 세 번째 탈제도화를 겪게 되었다는 사실이다.[18] 이로 인해 근본주의자들은 사회 도덕적 위기감과 함께 복음주의를 포함한 기독교 전체의 정체성 위기를 느낀다. 기본적으로 생활 방식에 있어서의 탈기독교화는 기독교 가르침을 중심으로 하였던 미국인의 삶의 형태나 규범이 다원화된 것을 말한다. 베버가 말하는 개신교 윤리의 근면, 금욕, 절제 등의 '자기 성찰적 삶의 방식

(methodical way of life)'이 청교도적인 삶의 정직, 친절, 검약, 그리고 애국심에 더해져서 수 세대에 걸쳐 윤리적 삶의 기본으로 전달되고 교육되었지만,19 제2차 세계대전 이후 이러한 종교적 덕목에 바탕을 둔 삶의 방식은 미국인의 여러 생활 방식 중의 하나에 지나지 않게 된다.

생활 방식의 다원화를 가져온 것은 60~70년대의 격변하는 사회 변화가 개신교 주도의 도덕률에 대한 회의와 한계에 대한 인식을 가져왔기 때문이다. 정치적으로는 케네디 대통령과 킹 목사의 암살, 베트남 전쟁에 대한 회의와 워터게이트 사건으로 인한 대통령 권위의 추락 등이 있었으며, 사회적으로는 인종 차별에 반기를 든 '시민인권 운동'과 함께 뉴레프트 운동이 전개되었다. 이어진 학생 시위와 도시 폭동 등은 이혼율과 미혼모의 증가, 음란물의 만연 등과 함께 미국 사회를 혼란에 빠지게 하였다. 미국의 헌법이 보장하는 종교 실천의 자유가 사상과 언론의 자유와 행동의 자유로 발전한 결과라 할 수 있다.20

세속적 가치에 근거한 생활 방식의 등장은 자유에 대한 인식까지도 바꾸어 버렸다. 벨라에 따르면 17~18세기의 자유는 도덕적이고 종교적인 가치의 틀 안에서 선을 행하는 자유였기에 미덕으로 여겨졌지만, 19세기와 20세기를 거치면서 주로 자기 이익 추구를 위한 자유만을 의미하게 되었고, 인간 행위의 동기에 대한 분석과 평가 기준은 더 이상 덕과 양심이 아니고 이해관계가 되었다. 결국 공공 도덕의 지배적 전통 양식은 고립된 개인의 자기 이익 중심으로 재편되었고 자유는 개인의 권익을 추구하는 자유로 고착된다.21

생활 방식의 다원화가 촉진된 것은 '새로운 종교 의식(new religious consciousness)'의 등장 때문이기도 하다. 전통적인 개신교에 회의를 느낀 사람들이 인도, 중국, 일본 등지에서 들어온 외래 종교에 대한 호기심을 넘어서 이들의 의미 체계에 헌신하고 귀의하기 시작하였다.22 이미 20세기 초의 가톨릭 국가 출신 이민자들의 대거 입국으로 인해 개신교는 유대교와 가톨릭처럼 하나의 교단이 되었다. 그러는 한편 시민 종교로서, 그리고 초월적인 윤리적 비전으로 미국 시민의 생활 방식을 주도하던 개신교가 신과 맺었던 약속은 이미 위에서 언급한 여러 차원의 탈제도화와 세속화로 인해 벨라가 말하는 '깨어진 계약(broken covenant)'이 되어 버렸다. 그러나 신의 선택을 받은 나라로서 신과 맺었던 약속이 파기되었다고 해서 이 계약적 전통이 완전히 사라졌다는 것을 의미하는 것은 아니다. 다만 다원주의를 기반으로 새롭게 개편된 미국 전통 중의 하나가 되어 미국 사회의 윤리적 문제를 시민사회의 공공 영역에서 거듭 제기하게 되었을 뿐이다.23

복음주의는 전반적으로 사유화의 과정을 걷게 되어 개인의 영혼 구원 문제에 치중하게 된 반면 자유 신학에 근거한 개신교회나 주류 교단은 공공 영역에 등장하여 목소리를 높이기도 하였다. 하지만 시민사회가 사회 계약의 합리적 규준에 따라 운영되어지기에 교회의 주장 또한 이러한 합리적 차원을 벗어날 수가 없게 되었고 때로는 다른 세속적인 주장과 뒤섞이기도 하고 경쟁하기도 하였다. 예컨대 공산주의와의 싸움에 있어서 기독교는 갈등의 기본 요소인 무신론을 공격하면서 반공을 외친 반면에, 세속주의자들은 사회주의의 경제 시스템과의 이론 논쟁과 국제 정치적 헤게모니 싸움에 치중하였다. 종교의 주장은 반공에 대한 공적 논의의 한 부분에 지나지 않았다. 그러자 몇몇 종교인들은 이것을 미국의 정치적 패권주의(애국심)와 결합시켜, 미국이란 선의 세력과 공산주의라는 악의 세력과의 이원론적 갈등으로 냉전시대를 몰아갔다. 근본주의의 요소가 가지고 있던 세상과 교회의 대립이 선악의 대립 구도로 바뀌면서 정치의 종교화와 종교의 정치화를 시도하였지만 이것은 소수의 종교 지도자 차원에서만 이루어졌을 뿐 대중적 차원의 근본주의 운동을 이끌어내지는 못했다.

오히려 근본주의자들을 다시금 사회 전면으로 이끌어 낸 것은 60년대와 70년대의 정치 사회적 격동 상황이었다. 중요한 것은 근본주의자의 재등장이 이들이 강조한 사회에 대한 윤리적 문제의식 때문만은 아니었다는 사실이다. 정치 우익의 기독교 보수 세력을 동원하고자 하는 욕구가 근본주의자들의 사회에 대한 문제의식과 맞아떨어진 결과라는 것이다. 즉 70년대부터 생활 방식의 다원화와 세속화로 인해 사회 윤리적 위기감을 느낀 미국 복음주의 교회들은 그들이 배척해온 세속적 이데올로기의 화신이라 할 수 있는 정치 세력과 협력 관계를 맺게 되는데 소위 말하는 보수 우익 정치 브로커와의 접촉이 시작되었던 것이다.

보수 정치 세력은 이미 1940년대에 앞서 살펴본 제1차 세계대전 중에 나타난 전천년왕국설자들의 애국주의를 보고 이들을 미국 패권주의의 잠재적 지원 세력으로 간주하였다. 북부 백인 개신교도들만의 지지로는 보수 우익의 정치력 결집을 이룰 수가 없었다. 그러나 근본주의자들의 동원은 이루어지지 않았다. 이는 남부 복음주의자들의 유색 인종과 유태인, 그리고 가톨릭 신자들에 대한 편견이 북부 공화당의 정강과 모순되었기 때문이다.

1950년대에 매킨타이어(Carl McIntire)와 온건한 복음주의자인 빌리 그래함 목사 등 종교 지도자들이 공산주의와의 십자군 전쟁을 선언하였지만 이러한 반공주의는 냉전시대의 일반적 관심사였기에 근본주의적 색채를 띨 수는 없었다. 다만 레이건이 대통령 당선 후 소련을 '악의 제국(evil empire)' 또는 '역사의 잿더미(ash heap of history)'로 표현했을 때 그를 대통령에 당선시킨 근본주의자들 또한 반공주의를 강하게 지지하였지만 또 다른 이슈에 묻혀버려 파장을 일으키지는 못했다.

근본주의와 정치 우익과의 적극적인 만남이 시작된 것은 복음주의자로 자처한 카터의 대통령 당선(1976년) 이후였다. 복음주의자가 대통령으로 당선된 것은 신우익(New Right) 세력에게 종교와 정치와의 결합 가능성을 보여주었다. 공화당의 보수 세력들은 초 교단적인 종교 우익을 동원함으로써 선거에서의 승리를 계산하였고 그 결과로 근본주의자와 보수 정치 세력과의 동맹이 이루어졌다. 1980년의 대선에 앞서 제리 팔웰의 '도덕적 다수(1979)', '크리스천 보이스(1978)', 그리고 '종교원탁회의(Religious Roundtable, 1979)' 등을 중심으로 하는 신기독교 우익이 등장하였다. 크리스천 보이스는 기독교 우익이 연방 정부와 주 정부에서 영향력을 장악하는 데 힘을 썼다. 특히 이 단체는 하원의원들의 도덕성 등급을 매겼는데 그 기준을 학교에서의 기도, 낙태, 미국의 타이완과의 방위조약 문제 등에 대한 입장에 두기도 해서 비난을 받기도 했다.24 매카티어(Ed McAteer)와 로빈슨(Jim Robinson) 중심의 '종교원탁회의'는 보수적인 정치지도자, 종교 지도자, 군부, 기업가를 중심으로 이루어진 단체로 미국의 전통적 가치 신봉자들을 규합하고 정부에 대한 영향력 확보를 목적으로 하였다. 즉 도덕적 다수가 접근하지 못한 주류 교단에 있는 복음주의자들의 세력을 규합하는 데 주력하였다.25 이들 신기독교 우익은 레이건의 당선에 크게 기여하였고 소위 말하는 레이건 혁명의 견인차 역할을 하였다.

  종교 우익과 종교 세력이 규합을 통해 목적한 것은 세속적 휴머니스트들을 공직에서 제거하는 것이었다. 1961년에 공립학교에서의 기도 금지를 결정한 대법원은 1973년 낙태에 대한 헌법적 권리를 인정하였다.26 그러자 근본주의자들은 미국의 행정부와 사법부가 세속적 휴머니스트로 구성되어 있다고 비난하였다. 실제로 낙태를 허용하는 대법관들 상당수는 시민-인본주의(civil-humanist)와 인격주의를27 지지하였다.28 따라서 이들을 보수적 종교인으로 대체하기 위해 우선 대통령부터 복음주의자로 바꿔야만 했다.

  그렇다면 어떻게 보수적 복음주의자인 근본주의자들을 정치 영역으로 끌어낼 수 있었는가? 세상에서 고립되어 자신들의 일에만 몰두하는 복음주의자들을 다루기란 쉽지 않았기에 미국의 양당 체제 아래에서 편협함과 광신적인 믿음으로 가득한 이들을 수용한다는 것 또한 정치 우익에게는 정치적 부담이 아닐 수 없었다. 이러한 위험을 무릅쓰고 정치 우익이 근본주의자들을 끌어들이기 시작한 것은 1976년에 미국 전역의 주 정부 청사 앞에서 제리 팔웰이 'I love America!'라는 군중 모임을 전개한 후부터였다. 그는 대중으로부터 나무랄 데 없는 신뢰를 받아온 근본주의 목사였다.

팔웰은 이미 1965년에 근본주의를 지향하는 복음주의자는 정치에 개입해서는 안 된다고 선언한 적이 있었다. 구원 복음의 전파가 지상 명령이기에 반공이나 인권 등의 세상사는 관심의 대상이 아니었다. 이는 동료 근본주의자인 매킨타이어와 동료 복음주의자인 킹 목사의 행보에 대한 반대와 다름없었다. 그러나 팔웰은 도덕적 다수를 설립하면서 자신이 과거에 성서 해석을 잘못 했음을 시인하고 매킨타이어와 킹 목사의 활동을 인정한다. 마치 제1차 세계대전을 둘러싸고 전천년왕국설자들이 전쟁 참여에 대해 반대에서 찬성으로 돌아서면서 세상사에 대한 관심을 표방하기 시작했듯이 팔웰 또한 세상에서의 새로운 임무를 실천한다. 그것은 기독교적 도덕 명령으로 공산주의와는 물론 여성 운동이나 동성애자 인권 운동 등을 상대로 싸우는 것이었다.

그러나 정치 우익의 계산은 달랐다. 그들은 팔웰이 추구하는 도덕적 개혁보다는 그가 가진 보수 복음주의자들의 동원력을 필요로 했다. 이러한 사실은 레이건이 대통령으로 당선된 후 사실상 근본주의자들이 요구했던 정책적 변혁(낙태 금지, 공립학교의 기도 재개 등) 요구를 거의 들어주지 않았음에서 알 수 있다. 실제로 도덕적 다수 운동의 선언서인 「미국은 들어라 *Listen America!*」(1981)에서 근본주의 운동의 결정적 동기인 사회의 도덕적 타락에 대한 비판, 근본주의 세계관에 비추어 본 현실에 대한 위기감과 불만에 대한 표현, 문제해결을 위한 도덕 회복 운동의 필요성 등은 책의 후반부에 등장하고, 선언서가 우선적으로 표방한 것은 정치 우익 이데올로기에 대한 지지였다. 전반부는 정치 우익과 공화당의 주요 정책인 경제에의 불간섭, 세금 축소, 대규모 국방예산, 정부 기능의 주 정부와 지역 정부에의 이양, 공급 경제, 사회 문제나 교육, 복지, 범죄, 실업에 있어서의 개인의 책임 강조 등과 함께 정부 지출의 억제, 인플레이션 방지, 공산주의에 대한 방위력 강화 등에 대한 주장으로 가득 찼다.[29] 이러한 공화당의 보수 정책에 대한 근본주의자들의 동의는 한편으로는 청교도 정신에 바탕을 둔 공화주의적인 기독교 미국을 재천명하는 것이고, 다른 한편으로는 세계 평화 수호자로서 미국의 역할에 대한 동조를 표방하는 것이있다. 제1차 세계대전 때처럼 근본주의자들이 신자들을 동원할 수 있는 하나의 방편은 애국심에의 호소였다.

  이것이 근본주의의 실체이며 한계이다. 복음주의 원리에 바탕을 둔 도덕규범의 목소리를 높이고 호응을 얻기 위해서 이들은 국가주의에 편승하였다. 그러나 제1차 세계대전이 끝난 후 자신들의 요구를 관철시키려는 시도로 금주법을 제정하고 진화론 재판을 열어 승리를 거두었지만 이미 세상은 그들의 근본 원리에 대한 주장을 받아들일 수 없을 정도로, 정신세계의 탈제도화에 의해 세속화가 이루어졌다. 또한 이미 제2차 세계대전 후 개신교의 탈제도화를 통해 미국 사회의 생활 방식은 다원화되었기에 도덕성 회복을 요구하는 도덕적 다수의 주장 또한 다원화된 시민사회를 구성하는 하나의 요소에 불과하였다. 따라서 다시금 시민사회를 장악하려는 근본주의의 시도는 현실적으로 불가능하다 할 수 있다. 결국 1987년에 제리 팔웰이 도덕적 다수의 해체를 선언하면서 신기독교 우익의 근본주의 또한 막을 내리게 된다. 따라서 도덕적 다수를 비롯한 신종교 우익의 근본주의 운동은 결국 레이건의 임기 만료와 함께(도덕적 다수는 임기만료 1년 전에) 자취를 감춘다.

3. 9/11 사태와 근본주의의 미국 패권주의와의 동맹

기독교 전통은 다원적인 미국 사회의 일부 가치가 되었다. 이 일부 가치를 전부로 여기고 다원주의 사회를 장악하려고 한 도덕적 다수가 목소리를 높이는 방식은 미국 사회 내의 적대적 세력이 존재함을 전제로 하거나, 미국 국가 전체의 적이 존재한다는 사실을 앞세우는 국가 이데올로기에 편승하는 것이었다. 이는 도덕과 생활 방식의 지향이 같은 정치권력에 편승하여 그들의 정치적 성향을 지지하면서 자신들의 가치를 전개하고 사회적 위상과 영향력을 확보하고, 미국 패권주의적 정치에 동조하며 미국이 주도하는 신자유주의 경제를 지지하면서 자신들의 목소리를 내는 것이다. 그러나 복음주의 근본주의자들은 공적 담론의 장인 시민사회에서 다른 가치들과의 경쟁이나 합리적 설득이 그들의 생리에 맞지 않기에 공적 담론의 장으로의 진출을 주저할 수밖에 없었다.

이러한 근본주의적 행태가 다시 드러난 것은 9/11 사태를 통해서였다. 미국이 받은 공격은 미국인 다수가, 특히 백인 개신교도들이 공유하는 청교도적 유산, 즉 신으로부터 선택받은 새 이스라엘이라는 신념에 바탕을 둔 미국의 국가주의에 대한 공격으로 여겨졌다. 인종적-문화적 차원에서 다원화된 미국은 정치적 영역에서는 물론, 정신적으로나 생활 방식에 있어서도 종교의 탈제도화를 이루었다고 할 수 있지만, 여전히 '백인 개신교 국가(white Protestant nation)'라 해도 무방할 것이다.[30] 또한 자유주의적 모더니스트나 근본주의자 모두가 공유하는 가치는 미국 국가에 대한 애국심이라 할 수 있다.[31] 차이가 있다면 근본주의자들은 신과의 깨어진 계약을 회복하기 위해 '기독교 미국(Christian America)'으로 돌아가야 한다고 주장하는 반면, 자유주의자들은 종교적 지향을 배제한(religiously unmusical) 패권주의적 애국만을 강조할 뿐이다.

근본주의자들의 미국에 대한 신념에는 종교적 차원과 함께 정치적,

경제적 차원의 패권주의도 이미 포함되어 있었다. 세계 평화의 사도로서, 또는 자본주의 경제 시스템의 세계적 견인차로서 미국의 국가 패권주의는 선민의식에 기초하여 신으로부터의 독점적 축복과 타민족이나 국가에 대한 우월적 배타성을 전제로 하는 것이었다. 세계 평화 수호자로서의 소명이 강화된 것은 '악의 제국'으로 지목된 소련과의 냉전 체제를 통해서였지만, 중요한 것은 이러한 정치적이고 경제적인 배타적 우월감은 이미 청교도 윤리 안에 들어있었다는 사실이다.

베버는 청교도주의를 기독교의 보편적 형제애(universal brotherhood)의 폐기를 선언한 의미 체계로 간주한다. 세상에서의 물질적 독점, 즉 자본주의가 추구하는 자본의 배타적 독점을 한껏 실천하는 것을 청교도주의가 인정하였기 때문이다. 그러나 세속적 경제 영역의 합리화 정도에 따른 발전은 구원 종교의 보편적 형제애가 지향하는 윤리적 요구와 반비례한다. 또한 합리적 금욕주의는 금욕주의 자체가 거부하는 부의 창출을 가져와 신전이나 수도원 또한 합리적 경제의 중심지가 되기도 해 수도승들의 내적 갈등을 야기하기도 했었다.[32]

그런데 이러한 금욕주의적 종교와 세속적 경제 사이의 긴장을 피할 수 있었던 방법을 제공한 의미 체계가 바로 합리적 금욕주의(rationalized asceticism)의 청교도주의였던 것이다. 특히 이들의 역설적 직업윤리는 세상에서의 부의 창출을 신의 의지와 일치시켰다. 베버에 따르면 "청교도주의는 보편적인 사랑을 포기하였으며 이 세상의 모든 직업을 신의 의지에 봉사하면서 자신의 축복 상태를 확인하는 일상으로 합리화하였다."[33] 더 이상 이 세상은 타락한 피조물의 세계로만 여겨지지 않고 지금까지 거부되던 경제 행위 또한 관례로 수용되고 인정되기 시작한다. 축복의 여부에 따라 세속적 부가 결정되기에 세속적 부는 구원의 증표가 되고, 그 결과로 구원은 모든 사람이 얻을 수 있는 목표가 더 이상 아닌 것이 된다. 모든 사람이 부자가 될 수 없기 때문이다. 또한 신의 축복은 보편적이지 않고 특수한(particular) 것이기에 보편적 형제자매애에 바탕을 둔 윤리는 종교의 본질에서 밀려나게 된다. 무한대의 자본 집약을 지향하는 자본주의의 독점적이고 배타적인 행태가 청교도주의에 의해 잠정적으로 인정되었던 것이다. 물론 청교도 윤리의 근면, 금욕, 정직 등이 어느 정도 자본주의의 세속적 지향을 억제할 수 있다고 믿었지만, 위에서 언급한 산업화와 도시화 등은 그나마 가지고 있었던 종교 윤리 또는 개신교 윤리를 자본주의에서 제거해 버렸다.

개인적 차원의 부를 통한 성공, 신으로부터 선택된 미국의 경제적 성공, 그리고 정치적 세계 제패는 자본주의를 바탕으로 하는 자유민주주의의 승리인 동시에 신의 의지의 세계사적 표현이며 실천이라고 할 수 있을 정도가 되었다. 또한 소련과 동구권의 몰락은 미국의 승리이자 정치 사회적의 승리이며 동시에 신의 승리에 다름 아니었다.

그러나 미국의 패권주의는 국내외로부터 다양한 도전에 직면해왔다. 앞에서 언급한 60년대의 시민인권 운동이나 뉴 레프트 운동, 그리고 이후의 진보적 학생 운동과 여성 운동 등은 남성 패권주의적이고 부의 축적을 정당시하는 자본주의 시스템에 대하여 문제를 제기하였다. 동등한 인권에 대한 주장은 분배의 정의와 사회 복지 정책 실천을 요구하기에 이르렀다. 많은 시민 단체들이 성장 중심의 공급경제와 국가 간섭 배제를 우선하는 신자유주의를 견제하는 사회 세력이 되었다. 또한 자본주의와 융합된 기독교 문화에 대한 반문화(counter culture)는 새로운 종교 의식을 끌어들여 청교도주의의 가치를 위협하였다.

이들의 도전은 신자유주의(Neo-liberalism)와 보수적인 사회 정책, 그리고 패권주의적 국제 정책에 대한 위협이면서 동시에 미국이 신 이스라엘로서 지니는 정치 사회적 사명의 배경이 되는 청교도 사상에 대한 위협이라고 할 수 있다. 따라서 정치와 경제구조의 패권적 유지와 발전을 내재적 목표로 지향하는 보수적 정치집단과 신 이스라엘 건설을 목표로 하는 근본주의자들은 표면적으로나마 청교도주의라는 공통분모를 지니기에 동맹 관계를 맺지 않을 수 없게 된다. 소위 말하는 신자유주의 세력과 네오콘(Neocon)34이 근본주의자들과 결합하게 된 것이다. 처음 도덕적 다수가 동원한 복음주의자들은 남부의 무지하고 가난한 자나 농부 등 사회적 약자와 경제적 압박이 심한 중산층이었지만 이러한 표면적인 근본주의자들의 정치적 동원에 앞서 이미 경제우익과 종교우익의 동맹 관계가 이루어져 있었다.

대표적으로는 '가족(Family)'으로 일러진 '친교재단(Fellowship Foundation)'과 '국가정책위원회(Council for National Policy)'를 들 수 있다. 1969년에 세워진 '가족'은 '국가조찬기도회(National Prayers Breakfast)'를 재구성하였고 부유한 사업가들로부터 기금을 마련하여 미 의회는 물론 행정부, 사법부 등의 기도 모임을 주선하였다. 이들의 목표는 기독교를 국가의 공식적인 종교(official religion)가 되도록 권력 상층부를 근본주의화 하는 것이었다.35 레이건 당선 후 설립된 국가정책위원회는 백인 남성 중심의 사업주, 경영인, 종교인 등의 모임으로 주요 활동은 우익 단체에 대한 자금 공급, 미국의 방위능력 제고, 공공교육기관 내의 인본주의자 제거, 금본위 제도로의 회귀 등을 추진하거나 선거에서 보수 성향 정치인을 지지하고 지원하는 것이었다.36 앞서 말한 '종교원탁회의' 같은 경우는 경제와 국방, 그리고 외교 정책 등에 있어서 미국 중심의 보수적 태도를 지지하였다. 이러한 신자유주의와 근본주의의 결합과 관련해서 제리 팔웰은 "자유기업시스템(free enterprise system)은 성서의 잠언에 아주 분명히 그려져 있다"라고 주장하기도 했다.37 근본주의 운동의 이데올로기화가 시작되었다고 할 수 있다.

한편 소련과 동구의 사회주의가 몰락하게 되자 미국 주도의 자본주의 경제 체제와 미국 중심의 국제 정치 구도가 형성된다. 그러나 경쟁 상대가 없던 미국이 엄청난 테러 공격을 받는 사건이 벌어졌다. 공격의 타깃이 국방성과 세계무역센터였다는 사실이 보여 주듯이 미국의 군사 패권주의와 세계 지배적 독점 자본주의에 대한 상징적 공격이었다. 그러자 미국은 이를 미국의 가치인 '자유'에 대한 심각한 도전이라 간주하고 대 테러 전쟁을 선언한다. 구체적이고 실질적인 공격을 추상적 자유에 대한 공격으로 의미를 바꾸었다. 그러나 문제는 미국이 말하는 자유의 상대적 함축에 있다. 프랑스 혁명에서 말하는 자유가 사상 또는 종교의 자유 등 추상적인 의미를 담고 있지만 실질적인 자유는 중상주의(mercantilism)로부터의 자유, 즉 부르주아지의 자유방임주의(laissez-faire)였다는 사실에 주목할 필요가 있다. 미국이 표방하고 강조하는 자유는 대개 능력에 따른 경쟁을 무제한 용인하는 자유이기에 신자유주의가 내세우는 자유방임주의의 자유 그 이상이라는 것을 보여준다.

동시에 미국의 자유는 처음부터 적을 필요로 하는 상대적 자유였다. 이미 이 책의 서론에서 언급했듯이 미국의 역사는 영국을 상대로 하는 독립전쟁을 필두로 태생부터 억압으로부터의 자유를 전제한다. 또한 오늘날에도 미국은 여전히 억압의 상대 주체인 적을 필요로 한다. 피아, 자유와 억압, '우리'와 '그들'은 적대적 의존 관계를 이룬다. 적대적 의존 관계는 미국 시민의 국가 정체성을 위한 심리적 기제이면서 동시에 미국 경제의 실리적 기제이기도 하다. 군수산업이 미국 경제의 중추를 이루고 있고, 적의 존재는 잠재적이든 실질적이든 끊임없는 무기의 공급을 요구하기 때문이다. 결국 미국은 세계의 경찰과 평화의 사도 역할을 자처하면서도 늘 적을 필요로 하는 딜레마에 빠져있다. 따라서 9·11테러 공격은 추상적 가치의 자유에 대해서라기보다는, 미국 주도의 신자유주의적 국제 경제 시스템과 미국의 국제 정치적 패권주의 등 상대적 자유에 기반을 둔 미국 중심의 세계 시스템에 대한 실제적 공격이었다.

중요한 것은 테러에 대한 미국 부시 정권과 근본주의자들의 발 빠른 대응과 동맹이었다. 미국의 정치 경제적 세계 제패 등에 대해 비판의 목소리를 높였던 촘스키(Noam Chomsky) 같은 진보 세력들의 미국의 자기 성찰 필요성에 대한 주장은 테러에 대한 분노와 응징의 목소리로 인해 설 곳을 잃었다. 반면 보복과 응징을 지지하는 여론에 힘입은 네오콘들은 희생양으로 아프가니스탄과 이라크를 지목하여 전쟁을 유도하였고, 네오콘이면서 회심 경험을 고백했던 복음주의자인 부시와 근본주의자들은 테러와의 전쟁을 종교적 성전으로 승화시켰다. 역사에 대한 신의 중재(divine intercession)인 십자군 전쟁을 선포하면서 테러와의 싸움에 동참할 것을 전 세계에 요구하였다. 동참 여부에 따라 세계를 친미와 반미로 구분하려 하였고(you-are-for-us-or-against-us) 선과 악의 세력으로 양분하였다.[38] 매일 밤 부시는 집무실인 오발 오피스(Oval Office)에서 팻 로벗슨이나 팔웰 같은 근본주의자들과 함께 기도회를 열었고 백악관에 성경 읽기 붐을 일으켰다. 대통령의 영적 군대라 자칭한 근본주의자들은 테러의 주범이 이슬람 근본주의자들이라는 사실에 따라 모슬렘에 대한 비난을 주저하지 않았고, 국내적으로는 여성주의자, 낙태주의자, 동성애자와 함께 '미국시민자유연맹(American Civil Liberties Union)' 등의 진보 단체가 미국 사회를 타락시켰기에 이러한 사건이 발생했다고 주장하였다.

  미국 개신교 근본주의자들과 부시는 신의 이름으로, 신을 위해, 그리고 세계 평화를 위한다는 명분으로 전쟁을 수행했지만 보편적인 야훼를 기능적인 전쟁 신으로, 미국을 위한 지방 신으로, 그리고 미국의 세속적 정책을 정당화하고 지지하는 이데올로기적인 신으로 축소하고 전락시켰을 뿐이다. 구원 종교는 또 다시 근본주의를 통한 경제적 영역과 정치 영역과의 동맹을 통해, 베버가 말하는 이들 영역과의 긴장 관계를 상실함으로써 절대 가치인 보편적 형제애에의 지향에서 일탈하는 결과만을 낳게 되었다.[39] 근본주의에 의한 미국 패권주의와 신자유주의와의 결합은 보편적 종교가 특수 이익을 추구하는 주술로 전락했음을 보여주는 것에 다름 아니다.

　지금까지 개괄적으로 논의한 테러와의 전쟁을 통한 근본주의의 재등장과 패권주의와의 동맹이 구체적으로 어떻게 전개되었는가는 부시에 의해 주도된 미국의 아프가니스탄과 이라크 침공 과정을 통해서 살펴볼 수 있다. 전쟁에 임하는 부시의 테러에 대한 종교적 인식과 대응 방식 등에 대한 자세한 논의는 다음의 2부에서 전개된다.

제2부

부시의
테러와의
전쟁
: 정치와
종교의
반동적
지형
변화

2014년의 크리스마스를 1주일도 채 남기지 않은 12월 19일 부시(George W. Bush), 체니(Dick Cheney), 럼스펠드(Donald Rumsfeld) 등에게 때 이른 '크리스마스 선물'이 주어졌다. 미국의 연방 대법원 판사가 부시와 그 밑에서 고위직을 맡았던 몇몇 인물들에게 이라크 전쟁을 계획하고 일으킨 것에 대하여 면죄부를 주는 판결을 내린 것이다. 구체적으로 말하자면 이들에 대해 제기된 민사 소송을 기각하고 앞으로의 어떤 소송 절차로부터도 이들이 면제된다고 판결한 것이다. 이는 한 이라크 난민 싱글 맘이 부시와 그의 참모들을 상대로 한 소송이 무위로 끝났음을 말해주는 판결이었다.[1]

 2013년 3월 13일 세 명의 아이를 홀로 키우고 있는 이라크 여인 살레(Sundus Shaker Saleh)는 미국 캘리포니아 북부에 있는 연방지방법원에 부시 전 대통령과 그의 주요 참모 5명을 이라크 침공을 계획한 전쟁 범죄의 혐의로 제소하였다. 부시 외의 5명은 전쟁 당시 부통령 딕 체니, 국방장관 도날드 럼스펠드, 국방차관 폴 월포위츠(Paul Wolfowitz), 국가안보고문 콘돌레자 라이스(Condoleezza Rice), 국무장관 콜린 파웰(Colin Powell) 등이었다. 2003년 미국이 주도한 이라크 침공이 발발하자 무력에 의해 2005년 요르단으로 강제 이주되어 피난민이 된 살레는 부시 행정부의 이들 고위 관리들이 나치 전범을 처벌했던 뉘른베르크 재판(Nuremberg Trials)에서 제정된 법률을 위반했다고 주장하였다.

 미국의 이라크 침공은 자신의 가족 모두에게 커다란 비극을 가져다주 없을 뿐만 아니라 강제로 모국을 떠나게 만들었다고 주장하는 살레는 자신의 억울한 이야기를 세계에 들려주고자 하였다. 또한 누군가는 비극에 대한 책임을 지어야 한다고 생각하는 한편, 특히 미국의 대통령을 비롯한 누구도 법 위에 군림할 수 없다는 것을 보여주기 위하여 고발하는 것이라고 주장하였다. 구체적으로 그녀는 미국의 대 이라크 전쟁은 자기 방어를 위해 행해지지 않았을 뿐만 아니라 UN의 적법한 절차에 따른 승인을 받지 않았기에 국제법상 '침략 행위(crime of aggression)'라고 주장하였다. 동시에 이는 미국 국민을 두려움에 떨게 할 정도로 오도하였기에 도발(act of aggression)을 저지른 것에 다름 아니라고 단언하였다.

살레에 의하면 미군 병력이 들어오기 전 이라크는 안전하였다. 밤에 문을 열어놓고 잘 수도 있었고 시민군도 검문소도 없었으며 어떠한 위험도, 위협도 존재하지 않았었다. 그러나 미군 주도의 침략이 시작되자 모든 것은 정지되었다. 공습으로 인해 고속도로, 교량, 하수처리장 등을 포함한 기간 시설이 파괴되었고 발진티푸스 등의 질병이 돌기 시작했다. 정부의 기능이 마비되자 이라크인들 사이의 내전 분위기가 형성되어 결국 그녀의 남동생 쌍둥이가 민병대에 의해 살해되는 지경에 이르렀다. 더 이상 고향이 안전하지 못함을 느낀 그녀는 2005년에 이라크를 떠나게 되었던 것이다.[2]

살레를 대신해 부시 등에게 소송을 건 아인더 코마(Inder Comar) 변호사는 뉘른베르크 재판소에서 '일급 국제범죄(supreme international crime)'[3]로 불린 침략 행위가 오늘날 국제법상 강행규범(*jus cogens* norm of international law)으로 존속하고 있음을 인정해야 하며 이라크 전쟁과 관련해서 부시 행정부가 이 침략 행위를 저질렀다고 주장하였다. 이 소송에 대하여 미 법무부는 2013년 8월 20일에 이들 피고들을 어떤 소송 절차로부터도 면하게 해야 한다는 요구를 대법원에 제청하였다. 이는 연방 공무원이 공무 중 저지른 행위에 대해서는 개인적으로 법적 책임을 물을 수 없다는 웨스트펄 법(Westfall Act)을 근거로 한 것이었다.

그러나 살레는 2차 소송 수정안을 통해 웨스트펄 법률 적용에 대한 증거 청문회를 요구하였다.(2014년 6월 9일) 그녀의 주장의 근거는 1789년의 제1차 의회에서 통과한 불법 행위에 대한 외국인 청구법령(Alien Tort Statute)이었다. 이 법은 '국가 법률(law of nations)' 위반에 근거하여 비미국시민으로 하여금 손해배상 청구재판을 허용하고 있으며, 또한 위의 범죄는 미합중국과 관련된 혐의이기에 미국에서 인권을 요구할 수 있는 하나의 인정 수단(recognized vehicle)의 근거가 된다고 여겼던 것이다. 하지만 이러한 살레 측의 주장에도 불구하고 대법원은 위 피고인들이 더 이상의 소송 진행으로부터 면해진다는 결론을 내림으로써 사건은 종결되고 말았다.

베버에 따르면 의미 체계의 변경과 조작 단계에서 주로 종교 집단이 택하는 논리 전개 방식은 결의론 또는 견강부회(casuistry)이다. 정당화될 수 없는 것에 대한 정당성을 얻기 위해 나름대로의 논리를 펴는 것인데, 이 결의론이 문제가 되는 것은 갈등적인 상황이나 딜레마에 처해졌을 때 실제 문제와 관련된 사람들의 상황과 조건에 바탕을 두고 문제 해결을 시작하는 것이 아니라, 이미 주어진 종교적 원리나 도덕적 원리를 근거로 해서 문제를 해결하기 때문이다. 이른바 가치 환원주의(value reductionism)라 할 수 있다. 부시와 그의 행정부는 이미 이라크의 후세인을 악의 축(axial of evil)으로 간주하고 제거되어야 할 대상으로 설정해놓았다. 가장 커다란 전쟁 명분인 이라크의 대량 파괴 무기 보유 등에 대한 확실한 증거도 없이 전쟁을 감행한 것은 부시의 근본주의적인 종교 차원의 인식이 전쟁을 정당화하는 이데올로기 차원의 논리를 넘어선 행위이면서 견강부회의 결과임에 틀림이 없다. 결국 전쟁은 이미 계획되었던 것이었고 전쟁의 결정은 부시 행정부의 거짓과 오만이 뒤섞여 이루어졌을 뿐이라는 비판을 받게 된다.

카사노바(José Casanova)가 말하는 헌법적 탈제도화, 사상적 탈제도화, 그리고 사회적 탈제도화를 차례로 겪으면서 미국의 기독교적인 종교 전통은 더 이상 사회 지배 논리의 중심에 서지 못하게 되었다. 그렇다고 해서 유럽에서처럼 종교가 사라지지도 않았고 근본주의자들이 염려하는 것처럼 사회가 도덕적으로 타락하지도, 세속화되지도 않았다. 다만 미국 사회는 문화와 가치가 다양해졌을 뿐이며 또한 이 다양성에도 불구하고 사회가 유지되고 있을 뿐이다. 퍼트넘과 캠벨이 지적한 바와 같이 미국에서는 종교 교리의 일치가 사회적으로 통합적인 가치를 만들어 내는 것도 아니고, 미국인들이 종교 권력이나 성직자들의 설교나 가르침에 따라 공동체의 연대를 이어가는 것도 아니다. 다만 일상적인 상호 작용을 통해 형성된 평신도들 사이의 사회적 연결망이 다원화된 가운데에서 사회 통합과 유지를 가능하게 할 뿐이다. 예컨대 사회적 연결망 속에서 다양한 문화나 가치를 가진 사람들 간의 빈번한 마주침이 교단 간의 교리적 장벽을 넘어 종교나 교단이 다른 사람들과 교류를 하거나 결혼하는 것을 가능하게 하고,[4] 결국 이러한 소통이 미국 사회의 통합을 이룬다는 것이다.

따라서 보수적인 근본주의자들의 사회적 목소리가 점점 더 작아졌다. 물론 클린턴의 불륜 행각 등에 대한 반동으로 도덕성을 앞세운 부시가 지지를 받아 대통령에 당선될 수 있었다. 또다시 보수 우익과 종교 우익이 남침례교 등의 복음주의자들을 선거에 동원하는데 성공한 결과일 것이다. 하지만 일반적으로는 보수적 종교의 목소리가 미국 사회에서 퇴보하는 과정에 있다고 할 수 있다. 특히 1990년대 이후부터 많은 젊은이들은 종교의 정치화나 종교 우익과 보수적 정치 세력의 결합에 염증을 느끼기 시작하였다.

그러나 미국에 대한 9/11 테러 공격은 정치와 종교의 관계 지형을 퇴행적으로 변화하게끔 추동하였다. 더 나아가 전쟁을 둘러싸고 부시와 근본주의자들이 드러낸 여러 가지 파행적인 행태는 훗날 몇몇 복음주의자들로 하여금 근본주의적 태도 대신 사회적 차원에서나마 진보적인 방향으로 관심을 돌리게 하는 동기와 배경이 되었다.

  여기서는 부시가 선언한 테러와의 전쟁을 수행하는 과정에서 어떻게 근본주의자들이 다시금 정치 우익과 동맹 관계를 회복하여 전면에 등장하며, 어떠한 논리로 전쟁을 성전으로 정당화 하는가 등에 대하여 논의하고자 한다. 이 과정에서 복음주의가 강조하는 거듭남의 종교 체험을 통해 형성된 부시의 잠재적 근본주의가 테러와의 전쟁을 통해 표면화되었다는 사실에 주목하고자 한다. 따라서 먼저 부시의 인생에 변화를 가져온 종교 체험의 과정에 대하여 살펴보고, 9/11 테러에 대처하는 과정에서 나타난 그의 종교적 인식 구도가 아프가니스탄과 이라크와의 전쟁을 전개하는 과정에서 어떻게 나타나는가에 대하여 논한다.

제4장

부시의 근본주의적 정책: 정치의 종교화

갈등적이든 친화적이든 간에 미국에서 정치와 종교의 관계가 중요한 이슈로 떠오를 때는 대통령 선거가 있을 때와 다른 나라와 전쟁을 치를 때이다. 교회와 국가의 헌법적 분리에도 불구하고 대통령 후보의 종교 여부는 물론, 신앙의 정도에 대한 검증이 미국의 대선 운동 과정의 필수조건이 되었다. 또한 9/11 사태 등의 경우에서처럼 미국이 침공을 받을 때는 종교를 통한 거국적 차원의 위로와 치유가 필요하기도 하고, 아프가니스탄이나 이라크와의 전쟁에서처럼 미국이 다른 나라를 공격할 때에는 전쟁의 정당성에 대한 종교 차원의 지원이 필요했다.

중요한 것은 전통적인 종교의 내용과 정치 사회적 상황과의 변증법적인 조응 관계를 통해 드러나는 종교의 역사성처럼, 개인의 신앙 체계도 고정적이지 않고 시대적 상황과 개인의 사회적 위치에 따라 변화한다는 사실이다. 사실 9/11 사태라는 국가적 위기 상황이 벌어졌을 당시 대통령이었던 부시는 모호한 개표 결과로 인해 대통령 당선의 정당성이 결여된 데다가 낮은 지지도 등의 문제로 상당한 심리적 부담을 안고 있었다.[1] 하지만 그는 위기를 기회로 전환하는데 성공하였다. 충격에 휩싸인 미국 국민을 위로하는 한편, 보복을 통한 심리적 보상과 치유를 위해 빈 라덴과 알 카이다의 근거지로 지목된 아프가니스탄을 침공하였고 이라크가 화학 무기를 보유하고 있다는 이유로 공격을 주저하지 않았다.

이 위로의 과정에 미국의 시민 종교가 불가분하게 다시 거론되었고 치유를 위한 전쟁에 종교적 의미가 부여되었다. 삶의 거친 행로에서 복음주의를 통해 거듭남(born-again)을 경험한 대통령 부시에게는 복음주의라는 신앙 체계가 그 무엇보다도 전쟁에 대한 그의 신념에 수사학적 정당성을 부여하기에 충분하였다. 그 결과 테러와의 전쟁은 거룩한 전쟁이 되었고, 전쟁 수행 과정에서 제네바 협정이 무시될 정도로 무법적인 미군의 횡포가 있었음에도 불구하고 이에 대한 종교적 승인이 뒤따랐다. 결국 전쟁을 치루면서 부시에 대한 미국 시민의 지지도는 급상승하였다. 또한 부시는 초선 때와 달리 재선에서 손쉽게 승리할 수 있었다.

이 장에서는 조지 W. 부시의 정치적 행위를 중심으로 대통령 선거 기간이나 집권 기간에, 특히 9/11 사태 이후에 전개된 정치와 종교의 관계에 대하여 좀 더 세밀하게 논하고자 한다. 중요한 것은 전쟁을 치르면서 종교와 정치의 지형이 바뀌었다는 사실이다. 즉 사회적 세속화의 결과 정치 사회적 영향력과 역할이 퇴락하고 있었지만 대통령 이전의 인간 부시 안에 잠재되었던 근본주의가 선악 구도를 전제로 한 테러와의 전쟁을 통해 다시금 정치 전면으로 부상함으로써 근본주의자들도 다시금 사회 전면에 나설 수 있게 되었던 것이다.

1. 부시의 종교 체험

이미 부시는 2001년 대통령에 취임하기 훨씬 전부터 정치와 정책에 대한 종교의 역할과 관련하여 논쟁을 불러일으키고는 하였다. 특히 선거 유세 동안에 공공연하게 이루어진 자신의 신앙에 대한 언급은 미국이 도덕적으로 타락하였다고 믿는 보수적인 복음주의 종교인들을 즐겁게 하였지만 자유주의적이거나 중도적인 입장을 가진 사람들을 불편하게 만들었다. 특히 1999년에 있었던 아이오와 주선거구 유세가 있었던 전날 저녁에 데스 모이네스 시민센터(Des Moines Civic Center)에서 있었던 포럼에서 진행자의 질문에 대한 대답을 통해 부시는 정치와 종교가 혼합된 자신의 신념을 드러냈다.

실제로 이날 공화당 후보 중 여론에서도 가장 인기가 높았고 기금모금에 있어서도 선두를 달리고 있던 부시에게 던져진 질문은 일반적으로 알려진 것처럼 가장 좋아하는 철학자가 누구인가가 아니었다. 이날 토론에 참여한 모든 후보에게 던져진 질문은 어떤 '정치 철학자나 사상가(political philosopher or thinker)'와 자기 자신을 가장 동일시 할 수 있는가 하는 것이었다. 그러나 부시는 이 질문을 "누가 당신의 삶에 가장 영향을 많이 주었는가?"라는 질문으로 이해하였다고 한다. 세 번째로 대답에 나선 부시는 "그리스도입니다. 나의 심령을 변화시켰기 때문입니다."라고 대답하였다. 진행자 존 바크만(John Bachman)이 좀 더 설명할 것을 주문하자 부시는 "당신의 마음과 당신의 삶을 그리스도를 향하고 그리스도를 구원자로 받아들인다면 당신의 심령은 변화됩니다. 그리고 당신의 삶도 변화됩니다. 이런 일이 내게 일어났었습니다"라고 응답하였다.

부시의 대답이 질문을 잘못 이해해서인지, 아니면 예수를 철학적인 정치인으로 이해해서인지 알 수가 없다. 그러나 부시를 반대하는 사람들은 그의 대답은 단지 그의 빈약한 정신구조를 반영하는 것에 다름 아니라고 여기면서 그를 정치와 종교를 구별 못하는 종교 광신자로 간주하였다. 그러나 이러한 비난에도 불구하고 그는 공화당의 핵심 당원들의 마음을 사로잡았고 기독교 우파의 환심을 사려 노력하였던 다른 후보자를 제치고 공화당 대통령 후보로 선출될 수 있었다.

2000년의 대통령 선거는 클린턴(Bill Clinton) 대통령과 백악관 인턴 모니카 루인스키(Monica Samille Lewinsky) 사건으로 얼룩진 정국에서 실시되었다. 부시는 유권자들에게 자신을 도덕적 청렴의 모델로 보이려고 노력하였다. 공공연히 자기의 과거를 고백함으로써 자신을 클린턴과 차별화하였다. 특히 그는 워터게이트 사건이 있은 후에 백악관으로 입성한 지미 카터처럼 선거 승리를 위해 정국을 십분 활용하였다. 예컨대 카터가 거듭된 거짓말로 추락한 닉슨 행정부의 타락한 문화를 언급하면서 자신이 거듭남을 경험한 남침례교 주일학교 교사임을 강조했었던 것처럼, 부시 또한 자신을 클린턴 고어 정권의 타락한 8년을 치유할 수 있는 핵심 주체로 내세우면서 복음주의가 강조하는 구원의 언어(language of redemption)를 적극 활용하였다. 공개적으로 그는 청소년기를 알코올 중독 등으로 방탕하게 보냈기도 했지만 1986년에 술을 끊었다고 고백하였다. 40대의 나이였던 1984년에는 복음주의적 회심을 경험하고 예수에 헌신하기로 마음먹으면서 알코올 중독에서 해방되었다고 하였다. 이러한 부시의 축복으로의 변화 경험, 종교를 찾고 시작한 새로운 삶의 경험 등에 대한 신앙 고백은 복음주의자들을 열광시키기에 충분한 간증이었다. 동시에 일반 대중들 또한 익숙하게 공감할 수 있는 경험이 아닐 수 없었다. 결국 그의 개인적인 신앙에 대한 언급은 공화당 후보 지명 과정에서도 빛을 발하였고 대통령 재임 기간에도 중요한 지지 기반을 형성하는 데 도움이 되었다.

부시는 구체적으로 복음주의를 어떻게 체험하였으며 그가 추구한 복음주의적 종교 내용은 무엇인가? 1차 세계대전이 끝난 이듬해인 1946년에 태어난 부시는 베이비부머 시대에 태어난 대부분의 청년들처럼 질풍노도의 젊은 시절을 보냈다. 그의 세대는 부모 세대와 다르게 무엇에 얽매이기를 싫어했고 활동적이며 직관적으로 행동하였다. 특히 그가 자라서 성장하고 청년기의 대부분을 보냈던 텍사스는 다양한 문화가 공존한 곳으로 유정이 개발되면서 급격한 사회 변동을 겪은 곳이기도 하였다. 텍사스의 거친 문화는 그로 하여금 운동과 사교 등에 적극적이게 하였지만 동시에 방랑의 길을 걷게도 하였고 알코올에 중독되어 뚜렷한 목표 의식 없이 방황하게도 하였다. 실제로 그는 로라 부시와의 결혼 전에 이미 다른 여자와 약혼을 한 적이 있었다. 그녀가 유태인이기에 파혼을 하였다고 전해지지만 실제로는 그의 불분명한 삶의 목표가 약혼녀를 실망시켰기 때문이라고도 한다.

부시의 삶과 신앙 여정은 아버지나 할아버지 세대의 신앙 여정과 달리 매우 굴곡진 것이었다. 결혼하기 전까지 그는 성공회를 다니기도 하였고 장로교를 다니기도 하였다. 결혼 후 감리교로 바꾼 것은 그의 부인 로라(Laura Bush)가 감리교도였기 때문이다. 그러다가 부시가 근본주의적인 신앙을 접하기 시작한 것은 40대에 접어들면서였다. 이때까지 그는 삶의 처절함을 여러 번 크게 겪었다. 그의 아버지와 비교했을 때, 그의 40대 삶은 아버지의 40대 삶에 턱없이 부족할 뿐만 아니라 대부분 목적도 없고 하는 사업마다 실패를 겪는 삶이었다. 사업 실패로 지치자 과도한 알코올 섭취로 시간을 보내게 되었고 급기에 1976년에는 음주운전으로 운전면허가 한 달 간 정지되기도 하였다. 그러나 부인 로라가 그를 감리교회로 이끌어 내면서 그는 삶의 변화를 맞이하게 되었다. 마침내 중년의 나이에 접어든 어느 때 그는 빌리 그래함 목사와 메인 주의 비치를 걷게 되었다. 부시는 이때 그래함 목사가 보여준 따뜻함과 관심을 통해 무엇인가 색다른 것을 찾게 하는 힘을 느꼈다고 하면서 자신의 영혼에 겨자씨가 심어졌다고 한다. 그리고 그래함 목사는 그로 하여금 죄의식을 느끼게 하기 보다는 사랑받고 있다는 느낌을 갖게 해 주었다고 한다.2 이때부터 자신이 신에게 떳떳하지 못한 삶을 살고 있다는 것을 알게 된 부시는 빌리 그래함의 도움이 필요하다는 사실을 인식하고 바이블 스터디에 참여하기 시작하며 변화된 삶을 살기 시작하였다.

중요한 것은 그가 지금까지의 그의 종교 활동 영역이었던 주류 개신교를 벗어나 복음주의의 세계로 들어가게 되었다는 사실이다. 아울러 그의 세계관도 복음주의적으로 바뀌었다. 나아가 정치 영역으로 뛰어들면서는 정치와 종교의 관계에 대한 신념도 복음주의적으로, 특히 대통령으로서 아프가니스탄과 이라크와의 전쟁을 치루면서 보다 근본주의적으로 바뀌게 되었다. 그는 그리스도가 자신의 마음은 물론 세계를 지배한다고 믿었다. 자서전에서 그는 '모든 인간의 계획을 압도하는 신의 계획(a divine plan that supersedes all human plans)'을 믿고 있다고 고백한다.3 더 나아가 신은 자신의 목표로 시대와 영원을 채우는 자이기에 각 개인은 이러한 목표를 완성하려 노력해야 하고 국가 또한 그러해야 한다고 주장하였다. 그렇다면 정부가 이러한 종교적 목표를 달성하기 위해 무엇을 해야 하는가 하는 질문에 대하여 부시는 정확한 답을 내놓지는 않았다. 다만 그의 답은 제도화된 신앙 체계가 우리 삶의 계획과 우리가 세우고 따르는 법률 안에 명예롭게 자리하고 있어야 한다는 것이었다. 이러한 부시의 태도는 교회와 국가의 분리를 지키려는 많은 사람들을 분노하게 할 정도로, 종교의 정치화 내지는 정치의 종교화를 주장하는 근본주의자들의 신념과 행동 체계를 스스로 지니고 있음을 보여주는 것이었다.

이처럼 공적 영역과 사적 영역의 구별 없이 종교를 언급하고 활용하는 부시의 태도는 그의 아버지인 조지 H. 부시 대통령과도 구별되는 것이었다. 부시 가문은 종교와 정서 등에 대한 논의가 개인적이고 사적인

(personal and private) 차원에서만 이루어져야 한다는 전통을 간직하고 있었다. 아버지 부시는 비록 공인의 처지에 있을 때에도 신앙이 사적인 차원의 논의를 벗어나 공적으로 이용되는 것을 거부하였다. 개인의 슬픔, 친밀감, 마음 깊숙한 곳의 생각 등은 개인적인 문제이기 때문이다. 그렇지만 아버지 부시의 이러한 태도는 현대 사회가 공인으로 하여금 삶의 은밀함과 내밀한 생각까지도 노출하도록 요구하고, 또 당사자들도 때로는 이를 적극 활용하는 풍조와 부딪치지 않을 수가 없었다. 특히 그를 지지하고 그에게 상당한 기대를 걸고 있었던 복음주의자들에게는 더욱 그러했다.

아버지 부시가 신실한 신앙을 가진 것은 사실이다. 성공회에서 자라났으며 신앙이 깊은 부친의 영향으로 학창 시절부터 형성된 신앙적 태도는 특히 전쟁 중 겪은 특별한 경험으로 더욱 다져졌다고 할 수 있다. 1944년 9월 그는 해군 폭격기 조종사로서 일본 본토를 목표로 한 임무 수행 중 요격을 받고 태평양 바다에 떨어졌다가 다행히도 미군 잠수함에 의해 구조된 적이 있었다. 죽음의 상황에서 그는 기도하면서 목소리 높여 신을 불렀다. 이때 그는 갑자기 빛을 보았고 믿음이 생기면서 마음이 평화로워지는 것을 느꼈다고 한다.

아버지 부시의 이러한 개인적인 신앙 체험이 지니는 종교적 의미에도 불구하고 복음주의자들은 그에게 더욱 더 영적인 단계의 신앙 체험을 요구하였다. 이른바 신앙적 '거듭남' 체험 여부에 대한 요구였다. 이에 부시는 거듭남이 예수 그리스도를 구원자로 받아들이는 것을 의미한다면 당연히 주저 없이 '예'라고 말할 수 있다고 말하였다. 문제는 이에 덧붙여 부시는 자신의 솔직한 심정을 드러냈다는 사실에 있었다. 그는 삶의 즉각적인 변화를 가져온 단 한 번의 중요한 순간을 거듭남의 순간이라면 그런 때는 없었다고 말했던 것이다. 왜냐하면 그런 일은 살면서 수없이 많았다고 부시는 생각하고 있었기 때문이다.

아버지 부시의 이러한 태도는 보수적인 기독교인들에게 허탈감을 안겨주었을 뿐이었다. 심지어 그를 도와주기 위해 한 복음주의 목사가 그에게 "만약 신이 오늘밤 당신을 데려가서 당신이 천국으로 갈 수 밖에 없는 이유에 대해 묻는다면 어떻게 대답할 것인가"를 물었다. 목사가 기대한 대답은 그리스도에 대한 믿음을 통해 얻어지는 구원에의 확신에 근거한 것이었다. 그러나 그 목사의 기대와 달리 부시는 덕을 쌓고 선한 인간이 되도록 노력하였으며 다른 사람들을 사랑했기 때문에 천국에 갈 수 있음을 확신한다고 대답하였다. 또한 수 시간 동안 바다에 빠져있던 절망의 순간에 무엇을 생각하는지에 대한 질문에도 아버지, 어머니, 조국, 그리고 신에 대하여 생각하였고 또 교회와 국가의 분리에 대하여 생각하였다고 답하였다. 한 마디로 아이비리그 출신의 전쟁 영웅이었으며 스타 운동선수였던 부시는 신앙과 관련하여 많은 언급을 했지만 복음주의자들이 기대했던 만족할 만한 대답을 하지는 않았다. 이는 개인의 신앙을 공적인 영역으로 확대하는 것을 꺼리는 그의 완고한 태도에서 비롯된 것이다. 한편 이러한 부시의 태도는 미국의 엘리트 계층과 주류 제도권 교회의 특성인 냉철하고 합리적인 종교 생활을 반영하는 것이라 할 수 있다.

그의 부인 바바라 부시(Barbara Bush)도 마찬가지로 신앙은 공적 표현의 대상이 아니라 개인의 깊은 사적 영역에 속한 것으로 여겼다. 장로교를 배경으로 하는 유복한 가정에서 태어난 그녀는 허세를 부리지 않는 조용한 여인이었지만 자존감이 강하였다. 결혼 후 그녀의 흡연에 대해 시아버지가 나무라자 그녀는 당신의 며느리가 되기 전부터 흡연을 시작하였기에 자기를 가르치려 해서는 안 된다고 하면서 시아버지의 금연 요구를 단호하게 거절하였다.[4] 그러나 바바라는 매주 식구들을 독려하여 예배에 참석하게 할 정도로 온 가족의 신앙생활에서 주도적인 역할을 하였다.

하지만 그녀는 과시적인 신앙 태도를 신뢰하지 않았기에 겉으로 신앙을 표현하는 것을 부끄럽게 여겼다. 예컨대 남편이 대통령 재임 중, 백악관에 찾아온 저명한 복음주의 목사나 TV 설교자들이 마치 자신들만이 신을 발견했다는 식의 거만한 태도를 보이자 불편한 속내를 보이기도 하였다. 한 번은 TV설교로 유명한 지미 스와거트(Jimmy Swaggart) 목사가 방문하여 컨트리 뮤직을 좋아하는 자들을 비도덕적이라고 비난하자, 그 자리에서 그녀는 컨트리 뮤직을 좋아한다고 응답하기도 하였다. 바바라는 신이 우리의 삶에서 중요하다는 것을 인정하였다. 그러나 신앙은 보다 개인적인 일임을 강조하는 것도 잊지 않았다. 빌리 그래함 목사가 남편 부시는 기독교인이지만 바바라는 신앙인이라고 언급할 정도였다.

부시 가문의 합리적이고 윤리적인 주류 개신교 전통은 부시의 조부인 프레스콧 부시(Prescott Bush)로부터 전해진 것이었다. 예일대에서 공부를 하고 월가에서 전설적인 성공을 거둔 인물로 알려진 프렛스콧은 상원까지 역임하였다. 그는 친구들이 '십계명의 사나이(Ten Commandments man)'라고 부를 정도로 엄격하고 정직하며 도덕성을 추구하는 기독교인이었다. 부시 가문에게 전해 내려온 몇 가지 덕목, 예컨대 '올바른 일을 해라', '뛰어나려고 노력하라', '나라에 무엇인가를 보답하라', '책임을 회피하지 마라', '믿음에 충실해라' 등 중에서 프레스콧 부시는 도덕적 책무를 강조하였다. 특히 상원의원으로 활동하던 그는 손자(조지 W.)의 고등학교 졸업식장의 초청연사로 참여하여 연설을 하던 중 당시 대통령 후보였던 록펠러에 대하여 도덕적 비난과 함께 그가 대통령이 될 자격이 없다는 주장을 펼친 것으로 유명하다. 록펠러가 이혼을 하였기 때문이다. 아내를 버린 자는 가장 커다란 명예를 지니고 가장 커다란 책임을 져야 하는 대통령이 될 자격이 없다는 것이었다. 이날 조부의 연설을 객석에서 앉아 들은 부시는 "할아버지가 넬슨 록펠러의 이혼을 문제 삼은 것은 당시의 정치에서 거의 터부시되던 행위였다. 그러나 거기에는 스스로의 행동에 대한 책임을 지라는 내용이 들어 있다. 자신의 문제를 다른 이의 잘못으로 돌려 회피하지 말아야 한다. 스스로 문제를 해결해야 한다. 개인은 명예와 이웃에 대한 존경 등에 있어서 따라야 할 규약이 있는 것이다. 거기에는 또 종교적인 의미도 담겨 있다. 우리 모두는 정치적인 인간이기에 정치 철학의 바탕을 계승해왔다."라고 회고하였다.[5]

이처럼 부시의 할아버지나 아버지 대의 신앙 체계는 주류 개신교의 범주 안에 포함된 것이었다. 그러나 부시는 복음주의적인 종교 체험이나 종교적 신념을 공적 영역으로 확대하거나 적용하는 데 있어 주저하지 않았다. 부시에 의한 종교적 신념의 정치적 활용은 정치 사회적 상황의 변화와도 무관하지 않다. 특히 9/11 테러 공격이 함축하는 종교적, 정치적, 문화적 갈등은 부시의 복음주의적 신념을 근본주의적 신념으로 확대하기에 충분할 정도로 심각한 위기의 상황을 제공해 주었다.

2. 9/11 테러와 선악 대립 구도 재등장

2001년 9월 11일 화요일 밤 8시 30분 백악관의 오발 오피스(Oval Office)에서 대통령 부시는 뉴욕과 워싱턴에 대한 테러리스트들의 공격으로 충격에 휩싸인 미국 국민을 상대로 연설을 시작하였다. "오늘 우리 동료 시민들과 우리의 생활 방식, 그리고 우리의 자유가 테러리스트들의 고의적인 공격에 의해 치명적인 손상을 입었다"고 말문을 연 부시는 이 공격을 '사악하고 비열한 테러 행위(evil, despicable acts of terror)'로 간주하며 '인간 최악의 악행(evil, the very worst of human nature)'이라고 비난하였다. 5분여동안 계속된 그의 연설은 시편 23편을 읽는 것으로 끝이 났다. "나 비록 음산한 죽음의 골짜기를 지날지라도 내 곁에 주님 계시오니 무서울 것 없어라" 물론 "미국에 신의 축복이 있기를(God bless America.)"의 인사도 잊지 않았다.

부시의 연설은 냉전 시대의 논리인 선악의 이원론(dualism)으로의 회귀를 보여주었다. 마치 레이건 대통령이 소련을 '악의 제국'으로 묘사하면서 지구상에서 제거되어야 할 대상으로 여긴 것처럼 이원론적인 수사가 종교적 차원에서 활용되었다. 다시 말해 테러리스트들을 악의 화신으로 간주함으로써 부시는 테러 행위를 칼 만하임이 말하는 전체적 이데올로기 차원의 갈등, 즉 체제가 다른 국가 간의 전쟁으로 간주하기보다는 선과 악의 종교적 차원의 대립으로 여겼다. 선과 악의 싸움은 그들이 섬기는 신과 악의 화신인 루시퍼 사이의 갈등이었다. 여기서 테러리스트들의 행위는 절대 악이 되고 미국은 절대 선이 된다. 부시는 연설에서 미국은 결코 악에 굴하지 않을 것이기에 의로운 전쟁(just war)을 통해 악의 세력을 응징할 것이라고 천명하였다.

수천 명의 희생으로 충격에 싸인 희생자 가족과 미국 시민을 위로하고 치유하기 위해 종교의 이름을 빌리는 것은 당연한 일일 것이다. 또한 보복을 결의하면서 그 정당성을 종교적으로 유추하는 것 또한 흔히 있을 수 있는 정치적 제스처라고 할 수도 있다. 그러나 거국적 차원의 치유 과정에서는 물론 아프가니스탄과 이라크의 전쟁 중에서도 그의 종교적 수사를 수반한 정치 행위는 계속되었고, 심지어 정책의 의사 결정과 실시 과정까지도 신앙에 바탕을 두었다.

한편 9/11 사태에 당면해서 전개된 부시의 선악 논리는 국제 정치 영역으로도 스며들었다. 우방 국가와 적국의 분류 준거에까지 선악의 이원론을 확대시킨 것이었다. 구체적으로 그는 이미 악의 화신으로 간주된 테러리스트들을 숨겨주거나 비호하는 나라는 곧 미국의 적이라고 선포함으로써 세계를 선과 악으로 양분하였다. 이후 그는 북한을 포함한 몇몇 나라를 악의 축(axes of evil)으로 호명하기도 하였다. 훗날 '부시 독트린'이라 불리게 된 국제 사회에 대한 이러한 그의 태도는 미국에 대한, 그리고 미국의 세계에서의 정치적 위치에 대한 자신의 인식이 단지 정치 공학적 차원에만 머물러 있지 않고 종교적 차원의 신념에 바탕을 둔 것임을 말해주는 것이라고 할 수 있다. 한 마디로 부시는 자신의 종교적 신념을 정치 행위를 통해 그대로 표출하였던 것이다.

종교적 신념과 정치 행위와의 연계가 부시 정권을 통해서만 나타난 것은 아니다. 미국의 대부분 대통령이 때로는 시민 종교의 차원에서, 때로는 정치적 수사의 차원에서 자신의 종교적 신념을 토로하기도 하였고 정치 행위의 정당성 확보를 위해 종교를 인용하기도 하였다. 물론 건국 초기의 종교적 열정이 점차 식어가고, 20세기 초부터 시작한 세속화가 급격히 전개된 60년대 이후 수십 년 동안 미국 사회에서 종교의 영향력이 쇠퇴한 것은 사실이다, 하지만 미국의 대통령들은 여전히 국가에 대한 종교적 의미를 유추하면서 나라를 이끌고 있다. 로버트 벨라는 이를 시민 종교라고 하였다. 이는 미국의 이상을 국가의 세속적 종교로 엮어 내는 시도라 할 수 있다. 또한 원래의 문맥에서 떨어져 나온 종교 언어가 미국인의 정치 사회적 경험에 적용된 언어가 된 것이라고도 할 수 있다.

역대 대통령의 종교 관련 발언을 구체적으로 살펴보면 먼저 케네디는 성서를 자주 인용하였고 1960년대의 미국주의(Americanism)에 의미를 부여하였다. 이후의 대통령들 또한 심오한 종교적 신념을 지닌 것처럼 행동하였다. 닉슨은 열렬한 퀘이커교도였고 빌리 그래함 목사와의 개인적인 친밀함을 자랑스러워하고는 했다. 남침례교 신자였던 카터는 거듭남의 체험을 고백한 복음주의자로서 백악관에 머무는 동안에도 주일학교 교사를 자청하기도 했다. 레이건은 교회에 자주 참석하지는 않았지만 열렬한 기독교 신자임을 고백하였다. 조지 H. 부시는 이라크 공습을 시작하기 전날 밤에 빌리 그래함 목사와 함께 집무실에서 기도를 하며 지냈다. 클린턴은 침례교 신자라는 사실을 자주 드러냈으며 미국인의 삶에서 종교가 필요하다고 역설하기도 하였다.

하지만 이들 중 아무도 종교 권력을 연방 정부의 책무에 적용하려고 하지 않았다. 또한 아무도 빈곤을 신앙의 위기와 관련지어 종교 기관을 포함한 빈곤퇴치정책을 제안하지도 않았다. 오직 조지 W. 부시만이 그러했다. 부시를 다른 대통령들과 구별해 주는 것은 자신의 개인적 회심과 영적인 삶을 토론하는 개방성에 있지도 않고, 신앙에 대한 그의 공개적인 언급의 강도가 더 높다는 사실에 있지도 않다. 그를 다른 대통령과 구별 짓게 해 주는 것은 종교에 대한 공적 언급이 수사학적인 발언에만 그친 것이 아니라, 그것을 사적인 차원에서의 신실하고 순수한 믿음과 일치시켰다는 데 있다. 부시는 더 나아가 정치와 정책의 실천 과정에서도 신앙을 공공 정책과 통합하려고 하였다.

예컨대 부시는 레이건이나 아버지 부시와는 크게 다르게 종교 집단의 공공 생활 영역에의 참여를 강조하였고 종교 단체들을 대상으로 한 공정한 공공 기금 분배를 주장하였다. 공적인 일에 대한 종교의 참여를 반대하는 것은 신앙 자체를 반대하는 것이기에 이는 종교의 자유를 침해하는 것에 다름 아니라는 것이다. 중요한 것은 부시가 '종교적(religious)'이라는 용어보다 '신앙에 기초한(faith-based)'이라는 용어를 더욱 선호하였다는 사실이다. 이것은 단지 종교를 가지고 있다는 사실보다는 굳건한 신앙을 가져야 한다는 것에 더 의미를 두는 것이며, 더 나아가 세속적이고 인본주의적인 자유주의 신앙을 가진 주류 기독교인들과 투철한 신앙생활에 몰입하는 복음주의자들과 같은 기독교인들은 구별해야 한다는 것을 의미한다.[6]

부시의 '신앙에 기초한 사업(faith-based initiative)'의 핵심은 종교 기관에 대한 공공 기금의 분배에 있어서 지금까지 배제되었던 보수적인 종교 기관까지도 참여시키는 것이었다. 이는 부시 행정부가 연방 기금을 종교적으로 보수적인 목적을 가진 종교 기관에까지 확대한다는 것을 의미한다. 이들의 주장은 민주당 정권하에서는 대부분의 기금이 주류 개신교가 운영하는 사회봉사조직에만 주어졌다는 것이다. 따라서 보수적인 신념에 따라 세워진 사회봉사 기관, 예컨대 낙태를 반대하고 임신한 젊은 여성들을 보호해주는 단체에도 정부의 기금이 주어져야 한다고 주장하였다. 이를 위해 부시는 호의자본기금(Compassion Capital Fund)을 만들어 2002년에서 2005년까지 신앙에 기초한 사회봉사단체들에게 약 150만 달러를 분배해주었다.[7]

  부시의 신앙에 기초한 사업 정책 덕분에 종교 우익은 수천만 달러의 정부 기금을 확보할 수 있었다. 신앙에 기초한 기금 지원(faith-based funding)은 차별이나 복음화 활동에 관계없이 종교 단체들에게 재정을 지원하기 위해 계획되었기 때문이다. 따라서 직업 재훈련을 위해 연방 기금을 받게 된 교회들은 종교, 젠더, 그리고 성적 지향에 따른 차별을 하는데도 이 기금을 사용하게 되었다는 비판을 받기도 하였다.

  부시의 이러한 태도와 행위를 종교 의미 체계의 정치와 정책에로의 유입이라고 한다면, 그 동기는 대통령 부시에서가 아니라 신앙인으로서의 부시에서 찾을 수 있을 것이다. 특히 지금까지의 생애 전체를 통해 나름대로의 삶의 의미 체계를 총체적으로 형성하며 살아온 인간 부시에게서 그가 겪은 종교적 체험이나 영적 변화를 무시할 수는 없을 것이다. 따라서 대통령으로서 그가 보여준 정치 행위나 정책 실천의 종교적 함축을 그의 단순한 복음주의적 열정의 거듭남의 체험으로만 보아서는 안 된다. 그는 회심 이후에도 기독교 메시지를 사적이면서도 공적인 것으로 이해하는 복음주의 기독교 사상가들, 특히 근본주의 종교 지도자들에게 많은 영향을 받았기 때문이다. 즉 부시에게 있어서 기독교의 메시지는 개인의 심령을 위한 힘이면서 동시에 국가를 위한 계획이 되었다.

3. 선악 구도의 전통과 정치적 활용

개인의 종교 신념을 공적 영역의 임무에까지 확대하고 실천한 부시의 태도는 그의 종교 여정 중에서 특히 거듭남을 경험한 이후에 보다 강하게 내재화되었다. 회심과 그리스도를 통한 구원의 확신을 강조하는 복음주의 전통이 부시에게 상당한 영향을 미쳤으며, 특히 세상을 선과 악의 대결이라는 마니교식 이원론의 시각을 가지고 보는 미국의 근본주의적 복음주의가 가장 커다란 영향을 주었다고 할 수 있다. 부시의 이원론적 선악 논리를 좀 더 자세히 이해하기 위해 미국 복음주의의 일반적 시각을 살펴볼 필요가 있다.

세상을 바라보는 시각이 이원론에 바탕을 둘 때에는 선과 악은 물론 피아의 구분까지도 확실하게 된다. 이른바 회색분자는 용납되지 않으며 가치 다원주의는 들어설 공간이 더욱 없게 된다. 이원론적 시각을 바탕으로 하는 미국 복음주의의 발전 과정을 보면 미국의 복음주의가 그 원래 뿌리였던 유럽의 복음주의나 미국의 주류 개신교와는 상당히 동떨어진 특성을 가지고 있음을 알 수 있다. 무엇보다도 이들은 세상의 타락 징조를 찾아내고 비탄(jeremiad)을 금치 못하였다.

예컨대 기쉬(Duane Gish)는 20세기 후반 50여 년 동안 미국에서 일어난 타락의 징조로 마약의 출현, 에이즈의 확산, 폭력과 범죄의 증가 등을 언급하였다. 따라서 그는 미국 사회가 도덕적 몰락의 구렁텅이로 빠지고 있다고 개탄하였다. 대부분의 복음주의자들은 미국 사회를 선악의 시각을 가지고 평가하고 있고 타락의 정도가 심하다는 데 있어서는 기쉬의 생각에 동의하고 있다. 물론 이들은 다양한 곳에서 이 도덕적 타락의 원인을 찾고는 하였다. 먼저 기쉬는 미국 곳곳에서 드러나는 무질서와 혼란의 책임을 판사, 법률가, 교육자, 사회지도자 등에게 돌렸다. 이들 대부분이 진화론에 세뇌되었기 때문이라는 것이 그의 주장이다.

'미국가족협회(American Family Association)'의 윌드몬(Donald Wildmon)은 미국의 도덕적 표류 책임이 텔레비전 프로듀서와 프로그래머들에게 있다고 주장하였다. 근본주의 운동의 핵심세력으로 '도덕적 다수'를 이끌었던 제리 팔웰과 종교 우익의 선두주자인 팻 로벗슨(Pat Robertson)은 게이와 레즈비언의 사회적 지위 증가와 그들의 과감한 태도를 사회 타락의 원인으로 지목하였다. '구출작전대(Operation Rescue)'의 랜달 테리(Randall Terry)는 낙태를 불법화시키지 않는 정부에 책임이 있다고 하면서 이를 주도한 클린턴은 성서에 손을 놓고 선서하지 못하도록 해야 한다고 주상하였다. 한편 '가정중심사역(Focus on the Family)'의 제임스 돕슨(James Dobson)은 미국의 퇴락이 전통적인 도덕성과 가족 가치의 하락에 기인한다고 진단하였고, '미국을 염려하는 여성(Concerned Women for America)'의 대표 라헤이(Beverly LaHaye)는 미국 여성들이 가족의 영적인 안녕에 대한 책임을 저버렸기에 나라 전체가 영적으로 타락하였다고 주장하였다.

여기서 중요한 것은 선악적 시각이 사회를 향할 때와 정치와 연결되어질 때는 다르다는 사실이다. 사회에 대한 선악적 시각은 사회에 대한 비탄과 비판에 그친다. 그러나 이러한 시각을 가진 자들이 정치 무대에서 활동할 때는 그들의 선악적 시각이 정책으로 입안되고 실천되어질 수 있기 때문에 문제가 발생한다. 소위 말하는 정치적 보수 복음주의자들은 20세기 말의 세계가 위험으로 가득하다는 진단과 함께 정치와 정책에 손을 뻗치기까지 하였던 것이다. 예컨대 팻 로벗슨은 자신의 종교적 신념을 정치적 차원에서 전개하기 위해 공화당 대통령 후보 경선에 나서기도 하였다.

사실 정치의 종교화, 또는 종교적 차원의 선악 구조를 정치 영역에로의 확대를 이끌었던 주역들은 미국의 종교 근본주의자들이었다. 이들은 60년대 이후 드러나기 시작한 미국의 다양한 사회 문제에 대하여 신앙적으로 대응하기 시작하였다. 60년대의 인종 차별 철폐를 내세운 인권 운동과 베트남 전쟁, 케네디 대통령과 킹 목사의 암살, 시위와 도시 폭동은 미국을 혼란에 빠뜨렸다는 것이다. 소설가 업다이크(John Updike)는 신이 미국에서 축복을 거두어 들였다고 비탄의 목소리를 낼 정도였다. 근본주의자들은 이러한 사회의 혼란과 미국의 도덕적 타락에 대한 책임을 자유주의자들에게 돌렸다. 공립학교에서의 기도 금지와 낙태 허용 등을 자유주의자들이 부추기고 수용하였기 때문이라는 것이다. 결국 근본주의자들의 시각은 종교적 시각, 그것도 선악의 이원론적 시각을 중심으로 한 것이었다. 즉 모든 사회 문제를 선악의 잣대를 가지고 판단하고 비판하는 데 적극적이었다. 예컨대 그들은 진화론을 창조론의 반 테제로 간주하고 낙태와 동성애를 신의 섭리에 어긋나는 행위로 여김으로써 종교적 차원으로 갈등으로 몰아가고는 했다.

근본주의자들은 원래 세속적 정치에 거리를 두었었다. 그러나 워터게이트 사건으로 도덕적 비난을 받던 닉슨이 하야하고 복음주의자로 거듭남의 경험을 공개적으로 천명한 카터가 등장하자, 그가 민주당 출신임에도 복음주의자들은 지지를 아끼지 않았다. 카터가 대통령이 되자 그들은 학교에서의 기도 재개, 낙태 문제 해결 등을 요구하였다. 하지만 카터는 그들의 요구에 대하여 아무런 응답을 하지 않았고 오히려 신앙과 실천 사이의 분리 벽을 더욱 강화하려고 하였다. 그러자 근본주의자들은 카터에게서 등을 돌려 그 다음 선거에서는 레이건을 지지하였고 카터는 재선에 실패하였다.

근본주의자들은 이미 전국적인 차원의 근본주의자 조직을 결성하여 소위 말하는 신기독교 우익(New Christian Right) 세력을 형성하였다. 이들은 먼저 1978년의 하원선거에서 보수주의적인 정치인들이 대거 당선되는 데 이바지한다. 이른바 신우익(New Right)이라 불리는 정치 우익과 종교 우익의 결합을 바탕으로 한 새로운 보수연합이 시작된 것이다.

정치의 달콤함을 맛본 근본주의자들은 마침내 1980년의 대선에서 레이건을 당선시키는 데 크게 기여한다. '도덕적 다수'를 이끌었던 제리 팔웰 목사는 레이건이 러닝메이트로 악마를 택할지라도 레이건을 지지하겠다고 공언하였다. 결국 레이건이 승리하고 우익 세력의 상당수가 상원에 선출되었다. 신문과 방송 매체는 우익의 선거 승리가 대부분 근본주의자들의 적극적인 선거 활동 덕분에 얻어졌다고 평가하였다.

대통령이 된 레이건은 카터처럼 되지 않기 위해 근본주의적인 종교 지도자들의 견해에 동조하는 모습을 보이고는 하였다. 그러나 영화배우 출신답게 레이건은 근본주의자들이 입장을 만족시키기에 충분할 정도의 제스처와 연기만 보여주었지, 그들의 요구를 그대로 수용하지는 않았다. 예컨대 그는 근본주의자들이 요구한 학교에서의 기도 재개나 낙태 금지를 위한 헌법 수정안 등에 대하여 호의적인 태도를 보이기도 하였다. 또한 국세청이 인종 차별적이라고 판명된 교회 학교에 세금을 부과하자 근본주의자들은 세금을 감면토록 해 달라고 레이건에게 요구하였고 레이건은 그들의 생각과 요구에 동조하기도 했다. 인권 단체의 반발로 이들의 요구는 실천되지 않았지만 동조적인 입장을 표명한 레이건의 태도에 근본주의자들은 만족하였다. 실제로 레이건은 몇몇 종교 우익 인사들을 정부의 요직에 임명하기도 하였다.

한편 근본주의자들은 레이건의 외교 정책과 방위 정책을 지지하기도 하였다. 동서냉전 체제를 레이건이 선악 구도로 몰아간 것 또한 이들 근본주의자들의 지지와 종교적 정당화가 있었기 때문이다. 종교 우익 세력들은 미국이 보다 더 강해져야 최후의 심판에 앞서 펼쳐질 역사에서 주역을 담당할 것이라고 주장하였다. 이들은 국가 방위를 위한 군사력에서 미국을 앞도하고 있는 소련을 악으로 지목하면서 군비 경쟁에서의 우세를 독려하였다. 무신론자들의 집합인 사회주의 체제를 악으로 간주하면서 악과 싸우는 미국을 선으로 승화시켰다.

종교 우익의 주장에 힘입어 레이건은 선과 악의 이원론을 냉전 체제의 국제 정치 영역으로 끌어들였다. 동서의 냉전 체제는 2차 세계대전이 끝나면서 시작되었다. 처음 한동안 미국의 보수적 정치인이나 종교인들은 공산주의를 자유주의(liberalism)와 유사한 것으로 간주하였다. 공산주의자들은 제3세계에 불안을 야기하기도 하고 방사능 낙진 유포나 상수도 오염 음모를 꾸미는 자들 정도로만 여겨졌고 미국에 준 피해는 시민인권 운동에 어느 정도 영향을 미쳤을 것이라는 정도로만 생각되었다. 하지만 1981년 레이건 정권이 들어서면서 냉전 체제는 이데올로기 차원의 대립을 넘어 선과 악의 종교적 차원의 대립으로 전개되기 시작하였다. 레이건은 소련과 동구를 악의 제국으로 간주하는 동시에 미국을 정의와 진리를 수호하는 덕성의 화신으로 간주하였다. 그러나 그는 선악 논쟁을 대부분 수사적인 차원에서만 주로 전개하였을 뿐이다. 군비 경쟁이나 우주 전쟁(star war)의 대립이 있었지만 미국과 소련 간에 어떤 심각할 정도의 무력 충돌도 없었다. 조지 W. 부시는 공적 영역에서 전개되어지는 정치 행위에 종교를 끌어들이거나 자신의 종교적 신념을 그대로 표출하고 실천하고는 했지만 레이건은 보수주의자들의 요구를 대부분 심정적으로 동조하는 데 그쳤던 것이다.

1989년을 기점으로 시작된 소련과 동구의 몰락은 미국과 미국의 대통령 레이건에게 승리를 안겨준 커다란 사건이었다. 그야말로 군비 경쟁과 우주 전쟁에서 우세를 보였던 미국의 대통령 레이건은 전쟁을 치루지 않고 승리를 거두면서 어느 역대 대통령보다 강력한 미국을 만든 영웅이 되었다. 또한 신의 존재를 부정하는 무신론자들의 집합으로 간주되던 사회주의 국가의 붕괴는 공산주의와 오랜 동안 이념적 대립을 펼쳐왔던 기독교에도 커다란 승리가 아닐 수가 없었다. 그러나 종교 근본주의자들에게는 마냥 좋은 기회가 아니었다. 소련과 동구의 몰락은 이들로부터 종교 신념의 정치적 전개의 기회를 박탈하였기 때문이다.

사회주의 국가의 몰락 이전에 이미 미국의 근본주의 종교 세력은 대중의 지지를 상실하기 시작하였다. 이미 사회적 차원에서는 WASP[8]의 독점적 지배를 몰아내고 다양한 인종적 배경을 지닌 자들이 사회의 여러 활동 분야에 참여하기 시작하였고, 문화적인 차원에서도 다원화를 지향하는 사회가 되었다. 이런 미국에서 이원론적 대립 구도만을 고집하고 펼친다는 것은 시대착오적이었다. 이미 도덕적 다수는 레이건이 대통령에서 물러나기 전에 해체되었고 많은 근본주의 종교 지도자들은 자신들이 저지른 부패와 스캔들이 드러나자 대중으로부터 외면당하기 시작하면서 자천타천으로 사라졌다.

그러나 더 심각한 것은 소련과 동구의 몰락으로 인한 냉전 체제의 해체가 선악의 이원론에 익숙한 근본주의적인 복음주의자들의 정체성을 뒤흔들어 놓았다는 사실에 있다. 존재만으로 자신들에게 대립적 정체성을 만들어 주던 적, 또는 악의 세력이 갑자기 사라졌기에 혼란에 빠지지 않을 수가 없었다. 지금까지 선악의 구도에만 익숙해 왔었고 이를 기준으로 세상을 판단하던 이들에게 경제, 정치, 문화 지평이 세계적으로 확대되어져가는 글로벌 시대의 도래는 새로운 세상을 수용하고 이를 위한 해석을 재정립해야 하는 등 여간 어렵고 곤란한 상황이 아니었다. 1920년대에 처음 등장하여 맹위를 떨쳤던 근본주의자들이 진화론을 둘러싼 스콥스 재판에서의 승리에도 불구하고 대중으로부터 외면을 당하고 종교 내적으로 침잠했던 것처럼 레이건의 퇴장과 함께 근본주의자들은 종교 내로 침잠하였다. 더욱이 민주당의 클린턴에 의한 8년간의 집권 동안 근본주의자들의 정치 사회적 영향력은 상당히 축소되었다.

4. '공동체 종교'의 부활과 국가 비극의 치유

알 카이다에 의해 저질러진 2001년 9월 11일 미국에 대한 테러 공격은 미국은 물론 온 세계를 초긴장 상태에 빠지게 하였다. 그것은 영화에서나 나올 법한 사건이었다. 아니 영화에서 나오는 이야기보다 더 믿기 어려운 일이었다. 그러나 사실이었다. 9/11 공격이 있기 3년 전인 1998년에 상영된 영화 〈비상계엄(The Siege)〉에서는 버스 인질 사건 등 미군에 의해 납치된 한 아랍계 종교 지도자의 석방을 위해 몇몇 아랍인들이 뉴욕에서 벌이는 테러 행위를 다루고 있다. 영화에서도 미국인들은 테러의 잔인함에 충격에 휩싸인다. 그러나 픽션이 아니라 실제로 무려 수천 명의 생명을 앗아간 9/11 테러로 인해 미국인들이 받았을 충격과 공포는 이루 말할 수가 없었다.

사건에 대한 인식은 각도에 따라 달랐다. 공격을 받은 미국인들의 사건 인식은 기본적으로 분노와 증오에 바탕을 둔 것이었다. 그러나 객관적 시각을 가진 학자들은 테러의 잔인함에 고개를 절로 흔드는 한편, 올 것이 오고 말았다고 판단하기도 했다. 동서 냉전이 종식되면서 미국을 정점으로 이루어진 일극 지배 체제의 세계 질서가 상당히 안정적인 것 같지만 미국의 독주에 대한 저항감을 느낀 사람들과 나라들이 있었다는데 근본적인 원인이 있었다. 이들에게는 팍스 아메리카나(Pax Americana)가 불공정한 질서로만 보였기 때문이다. 특히 세계 인구 4분의 1 이상을 차지하는 모슬렘들이 거주하는 이슬람 문명권에 대한 미국의 지배에 모슬렘들은 분노를 넘어 절망에 이를 정도였다. 따라서 테러는 절망의 산물이었다.

중요한 것은 테러로 충격을 받은 미국인들을 어떻게 달래고 치유할 것인가 하는 것이다. 일반적인 죽음을 둘러싼 충격에 대한 치유는 대부분 심리적 차원에서 이루어지고 이 과정에서 종교가 가장 중요한 역할을 한다. 죽은 자는 말이 없기에 살아남은 자들로 하여금 위로를 받게 하는 한편 죽음을 수용하도록 할 필요가 있다. 이때 가장 중요한 것은 죽음이 끝이 아니라 새로운 시작이라는 희망을 심어 주는 것이며 현세와 내세(hinterland)가 단절이 아님을 강조하는 것이다. 따라서 망자(亡子)로 하여금 망자(望子)가 되게 해 주는 의미화가 필요하고 의미 수용을 위한 의식이 필요하다.

사건 이후 이번 참사로 무고하게 죽은 자들을 애도하고 추모하는 물결이 미국 전역을 휩쓸었다. 사건이 있은 사흘 후인 9월 14일에는 대통령과 수요 인사들이 워싱턴 DC에 있는 워싱틴 내셔널 성당(Washington National Cathedral)에 모여 추모 예배를 보았다. 빌리 그래함 목사가 설교를 한 이 추모 예배는 거국적 치유 의식이었다.

그러나 미국이 필요로 하는 것은 종교 의식에 의한 심리적 치료만이 아니었다. 정치적 치유를 위한 의식이 필요하였다. 그것은 정치적 보복 행위를 의미하는 것이었다. 문제는 테러가 가져온 죽음이 정치적 죽음을 함축한다는 데 있다. 지배와 피지배의 논리가 함축된 정치 영역에서 발생한 죽음은 정치적 패배를 의미하기에 균형의 회복이 필요하다. 이는 대부분 복수 행위를 통해 이루어진다. 이에는 이, 눈에는 눈을 강조하는 함무라비 법전의 동해보복법이나 그리스 신화에서 나오는 복수의 여신 네메시스(Nemesis)는 균형의 회복이 곧바로 정의의 회복임을 상징적으로 보여 주고 있다. 따라서 죽음을 불러온 정치적 갈등은 복수를 필요로 한다. 자연사의 경우에서 나타나는 죽음에 대한 심리적 수용이 정치적 죽음의 경우에는 해당되지 않는다. 또 다른 차원, 즉 정치 사회적 차원의 심리적 수용 과정이 필요하다.

정치적 죽음은 미래에 대한 두려움을 수반하기 때문이며, 이 두려움을 제거하는 방법은 정적을 제거하는 것이다. 이 단계에서는 죽은 자와 살아남은 자 모두가 '공동체 종교'의 일원이 된다. 정치 단위와 종교 단위가 일치하는 공동체 종교로서의 국가 종교는 근대적 소멸을 겪었지만 국가 간 전쟁이 발발할 경우처럼 정치 공동체가 위협에 처하게 되면 부활하게 된다. 다시금 국가라는 배타적이고 개별주의적 정치 공동체의 연대를 위한 의식이 종교의 이름으로 행해지는 것이다.

미국에서는 정치 공동체의 결속을 돕는 '공동체 종교'의 부활이 쉽게 이루어진다. 물론 혈연이나 지연을 중심으로 해서 형성된 공동체가 존재하지는 않는다. 종교를 중심으로 형성된 다양한 종교 공동체와 종교 전통이 존재하지만 이들 또한 개별적으로 활동하기에 정치 공동체를 지향하는 공동체 종교로 결집할 수는 없다. 하지만 전체적으로는 하나의 시민 종교가 미국 사회에 자리 잡고 있기 때문에 공동체 종교의 형성이 가능하다. 시민 종교는 헌법적으로는 탈제도화의 범주 안에 묶여 있지만 늘 시민 의식의 중요한 부분을 차지하고 있다. 예컨대 대통령 취임식 등의 국가 의식에서 하나의 관습처럼 종교 의례가 포함됨으로써 공동체 종교가 미국 시민들의 의식 속에 잠재해 있음을 보여주기도 하고 또 국가 의식을 통해 시민들 사이에서 공동체 종교에 대한 인식이 잠재하도록 이끌기도 한다.

공동체 종교의 일원으로 죽은 자는 다시금 살아남은 자들을 위한 희생자로서 국가의 이름으로(in the name of state) 영화(榮華)되는(glorified) 한편 살아남은 자들은 죽은 자들의 이름으로 복수의 정당성을 확보하게 된다. 이 때 표면적으로는 신의 정의 등이 앞세워지지만 실제로는 국가의 이름으로 복수를 행한다. 또한 그 목적은 국가 구성원의 결속이면서 적으로부터 다가올 차후의 공격을 차단하거나 적을 아주 제거해 버리기 위해서다. 심리적 치유에 그치는 것이 아니라 불안 요소의 제거를 위한 국가 중심주의의 정치적 행위가 종교의 이름으로 펼쳐지는 것이다.

따라서 복수는 적어도 미국인들에게는 필연적이었다. 물론 군사력과 달러(경제력)의 힘을 믿고 세계를 지배하는 미국의 오만함에 대한 자성의 목소리가 없었던 것은 아니다. 팍스 아메리카나라는 거짓 평화를 폭로하는 이들도 있었지만, 엄청난 테러 공격에 의해 증대된 충격으로 인해 이들 또한 자성의 목소리를 낼 기회를 포기할 정도였다.

미국인들의 분노에 대한 복수든 미국의 오만함에 대한 반성이든 사태를 수습할 막중한 책임은 오직 미합중국의 대통령에게 부여된다. 테러에 의한 죽음의 치유가 종교인들의 몫으로 끝나기에는 충분하지 않으며, 오직 대통령만이 정치적 죽음에 대한 치유를 할 수가 있는 것이다. 문제는 대통령이 이 치유를 위한 복수를 어떻게 행하는가 하는 데 있다. 지금까지 대부분의 대통령들은 정치적 행위를 통한 보복에만 그쳤다. 물론 종교적 수사 또한 뒤따랐지만 정치적 행위와 종교적 수사가 따로 따로 전개되었다. 그러나 부시의 경우는 달랐다. 보복을 통한 치유 행위가 세속적인 차원의 정치적 행위로만 이루어지지 않았고, 종교 역시 단지 수사적 제스처로만 활용되지 않았다. 한 마디로 정치와 종교가 결합된 보복을 보여주었다. 양이 질을 결정해 줄 정도로 사상 초유로 벌어진 미국 본토에 대한 공격과 그에 따른 막대한 피해와 희생의 정도가 정치와 종교가 결합된 보복 행위를 요구했을지도 모른다. 아니면 알 카이다의 공격이 이미 정치와 종교가 결합된 이슬람 근본주의자들의 공격이었기 때문일 수도 있다. 아니면 부시 자신이 이미 전투적이고 공격적인 기독교 근본주의적 신념을 지니고 있었기 때문일 수도 있다.

9월 11일 저녁 부시가 행한 대국민 연설에서 나타난 선악 구도의 언급은 다소 수사학적인 표현으로 그칠 수도 있었다. 부시는 실제로 이슬람교나 모슬렘에 대한 어떤 언급도 없었다. 부시 자신이 타 종교에 대하여 부정적인 생각을 가지고 있지 않았기 때문이다. 실제로 9/11 공격 엿새 후인 9월 17일에 부시는 워싱턴의 이슬람 센터를 찾아가 이슬람교가 평화의 종교라고 말하기도 하였다. 또한 그는 예수가 신에 이르는 유일한 통로가 아니라고 언급해 보수적인 기독교인들로 부터 반발을 사는 등 논란을 불러일으키기도 했다.

  중요한 것은 테러 사건에 대한 부시의 인식이었다. 대통령으로서 부시는 테러와의 전쟁이든 테러범들에 대한 보복이든 정치적 선택을 위해 결단을 해야만 했다. 결단에 앞서 해야 할 것은 사건에 대한 판단과 평가이다. 그런데 사태를 어떻게 인식하며 어떠한 판단을 해야 하는가에 있어서 전부는 아니지만 중요한 비중을 차지하는 것은 개인의 세계관이다. 그것은 힘의 논리에 바탕을 둔 세속적 가치관일 수도 있고 종교적 신념에 바탕을 둔 윤리적 가치일 수도 있다. 그러나 또한 중요한 것은 개인의 정치 사회적 위치와 역할은 물론 그가 속한 사회나 국가의 상황, 또는 국제 정치적 상황 등에 대한 이해와 판단 등이 복합적으로 작용한다는 사실이다. 베버가 말하는 바처럼 행위 주체의 주관적 의미는 물론 행위를 결정하는데 있어서 객관적으로 주어지는 여러 가지 동기적 상황(motivational situations)도 함께 고려해야만 하는 것이다.

  기본적으로 부시는 거듭남의 체험을 공개적으로 표명할 정도로 보수적 복음주의를 신봉하며 더 나아가 선악의 대립 구조를 전제로 하는 근본주의에 익숙한 신앙 체계를 가지고 있었다. 한편 정치적으로 부시는 선거를 통해 대통령으로 취임했지만 선거 개표 분쟁으로 인해 정당성을 의심받는 처지에 놓여 있었다. 또한 당시의 미국은 레이건 정권 말기에 있었던 소련과 동구 사회주의 국가들의 몰락으로 세계의 평화를 유지할 수 있는 유일한 국가라는 자부심에 충만해 있었다. 세계 곳곳에서 벌어지는 이른바 불량 국가들의 세계 질서를 파괴하는 행위에 가차 없이 일격을 가하고는 하였다. 아버지 부시가 대통령이었을 때는 걸프전을 치렀고, 클린턴의 강력한 외교 정책은 북대서양조약기구(NATO)를 과거 소련의 접경지역에까지 확대하였다. 미국은 모든 경쟁 국가의 국방 예산 전체를 합친 액수를 능가하는 국방 예산을 편성한 나라였다. 미국 패권주의를 지향하는 국가주의가 수 십 년 동안 전개되었던 군사적, 이데올로기적 갈등에서는 물론 경제적인 차원에서도 이루어낸 승리에 도취되어 미국은 지구상의 모든 적들을 분쇄할 수가 있고 분쇄해야만 한다는 사명감을 가지고 있었다. 결국 부시는 미국 중심의 세계 질서 유지라는 정치적 결단을 내리는 한편 여기에 종교적 신념을 가미하게 된다. 이는 그가 지금까지 살아온 삶의 경험을 대통령으로서의 자신에게 확대하여 적용하는 것을 의미한다. 그의 삶이 젊은 시절의 방탕함과 방종을 종교적 체험을 통한 도덕적 책무로 극복하고 대체하였고, 심지어는 알코올 중독까지도 높은 신앙심으로 극복하는 경험 등으로 채워졌었기 때문이다. 이제 9/11 사태라는 엄청난 국가적 시련 앞에서 그는 신앙의 힘으로 알코올 중독을 이겨낸 것처럼 종교적 신념을 가지고 테러라는 악을 제거함으로써, 보복을 통한 미국 국민의 상처를 치유하는 임무를 수행하는 동시에 미국의 패권주의적 지위를 재정립하고 세계 질서를 유지하는 책무를 도맡게 되었다.

따라서 9/11 사태는 부시에게 기회가 아닐 수 없었다. 실제로 부시는 그날 저녁에 있었던 연설에서 "우리는 이것을 하나의 기회로 생각해야 한다"라고 말하였고 이틀 후에 열린 국가안보회의에서도 그는 스태프들에게 기회를 다시금 강조하였다. 또한 한 인터뷰에서는 "나는 기회를 잡을 것이다"라고 단언하기도 하였다. 그가 말한 기회는 무엇을 위한 것이었는가? 돌이켜 보건대 그 기회란 대통령으로서의 위상을 회복하는 것이었으며 또한 미국의 국가주의를 다시금 강화시킬 수 있는 기회였다. 실제로 그는 9/11 사태 이후 낮았던 지지도를 급격히 상승시킬 수 있었고 급기야 재선에서도 승리할 수 있었다. 한편 개인적으로는 그가 지금까지 살아오면서 보여주었던 것처럼, 또는 그것이 도덕적 타락이든 알코올 중독이든 새로운 것으로 과거의 낡은 것을 이겨내고 승리를 쟁취할 수 있었던 것처럼, 무엇인가 새로운 것을 이루어낼 수 있는 기회였다. 한 마디로 그에게 부여된 기회는 개인 심리적 차원에서는 새로운 승리를 이루어낼 수 있는 기회였고, 공적 차원에서는 대통령의 정당성과 권위를 회복할 수 있는 기회였고, 국가적 차원은 물론 국제적 차원에서는 테러리즘과 테러 세력을 제거함으로써 국제 사회에서 미국의 위상을 재정립하고 강화할 수 있는 기회였다.

5. 보복 전쟁을 통한 미국의 도덕성과 정치적 우월성 회복

선과 악의 대립 구조에 바탕을 둔 부시 개인의 근본주의적인 종교 신념, 대통령으로서 지켜야 할 미국의 패권주의에 대한 책무, 그리고 대통령으로서의 정당성에 대한 심리적 압박감과 지금까지 살아온 삶의 여정에서 보였던 갈등의 종교적 극복 경험 등이 어울려져 마침내 부시가 내린 정치적 결단은 전쟁을 치루는 것이었다. 아니 이미 전쟁을 치룰 수밖에 없는 상황이었는데 전쟁을 수행하는 과정에서 전쟁에 부여하는 의미와 그것을 치루는 방식에 그의 종교관, 도덕관, 그리고 삶의 경험 등이 아우러졌을지도 모른다.

부시가 처음 선포한 테러와의 전쟁은 알 카이다 조직 등 테러 집단을 겨냥했지만 그 대상이 국가가 아니었기에 어느 정도 피상적이고 수사적인 언급에 그칠 수도 있었다. 물론 테러리스들을 숨겨주거나 그들의 가치에 동조하는 국가는 미국의 적으로 간주할 수밖에 없다고 함으로써 세계를 적과 아군으로 구분하기도 했지만 이는 여전히 추상적인 수사에 지나지 않았다.

그러나 빈 라덴과 알 카이다 조직이 숨어 있다는 아프가니스탄을 침공하고 당시 아프가니스탄을 지배하던 탈레반 정권을 공격하면서 미국은 국가 대 국가의 전쟁을 전개하였다. 그가 선포한 테러와의 전쟁이 수사에 그치지 않았던 것이다. 그러면서 전쟁에 종교적 의미와 도덕적 의미가 가미되면서 아프가니스탄은 물론 이후에 있었던 이라크 침공 작전은 성전으로 승격하였고, 전쟁을 이데올로기 차원이 아니라 선과 악의 대립 구도를 상정하는 종교적 차원으로 격상시켰다. 아프가니스탄의 탈레반 정권은 인권 유린, 특히 여성을 심하게 학대하고 차별함으로써 도덕성을 상실한 정권으로 간주되어 세계 각국의 지탄을 받고 있었다. 이 점이 부시의 공격에 정당성을 부여해주었다. 한편, 오랫동안 독재 권력을 행사한 이라크의 사담 후세인 정권은 화학 무기를 소유하고 있다고 단정적으로 지목되면서 정당한 공격의 대상이 된다. 이로서 부시가 의도한 기회가 단순한 테러리스트들에 대한 보복이나 이들의 소탕이 아니라 이슬람 문명권에 대한 미국의 확실한 지배권 확보를 위한 것으로 확대되었음이 드러났다.

중요한 것은 부시가 전개한 전쟁에 종교가 가미되면서 종교인들이 대거 그의 주변에 모여들었다는 사실이다. 특히 선악 구도에 익숙한 보수적이고 근본주의적인 복음주의 목사들이 다시금 기지개를 펴게 되었다. 이미 종교 우익은 레이건 정권 말기에 팔웰 목사의 도덕적 다수가 해체되거나 목사들의 성 스캔들 등으로 인해 세력이 축소되거나 영향력이 소멸된 상태였다. 그러나 전쟁이 시작되면서 부시의 부름을 받은 이들은 매일 저녁 대통령 집무실(Oval Office)에서 부시와 함께 나라를 위한 기도회를 개최하였다. 그들은 예수를 '미합중국 최고 통수권자의 통수권자(United States' Commander-of-the Commander-in-Chief)'라고 부르며 정치화하기에 주저하지 않았다. 또한 백악관에서는 대통령을 비롯한 참모는 물론 직원들 사이에서 성경 공부 붐이 불기도 하였다. 이들의 주로 읽은 성서는 다분히 분노하고 복수하는 모습을 지닌 야훼가 등장하는 구약성서였다.

과연 선과 악의 대립 구조는 물론 종교와 도덕성을 동원한 부시의

9/11 사태에 대한 인식은 정확하고 올바른 것이었을까. 미국의 오만함을 역사적으로 추적한 베이나트(Peter Beinart)는 9/11 사태에 대한 부시의 대응 정책이 사건의 원인에 대한 그의 잘못된 판단에 바탕을 두고 있다고 적시하고 있다. 그에 따르면 부시는 원래 남아시아나 중동에 대한 지식이 별로 없었다고 한다. 일례로 2000년에 행한 한 잡지사와의 인터뷰에서 탈레반에 대한 질문을 받자 그는 눈을 껌벅이며 잘 모르겠다는 표정을 지었다. 이들이 아프가니스탄을 지배하고 있다는 이야기를 듣고는 껄껄 웃으면서 탈레반을 음악 밴드로 생각했다고 응답할 정도였다. 또한 집무실을 방문해 대통령을 만난 몇몇 사람들에 따르면 부시는 이라크가 수니파와 시아파로 나누어졌다는 사실도 알지 못했다고 한다.9

베이나트에 따르면 부시는 자기의 시각으로, 즉 자기가 세상을 보는 시각으로 테러 공격에 대하여 평가하고 판단하였다. 다시 말해 미국에 대한 평소의 자기 생각을 가지고 테러 공격의 원인을 진단하였던 것이다. 구체적으로 부시는 미국의 도덕적 결핍이 이슬람 근본주의자들로 하여금 미국을 공격하게 하였다고 생각하였다. 이는 대부분의 근본주의자들이 지니는 생각이었다. 테러리스트들은 미국이 지나친 물질 중심적이고 쾌락적인 삶으로 인해 가치와 도덕을 상실했기에 반격을 전개할 의지가 없을 것이라고 판단하고 공격을 감행했다는 것이다. 미국은 세계에서 가장 세속적인 나라로 알려진 것이 사실이다. 하지만 동시에 유럽과 비교해 볼 때 가장 종교적인 나라 또한 미국이라는 것도 사실이다. 그러나 미국은 부시의 눈에 자신의 삶의 여정에서도 겪었지만 도덕적 타락이 난무하고 자유주의적 방종이 지배적인 나라로 비춰졌다.

결국 부시가 해야 할 일은 테러리스들의 미국에 대한 잘못된 신화를 불식시키는 것이며 동시에 미국이 취약하지 않다는 것을 보여주는 것이었다. 따라서 전쟁을 통한 강력한 반격으로 미국의 강대함과 위대함을 드러내야 했으며 동시에 미국 국민의 도덕적 우월성을 보여주어야만 했다. 이 둘을 가능하게 만들기 위해서는 전쟁의 의미를 한 차원 높일 필요가 있었다. 도덕적 우월감과 군사적 패권을 동시에 드러낼 수 있는 전쟁은 종교적으로 승인된 전쟁이었다. 이를 위해서는 피아의 관계를, 만하임이 말하는 전체적 차원의 이데올로기(total ideology) 대립보다 한 차원 더 높은, 선과 악의 대결로 승화시켜야만 했다.

미국의 도덕적 우월은 종교적 신실함에서 나온다는 부시의 신념은 복음주의 근본주의자들의 신념과 다르지 않았다. 근본주의자들은 정치권력을 통해 사회의 도덕성을 회복하고 조절할 수 있다고 생각하였기에 도덕적 타락이나 사악함에 대한 강력한 정치권력 행사를 주문하고는 하였다. 이른바 베버가 말하는 구원 귀족(salvation aristocracy)이 되어 종교적 신념을 정치적으로 행사하는 주체가 되려고 한 것이다. 따라서 부시가 종교 전쟁으로 승화시킨 아프가니스탄과 이라크를 상대로 한 전쟁이 대외적으로는 미국의 강력한 군사력과 함께 도덕적 우월성을 보여주는 것이지만, 대내적으로는 도덕적으로 흐트러진 미국 사회를 다시금 정립하고, 국가에 대한 충성심에는 반드시 도덕성이 따라야 한다는 논리를 전개할 수 있는 좋은 기회에 다름 아니었다. 그러기 위해서 부시는 이미 대중의 지지를 상실한 근본주의자들로 하여금 다시금 정치 전면에 나서 타락한 미국의 도덕성을 회복할 수 있도록 할 필요가 있었던 것이다. 한 마디로 부시는 전쟁을 통해 두 마리의 토끼를 잡으려 하였다.

9/11 공격에 대한 부시의 이러한 판단은 미국 사회에 대해 부시와 보수적인 세력이 지니고 있던 기대와 욕구의 투사에 다름 아니었다. 실제로 빈 라덴이 미국을 공격한 것은 미국이 취약해서가 아니라 미국이 지독할 정도로 강대해졌기 때문이라고 베이나트는 주장한다.[10] 빈 라덴과 알 카이다 조직이 미국의 문화를 타락한 세속적 문화로 보고 혐오하

고 도덕적으로 나약한 나라로 간주한 것은 사실이다. 그렇다고 하더라도 이런 이유들은 자신들의 목숨까지 버려가면서 미국을 공격한 충분한 이유가 되지 못한다. 이유는 중동의 정치적 상황에 대한 그들의 인식에서 비롯된 것이다. 동서 간의 냉전이 종식되었지만 아랍 권역은 여전히 갈등과 분쟁의 지역으로 남아 있기에 미국은 이들 권역을 자신의 통제 하에 둘 필요가 있었다. 특히 과거 미국의 CIA 등의 공작 지원으로 국가 권력을 장악한 이라크의 사담 후세인 등의 아랍 정권들은 이스라엘과의 정치적 갈등으로 인해 미국에 대립하는 입장을 취하고는 하였다. 결국 걸프전이 일어났고 승리한 미국이 중동을 지배하게 되면서 다수의 모슬렘들이 혐오하는 아랍이나 이스라엘 지도자의 후견인 역할을 하게 되었다. 미국은 이슬람 세계를 팍스 아메리카나에 편입시키려 시도하여 왔고 상당 부분은 성공을 거둔 상태이다. 예컨대 이슬람교의 성지가 있는 사우디아라비아가 지극한 친미적 정책을 고수하고 있다는 것에 대하여, 정치적인 범이슬람 국가 건설을 지향하는 이슬람 근본주의자들은 커다란 불만을 가질 수밖에 없었다.

그렇다면 미국이 유약해졌다는 부시의 인식은 어디에서 출발한 것일까. 그것은 8년에 걸쳐 미국을 지배하면서 말년에는 성 스캔들로 미국 사회를 발칵 뒤집어 놓았던 클린턴 대통령 하에서 미국이 도덕적으로 타락하였다는 생각에서였다. 이와 더불어 미국을 향한 외부로부터의 공격에 클린턴 정권이 미온적인 대응을 했다는 판단에서 비롯되었다. 이것은 부시는 물론 정치적 보수 우익과 종교적 기독교 우익 세력들의 클린턴 정권에 대한 일반적인 판단과 평가였다. 예컨대 "나는 2백만 달러짜리 미사일을 10달러짜리의 비어있는 텐트나 낙타의 엉덩이를 향하여 발사하지는 않을 것이다."라고 단언함으로써 부시는 클린턴 정권이 유약하다고 비판하는 한편, 자신은 위대하고 강력한 미국을 향해 나아갈 것이라고 단호하게 의지를 드러내고는 하였다.

그러나 베이나트에 의하면 클린턴 정권이 그렇게 유약하지는 않았다. 1991년 아버지 부시 대통령 시절에 있었던 걸프전에서 다국적 연합군이 이라크의 휴전 합의가 있은 후 철수하자 1994년 이라크가 UN의 결의안을 무시하였고 1997년에는 UN 무기 사찰단을 추방하였다. 이후에도 이라크가 사찰을 계속 방해하고 협력을 거부하자 1998년 UN 사찰단이 이라크를 떠났고, 12월 17일 미국은 영국과 함께 이라크에 대한 공습을 감행하면서 '사막의 여우(desert fox)' 작전을 펼쳤다. 이때 클린턴은 걸프전보다 더 치명적인 공격을 강행함으로써 후세인으로 하여금 내량 파괴 누기(WMD, Weapons of Mass Destruction) 생산을 포기하도록 하였다. 실제로 클린턴 정권의 미국은 군사적인 측면에서는 물론 이데올로기적으로나 경제적으로 승승장구 하던 때였다.[11] 따라서 클린턴 정권에 대한 부시의 판단은 상당히 정치적 계산에서 비롯된 것이라 할 수 있다.

제5장

아프가니스탄과 이라크와의 성전(聖戰)

9/11 사태에 대한 부시의 복음주의적 선악 대립 구도 인식은 부시로 하여금 테러와의 전쟁을 선포하게 하였고 전쟁 수행에 대한 명분을 제공해주었다. 또한 상처 입은 미국의 국제 사회에서의 위신과 위상을 회복하고 다시금 강한 미국의 모습을 만방에 펼쳐보여야 할 정치적 필연성으로 인해 이제 해야 할 일은 전쟁 승리를 위해 승부수를 던지는 것뿐이었다.

부시의 거룩한 전쟁으로의 인식과 결단은 소위 '네오콘'이라 불리는 신정치 우익 세력의 지원 하에서 가능했다. 이들 신우익은 종교 우익이 느끼는 사회의 도덕적 타락 여부에는 별 관심이 없었고 미국의 패권적 세계 지배와 이를 성취하기 위한 전략에만 몰두하였다. 강자가 정의(Might is right)라는 약육강식의 논리에 익숙하였고, 그 결과 근대 사회의 지배 체제인 정치와 경제의 탈인격적이고 몰가치적인 정책과 전략에만 가치를 두는 정치 공학의 사고방식에 젖어있었다. 이들은 이미 카터와 레이건의 대통령의 선거 과정에서도 종교 우익과의 전략적 제휴의 필요성을 인식하고 있었을 뿐 종교적 의미 체계에 바탕을 둔 행위의 정당성 여부에는 별로 관심이 없었다.

따라서 전쟁의 명분을 위해 종교적 정당성을 확보하는 일은 오로지 대통령 부시의 몫이었다. 부시 또한 일단 테러와의 전쟁이 선포된 이상 이제부터는 전략에 능한 신우익의 도움을 받으면서 전쟁 승리를 위해 집중해야만 했다. 테러와의 전쟁 주역은 부시를 비롯하여 딕 체니 부통령, 콜린 파웰 국무장관, 도날드 럼스펠드 국방장관, 폴 월포위츠 국방차관 등이었다. 이들은 테러와의 전쟁의 명분으로 아프가니스탄과 이라크를 공격하였다.

1. 아프가니스탄 탈레반 정권에 대한 선제적 공격

9/11 테러리스트 공격이 있은 후 한 달이 채 안 된 10월 7일에 미국은 영국, 캐나다, 독일 등과 연합군을 구성하여 '항구적 자유 작전(Operation Enduring Freedom)'의 이름으로 아프가니스탄 침공을 시작하였다. 다음은 아프가니스탄에 대한 공습을 시작한 직후 발표한 부시의 성명 내용이다.

"나의 명령으로 미국 군대는 아프가니스탄에 있는 알 카이다 테러리스트 훈련 캠프와 탈레반 정권의 군사 기지에 대한 공습을 시작하였다. 이 신중한 공습 작전은 아프가니스탄이 테러리스트의 작전 기지로 이용되는 것을 차단할 뿐만 아니라 탈레반 정권의 군사력을 공격하기 위한 것이다. 이 작전에 우리의 든든한 우방인 영국이 참여하였고, 캐나다, 독일, 호주, 프랑스 등 우리의 우방 국가들은 작전이 전개되는 중간에 참여하기로 약속하였다. 중동, 아프리카, 유럽, 아시아 등의 40개 이상의 국가가 상공 비행과 공항 착륙을 허용하였고, 이보다 더 많은 국가가 정보를 공유하기로 하였다. 우리는 세계의 집단 의지에 의거해 지원을 받고 있다. 2주 훨씬 전에 나는 탈레반 지도자들에게 일련의 분명하고 구체적인 요구를 전하였다. 즉 테러리스트 훈련 캠프를 폐쇄하고 알 카이다 지도자들을 넘겨주고 부당하게 감금 되어 있는 미국 시민을 포함한 외국인들을 돌려보낼 것 등이 나의 요구였다. 어느 요구도 탈레반은 수용하지 않았기에 이제 탈레반은 대가를 치르게 될 것이다. 캠프를 파괴하고 통신을 두절시킴으로써 우리는 테러 조직들이 새로운 요원을 훈련시키고 그들의 사악한 계획을 짜는 일을 더욱 어렵게 할 것이다. (중략)

미국은 아프간 국민의 친구이며 수십억에 달하는 이슬람 신앙인들과도 친구이다. (중략)

미국의 적은 테러리스트들을 지원하는 세력과 신성한 종교의 이름으로 살인을 저지름으로써 위대한 종교를 욕되게 하는 야만적인 범죄자들이다. (중략)

오늘 우리는 아프가니스탄에 집중하고 있지만 전투는 보다 넓게 행해질 것이다. 모든 국가는 선택을 해야 한다. 이 전쟁에 중립적 입장은 없다. 무법자들과 무고한 시민 살해자들을 지원하는 정부가 있다면 그 정부 또한 무법자이고 살인자에 다름 아니다. 이들 또한 위험을 무릅쓰고 고립된 길을 걷게 될 것이다.

우리는 평화로운 나라이다. 하지만 우리가 아주 갑작스럽게, 그리고 아주 비극적으로 배운 것은 갑작스러운 테러의 세계에는 평화가 있을 수 없다는 것이다. 오늘날 새로운 위협에 직면하여 평화를 추구하는 유일한 방법은 평화를 위협하는 이들을 추적하는 것이다."[1]

과연 테러와의 전쟁의 시발점으로 아프가니스탄에 대한 부시의 침공 행위는 법적인 근거가 있는 것일까. 물론 미국의 의회는 '대 테러 군사력 사용 승인(Authorization for Use of Military Force Against Terrorists)' 법안을 9월 14일에 통과시켰고 대통령 부시는 18일에 이 법안에 서명하였다.² 이 법안은 9/11 공격에 가담한 책임이 있는 자들을 상대로 미국의 공군력을 사용하는 것을 승인하는 것이었다. 한 가지 중요한 것은 부시 행정부 쪽에서 의회에 의한 전쟁 선포를 요구하지 않았고 탈레반 군대를 병사로 보기보다는 테러 지지자들로 보았다는 사실이다. 이는 탈레반 병사들이 제네바 협정과 정당한 법의 절차에 따른 피보호자의 범주에 들지 않음을 의미하였다. 이는 훗날 포로로 잡힌 탈레반이나 이라크 병사를 전쟁 포로(POW)가 아닌 적 전투원으로 여겨 고문을 감행한 것과 무관하지 않다. 물론 이러한 입장은 2008년에 미국 대법원에 의해 무효화되었다.

아프가니스탄 침공에 대하여 의견이 분분하였다. 비판자들은 아프가니스탄 공습과 침공은 UN헌장 51조가 말하는 합법적인 자기 방어가 아니라고 주장했다. 그 이유는 9/11 공격이 타국에 의한 '무장 공격,' 즉 전쟁이 아니라 비국가적 행위자들에 의해 범해진 공격에 지나지 않기 때문이다. 또 다른 이유는 9/11 공격과 아프가니스탄이나 탈레반 정권과의 연관성이 어떠한 사실로도 증명되거나 밝혀지지 않았기 때문이다. 이들은 더 나아가 어떤 국가가 9/11 공격을 저질렀을지라도 공습작전은 자기 방어 행위를 구성하지 못한다고 주장하였다. 자기 방어란 "갑작스럽고 저항할 수 없으며 다른 수단을 선택할 수 없고 생각할 시간이 없을 때" 취해지는 행위이기 때문이다. UN헌장은 회원국들로 하여금 평화적으로 국제 분쟁을 해결하도록 규정하고 있으며 어느 국가도 군사력을 자기 방어의 경우 이외에는 사용할 수 없다고 규정한다. 미국 헌법은 미국이 비준한 UN 헌장과 같은 국제 조약은 국법의 일부라고 규정하고 있다. 물론 이것은 미국 의회에 의한 어떤 후속 법령에 의해 철회될 수도 있다. 실제 이러한 이유로 인해 유엔 안전보장이사회는 미국이 주

도한 아프가니스탄에 대한 군사 작전을 승인하지 않았다.[3]

반면 침공을 옹호하는 자들은 미국의 군사 작전에 대한 UN안전보장이사회의 승인이 필요하지 않다고 주장한다. 그 이유는 그 침공이 UN헌장 51조 하에서 제공되는 집단적 자기 방어 행위이지 공격 전쟁이 아니었기 때문이다. 이들은 아프가니스탄의 탈레반 정권이 미국의 안보에 직접적인 위해를 끼친 것은 아니지만 테러 세력을 지원함으로써 추가적인 테러의 잠재적 위험성을 지니고 있기에 '선제적 공격을 위한 전쟁(preemptive war)'의 대상이 된다고 주장한다.

따라서 미국은 UN 등이 제시하는 전쟁과 관련한 법적 정당성 여부에는 관심을 두지 않았다. 이미 테러와의 전쟁은 선포되었고 그 명분과 정당성 또한 확보한 상태이다. 이제 해야 할 일은 어떻게 최소한의 피를 흘리고 최소한의 비용을 들여서 전쟁에서 승리하는 것인가의 전략만 남았다. 따라서 문제와 논란이 있다면 정당성과 관련해서가 아니라 전략과 관련해서 뿐이었다. 물론 파웰 국무장관처럼 여전히 전쟁 명분에 대해 주의를 기울인 자도 있었다.

당장 문제가 된 것은 9월 11일 저녁에 있었던 부시의 대국민 담화에서 나온 '테러와의 전쟁(war on terror)' 선포였다. 파웰이 문제 삼은 것은 테러와의 전쟁 자체가 아니라 전쟁의 대상이 확대되었다는 데 있었다. 부시의 전쟁 대상이 뉴욕의 세계무역기구와 버지니아의 펜타곤을 공격한 테러리스트들에 국한하지 않고 이들을 숨겨주거나 지원하는 국가까지도 포함하고 있기 때문이다. 파웰은 테러 공격이 있던 시각에 페루의 리마에서 열리는 미주기구(Organization of American States) 회의에 참석하고 있었다. 그 결과 그는 미국의 외무를 총책임지는 국무장관으로서 부시의 테러에 대한 대응 방식 결정 과정에 참여할 수가 없었다.

다음날 아침에 열린 각료회의에서 파웰은 미국이 초점을 좁혀서 집중적으로 대응해야 할 것과 그 대상은 테러 공격을 감행한 조직에 한해야 한다고 주장하였다. 그러나 체니 부통령은 테러리즘을 지원한 국가까지 지도 임무 대상에 넓게 포함시켜야 한다고 고집하였다. 13일 펜타곤에서의 브리핑을 한 월포위츠 국방차관은 미국이 해야 할 일은 단순히 공격자들을 잡아 책임을 묻는 일만이 아니라고 주장하였다. 테러리스트의 은신처와 테러 조직을 지원하는 시스템을 제거하는 것뿐만 아니라 테러리즘을 지원하는 국가에 종말을 고하게 하는 것까지 포함해야 한다는 것이다. 그러자 파웰은 지금 해야 할 일은 테러리즘을 종식시키는 일이며 만약 테러리즘을 지원하는 국가나 정권이 있다면 그들을 설득해서 멈추도록 해야 할 것이라고 주장하였다. 매파의 군사 작전을 통한 전면전과 비둘기파의 외교전이 대립한 것이다.

한편으로는 파웰, 다른 한편으로는 체니, 럼스펠드, 월포위츠 진영 사이에서 계속된 전쟁 대상 범주에 대한 논쟁은 아프가니스탄과 이라크 중에서 어느 나라를 먼저 침공해야 하는가의 문제로 확대되었다. 매파인 체니, 럼스펠드, 월포위츠 등은 이라크를 먼저 공격해야 한다고 주장하였다. 이들은 이라크의 후세인이 9/11 테러와 관련이 있을 것이라고 믿었다. 부시도 같은 생각이었지만 증명할 길이 없었다. 비판가들로부터 기괴한 발상이라는 비난을 받았지만 월포위츠는 1993년의 뉴욕 세계무역기구(World Trade Center) 폭파와 1995년의 오클라호마 연방청사 폭파에도 후세인이 개입되었다고 주장하였다. 매파들의 생각은 테러와의 전쟁을 기회로 미국의 손이 미치지 않는 국가들에까지 미국의 지배 전선을 확대하고자 하는 것이었고, 따라서 그 첫 번째 대상은 이라크가 되어야 하는 것이었다. 또한 이들은 알 카이다를 상대로 한 전쟁을 효과적으로 끝내기 위해서는 아랍 세계에서의 미국 주도권을 더욱 확대해야 한다고 주장하였다. 이를 위한 가장 좋은 방법은 이라크를 먼저 미국의 손 안에 넣는 것이었다. 부시도 같은 생각을 하였다. 미국에 대해 거듭 반복되는 테러 등의 간헐적인 공격과 위험에 하염없이 대응하는 것보다는 보다 근본적인 안보 환경을 만들어 테러의 여지를 없애는 것이 더 중요하다고 여겼기 때문이다.

이들에 맞서서 이라크가 아니라 아프가니스탄이 첫 번째 진격의 대상이 되어야 한다고 유일하게 주장한 이는 파월 국무장관이었다. 이유는 테러리스트들이 그곳에 있기 때문이었다. 그리고 미국의 아프가니스탄을 진격하는 목적은 탈레반 정권의 전복이 아니라 탈레반 정권을 설득하고 압박하여 빈 라덴과 알 카이다 조직을 넘겨받고 궁극적으로 테러리즘을 종식시키는 것이었다.

그러나 세계에서의 미국 패권을 확대하고자 하는 매파들에게 파월의 생각은 수용될 수가 없었다. 그 이유는 두 가지이다. 첫 번째는 아프가니스탄 공격의 성공 가능성이 낮다는 사실에 있었고, 두 번째는 성공하더라도 그 대가가 보잘 것 없다는 데 있었다. 실제로 아프가니스탄은 국토의 대부분이 산악 지대이기에 지상군의 침투도 어렵고, 또한 나라 전체가 지극히 낙후되었기에 공습을 가한다고 해도 효과가 나지 않을 뿐만 아니라, 미국의 지배하에 둔다고 해도 석유 등과 같은 자원을 확보할 수 있는 것도 아니었다.

그러나 무엇보다도 이들로 하여금 아프가니스탄의 침공을 주저하게 한 더 커다란 이유는 역사적으로 아프가니스탄은 강대국들의 무덤이 되어왔다는 사실에 있었다. 아프가니스탄에서의 대표적인 패배 경험을 보여준 것은 영국과 소련이었다. 영국은 19세기를 거치며 제1차 영국-아프간 전쟁(1838-1842)과 제2차 영국-아프간 전쟁(1878-1880)을 치렀지만 결국 1919년 8월에 아프가니스탄과 라왈핀디 조약(Treaty of Rawalpindi)을 맺고 퇴각하고 말았다. 한편 소련은 1979년 12월부터 시작된 아프간 전쟁에서 12만 명의 지상군을 투입시켰지만 아무런 효과도 거두지 못하고 1989년 2월에 철수하고 말았다. 프랑스나 독일의 전문가들도 미국이 아프가니스탄에서 악마의 덫에 걸리고 말 것이라고 경고하고 나섰다. 전쟁 종식을 선언한 지 수년이 지났지만 이러한 사실은 지금도 유효하다.

아프가니스탄 진격을 주장한 파월 또한 두려움을 떨쳐버릴 수가 없었다. 그가 바란 것은 알 카이다 기지 몇 곳을 공격하여 파괴함으로써 탈레반으로 하여금 빈 라덴과의 관계를 끊도록 유도하는 것이었다. 또한 지상군을 파견하여 어려운 산악 전투를 치루는 것보다는 아프가니스탄의 북부 동맹 등을 부추겨 내전이 일어나게 하는 것이었다. 파월의 전략은 피를 적게 보면서 비용도 적게 들이는 것이었다.

결국 부시는 파월의 손을 들어 주었다. 그러나 럼스펜드는 부시에게 테러와의 전쟁을 통해 세계 정치 지도를 다시 만들지 못한다면 미국은 목적을 달성할 수 없을 것이라고 조언하면서 아프가니스탄은 결코 세계 판도 변화에 도움이 되지 않을 것이라고 주장하였다. 하지만 미국 시민이 당장 원하는 것은 빈 라덴을 잡는 일이었고 이라크 공격에 대한 명분 또한 충분하지 않은 상황이었다. 먼저 시민 대중의 욕구를 만족시키는 일이 우선이었고, 테러리스트의 제거에 성공해서 탈레반 정권까지도 무너뜨릴 수 있다면 미국 시민들은 이라크 공격도 수용할 것이라고 부시는 생각하였다.

부시는 아프가니스탄 침공에 앞서 탈레반에 오사마 빈 라덴을 미국에 넘겨주고 알 카이다 조직을 추방하라고 요구하였다. 그 당시 알 카이다 조직은 탈레반이 치르는 북부 동맹군과의 전쟁을 지원하고 있었다. 탈레반은 빈 라덴으로 하여금 아프가니스탄을 떠나도록 요구하였다고 주장하였다. 그러나 그들은 9/11 공격에 그가 개입하였다는 증거가 없다는 이유로 그의 미국 인도를 거부하였다.

탈레반의 거부에 미국은 공습을 감행한다. 미국의 아프가니스탄 탈레반 정권에 대한 전략은 먼저 대대적인 공습과 함께 소수의 훈련단원을 보내 북부 동맹군을 무장시키고 그들에게 전략적 조언을 제공함으로써 그들로 하여금 지상에서 탈레반을 패퇴시키도록 하는 것이었다. 이는 CIA에 의해 만들어진 전략이었다.

처음 한동안은 파웰의 우려가 현실이 되는 듯하였다. 미국은 카불을 공습함으로써 전력 공급을 차단하였고 공항 공습으로 수송 수단을 마비시켰다. 또한 탈레반의 최고 지도자 물라 오마르가 거주하는 칸다하르를 공격하였다. 공습은 주로 지휘부와 통제부, 그리고 통신 수단을 목표로 하면서 탈레반의 통신 수단을 약화시키는 데 집중되었다. 그러나 부시의 명령에 따라 수일 동안 아프가니스탄 전역에 수많은 폭탄을 투여하였지만 탈레반은 꿈쩍도 하지 않았다. 탈레반 세력에 저항하는 반란이 남부의 파슈툰족 사이에서 일어나길 기대했지만 이 또한 성공을 거두지 못하였다. 미국은 다시금 악마의 덫에 걸리거나 수렁에 빠지게 되어 또 다시 베트남전을 재현하는 것은 아닌가 하는 여론으로 들끓었다. 10월 말이 되었지만 북부 동맹군의 활약은 지지부진하였고 미국의 공습도 효과를 나타내지 못하자 미국은 지금까지 두려움에 감행하지 못했던 지상군 투입 계획을 세우게 된다.

그러다가 갑자기 상황이 역전되었다. 11월 2일에 미군 폭격기가 송전탑 하나를 폭파하는데 성공한다. 이 송전탑은 소련이 수년 동안 파괴를 시도하였지만 성공을 거두지 못한 것이었다. 한편 미군 특수부대 요원 중의 하나가 탈레반들의 통신을 그의 노트북으로 감지하고 미군의 신종 무기인 무인비행기와 B-52 전폭기로 하여금 탈레반 전사들이 숨어 있던 숲속 기지를 공격하여 공습을 감행하게 하였다. 이때부터 탈레반이 흔들리기 시작하였고 때 마침 북부 동맹군 또한 그들의 점령 지역을 15%에서 50%로 확대하게 되었다. 결국 11월 12일 어둠을 틈타 탈레반 병력은 카불시를 떠나갔고, 다음날인 13일 오후에 접어들어 북부 동맹군은 수도 카불을 점령할 수 있었다. 미국은 탈레반을 권좌에서 몰아내면서 전국의 주요 도시에 새로운 군사 기지를 건설하기 시작하였다. 크리스마스 무렵에는 하미드 카르자이(Hamid Karzai)를 중심으로 한 새로운 아프가니스탄 정부가 세워졌다.

파월의 우려를 종식시키면서 부시의 대담함이 승리를 거두었다. 미국에는 그 어느 전쟁에서의 승리보다 커다란 승리였고 경제적인 전쟁이었다. 미국은 300여명의 특수부대원과 100여명의 CIA 요원만을 지상에 투입하였을 뿐이다. 전쟁은 또한 미국 내의 정치 우익에게도 승리를 가져다주었다. 수렁에 빠진 것은 전쟁을 비난하거나 비판했던 여론이었다. 부시에 대한 대중의 지지도도 급상승하였다. 9/11 이전에는 수준이 떨어지고 우연히 당선된 대통령(accidental president)으로 인식되었지만 이제 국민 87%의 지지를 받는 대통령이 되었다.

모든 사람들이 장담하지 않았던 탈레반과의 전쟁이 승리로 귀결되자 국제간의 분쟁 해결을 위해 외교력을 강조했던 파월 등의 목소리는 작아졌다. 그러나 부시와 매파는 아프간 전쟁의 승리에만 만족하지 않았다. 더욱 승승장구해야 했고 그러기 위해서 해야 할 일이 하나 더 남았다. 이라크를 침공하여 후세인 정권을 몰아내는 일이었다.

2. 악의 축 이라크 후세인 정권과의 종교전쟁

2003년 5월 1일 대통령 부시는 산디에고 연안에 정착한 항공모함 아브라함 링컨호에서 시작한 지 두 달도 채 안 된 이라크 전쟁에서의 군사 작전 임무가 성공적으로 완수되었다(mission accomplished)고 선언하였다. 그러나 전쟁이 끝난 후 지금까지 10년이 넘었지만 여전히 전쟁에 대한 정당성 문제가 도마 위에 올라있는 상태이고 그 후유증 또한 만만치가 않다. 기록에 의하면 이라크 전쟁에서 4,474명의 미군 병사가 사망하였고 약 32,000명이 부상을 당했다. 2013년 5월 현재 매일 22명 정도의 이라크 참전 군인이 자살하는 것으로 나타나고 있다. 이라크의 경우 112,000명의 민간인이 죽음을 당했고 전체 사망자 수가 176,000명으로 기록되어 있지만 추정되는 전체 사망자수는 65만 명 정도다. 미국이 전쟁에 쏟아 부은 비용은 1.7조 달러에 이르고 예상되는 전체 비용은 6조 달러이다. 그러나 미국이 전쟁 명분으로 내세운 대량 파괴 무기(WMD)는 이라크에서 발견되지 않았다. 또한 미국에서는 거의 거론되지 않았지만 국제 사회의 많은 사람들은 부시의 이라크 침공을 여전히 하나의 범죄로 여기고 있다.

미군중앙지휘부(United States Central Command)의 지휘관으로 아프가니스탄 전쟁은 물론 이라크 침공을 지휘한 토미 프랭크(Tommy Franks) 퇴역 장군은 그의 자서전에서 아프가니스탄과의 전쟁이 시작된 지 몇 달이 지나지 않은 2001년 11월 27일에 럼스펠드 국방장관으로부터 부시 대통령이 이라크와의 전쟁 옵션 검토를 원하고 있다는 이야기를 들었다고 적고 있다. 이미 부시는 카불이 함락된 후 8일 만에 럼스펠드에게 이라크의 대통령 사담 후세인을 제거할 전략 개발을 명하였다. 당시 프랭크는 아프가니스탄에서 육해공군과 CIA의 전략을 조정하고 있었다. 럼스펠드는 그에게 한 주 내에 이라크 침공 계획을 업데이트해서 보고할 것을 요구하였다.

이후 크리스마스 직후 프랭크 장군은 텍사스에서 부시를 만나 아프가니스탄의 전황에 대한 보고를 하였다. 이때 부시는 빈 라덴이 살해되었는지 물었다. 12월 7일에 빈 라덴이 숨어 있다고 알려진 토라 보라 요새(Tora Bora)에서 빈 라덴이 목격되었다고 알려졌기 때문이다. 이날 프랭크는 부시, 럼스펠드, 체니 등의 각료들에게 이라크 침공을 위한 '사막의 폭풍 II(Desert Storm II)' 작전을 위한 계획을 자세하게 설명하였다.

앞 절에서 이미 언급하였지만 부시와 그의 참모들은 아프가니스탄 전쟁의 승리에 만족할 수가 없었다. 전쟁을 승리로 이끌었음에도 얻어진 결과가 크지 않았기 때문이다. 그러나 이라크는 달랐다. 대가로 석유를 비롯한 천연자원을 획득할 수 있을 뿐만 아니라 정치적 이해관계와 함께 심리적 욕구도 만족시킬 수 있는 기회였다. 부시 정권은 이미 국제 정치적 맥락에서 아랍권에서의 패권 확보를 위해 이라크 후세인 정권의 제압이 우선한다는 생각을 가지고 있었다. 또한 이미 오래 전부터 계속되어온 후세인 정권과 미국을 비롯한 서방 국가의 불편한 관계를 청산해야 한다고 생각하고 있었다.

부시는 2002년 1월 29일에 있었던 신년 국정 연설을 통해 공식적으로 이라크에 초점을 맞추기 시작하였다. 이라크를 악의 축이라 부르면서 이라크는 테러리스트들과 동맹 관계에 있을 뿐만 아니라 대량 파괴 무기를 소유하고 있기에 미국의 이익에 상당한 해를 가져올 수 있다고 주장하였다.[4] 그러면서 2월에 들어서자 미군 병력을 아프가니스탄에서 페르시아 만으로 이동시키기 시작하였다. 특히 8월 26일에 부통령 체니는 의심할 바 없이 사담이 대량 파괴 무기를 가지고 있을 뿐만 아니라 이를 미국과 미국 동맹국이나 미국의 우방 국가에 사용하기 위해 집결시키고 있다고 발표하였다. 이후 10월 7일에 부시는 이라크가 생화학 무기를 소유하고 있고 핵무기를 준비하고 있다는 분명한 증거를 가지고 있다고 주장하였다.

이미 부시 행정부에 제출된 CIA 보고서에는 후세인 정권이 핵무기 프로그램을 재가동할 의도를 가지고 있으며, UN 제재를 위반하면서 생화학 무기에 대한 보고를 제대로 해 오지 않았고, 이라크 미사일은 UN이 허용한 사정거리를 넘어서는 발사 능력을 가지고 있다고 적혀 있었다. 특히 2002년 10월 1일 CIA는 16개에 이르는 미국 정보기관의 정보와 평가, 견해, 판단이 들어가 있는 이라크 대량 파괴 무기에 관한 국가 정보 평가서(National Intelligence Estimate)를 도출 해 냈다. 이 보고서에는 상반되는 다양한 주장과 서로 다른 주장에 대한 반박 등이 모두 들어가 있었다. 부시는 이 보고서에 대한 요약본 한 장을 받았다.

지금까지도 부시 행정부가 이라크의 대량 파괴 무기 소유의 증거와 그로 인한 위협을 과장하였는지 아니면 조작하였는지에 대하여 논란이 분분하고, 후세인과 9/11 테러를 주도한 알 카이다와의 연관성 또한 만들어진 것인지에 대한 논란 또한 지속되고 있지만 대부분의 경우 사실이 아닌 것으로 드러났다. 하지만 중요한 것은 이라크에 대한 공격은 이미 감행되었고 이후 WMD는 발견되지 않았다는 사실이다.

이미 2002년 말과 2003년 초 부시는 외교적 위기를 내세우면서 이라크에 대한 군축 명령을 강제하도록 촉구하였다. 이에 앞서 2002년 11월에는 UN안전보장이사회의 결의에 따라 UN무기감시단이 이라크에 파견되어 조사를 하고 있었다. 그러나 조사 시간이 더 필요하다는 감시단의 요구도 있었지만 조사의 효율성에 대한 회의가 일기 시작하였다. 결국 미국은 침공 4일전에 감시단을 이라크에서 철수시키도록 요청하였다. 미국은 UN헌장 7조에 따라 안보리에 군사력 사용을 승인하는 결의를 요청하였지만 러시아와 중국 등이 적극 반대하자 유엔의 승인을 포기하였다. 그러나 많은 나라들과 정치 지도자들이 침공은 비합법적이라고 비난했음에도 불구하고 미국은 독자적으로 전쟁을 준비하고 감행한다.

이후 2002년에 있었던 미 의회의 이라크에 대한 군사력 사용 승인에 호응하여, 2003년 3월 13일 부시는 외교적인 방법과 평화적인 수단을 통해서는 더 이상 이라크의 위협으로부터 미국의 국가안보를 장담할 수 없게 되었고, 안보리의 이라크 결의안도 이끌어 낼 수가 없게 되었다고 의회에 보고하였다. 동시에 미국의 헌법과 법령에 따라 미국은 우방국가들과 함께 2001년 9월 11일에 발생한 테러 공격을 계획하여 실행한 개인과 조직은 물론, 이들을 지원한 국가들을 상대로 필요한 조치를 계속할 것이라고 보고하였다.

그리고는 마침내 2003년 3월 20일 WMD 배치를 사전에 차단하고 후세인을 권자에서 몰아내기 위해 미국은 30개국과 함께 이라크와의 전쟁을 시작하였다.[5] 이라크 군대는 쉽게 무너졌고 공격을 시작한 지 한 달도 안 된 4월 9일 수도 바그다드는 함락되었다. 부시는 5월 1일 링컨호에서 이라크에 대한 주요 전투작전이 종결되었다고 선언하면서 미국은 자유와 세계 평화를 위해 싸웠다고 주장하였다.

부시의 인기는 급상승하였고, 이라크 전쟁에서 승승장구함으로써 애국적 분위기가 더욱 고조되는 가운데 부시의 공화당은 2002년의 중간선거에서 압승을 하여 상원의 다수를 차지함은 물론 하원에서도 다수당이 되었다. 그리고 마침내 부시는 2004년 재선에 성공한다.

재선에의 성공은 그가 전쟁을 통해 형성한 도덕성 이미지와 이에 수반한 보수적 복음주의자들에 대한 심리적 동질감 때문이기도 하다. 아프가니스탄 탈레반 정권의 반 인권적이고 시대착오적인 정책과 독재자 후세인 정권은 물론 부정적 인식이 함축된 이슬람 국가에 대한 미국의 도덕적 우월성이 전쟁을 통해 펼쳐짐으로써 부시는 도덕적이며 보수적인 가치와 이념의 수호자로 자리하게 되었다. 부시는 결국 역대 대통령 중 가장 정치 사회적으로 보수적인 대통령이 되었다. 따라서 그가 치른 재선은 '가치' 선거(values' election)에 다름 아니었다.[6] 전쟁을 통해 상징적으로 또는 명시적으로 그는 기독교 우익에게 심리적 보답을 하였고 복음주의자들은 그에게 표를 몰아주었다.

이처럼 재선 성공은 민주당에 대한 승리이기도 하지만 무엇보다도 그와 공화당이 종교적 보수주의자들의 지지를 회복하는 성공의 순간이기도 하였다. 사실 2000년 대선 전의 공화당 전당대회에서 부시가 많은 보수 세력의 지지를 얻어 존 맥케인을 제치고 대선 후보로 지명되었지만, 민주당의 알 고어와의 대선에서는 복음주의자들로부터 공화당이 만족할 정도의 지지를 받지 못했었다. 4년 전의 대선에서 보수적 복음주의자들이 당시 공화당 후보였던 밥 돌에게 보인 지지에 훨씬 못 미치는 표를 부시가 받았을 뿐이었다.

한편 전쟁의 결과 공화당의 작은 정부 지향 정책과 모순되게도 행정부의 힘이 과대해 졌다. 부통령 체니는 2002년 1월 파웰 국무장관의 반대를 제치고 부시를 설득하여 미국이 아프간 전장에서 사로잡은 병사들을 제네바 협정의 보호를 받지 않도록 하였다. 의회의 동의도 없이 이루어진 결정이었다. 2월에는 체니가 자신이 이끄는 프로젝트 팀(task force)에 대한 회계감사원(General Accounting Office)의 접근을 차단하는 판결을 연방 법원으로 받아내는 등 집행부의 활동에 대한 의회의 감독권을 가로챌 정도로 미 행정부의 권력이 강화되었다.

그러나 이라크 전쟁의 승리 선언에도 불구하고 이라크에서는 일련의 종파 집단에 의한 폭동이 거듭되는 등 상황이 악화되기 시작하자 부시의 임무완수 선언이 성급했다는 지적이 나오기 시작하였다. 몇 달 후에 나온 이라크 조사 보고단의 조사에서 후세인 정권이 보유하고 있다고 주장한 대량 파괴 무기가 발견되지 않았다는 결과가 나오자 부시 정권에 대한 비판이 고조되기 시작하였다. 하지만 부시는 2005년 12월 14일의 연설에서 상당한 정보가 잘못되었음을 인정하면서도 이라크 전쟁은 치를만한 가치가 있으며 보다 많은 정보를 받았더라도 똑같은 결정을 했을 것이라고 강변하였다.[7]

부시의 주장에도 불구하고 부시의 테러와의 전쟁과 이라크 전쟁에 대한 비판이 증가하기 시작하여 2006년에는 이라크로부터의 군대 철수 시점을 설정하라는 요구가 빗발쳤다. 또한 이라크에서의 종파 간 폭력적 갈등과 정치적 교착 상태로 인해 부시의 지도력에 대한 의구심이 일기 시작하였다. 더 나아가 이라크 전쟁에서의 미군 병사의 사망 숫자가 계속 늘어나고 있고, 이라크의 민간인 희생자 숫자가 65만 명이 넘을 것이라는 통계 조사가 나오면서 부시 정권은 이를 두고 공방을 벌여야만 했다.

2006년 16개의 미국 정보기관들이 합동으로 내 놓은 국가 정보 평가서에서 이라크 전쟁이 이슬람 급진주의자들을 늘어나게 하였으며 테러 위협을 더욱 악화시켰다는 보고가 나왔다. 공화당 내에서 나온 한 보고서는 이라크의 상황이 더욱 악화되고 있기에 현재의 군사 작전은 수정되어야 한다고 주장하면서 부시 정권에 이란 등 이라크의 이웃 국가와 외교적 공세를 전개해 이라크의 안정을 도모하라는 주문이 나왔다. 또한 이 보고서는 미군을 전투 작전보다는 이라크 군대 지원에 힘쓰도록 조정하고 2008년 3월에는 이라크에서 철수할 수 있어야 한다고 주장하였다. 물론 브루킹스 연구소의 보고서는 미군의 철수가 테러 십난의 증가를 가져올 것이라고 경고하고 나서기도 하였다.

   2006년 말 부시는 이라크의 안정과 관련한 전략적 실수를 인정하면서도 전반적인 전략 수정은 없을 것이라고 공포하였다. 이후 부시는 임무가 완전히 종결될 때까지 미군의 이라크에서의 철수는 없을 것이라고 선언하였다. 나아가 2007년 1월 10일에 그는 21,500명의 군대 증원과 이라크 재건 비용으로 1.2조 달러를 필요로 하는 새로운 계획을 발표하였다. 군대 증원은 의회의 공화당원들로부터도 반대를 받았고, 2월 16일 하원은 군대 증원 반대 결의안을 통과시켰다. 그러나 상원은 이 결의안을 부결시킴으로서 이라크 전쟁은 종결되지 않고 미국의 발목을 잡게 되었다.

   처음 전쟁을 하면서 부시는 후세인을 권좌에서 몰아내면 곧바로 안정적인 정부가 들어설 것이라고 장담하였다. 또한 미군중앙지휘부의 전쟁 계획은 군사 작전의 승리 후 미군이 이라크에 머무는 기간은 몇 달에 지나지 않을 것이며 적어도 2006년 말에는 미군이 이라크에서 완전히 철수한다는 것이었다. 2006년 12월 30일에 3년여 동안 숨어 지내던 후세인을 사로잡아 재판을 걸쳐 교수형으로 처형하였다. 하지만 이라크의 안정은 요원하였다. 부시의 기대와 달리 이라크는 민주주의는커녕

수니파와 시아파의 종파적 분규가 확산되면서 무장 폭동과 저항이 계속되었다. 결국 전쟁의 바통은 다음 대통령인 오바마에게로 넘어가게 된다. 그러나 지금까지도 미국은 이라크의 불안정한 정국에 휘말리어 미군을 완전히 철수시키지도 못하고 발목이 잡혀 있는 상태로 남아 있다.

3. '테러와의 전쟁'은 '의로운 전쟁'이었는가?

동서 냉전이 종결된 이후 미국은 세계의 패권을 쥐게 된다. 이른바 대적할 적이 없어진 것이다. 소련과 동유럽의 사회주의 국가들이 해체되면서 더 이상 지구상에서 미국의 국력과 군사력에 도전할만한 국가가 존재하지 않게 되었다. 지금이야 중국이 미국과 어깨를 나란히 하고 있지만 20세기 말의 중국은 경제적으로나 군사적으로 아주 미약했다. 문제는 미국 내에서 적을 필요로 하는 사람들의 심리적 상실감에 있었다.

적 또는 비판의 대상이 있어야 자신들의 존재가 드러나는 사람들은 좌파나 우파 모두에 존재한다. 소위 말하는, 사회 운동을 먹고 사는(live on social movements) 사람들이다. 때로 이들은 목적을 달성하고 나서는 무기력감이나 허무함에 빠지게 된다. 투쟁과 비판의 대상이 없어졌기에 오는 심리적 허탈감으로 자신의 존재 이유가 흔들리거나 목표 달성 후에 자신들이 취해야 할 계획도 없고 능력도 없기 때문이다. 그러니 이들에게 필요한 것은 또 다른 적이다.

미국의 경우 냉전 체제 종식 이후 두 세력이 위기감에 빠지게 된다. 하나는 강력한 미국 패권주의를 지향하던 자들이고 다른 하나는 사회에 대한 종교적 비판 세력이다. 그러나 국제 정치에서 강경론을 펼치던 매파 정치 우익들은 사회주의의 몰락에 힘입어 신자유주의를 더욱 활성화하려고 하였다. 이른바 네오콘으로의 전환으로 경제적 차원의 세계

제패가 냉전 종식 이후 이들의 목표가 되었다.[8] 하지만 사회의 도덕적 타락과 가치의 다원화 등에 대해 불만을 갖고 종교 근본주의적 시각으로 사회에 대한 전투적 비판에 힘썼던 종교 우익들은 레이건 시대가 막을 내리고 8년간 지속된 클린턴 정권의 세속적 지향에 사회적 영향력을 상실하거나 포기한 상태였다.

따라서 이들 보수주의자들에게 9/11 공격은 새로운 적의 출현에 다름 아니었다. 결국 부시 정권은 정치적 보수 세력과 종교적 보수 세력과 함께 이들 적을 섬멸하기 위해 실제로 공격을 감행한 적 세력에 또 다른 적을 만들고 더하여 전쟁을 수행하게 된다. 2001년 10월에 대중과 의회의 적극적 지원을 받으면서 아프가니스탄을 침공하였고 2003년 3월에는 이라크를 공격하였다.

한편 기독교 우익 세력들은 비극의 의미를 만들어 내어 다시금 꿈틀댈 수 있는 기회로 삼아야 했다. 팻 로버트슨은 자신의 텔레비전 프로그램 '700 클럽'에 도덕적 다수의 지도자였던 제리 팔웰을 초대하여 9/11 공격에 대한 토론을 전개하였다. 여기에서 그들은 미국의 생활 방식에 어긋나는 삶을 사는 이교도, 낙태주의자, 여성 운동가, 동성애자들, 그리고 세속적인 자유주의자들(secular liberals)이 9/11 사태가 일어날 수밖에 없는 환경을 조장했다고 주장하였다.[9] 그러면서 이들은 부시의 테러와의 전쟁 선포를 적극적으로 지지하였다. 이들에게는 미국이 신으로부터 받은 지상 명령은 사악한 적을 물리침으로써 신의 정의를 지구상에 펼치는 것이었기에 부시를 적극 옹호하였고 이라크 전쟁을 기독교에서 오랜 역사 동안 지지되었던 '의로운 전쟁(just war)' 논리로 정당화하였다.

적어도 부시가 아프가니스탄 침공의 명분으로 내세운 이유는 테러 집단인 알 카이다를 탈레반 정권이 지원해주고 있기 때문이며, 이라크를 공격한 이유는 이전부터 국제적 위협이 되어 왔던 후세인 정권이 대량 살상 무기를 준비하고 있었고 UN의 결의안을 무시하였으며 테러리스트들과 교류를 했기 때문이었다. 실제 미국을 공격한 세력은 알 카이다와 빈 라덴이었다. 하지만 테러리스트들을 지원하는 탈레반 정권이나 대량 파괴 무기를 소유한 후세인 정권은 9/11 테러보다 더 가공할 공격을 미국에 가할 수 있는 가능성을 지니고 있다고 부시 정권은 판단하였다. 따라서 미국의 아프가니스탄과 이라크와의 전쟁은 침공이 아니라 방어를 위한 전쟁의 이름으로 행해진 선제공격이었다.

부시 정권은 미국의 재정 능력과 군사력에 대한 자신감과 함께 세계 평화와 민주주의의 수호라는 가치적 신념을 기반으로 전쟁을 치렀다. 체니 부통령과 럼스펠드 국방장관 등은 레이건의 전례를 들면서 충분한 군사력과 경제력이 전쟁을 승리로 이끌 것이라고 자신하였다.[10] 반면 대통령 부시는 민주주의의 표본으로서의 미국의 모습을 세계에 보여주고 아프가니스탄과 이라크 등에도 민주주의 국가를 세울 수 있다는 이상주의적인 신념에 가득 차 있었다.

특히 부시는 이라크 국민들이 후세인으로부터 해방되면서 민주주의를 향한 극적인 변화를 보여줄 것이라 믿었다. 인간의 본성이 대체로 밝은 것과 선한 것을 추구한다고 보았기 때문이다. 또한 모든 인간은 압박으로부터 벗어나고 싶어 하는 근본적인 욕구를 지니고 있기에 자유와 민주주의에 대한 열망은 모두가 공유하고 있는 가치라고 여겼다. 한 마디로 부시는 민주주의가 모든 인류의 보편적인 열망이라는 신념을 가지고 중동에서도 민주주의가 가능할 것이라는 확신에 가득 차 있었다. 이제 그 실험이 이라크에서 실천되는 것으로 사담 후세인만 제거된다면 이라크의 민주주의는 쉽게 달성될 것이었다. 결국 부시는 역사는 미국이 나아가는 방식에 따라 움직이고 있으며 미국이 추구하는 이상이 모든 인류의 궁극적 운명이 될 것이라고 믿었던 것이다.[11]

부시의 이러한 생각은 미국 건국 당시부터 국민의 마음속에 스며들었으며 지금까지 미국 국가주의의 종교적 지지와 정당화의 핵심 가치로 남아 있는 선민의식에 바탕을 둔 것이었다. 선택 받았다는 신념(chosenness)은 미국인들에게 공공 생활의 실천이 도덕적 가치에 바탕을 두도록 의무감을 부여하였다. 선민사상은 국가 공동체 내의 삶에 있어서의 고상한 이상이 되거나 사회적 상호 작용의 행위 규범에서 도덕적 근거가 되기도 한다. 그러나 이 사상이 한 나라의 국가 공동체 범주를 넘어 설 때에는 배타적 국가주의의 성격으로 전환되기가 쉽다는 데 문제가 있다.

예컨대 부시는 선택된 국가인 '미국의 방식은 신의 방식'에 다름 아니라는 신념을 가지고 신의 비전을 지구상에 실현하기 위해서는 군사력이라도 기꺼이 사용할 수 있다고 주장하였다.12 기독교의 가치를 미국 정치의 기본으로 여기는 기독교 국가주의(Christian nationalism)와 무력을 사용해서라도 신의 뜻을 펼쳐 보이겠다는 구원 귀족의 논리를 부시가 수용한 것이었다. 이는 지금까지 미국의 대통령들이 보였던 미국의 선민사상에 대한 태도, 즉 미국은 전 세계에 민주주의의 본보기를 보여줌으로써 다른 나라들로 하여금 미국의 모델을 따르도록 하고자 하는 태도에서 한 발 더 나아간 것이다. 부시를 비판하는 자들은 복음주의 근본주의자들이 엄격한 도덕적 어젠다를 미국 사회에 뿌리를 박으려고 했고, 부시는 전쟁을 통해 이를 국제 사회에도 정치적으로 부과하려 했다고 주장한다.13

이때 부시가 선택한 미국 특유의 전통적인 기독교 사상은 계약(covenant) 사상이었다. 신과 아브라함 사이에 맺어진 계약이 이스라엘 족속을 위한 약속이었듯이, 미국에 정착한 청교도들은 단지 종교 개혁의 일개 종파나 종교 공동체에 지나는 것이 아니라 뉴잉글랜드에 새 예루살렘을 건설하도록 부름받은 정치 공동체였다. 따라서 종교 공동체이면서 동시에 정치 공동체였던 뉴잉글랜드의 청교도가 내세운 계약 신학(covenant theology)은 미국인들에게 신앙적 의무와 시민적 의무가 분리되지 않았음을 상기시켜 주는 종교 전통이었다.

부시가 전개한 9/11사태에 대한 담론의 핵심에는 청교도적인 계약 사상을 새롭게 하는 수사법이 담겨져 있다. 특히 그는 젊은 세대들로 하여금 제2차 세계대전 등에서 선조들이 지켜온 국가 계약을 다시금 지지해 줄 것을 호소하였다. 선조들이 전쟁을 치르면서 그랬던 것처럼 테러와의 전쟁을 통해 국가에 대한 헌신을 한 번 더 다짐하는 동시에 개인 신앙의 깊이를 더하고 국가 공동체에 대한 봉사의 실천을 요구했던 것이다.[14]

이처럼 부시 행정부는 전쟁에 필요한 정책을 구상하면서 상당 부분 종교적인 언어를 차용하였다. 선거 캠페인 때부터 자신의 종교적 감성을 숨기지 않고 표방하였던 것처럼 부시는 의사 결정 과정에서 종교적 열정과 신념을 내세우는 데 주저하지 않았다. 특히 이라크와의 전쟁에서는 전쟁의 종교적 타당성을 언급하면서 신, 신앙, 성서 등의 용어를 자주 언급하였다. 프로에즈(Paul Froese)와 멩켄(F. Carson Mencken)은 부시의 이러한 행태를 '신성화 이데올로기(sacralization ideology)'로 규정하였다.[15] 이것은 정치 공동체를 구성하는 개인들이 특정 종교를 집중적으로 선택한 결과 공적 영역이 '재신성화(re-sacralized)'되는 것을 의미한다. 물론 이 신성화 이데올로기는 공공 영역에서 종교적 상징을 전개하는 것에 그칠 수도 있지만, 심할 경우에는 정교분리 원칙을 깨고 국가 종교의 재제도화(re-establishment) 선언에 이를 수도 있다는 데 문제가 있다.

이 경우 국가 간의 전쟁은 종교 간의 전쟁으로 승격한다. 물론 부시는 미국이 이슬람 종교와 싸우고 있는 것은 아니라고 주장하였다. 그러나 미군에 의해 저질러진 이슬람 종교에 대한 모독이나 이슬람 신자들에 대한 모욕적인 행동 등은 미국과 이슬람교 간의 긴장을 고조시키기에 충분하였다. 예컨대 9/11 테러 공격의 여파로 세워진 2003년의 국가 방위승인법에 따라 미 국방성 국방장관실의 민간인 국방 정보 부차관(Deputy Undersecretary for Defense Intelligence)으로 임명된 퇴역 장군 보이킨(General William Boykin)은 미국이 처한 전쟁은 영적 전쟁이며 미국인의 영혼을 보호하기 위한 전쟁이라 단언하였다. 따라서 미국의 적은 사탄이며 사탄은 기독교의 군대인 미국을 파괴하기를 원하고 있다는 것이다.[16] 그는 여기서 한발 더 나아가 이라크 전쟁은 반드시 이길 것이라고 천명하였다. 기독교의 신인 야훼는 모슬렘이 숭배하는 알라보다 더 강하고 큰 신으로 여겨지기 때문이다.[17] 우익 극단주의자, 기독교 신정주의자, 고집불통이라 불리는 그는 최근의 한 인터뷰에서 이슬람교는 종교가 아니라 전체주의적인 생활 방식에 지나지 않는다는 종교 폄하적인 발언을 해 여론으로부터 질타를 받기도 하였다.[18]

종교적 언어로 포장된 선택된 나라로서의 미국에 대한 패권주의적 신념과 자유주의와 민주주의에 대한 이상이 정치적으로 표명된 것은 2002년 6월 1일에 발표된 부시 독트린에서였다. '도전을 넘어선 군사적 힘'을 강조한 이 독트린은 2002년 9월에 공표된 행정부의 '국가 안보 전략(National Security Strategy)'에서 구체화되어 미국은 전 세계의 민주주의와 자유 무역, 자유 시장의 가치를 증진시키고자 노력을 다할 것이라고 천명하였다. 내용 중에서 위협적인 것은 미국은 국제 사회의 동의가 이루어지지 않을지라도 단독으로 군사적 행동을 취할 것이라는 것과, 미국은 미국에 대한 즉각적인 안보 위험의 경우뿐만 아니라 외부로부터 '떠오르는 위협(emerging threat)'을 상대로도 선제적인 전쟁을 치를 수 있는 권리를 지니고 있다는 내용이다.[19] 이것을 세계만방에 선포하였다는 사실은 국제 사회에 하나의 위협을 천명한 것이나 다름없다.

부시와 그의 측근들이 이라크 전쟁 명분으로 제시하였던 대량 파괴 무기의 존재는 물론, 후세인 정권과 알 카이다의 연계성에 대한 주장은 모두 사실이 아닌 것으로 드러났다. 실제로 미국 CIA는 사담 후세인과 빈 라덴 사이의 어떠한 실질적인 연관성도 발견할 수 없었다. 미 행정부가 의존한 정보는 B팀이라는 정보기관이 제공한 자료에 의한 것인데 실제로 이 기관은 테러 활동을 포함한 모든 항목에 있어서 알 카이다와 이라크의 '무르익은 상징적 관계(mature symbolic relationship)'를 예상 했을 뿐이었다. 결국 B팀은 부시 행정부와 의회를 포함한 의사 결정권자들을 오도하는 정보를 제공했을 뿐이다.[20]

결국 테러와의 전쟁이라는 이름으로, 빈 라덴의 은거지라 여겨진 아프가니스탄을 공격하여 탈레반 정권을 무너뜨린 부시 정권은 전쟁이 시작된 지 수년이 지나서도 빈 라덴은 잡지도 못하고 탈레반을 완전히 소탕하지도 못하였다. 또한 생화학 무기 제조 등의 명분으로 이라크를 침공했지만 그 증거도 찾지 못했고 오히려 탈레반 포로들을 전쟁 포로(POW)로 취급하지 않고 아직도 전투 중인 '적 전투원(enemy combatants)'[21]이라고 견강부회식의 해석을 내리고 첩보를 위해 고문을 강행함으로써 전 세계로부터 제네바 협정을 위반하고 기독교의 '의로운 전쟁' 규준까지도 무시했다는 비난을 받게 되었다.[22]

악의 축이니 자유 수호니 하며 고조시켰던 전쟁 초의 성전은 시간이 갈수록 미국의 경제적 이익과 국제적 패권주의의 확보를 위한 세속적 전쟁으로 그 실체가 드러났을 뿐이었다. 실제로 아프가니스탄 침공에서 미국이 겨냥한 것은 카스피 해 주변의 신생 석유 생산국과 서남아시아를 연결하는 송유관 사업 등의 경제적 실익이었다. 또한 스스로 복음주의자라고 고백했던 미국의 의원들과 생명 존중(pro-life)을 외치며 낙태를 반대하던 근본주의자들까지도 포로에 대한 잔인한 고문을 승인하는 신앙적 모순을 드러냈다. 미국이 치른 전쟁에는 감추어진 이해관계와 테러에 대한 분노의 폭발과 응징만이 있었다는 사실은 왜 부시를 중심으로 한 백악관 내의 성경 읽기가 구약성서에 집중했는가를 설명 해

주기에 충분하다고 할 수 있다. 한 마디로 미국이 아프가니스탄과 이라크를 상대로 치룬 전쟁은 성전이 아니었음은 물론, '의로운 전쟁'에 속하지도 않았다.

제3부

오바마의
종교
친화
정책과
보수
우익의
반격

2004년 대통령 부시는 재선에 성공한다. 동시에 공화당은 상하원 모두에서 다수당이 되어 의회를 장악한다. 이에 고무되어 공화당은 차후 수십 년간 공화당이 정국을 주도할 것이라 장담하기도 했다. 종교 우익들 또한 그들이 바라는 동성애자 결혼의 헌법적 금지, 낙태금지법 제정, 프로라이프(prolife) 판사 임명 등이 가능한 정치적 상황이 만들어졌다고 기뻐하였다. 특히 복음주의자들은 공화당과 승리를 위한 선거 연합을 이루어냄으로써 공화당 내에서의 입지를 넓히는 한편 복음주의 내의 공화당 정체성을 증가시킬 수 있게 되었다.

전쟁을 포함한 4년간의 재임 기간 동안 부시가 대중 앞에서 행한 종교-도덕적 연설 등이 보수 세력과의 동질성을 만들어 냈다. 특히 그는 정치에 '신앙 요소(faith factor)'를 삽입함으로써 삶과 정책에 있어서 신앙이 중요하다는 인식을 국민들에게 심어주었다. 이제까지 신앙이나 종교에 대한 논의를 주저하던 민주당 후보들까지도 이제부터는 자신의 신앙에 대하여 설명하면서 신앙이 공적인 삶의 역할에 미치는 영향에 대하여 언급하기 시작했다는 사실에서 그 영향이 어느 정도인가를 알 수 있다.[1] 대표적인 인물이 바로 버락 오바마(Barack Obama)이다.

공화당과 종교 우익의 정치적 미래에 대한 화려한 꿈에도 불구하고 상황은 곧 바뀌고 말았다. 4년 후 민주당은 버락 오바마를 대통령으로 당선되게 하였고 동시에 하원의 다수당이 되었으며 상원에서도 의사

진행 방해를 봉쇄하는 데 필요한 의석을 확보할 수 있게 되었다. 2008년의 선거가 치러질 당시 미국인들은 전반적으로 이라크 전쟁에 지쳐있었고 복음주의자들과 말일성도교 교인들만이 이라크 전쟁 전략에 대하여 긍정적인 태도를 조금 높이 나타냈을 뿐이다. 예컨대 2008년의 선거 전 여론조사에서 복음주의자 전체의 38%, 말일성도교회신도 전체의 32%만이 부시의 이라크 전쟁을 지지하였다.[2]

오바마 당선과 부시의 테러와의 전쟁과 상관관계가 있을까. 테러와의 전쟁을 통해 드러난 부시의 오만과 오판이 사람들로 하여금 공화당 후보로부터 등을 돌리게 하였는가?[3] 만약 그렇다면 오바마는 부시의 잘못된 전쟁 정책 덕분에 대통령이 된 것인가. 그것이 아니면 부시 정권을 거치면서 보수적인 복음주의자들이 신앙을 버리거나 신앙 내용을 바꾸었는가. 그래서 보다 자유주의적인 신앙 체계를 가진 오바마를 선택하였는가. 4년 만에 미국이 더 세속적인 사회가 되었다는 것인가.[4]

여기서 우리는 오바마 등장을 전후로 해서 생겨난 정치와 종교 지평 변화에 대하여 추적하는 한편, 변화를 가능하게 했던 두 가지 현상에 주목하고자 한다. 하나는 종교 우익 또는 복음주의 편에서 발생한 현상이고, 다른 하나는 대체로 종교나 신앙에 대해서 불편하게 여겨온 (unmusical) 민주당 측에서 생겨난 현상이다. 전자의 경우 소위 말하는 진보적 복음주의자들의 등장을 말하며 후자의 경우 민주당 대통령 후보인 오바마의 종교 친화적 행보와 민주당의 종교 친화적 어젠다 수립 등을 말한다. 이른바 정치와 종교의 관계에서 복음주의자들은 좌향좌를, 오바마는 우향우를 한 것이다.

부시가 재선에 성공한 이후 전쟁 명분의 허구 및 부시 정권의 비인도적인 포로 취급 등이 드러나면서 몇몇 복음주의자들이 종교 우익과 결별하면서 정치적 좌파 쪽으로 향하기 시작하였다. 이들은 근본주의적인 종교 지도자들이 지향했던 공화당 중심의 정치적 파당주의를 부정하면서, 낙태와 동성애, 페미니즘 등에 대한 편협한 도덕적 판단과 비난 대신 지구촌 차원의 빈곤 문제나 환경 문제 등에 더 관심을 두기 시작하였다.

한편, 오바마는 신앙이 통치에 영향을 미칠 수 있으며 종교 또한 정치사상의 시장에서 중요하고 정당한 역할을 담당한다고 함으로써 종교에 무감각한 전통적인 세속주의와 정치 좌파와는 구별되는 태도를 보였다. 오바마의 태도를 상징적으로 보여주는 사건은 복음주의를 대표하는 새들백교회(Saddleback Church)의 릭 워렌(Rick Warren) 목사를 자신의 대통령 취임식에 초대하여 순서에 참여시킨 것이었다. 워렌 목사 또한 진보적 복음주의자의 대표 주자로 어떤 면에서는 여전히 근본주의자들의 생각을 따르지만 몇몇 이슈에 있어서는 확연히 차별적인 태도와 활동을 보여 왔다. 오바마가 선거 운동 기간에 보인 친 종교적인 행보는 사회적 이슈에 보다 진보적인 관심을 보이는 새로운 복음주의 세력이 등장하는 배경이 될 수도 있고, 그들의 활동을 보다 원활하게 하고 활동의 폭을 넓힐 수 있는 장을 마련해 주었다고도 할 수 있다. 따라서 오바마와 이들의 만남은 미국의 정치와 종교 관계 변화를 새롭게 조망할 수 있는 기회를 제공했다.

그러나 이에 대한 논의에 앞서, 여기에서는 오바마의 종교 친화적인 발언과 정책 등에 대하여 먼저 살펴보고자 한다. 그 다음 그의 포용적인 정치 사회적 태도에 영향을 미쳤으며 오바마 자신이 가장 존경하는 사상가로 지목한 라인홀드 니버가 그의 의미 체계와 사회정치사상에 미친 영향에 대하여 논하고자 한다. 이후, 오바마의 독특한 삶의 경험을 바탕으로 형성된 포스트모던적인 신앙 체계와 종교 여정 등에 대하여 논하고자 하며, 그 다음에는 대선 기간과 취임 후 재선에 이르기까지 그를 둘러싸고 전개된 정치 우파와 종교 우익의 비난 논쟁, 특히 그의 영적지도자라 할 수 있는 예레미야 라이트 목사의 선동적인 반미 발언을 둘러싼 논쟁 등을 살펴보고자 한다. 마지막으로는, 정치 우익과 종교 우익, 그리고 보수적인 억만장자와 미디어 재벌까지 총 동원하여 선동적 대중 운동을 펼침으로써 중간 선거에서 오바마 정권과 정책을 방해하는 데 어느 정도 성공을 거둔 티파티 운동의 반동적 행태에 대하여 논하고자 한다.

제6장

오바마와 종교의 공적 담론으로의 초대

1. 오바마의 복음주의 수용과 포용

버락 오바마가 대통령에 당선된 것은 놀라운 사건이 아닐 수 없다. 최초로 흑인이 미국의 대통령이 되었기 때문이다. 그러나 우리가 더 놀라워하면서 질문해야 할 것은 흑인인 그가 어떻게 대통령이 되었는가 하는 것이다. 미국 사회에서 흑인은 물론 유색 인종은 여전히 소수자이기에 늘 주변화되어 있고 WASP으로 대표되는 주류 사이에서 생긴 간극에 처해 있기 때문이다. 특히 미국 사회에는 인종별, 종교별, 종족별 구별이 사회 계층화와 혼합되어 있고 '우리'와 '그들'의 이분법적 구별이 지배적으로 행해지고 있으며 타인이나 타 집단(others)에 대한 불신이 냉소주의(cynicism)로 표현되기 일쑤이기 때문이다.

오바마의 대통령 당선에는 여러 가지 정치 사회적 상황이 작용했을 것이다. 그러나 우리의 주제인 종교와 정치의 측면을 두고 볼 때, 기본적으로는 이미 부시의 대통령 당선 이전부터 시작되었던 기독교 근본주의자로 대표되는 종교 우익의 쇠퇴와 대중으로부터의 외면을 들 수 있다. 물론 9/11 사태에 대한 종교적 해석과 성전의 이름으로 치러진 테러와의 전쟁으로 인해 대통령 부시와 더불어 종교 우익이 다시금 사회 전면에 등장하기도 하였다. 그러나 부시 행정부의 전쟁 명분이 허구로 드러나고 전쟁 전략 또한 성공적이지 못한 것으로 판단되자 부시를 도와 전쟁을 정당화했던 종교 우익은 부시와 더불어 대중으로부터 외면 받기 시작하였다.

하지만 우리가 너욱 주목해야 할 것은 오바마가 표빙한 종교와의 새로운 관계이다. 오바마는 나름대로의 새로운 방식으로 신앙에 바탕을 둔 정치를 하겠다고 선언하였다. 그것은 이제까지는 민주당과 거리를 두었을 뿐만 아니라 공화당 중심의 당파성을 보여 왔던 복음주의자들을 포용하는 것이었다. 실제로 오바마는 젊은 복음주의 유권자들로부터 많은 지지를 받기도 하였다.

일례로 대통령에 당선된 오바마가 그를 지지한 진보 진영에게는 충격이 아닐 수 없는 일을 벌인 적이 있다. 그것은 2009년 1월 20일의 대통령 취임식에 그의 정권인수팀이 보수적 복음주의자이면서 남침례교단의 목사인 릭 워렌을 초청하여 예배기원기도(invocation)를 맡도록 하였기 때문이다. 워렌 목사는 2008년 8월 캘리포니아에 있는 자기 교회로 오바마와 공화당 후보 존 맥케인을 초청하여 각각에게 질문을 던지고 대답을 듣는 대담식의 후보 토론회를 개최한 것으로 유명하였다. 그러나 이미 오바마는 그의 저서에서 워렌을 긍정적으로 평가하고 칭송한 적이 있다.[1]

워렌의 취임식 행사 참여는 민주당 중심의 진보적인 정치 진영과 주류 개신교 진영으로부터 상당한 반발을 불러오는 사건이 아닐 수 없었다. 예컨대 인권 운동 본부(Human Rights Campaign)의 회장인 솔로니스

(Joe Solomnese)는 대통령에게 편지를 보내면서 워렌 목사를 초청하여 개회 기도를 하게 한다는 것은 미국의 LGBT(Lesbian, Gay, Bisexual, and Transgender) 공동체에 하나의 타격이 아닐 수 없다고 아주 거칠게 항의하였다. 워렌이 동성애나 성전환에 대하여 극력 반대하는 입장을 취했기 때문이다. 한편, 미국에서 가장 진보적인 교단 중의 하나인 연합그리스도교단(UCC(United Church of Christ))에 소속된 포틀랜드의 한 교회 목사는 종교 지도자로서 워렌이 보여 준 역할에 대하여 긍정적으로 평가하면서도 그의 근본주의적인 신념을 거론하며 불편함을 드러냈다. 워렌이 복음주의 지도자들을 주류 개신교 지도자나 정치인들과 중재하는 역할을 하였지만 그는 여전히 동성애는 물론, 줄기세포 연구, 여성 운동 등에 대해서도 반대하는, 전통적인 복음주의 입장을 고수하고 있기 때문이다. 또한 워렌은 사회 복음을 내세우는 주류 개신교를 마르크스주의자로 비난하기도 하였고 여성의 낙태 선택권을 결사적으로 반대하고 있는 것으로 알려져 왔다.

많은 논란에도 불구하고 워렌은 오바마의 취임식에 참석하여 주어진 역할을 수행하였다.[2] 오바마의 전체적인 어젠다와 상당한 모순을 가진 입장을 가진 워렌 목사가 오바마를 만났다는 것과 훗날 그가 대통령 자문 목사 중의 한 사람이 되었다는 사실은 미국의 정치와 종교의 관계에 새로운 지평을 여는 사건이 아닐 수 없다. 왜냐하면 두 사람이 대 정치 사회적 사상이나 입장에서 상당한 차이를 보이지만 서로 공통되는 가치와 의견 또한 존재한다는 것을 인정한 것과 같기 때문이다. 그러나 더 중요한 것은 오바마는 대체적으로 거듭남이라는 영적 체험 중심의 복음주의 신앙에 무감각한 민주당의 전통을 벗어나, 영성 등에 관심을 기울임으로써 스스로 우향우를 하였고, 워렌은 에이즈 문제나 세계의 빈곤 문제 등에 대하여 진보적인 진영과 생각을 나누는 등 스스로 좌향좌를 했다는 사실이다.

오바마와 워렌의 관계에 대하여 진보 진영은 오바마의 선택이 종교적인 이유에서가 아니라 정치적인 동기에서 비롯되었을 것이라고 평가하기도 했다. 오바마가 4년 전 대선의 민주당 후보였던 존 케리(John Kerry)보다 젊은 백인 복음주의자들의 지지를 두 배나 더 받았기에 복음주의 유권자들을 주목하지 않을 수 없었기 때문이라는 것이다. 따라서 오바마는 자신의 정부를 보다 넓고 포용적으로 꾸며 나가고자 하는 정치적 목적에서 그런 정치적 선택을 했다는 이야기이다.

그러나 오바마는 이미 오래 전부터 자신의 신앙 체계에 있어서는 물론 정치에서도 복음주의자들을 포함시키고자 하는 의도를 보여 왔다. 예컨대 2006년 6월 26일 짐 월리스(Jim Wallis)의 진보적인 종교 단체인 소저너스(Sojourners)가 개최한 새로운 미국을 위한 계약 포럼의 기조 연설에서 종교적인 미국과 세속적인 미국 사이에 존재하는 상호 불신을 떨쳐버려야 한다고 주장하면서 종교 좌파들이 가져야 할 새로운 가치를 선포하였다.[3] 이 연설을 통해 오바마는 좌우 모두에게 포용적이고 수용적인 태도와 함께 대화를 가질 것을 제안하였다. 그 내용은 다음과 같다.

먼저 자신이 2004년의 상원의원 출마 당시 상대방 후보가 근본주의자 제리 팔웰과 팻 로버트슨의 수사법을 사용하여 진보주의자들을 비도덕적이고 무신론적이라고 비난하였고, 선거 유세 말미에는 예수도 크리스천으로서는 절대 생각할 수 없는 행동을 하는 오바마에게 결코 투표하지 않을 것이라고 선전하였다는 사실을 소개하였다. 그러면서 그는 오랫동안 미국을 갈라놓은 진보와 보수, 신앙인과 세속주의자 사이의 간극에 대하여 생각하게 되었으며 이제는 종교를 다원주의적인 현대의 민주주의와 화해시킬 때가 왔다고 주장하였다.

오바마에 의하면 보수적 종교 지도자들의 문제는 이 간극을 이용하여 계속해서 복음주의자들에게 민주당이 신앙인의 가치를 존중하지 않고 교회를 혐오한다고 각인시켜주는 데 있다. 그러나 더 큰 문제는 몇몇 자유주의자들이 종교를 본질적으로 비합리적이고 비관용적인 것으로 여기면서 공공 영역에서 밀어내야 한다고 주장할 뿐만 아니라, 기독교인을 신앙인이 아니라 정적으로 간주하거나 광신자로 기술하는 데 있다고 주장하였다. 물론 자유주의자들이 내세우는 이유도 일리가 있기는 하다. 복음주의자들이 주로 개인의 구원과 사적 차원의 도덕성을 강조함으로써 빈곤이나 기업의 부정행위 등과 같은 공공의 도덕성을 해치는 행위 등에 대한 문제 제기를 종종 거부하기 때문이다.

그렇다고 하더라도 오바마는 사람들의 삶, 특히 미국인의 생활에 있어서 차지하는 신앙의 힘을 과소평가해서는 안 된다고 주장하였다. 실제로 미국인의 90%가 신을 믿으며 70%는 종교 단체와 연관된 생활을 하고 있고, 38%는 스스로를 충실한 기독교인이라고 자처하고 있다. 또한 많은 사람들이 진화론을 믿기보다는 천사의 존재를 더 믿고 있는 것 또한 사실이다. 따라서 이들의 신앙 체계가 단순히 대형 교회가 주는 매력이나 유명 목사의 카리스마적인 설교에 의해서 형성되었다고 말할 수는 없다는 것이다. 오바마에 따르면 신앙인들이 교회를 찾아 신앙생활을 하는 것은 근본주의적인 복음주의자들이 사회의 도덕성 타락을 문제 삼으면서 제기하는 낙태나 동성애 등의 특정 이슈에 동조해서가 아니라 보다 심오한 것에 대한 종교적 열망 때문이다.

따라서 오바마는 이제 진보주의자들이 복음주의자들은 물론 미국의 다양한 종교를 추구하는 신앙인들에게도 접근해야 한다고 주장한다. 그렇지 않으면 이들은 제리 팔월이나 팻 로버트슨 같은 근본주의자들의 지배하에 계속 놓이게 될 것이기 때문이다. 더 나아가 오바마는 이제까지 진보주의자들이 종교를 신봉하는 사람들에게 공적인 영역으로 들어오려면 종교를 떠나라고 강요한 것은 잘못이라고 지적하면서, 공공 정책에 개인의 도덕성을 투입하지 말고 하는 것은 사실상 불합리한 것이라고 주장하였다. 미국의 법이 원칙적으로 도덕성이 성문화된 것이고 이 도덕성의 대부분은 기독교 전통에 근거해 있기 때문이라는 것이 그의 논리이다. 이는 세속주의자들과 정치 좌파의 생각에 도전하는 발언에 다름 아니었다.

정치적 좌파에게 던진 오바마의 메시지는 더 이상 종교인들을 거부하지 말라는 것이며 반종교적 편견을 버리라는 것이었다. 왜냐하면 신앙인이나 비신앙인 모두 도덕적인 측면에서는 물론 물질적 측면에서도 공유할 수 있는 공통의 가치를 가지고 있기 때문이다. 따라서 미국이 새롭게 할 수 있는 프로젝트에 수많은 미국의 신앙인들을 끌어들이기 위해서는 진보 진영이 복음주의적인 종교 공동체에도 접근해야 한다는 것이다.

동시에 오바마는 보수적인 종교 우익들에게 포용적인 종교적 태도를 갖도록 독려하기도 하였다. 미국은 더 이상 기독교인들만의 국가가 아니고 유태교인, 이슬람교인, 불교인, 힌두교인의 국가이자 동시에 무신론자의 국가이기에 종교가 공공 영역에 진입할 때에는 다원주의적인 상황을 간과해서는 안 된다는 것이다. 그의 주장은 다음과 같다.

"민주주의는 종교적인 동기를 가진 자들이 그들의 관심을 종교에만 한정하는 가치에 두지 말고 보편적인 가치로 전환할 것을 요구하고 있다. 민주주의는 종교인들의 제안이 논의에 부쳐지고 합리적인 생각에 따르기를 요구하고 있다. 낙태에 대하여 종교적인 이유로 반대할 수는 있지만 낙태를 금하는 법률을 통과시키기 위해 교회의 가르침이나 신의 뜻을 단순하게 내세워서는 안 될 것이다. 왜 낙태가 비신앙인들을 포함해서 신앙을 가진 사람들에게 합당한 어떤 원칙을 해치게 되는지를 설명해야 한다."

오바마는 연설의 말미에서 "바라건대 우리는 우리 사이에 존재하는 간극과 편견을 극복할 수 있다. (…) 아주 신앙적이든 아니든 간에 미국인들은 신앙이 공격의 무기로 쓰이는 것에 피곤해 하고 있다. 신앙이 남을 폄하하거나 사람들을 분열시키는 데 사용되기를 아무도 원치 않는다"라고 함으로써 신앙의 공적 영역으로의 진입을 환영하면서도 신앙인들은 민주주의의 가치에 따라 행동하면서 공적 논의의 장에 들어가야 한다고 주장하였다.

오바마의 연설이 종교 좌파에게 던지는 메시지는 신앙인들로 하여금 자신의 신앙 체계를 공공 영역에 끌어들이지 말라고 강요해서는 안 된다는 것이며 모든 신앙의 공적 표현이 교회와 국가의 분리 원칙을 해치는 것은 아니라는 것이었다. 한편 우파에게 던지는 메시지는 미국이 더 이상 기독교 국가가 아니기에 다원주의의 실체를 인정하고 종교에 한정된 특수한 가치가 아닌 방식으로서 자신들을 표현해야 한다는 것이었다.

오바마의 연설에 대하여 워싱턴포스트지의 칼럼리스트 디온(E.J. Dionne)은 케네디가 1960년 휴스턴 연설에서 자신을 가톨릭 신자로 보지만 말아달라고 하면서 바티칸으로부터 자신이 독립된 존재임을 선언한 이후 민주당원에 의해 이루어진 가장 중요한 신앙과 정치에 대한 선포라고 평가하였다. 또한 뉴욕의 킹 대학(King's College)의 보수적인 우드(Peter Wood)는 『내셔널 리뷰*National Review*』에서 오바마의 "기독교 경건성의 밀감나무 가지를 민주당의 솔송나무에 접목시키고자 하는 시도가 곧 결실을 맺을 것이다"라고 인정하기도 하였다.[4]

오바마는 이날 연설의 마지막에 소개한 한 시카고 대학 병원의 의사의 글을 그의 책 『담대한 희망』에서 정리하여 소개하고 있다. 이 의사는 신앙에 따라 낙태나 동성애 등을 강하게 반대하는 철저한 기독교인이라고 스스로를 소개하면서 부시의 외교 정책이 지니는 자유 시장에 대한 우상화나 군사주의에의 성급한 의존 등에 대하여는 신앙적으로 동의할 수 없다고 고백하였다. 반면 그는 오바마로부터 정의감과 공정성은 물론 합리성에 대한 존중감 등을 느낄 수 있었다고 말한다. 하지만 그는 오바마에게 투표할 생각을 가지고 있었지만 지금은 투표할 수가 없다고 한다. 그 이유는 오바마 진영이 선거 운동 웹사이트에서 낙태와 관련하여 '여성의 선택 권리를 빼앗고자 하는 우익 선동가들(right-wing ideologues)'과 투쟁을 벌일 것이라고 선언했기 때문이다. 그가 원하는 것은 낙태에 대한 반대가 아니라 낙태에 대한 이슈를 다룸에 있어서 공정하고 편견 없는(fair-minded) 용어의 사용이었다.

의사의 글에 충격을 받은 오바마는 자신의 선거 캠페인 웹사이트를 확인하고 부끄러움을 느꼈다고 한다. 물론 낙태 시술소를 찾는 여성들에게 모욕적인 언사를 퍼붓는 등 과격한 낙태 반대자들도 있지만, 다수의 낙태 반대자들은 점잖고 공손하게 오바마에게 낙태 반대를 적은 팸플릿을 건네주면서 자신의 신념을 이야기 하며 오바마를 위해서 기도하겠노라고 하면서 가기도 했었다. 오바마는 편지를 보낸 의사 같이 미국의 종교에 대하여 보다 깊고 충분한 대화를 나누고자 하는 사람들이 있다는 것을 깨닫게 되었다고 말한다. 물론 생각은 바뀌지는 않을 것이지만, 편견 없이 말하고 듣고 배우고자 하는 사람들이 많다는 것이다. 그러나 오바마는 이들이 지니는 신앙을 지지 유권자의 표수를 늘리기 위한 또 하나의 정치적 이슈로 치부하는 것에는 문제가 있다는 생각을 갖게 되었다고 고백한다.[5]

오바마는 의사에게 조언에 대한 감사의 편지를 썼고 웹사이트의 언어를 분명하고 소박하고 겸손한 용어로 바꾸도록 자신의 선거 캠프에 요청하였다. 물론 낙태에 대한 그의 프로초이스(prochoice) 입장은 그대로 둔 채로 말이다. 그러나 오바마는 이 일을 통해서 신앙 내용이 다르고 그에 따른 사회적 이슈에 대한 태도와 입장이 다르지만 서로가 선한 의지를 가지고 대화할 때 각기 다른 신앙과 가치를 화해시킬 수 있는 가능성을 보았다.

2. 오바마와 라인홀드 니버: 미국에 대한 성찰과 비판

자기 성찰을 향한 미국의 진보적 전통

종교 좌파나 민주당 등의 진보적인 정치 세력에게 보수적인 종교인들을 향해 접근할 것을 제안한 오바마의 충언은 정당 정치 전략에서 비롯된 것일 수도 있지만, 미국을 향하여 끊임없는 자기 성찰과 반성을 요구하는 진보적 전통의 흐름에 오바마가 서 있다는 것을 의미하기도 한다. 오늘날에도 촘스키 같은 이들이 미국의 제국주의적 패권주의를 비판하고 9/11 사태에 대한 미국의 대응을 비판하는 목소리를 내기도 한다.

예컨대 버클리의 종교 사회학자 고(故) 로버트 벨라를 위시하여 미국 내의 저명한 작가, 철학자, 비평가, 신학자들은 9/11 사태에 대한 대응으로 부시 정권이 추진하는 테러에 대한 전쟁을 반대하고 나섰다. 이들은 급박하고 신중한 마음으로 함께 쓴 『모국에서의 반대 의견: 9/11에 대한 시론(時論)』6에서 재앙의 한 가운데 있는 미국이 분노와 증오만을 앞세울 것이 아니라 지금까지 미국이 취해 온 외교 정책에 대해 반성해야 한다고 주장하였다. 또한 미국인들은 자신들의 9/11 사태에 대한 인식이 정확한지, 아니면 미디어에 의해 쉽게 얻어진 것인지 질문해야 한다고 강조하였다. 이들은 테러 공격에 대한 미국의 군사적 대응에 압도적 지지를 보내는 대중의 인식과는 다른 대안적인 생각을 제시하는 한편 왜 중동은 미국에 대해 깊은 증오를 품고 있는가에 대하여 질문을 던지고 있다.

미국의 자기 성찰을 촉구하는 전통을 이어가는 지식인으로 우선 미국을 비판하는 것에 그치지 않고 미국의 모순된 실체를 속속들이 드러내고 맹렬하게 공격한(savage) 베블런(Thorstein Veblen: 1857-1929)을 들 수 있고, 미국의 외교 역사를 비판적으로 고찰하면서 이데올로기와 정치 경제가 어떻게 역사 속에서 서로 결합하여 미국의 제국주의적 팽창을 추동하였는가를 기술한 역사학자 윌리엄스(William Appleman Williams: 1921-1990)를 들 수 있다.[7]

그리고 지금은 윌리엄스의 미국 외교 정책의 제국주의적 속성에 대한 비판을 이어 받은 바세비치(Andrew Bacevich)가 있다. 그는 2007년 아들이 이라크 전쟁에서 전사하는 비극을 겪었음에도 불구하고 냉전 시대 이후의 미국 외교 정책에 대한 비판을 주저하지 않는다. 그에 따르면 미국의 문제는 외교력보다는 군사력에 지나치게 의존하는 데 있으며, 동시에 국가의 정책 입안자는 물론 미국 국민들 대부분이 외교 문제에 있어서의 군사력이 지니는 유용성에 대하여 과대평가하는 데 있다. 이는 영화 등의 대중문화에서 그려진 전쟁에 대한 낭만적 이미지 때문이다. 특히 그가 쓴 『힘의 한계: 미국 예외주의의 종말』은 미국이 당면한 세 가지 위기를 들고 있는데 첫째, 더 이상 외국으로의 사업 확장에 의해서는 치유할 수가 없을 정도로 혼란에 빠진 미국 경제, 둘째 제국주의적 대통령제로 인해 명목상으로만 민주주의로 바뀐 정부, 셋째, 정치적 통일체(body politics)로서의 나라를 심각하게 훼손하고 있는 끝없는 전쟁에의 몰입 등이다.[8]

최근에 바세비치는 1952년에 라인홀드 니버(Reinhold Niebuhr)가 저술한 『미국 역사의 아이러니』[9]를 재출간하면서 책의 서론을 썼다. 니버는 신학자이면서도 미국의 정치 현실에 대한 깊은 우려를 보인 사회철학자이기도 하였다. 그런데 오바마가 대선을 앞두고 있을 때 뉴욕타임스의 논객 브룩스(David Brooks)는 그와의 대담에서 니버를 아는지 물었고 오바마는 가장 선호하는 철학자라고 대답하였다. 오바마와 관련해서 우리가 니버를 주목하는 이유는 니버 스스로가 진보적이고 자유주의적인 신학자였지만 진보적인 종교에 대한 자기 성찰적 비판도 주저하지 않았던 사상가였기 때문이다. 니버는 종교와 신학에 있어서의 보수나 진보는 물론 정치 좌파나 우파 모두에 대하여 성찰적 비판을 쏟아내고는 하였던 것이다.

우선 니버가 보인 개인적인 이상과 정치적 실재의 부조화에 대한 그의 비판은 기독교 선민사상에 뿌리를 둔 미국의 도덕적 자기만족에 대한 고발이면서 미국인의 오만한 미덕에 대한 경고이기도 하다.[10] 이는 우파에 대한 비판일 수도 있다. 그러나 니버는 좌파를 포함한 미국의 전반적인 경향이라 할 수 있는 이상주의를 앞세우고 이상주의의 이름으로 악행을 저지르는 행태까지도 비판하였다.

한편 역사학자로 케네디의 특별 보좌관을 지냈고, 케네디 정권 시작부터 암살에 이은 장례식까지를 기록한 『천일 A Thousand Days』의 작가 슐레진저(Arthur Schlesinger Jr.)는 9/11사태 이후의 미국에 대하여 언급하면서 작금의 상황에서 가장 안타까운 것은 20세기의 가장 영향력 있는 신학자(the supreme American theologian of the 20th century)였던 라이홀드 니버 같은 미국에 대한 자기 성찰 세력이 전면에 등장하지 않고 있다는 사실이라고 주장하였다. 또한 니버의 저술(정치와 종교에 관한 저술을 포함해서)에 대한 언급이 거의 이루어지고 있지 않는 현실에 유감을 표명하였다. 슐레징거는 2005년에 뉴욕타임지에 기고한 에세이에서 미국에는 이전에 볼 수 없었을 정도로 대중 종교가 폭발적으로 팽창하고 있고 역대 대통령 중, 조지 W. 부시만큼 종교적으로 공격적인 대통령은 없었다고 주장하였다. 특히 미국의 보수주의자들은 세속적 직책인 대통령직을 종교적인 사제의 직책으로 바꾸어 버린 '신앙에 바탕을 둔(faith-based)' 대통령 부시에 갈채를 보내고 있다고 지적하였다. 결국 종교 우익은 정치권의 중심 세력이 되었다. 이들은 대형 교회 중심의 세 확산을 통해 주류 개신교 교회보다 숫자상 우위를 점하게 된 복음주의자들의

지원을 받고 있다.11

　위에서 언급한 학자나 사상가들이 이구동성으로 주장하는 바는 슈퍼 파워(super power)를 넘어서 초슈퍼 파워(hyper power)를 지닌 세계 유일의 초강대국인 미국이 국제 정치에서 주권 국가의 정권 교체를 위한 음모는 물론 전쟁까지도 불사해 왔다는 역사적 사실에 대한 반성의 촉구이다. 이들은 또한 인종적 소수자에 속한 오바마를 대통령으로 세웠다고 해서 미국이 반성을 했거나 국제 정치에서의 오만함이 축소될 것이라고 보지 않는다. 부시의 테러와의 전쟁에 전폭적인 지지를 보냈던 미국 시민들이 부시에 등을 돌리기 시작한 것은 사실이다. 그러나 이것은 부시의 전쟁 논리가 허구로 드러나고 그의 경제 정책이 실망스러운 탓이었지, 부시의 아프가니스탄과 이라크 침공에 대한 지지의 철회는 아니다. 오바마를 대통령으로 뽑았지만 부시가 되살린 강력한 국가로서의 미국에 대한 환상은 여전히 미국인들의 의식 속에 남아 있는 것이 엄연한 현실이다. 이러한 미국인의 변하지 않는 의식은 미국의 적은 이슬람교가 아니라 알 카이다 테러 조직이라는 오바마의 주장에 귀를 기울이는 사람들이 많지 않다는 사실에서 잘 나타나고 있다.

　미국에 대한 자기 성찰 내지 자기비판 세력이 신자유주의 세력 등과 꾸준히 대립해 왔었음에도 불구하고 9/11사태는 이들의 목소리를 잠재워버렸다. 하지만 소수지만 9/11 사태 이후의 미국의 행태를 염려하는 미국인 지식인들은 니버의 목소리를 다시금 되살리고자 노력하였다. 미국이 악의 세력과의 전쟁을 내세우지만 그렇다고 해서 미국이 반드시 선을 대변하거나 대표하지는 않는다는 주장을 강력하게 펼쳤던 지식인은 바로 니버였기 때문이다. 니버에 따르면 미국은 민주주의를 구현해 낸 나라가 아니라 여전히 민주주의를 추구하는 과정에 있는 나라일 뿐이다. 또한 미국은 힘에 의해 타락할 수도 있다는 사실을 깨달아야 한다. 더 나아가 민주주의를 더욱 발전시키기 위해서는 단순하게 다른 나라들에게 민주주의를 권고해서만 되는 것이 아니라, 미국인들 내부에 존재하는 사악함과도 싸워야 한다는 사실을 인정해야 한다. 이러한 인식이 미국을 더 위대하게 할 것이라는 니버의 생각에, 비록 소수지만 미국에 대한 성찰을 요구하는 지식인들은 동의하고 있다.

이제 대통령이 된 오바마가 가장 선호하는 철학자 중의 한 명으로 뽑은 니버의 종교 사상은 물론 정치 사회적 사상에 대하여 좀 더 구체적으로 살펴보고, 이에 대한 오바마의 이해와 수용의 정도에 대하여 살펴보고자 한다.

니버의 정치 사회적 사상과 미국 외교 정책 비판

니버의 인간에 대한 성찰적 자기 이해와 사회와 정치에 대한 관심은 진보적이고 자유주의적인 성향의 신학의 수용과정을 거치면서 이것의 한계를 극복하는 초월적 시각의 형성과 더불어 발전하였다. 처음 니버는 독일 이민자 출신의 목사인 그의 아버지로부터 사회와 정치에 대한 관심을 물려받아 사회 복음(Social Gospel)의 전통에 서게 되었다.

사회 복음은 복음을 초월적인 실재에 대한 주장의 근거라기보다는 진보적인 사회 개혁을 위한 청사진을 보여주는 하나의 약속으로 간주한다. 그만큼 진보적이고 자유주의적인 신학이라 할 수 있다. 이는 산업화와 도시화의 핵심 기제인 합리적인 사고방식이 가져온 프로테스탄티즘의 대내외적 위기의 상황에서 시작하였다. 먼저 외적인 위기의 일례로 근대 진화론의 등장이 가져온 성서 권위에 대한 도전을 들 수 있다. 특히 자연 도태 등의 이론은 기독교가 내세우는 섭리론(Providence)에 대한 위협이 아닐 수가 없었다. 한편, 내적 위기는 성서 고등비판으로부터 비롯되었다. 이는 성서를 해체하여 분석한 결과 성서가 오랜 동안 다수의 저자들에 의해 저작된 일련의 문서들이 모여 편집된 책이라는 결론을 도출해냈다. 따라서 성서는 과학적이고 역사적인 진리 보다는 인간의 상태에 대한 이야기를 담고 있을 뿐이다. 이러한 문서비평은 복음이 지니는 권위의 실추를 가져왔다. 특히 개신교의 경우 지금까지 성서는 교회 조직의 권위보다 더 높은 최고의 권위를 지닌 것으로 어떠한 도전도 용납되지 않았다. 그러나 새로운 성서 해석은 종교 개혁의 근간을 흔들 정도로의 커다란 파문을 가져왔다. 개신교의 개혁 전통은 제도화된 교회 중심으로 이루어진 로마 가톨릭의 계서적(hierarchical) 권위에 대한 도전의 바탕을 성서에 두었기 때문이다.

사회 복음은 이러한 위기에 대한 하나의 대응 방식이었다. 근대의 합리주의 사상을 옹호하는 사회 복음은 근본주의자들의 성서 이해 방식인 문자주의나 초자연적인 성서 해석을 거부하였다. 이들이 생각한 복음의 핵심은 현실 속에서 가능한 것이었고 현실과 관련성을 지닌 것이었다. 따라서 초자연적인 요소들은 버리고 대신 복음을 사회화해야 한다고 주장하였다. 복음을 사회 개혁을 위한 언어로 해석하기 시작한 것이다. 중요한 것은 과학적인 사회 개혁도 여기에 포함된다는 사실이다. 따라서 이들은 과학과 개혁 사이에 어떠한 모순도 존재하지 않는다고 생각하였고 과학 실증주의자들처럼 이 땅에서 이루어지지 않을 것은 거의 없다고 생각하였다.

대표적인 사회 복음주의자인 라우센부쉬(Walter Rauschenbush)는 종교가 지닌 열정을 과학적 지식으로 추동한다면 인간에게 주어진 가능성의 범위 내에서 신의 이름으로 사회적 삶의 포괄적인 개조(reconstruction)를 지속적으로 이룰 수 있을 것이라고 생각하였다. 한마디로 사회 복음에는 진보, 인간 완성, 인간의 환경과 처지의 개선 등의 사상이 중심을 이룬다. 따라서 사회 복음의 신학적 경향은 미국의 세속적인 사회학이 지향하는 바와 유사했다. 미국 사회학은 종교적인 색채를 강하게 띠는 한편 복음이 지니는 사회적 삶의 이상에 다가갈 수 있게 하는 도덕적 책무를 지향하기도 하였다. 따라서 미국의 진보적 신학은 기독교사회 윤리학을 중심으로 발전하였고, 사회학은 물론, 과학 지식과 더불어 신의 나라를 피안의 세계에서나 종말 이후에서가 아니라 지금 여기에서 만들어 낼 수 있다고 믿었다. 이런 의미에서 소위 말하는 '국민 신학자(public theologian)'가 등장하였고, 이들은 정치는 물론 경제나 사회 등의 온갖 세상사를 자신들의 신학의 관점으로, 또는 신의 빛 아래서(in the light of God) 평가하고 비판하며 대안을 제시하고는 하였다. 니버 또한 이들 국민 신학자 중의 한 명이었다.

니버는 사회 복음의 분위기에서 성장하였다. 이후 목사로서, 신학자로서 이 사회 복음 운동을 주도하게 된다. 하지만 그는 사회 복음 운동이 지닌 한계를 직시하면서 진보적 운동에 대해서도 비판적 입장을 취하게 된다. 먼저 그는 인간 본성에 대한 사회 복음의 견해가 지나치게 순진하다(naive)고 평가한다. 사회 복음이 세상의 실제적 삶에서 나타나는 권력 관계의 속성을 설명하기에 부족할 뿐만 아니라 치유할 수 없는 인간의 본성에 대해서도 너무 낙천적인 입장을 취하기 때문이다.

니버는 인간 본성의 유연성(plasticity), 또는 변화 가능성에 무게를 두는 진보적 신념을 거부한다. 오히려 인간 본성을 설명함에 있어서 죄의 의미를 더 강조한다. 인간의 죄는 쉽게 고칠 수 있는 나쁜 제도와 같지 않다고 주장한다. 따라서 진보주의 신학의 희망, 즉 인간의 죄는 지성을 갖춘 개혁에 의해 보상되거나 극복될 수 있고, 모든 인간을 인류애로 가득한 형제자매로 개조할 수 있다는 희망은 감상에 지나지 않는 것으로 본다. 이러한 니버의 인간 본성 이해는 인간을 모호성(ambiguity)으로 가득한 존재로 본 틸리히(Paul Tillich)의 생각과 일치한다.

한편, 진보적인 사상가들은 올바른 사회화(socialization)가 인간을 변화시킬 수 있다고 생각하였다. 그러나 니버는 사회화에 대해 부정적이다. 사회화는 죄의 조건을 타고난 인간을 더욱 악화시킨다고 보았다. 모든 사회집단의 존재 이유는 그 구성원들이 추구하고 공유하는 집단 이익에 있기 때문이다. 국가도 마찬가지다. 하나의 사회 집단인 국가가 국내 정치나 국제 정치에서 내세우는 선한 목표가 실상은 인간 본성의 무자비함(un-loveliness)과 권력의 잔인함만을 보여줄 뿐이다.

따라서 니버는 기독교인들이 세상에서 선을 행하기를 원한다고 하지만 실제로 이것은 삭막한 생각에 불과하다고 주장한다. 기독교인이든 누구든 이 세상에서는 손을 더럽히지 않을 수가 없다. 그 이유는 사회적 관계가 강압적으로 유지되고 있으며, 이 강압적 관계를 개혁하고자 한다면 또 다른 대항적인 강압이 필요하기 때문이다. 따라서 진보적인 사상가들이 주장하는 것처럼 사회 변화는 단순히 설득, 외교, 교육, 지성, 친절한 언어 등에 의하여 이루어지지 않는다. 결국 니버는 합리적인 것보다는 감성을 불러일으키는 과장된 단순화가 지배적으로 집단을 활기 있게 하고 효율적으로 행동하게 할 뿐이라고 주장한다.

니버는 사회가 아무리 도덕을 강조하더라도 그것은 허구에 지나지 않는다는 데에 중점을 둔다. 사회 연대(social solidarity)가 지니는 의미는 환상에 지나지 않는다. 사회란 상이한 이익 집단의 영원한 전쟁터에 지나지 않기 때문이다. 그래도 사회가 평화롭게 유지되고 있는 것은 사회 자체를 유지할 수 있는 유일한 방법인 진실에 대한 낭만적이고 도덕적인 해석을 만들어 내는 지배 집단의 강압적 행위가 사회의 패배자들을 침묵시키고 있기 때문이다. 설상 이들 패배자들이 지배 집단에 대한 도전에서 성공하더라도 새로운 평화를 강요하고 유지하기 위해서는 진실에 대한 또 다른 낭만적이고 도덕적인 해석 틀을 만들어 사람들에게 부과할 수밖에 없게 된다.

이러한 사실은 사회 복음이나 진보적 운동이나 연대를 추구하는 진보적 사상의 경우도 마찬가지이며 정의를 내세우는 국가의 경우도 마찬가지다. 니버는 미국이 1차 대전에 참여하려고 할 무렵 "개인에 대한 국가의 범죄"라는 제목의 글을 〈아틀란트지 *The Atlantic*〉에 기고한 적이 있다. 여기서 그는 국가가 병사를 속였다고 비난하였다. 왜냐하면 국가는 희생을 거룩하게 할 수도 없으면서도 국가의 목적을 위해 개인의 충성심과 기꺼이 죽거나 희생을 할 자발성을 취했기 때문이다. 또한 영원한 가치가 없는 목표를 위해 국가가 영원히 중요한 생명에 대한 요구를 했기 때문이다.[12] 이후 그는 『도덕적 인간과 비도덕적 사회』[13]에서도 애국주의가 개인의 사심 없는 마음(unselfishness)을 국가 이기주의로 변형시켰고, 국가의 이기심에 개인의 순수함이 소용되었다고 비판하였다. 결국 니버는 개인의 사회적 호의(sympathies)를 확대하여 보다 커다란 인류의 사회 문제를 해결하고자 하는 희망은 아주 헛된 것이라 주장하면서 사회에 대한 비판 논리를 전개하였다.

따라서 니버에 따르면 권력에 대항 할 수 있는 것은 오직 권력뿐이다. 권력이 매력적인 결과를 가져오지 못하는 것은 하나의 공식이다. 결론적으로 권력의 행사는 항상 도덕적으로 위험하지만 또한 항상 도덕적으로 필요하다. 누구든 세상에서 적극적으로 활동하고 참여해야하며 몸을 빼서는 안 된다. 여기에 니버가 주장하는 도덕의 이원성이 존재한다. 인간 공동체의 이기심은 하나의 필연으로 간주되어야 하며 오직 이익에 대한 경쟁적인 주장에 의해서만 반격될 수 있다고 주장하기 때문이다.

니버의 이러한 생각은 그가 자동차계의 신화를 만든 디트로이트의 포드에 대하여 언급한 일화에서 잘 나타나 있다. 몇몇 진보적인 목사들은 복음이 지닌 윤리적 가르침을 통해 포드를 설득하면 노동자들을 공정하게 대우하게 할 수 있을 것이라고 믿었다. 그러나 니버는 이러한 생각은 망상에 지나지 않는다고 비판한다. 포드가 노동자들을 착취한 것은 그의 성서에 대한 지식이 부족하기 때문이 아니라 착취를 통해서만 부를 축적할 수 있다는 사실을 아주 잘 알기 때문이라는 것이다. 문제는 충분히 받지 못한 교육에 있는 것이 아니라 적나라한 자기 이익 추구에 있는 것이다. 따라서 니버가 제시한 해결책은 자기 이익을 추구하는 노동자들 또한 조직적으로 힘을 합하여 포드와 맞부딪치는 것이었다. 니버는 진보주의자들이 생각하는 것처럼 포드와 노동자들의 충돌 해소가 객관적이고 합리적인 해결책에 달려있지 않다고 생각하였다. 상이한 이해관계가 충돌할 때 합리적 사고를 통해 갈등을 해소하고 평화를 만들어 낼 수 있다는, 일종의 인간 이성에 대한 믿음을 바탕으로 하는 사고방식인 '과학적 평화'를 그가 인정하지 않기 때문이다. 오히려 니버가 추구한 것은 새로운 힘의 균형이었다. 이 힘의 균형 안에서는 가난한 노동자들도 힘을 얻게 되고 그들의 이기적인 욕구도 어느 정도 만족될 수가 있다는 것이다. 결국, 니버는 종교인들이 말하는 사랑도, 진보주의자들이 말하는 이성도 문제 해결에 도움이 되지 않는다고 말한다. 자기의 이해관계에 매달려 있는 인간들은 모두가 사랑이나 이성이 아니라 두려움으로 서로를 견제하고 서로 간의 균형을 유지할 뿐이라고 그는 생각하였던 것이다.[14]

맥아피 브라운(Robert McAfee Brown)은 니버를 비관적 낙천주의자로 부른다. 즉 사람들이 그를 비관적이며 희망이 결여되었고 따라서 힘을 실어주지 못하다고 하지만 궁극적으로 그의 신학은 낙천적이며 희망으로 가득 차 있고 따라서 힘을 불러일으키는 신학이라는 것이다. 물론 그는 인간 상태의 비극에 대하여 우리를 환기시킨다. 그러나 동시에 그는 신앙이 우리로 하여금 비극 너머로 갈 수 있다고도 가르친다. 중요한 것은 니버의 낙관론이 인간의 업적에 대한 낙관론이 아니라 신의 업적에 대한 낙관론이라는 사실이다. 신의 업적은 인간 업적의 파괴적 특성을 변화시킬 수 있는 것이다. 니버는 원죄라는 단어가 복음의 궁극적인 단어가 아니고 그 다음으로 중요한 단어라고 가르친다. 복음은 심판과 자비 안에서 인간이 스스로 제공할 수 없는 자원을 축복으로 제공하는 신의 능력을 보여주는 것이다.[15]

니버가 지닌 인간 본성에 대한 이해와 정치 사회적 사상은 정치의 장, 특히 미국의 외교 정책에 대한 비판으로 확대되어 실천된다. 정치와 관련한 니버의 중요한 분석은 사회적 죄, 즉 '조직적인 죄'와도 연관이 되어 있다. 니버가 평생 동안 보여준 예언자적 헌신은 미국제국주의의 죄를 노출시키는 작업이었다. 또한 니버의 가장 커다란 공헌은 자기비판(self-criticism)의 필요성에 대한 지속적인 인식이라 할 수 있다. 비판가의 날카로운 눈은 비판을 당하는 사람들이 아니라 무자비하게 비난을 쏟아내는 비판자들을 향해야 한다. 니버는 미국이 스탈린주의나 러시아의 인간 왜곡에 대하여 맹렬한 비난을 퍼부을 때, 사람들은 자기들이 다른 사람들에게서 정확히 가려내는 죄가 자기들 안에서 가장 교활하게 재생되고 있다는 사실을 잊고 있다고 지적하였다. 니버는 더 나아가 정치에 대한 종교적 책무를 연계함에 있어서 인간의 성숙한 삶을 위한 중요한 지침을 제시하였다. 그것은 인간성의 현실주의적인 개념이 불의한 특권을 방어하는 보수주의의 요새로 만들어지지 않아야 한다는 것이었다. 이는 냉전 체제의 상황에 편승하여 국가 이익만을 지키고자 불법적인 행위까지도 주저하지 않고 자행하는 미국의 제국주의적 외교 행태를 겨냥한 발언이다.

물론 니버는 공산주의를 반대하였다. 그리고 미국이 이룩해 온 문명을 지키기 위해서는 도덕적으로 위험한 행동이라도 취해야 한다고 하였다. 그러나 그는 반공을 통해 미국이 올바른 대의를 내세우지만 미국 또한 불의한 일을 저지를 수 있다는 가능성을 배제해서는 안 된다고 주장하였다. 그것은 공산주의자들이 가지고 있는 절대적인 자기 확신을 흉내 내는 것에 지나지 않기 때문이다. 미국이 공산주의 국가와 다르게 되기 위해서는 미국의 이상주의가 광신주의로 떨어지지 않도록 끊임없이 스스로에 대한 의심을 게을리 하지 말아야 한다는 것이다. 다양한 가치가 공존하는 현대의 다원화 사회에서 개인들이 갖추어야 할 열린 마음(open-mind)이란 것은 모든 것을 믿고 받아들이는 것이 아니고 모든 것을 의심하는 것도 아니며, 다만 자신의 신념이 절대적으로 진실이 아니라고 생각하는 것이 아닌가 한다.

맥아피 브라운에 따르면 니버는 자본주의의 환희를 노래하는 작곡가가 아니라 미국의 국가적 양심을 괴롭히는 지식인이었다. 니버는 '미국적인 삶의 방식'을 우상화하는 세대들에게 보내는 메시지에서 우리는 우리의 진실을 바탕으로 그들의 허위와 싸워야 하지만 또한 우리의 진실 안에 들어 있는 허위와도 싸워야 한다고 주장하였다.

구제직으로 특히 냉전시대에 니버가 보여주었던 미국의 외교 정책 비판은 다음과 같다. 니버는 2차 세계대전의 참전 결과로 미국이 지구적 차원의 초강대국으로 떠올랐다는 사실에서 미국이 딜레마에 빠지게 되었음을 직시하였다. 즉 고립주의에서 세계의 패권을 움켜쥔 국가가 됨으로써 미국의 관념적인 혹은 종교적인 우월주의가, 더 나아가 북미 대륙 내에서만 지녔던 우월주의가 현실이 되면서 세계로 확장되었고 결국 미국 외교 정책의 바탕 이념이 되고 있음을 본 것이다.

니버는 미국 우월주의의 기원을 청교도들의 미국 정착 시기에 두었다. 뉴잉글랜드에 정착한 초기의 청교도들은 다른 어느 기독교 국가의 교회보다도 순수한 교회를 세웠으며, 동시에 그들이 속한 공동체 또한 신의 특별한 목적에 의해 '신의 미국 이스라엘'로 세워졌기에 '타락한 이 세상에서 새로운 시작'을 위한 목표를 지니고 있다고 믿었다.[16] 그들은 새로운 인간상을 창조하라는 신의 명령을 받았으며 이러한 새로운 신과의 계약이 미국을 새로운 이스라엘로 만들었다고 믿었다. '메시아적인 의식(Messianic consciousness)'을 지닌 선민으로서의 미국인들은 스스로를 구별된 자들로 간주하였다. 그들이 지향하는 행위의 동기는 비난 받을 일이 아니며 그들의 행위는 다른 사람들에게 적용되는 기준으로는 판단할 수 없을 정도로 고귀하다는 신념을 가지고 있었던 것이다.

이러한 신앙적 우월성에 사로잡힌 미국인들이 적어도 제2차 세계대전 발발 후 세계로 활동 영역을 넓힐 때까지는 단지 심리적이고 종교적인 우월감에만 젖어있었다고 할 수 있다. 그러나 미국이 대전에 참전하고 미국으로 대표되는 연합군의 승리로 전쟁이 귀결되자 미국은 세계의 강대국으로 도약하게 되었다. 그러자 이러한 과정이 미국에 대한 신의 은총과 호의에 의한 것이며 신이 부여한 책무를 다 하는 것으로 여기기 시작하였다. 종교적 우월감 내지는 정신적 자부심이 세계적 차원의 권력 구조에서 정치적, 또는 패권주의적 자부심으로 확대되었다. 여기에서 니버는 미국이 처한 딜레마를 보게 된 것이다.

『미국 역사의 아이러니』에서 니버가 보여준 가장 중요한 것은 '역사를 조종하고자 하는 우리의(미국의) 꿈'[17]에 대한 경고였다. 실제로 소련과 동구권의 붕괴의 결과로 이어진 냉전의 종식 후 미국이 노골적으로 추구하는 목표는 세계의 역사를 조종하는 것이 되었다. 문제는 이러한 꿈이 오만, 위선, 그리고 자기기만과 독특하게 결합되어 있다는 데 있다. 물론 이러한 결합 과정에, 또는 그 배후에 종교가 깊숙이 자리 잡고 있는 것도 사실이다. 성직자와 사회 활동가, 또는 사회 윤리신학자로서의 니버가 자신이 생각하는 미국의 망상과 신화에 대하여 신학적으로 비판한 것은 정치 사회적 자기비판인 동시에 미국의 기독교에 대한 자기 성찰과 비판이라 할 수 있다. 그만큼 미국에서는 정치에 깊숙이 자리 잡은 종교의 위상이 니버의 시대에도 만만치 않았음을 보여준다 하겠다.

기본적으로 니버는 오바마가 종교 좌파에 대한 비난에서 적시한 것처럼 정치와 종교의 철저한 분리를 인정하지 않았다. 사실 정치와 종교를 결합하여 정치에 대하여 종교적인 목소리를 냈던 자들은 대부분 보수적인 기독교 우익 인사들이었다. 진보적인 종교인들 중에서는 니버만큼 정치에 대한 종교적 발언을 한 사람은 거의 없었다. 물론 니버가 활동하던 시대는 동서냉전 체제가 유지되던 때였다. 그럼에도 불구하고 오늘날에도 니버의 사상이 필요한 것은 부시의 테러와의 전쟁에서 나타났듯이, 미국 주도의 외교 정책이 전쟁 중심으로 치러졌고 종교적인 차원으로 승화되어 십자군 전쟁에 버금가는 식으로 격상되었기 때문이다. 더 나아가 전쟁을 정당화하는 종교에 대한 내적 성찰이 필요하고 무엇보다도 미국이 빠진 오만(hubris)에 대해 니버식의 비판이 절실하기 때문이다.[18]

오바마와 니버: 예언자적 이상주의와 정치적 현실주의의 균형

슐레징거나 바세비치는 왜 9/11 사태 이후 미국 사회가 다시금 니버의 목소리에 귀를 기울여야 한다고 주장하였고 브룩스는 인터뷰 도중 오바마에게 왜 뜬금없이 니버에 대한 질문을 하였을까? 그 이유는 부시의 테러와의 전쟁을 통해 미국의 외교 정책이 다시금 니버가 말한 딜레마에 처해 있을 정도로 상황이 심각하였다고 판단되었기 때문이다.

2007년 4월 25일 브룩스는 오바마와의 인터뷰 중 니버를 읽었는지 물었다. 이에 오바마는 가장 좋아하는 철학자 중의 한 명이라고 대답하였다. 대담 후 브룩스는 오바마가 니버에 대한 상당한 지식을 가지고 있음을 느꼈다고 말했다. 특히 오바마는 니버의 『미국 역사의 아이러니』에 대해 언급하면서 니버의 문구를 정확하게 인용해서 브룩스를 놀라게 하였다. 브룩스가 니버에게서 얻은 것이 무엇이냐고 질문하자 오바마는 "이 세상에는 심각할 정도의 사악함과 고통과 곤경이 존재하는 것이 사실이다. 그러나 우리가 겸손하게 경계해야 하는 것은 우리가 이 모든 것을 완전하게 제거해 낼 수 있다는 신념이다"라고 대답함으로써 니버의 핵심 사상을 그대로 드러내 보였다.[19]

인터뷰에서 오바마는 세상의 불확실함과 혼란을 핑계로 냉소주의에 빠져서도 안 되고 아무런 행동을 취하지 않고 있어서도 안 된다고 하였다. 그가 생각한 또 다른 니버의 핵심 사상은 '아무리 힘들더라도 노력을 게을리 하지 말아야 하는 것'과 '순수한 이상주의에서 냉혹한 현실주의로 방향을 바꾸지 않는 것(not swinging from naive idealism to bitter realism)'에 있었다. 브룩스는 오바마가 선거 캠페인을 통해 니버의 사상을 관철하려는 하나의 시도를 전개할 것이며 이를 지켜보는 일은 아주 흥미로울 것이라며 소감을 피력하였다.

한편 오바마는 브룩스에게 부시의 정책에 대한 비판적 속내를 드러냈다. 특히 세계에서 악이나 폭압 정치를 제거하고 중동을 바꾸어 놓고 말겠다는 부시의 수사(rhetoric)는 과장된 것이라며 아마 니버도 이를 혐오했을 것이라고 주장하였다. 동시에 오바마는 이상주의적인 정치에 치중하는 자유주의자들의 생각에 대해서도 이의를 제기하였다. 물론 자유주의자들이 바라는 이라크로부터의 철수, 에이즈 확산 방지, 동맹국과의 보다 친밀한 관계 등과 같은 정책에 대해서는 동의하고 지지한다고 하였다. 하지만 그들이 국가안보정책에 있어서 일관성 있는 대답을 제시하지 못하고 있는 것은 문제라고 지적하였다. 자유주의자들은 훌륭한 가치를 지향하고 보편적 이상을 제시하지만 현실에 있어서는 감각의 부족을 드러내는 것이 사실이기 때문이다.

브룩스는 오바마가 다른 후보들과 달리 포스트내셔널적인(post-national) 시각을 가지고 세계를 보고 있다고 평가하였다. 부시가 이슬람 급진주의를 이 시대가 당면한 조직화된 갈등으로 보는 것과 달리, 오바마는 급진적 극단주의는 우리가 해결해야 할 여러 문제(지구촌의 빈곤, 핵확산, 지구 온난화 등) 중의 하나라고 보고 있다고 말하였다. 마지막으로 대통령이 되었을 때 오바마 정권의 중추적인 외교 정책은 무엇이 될 것인가에 대한 질문에 대하여 "미국의 안전을 지키는 목적을 달성하기 위해서 할 수 있는 간단한 방법은 다른 나라 사람들도 안전을 지킬 수 있도록 도움을 주는 것이다"라고 대답하였다.

오바마를 통해 볼 수 있는 니버의 사상은 기독교적 현실주의(Christian

realism)이며 그 핵심은 이상주의와 현실주의의 비판적 수용에 있다. 구체적으로 말해 니버와 오바마는 외교 정책에서는 물론 정치에서도 이상과 실제 사이의 균형이 있어야 한다는 생각을 공유하고 있다. 이런 의미에서 오바마는 종교적으로는 자유주의 신학의 중심을 지키면서도 복음주의로 손을 내밀고 있으며, 정치적으로는 민주당 내에서 중도 정치를 하고 있다고 할 수 있다. 그만큼 오바마는 니버가 비판한 지나친 낙관주의와 유토피아적인 이상주의를 경계하는 입장을 취하고 있는 것이다. 그러나 이 세상의 사악함을 완전히 제거할 수 없지만 불의에 맞서서는 결연히 싸워야 한다는 오바마의 생각은 니버의 비판적인 정치적 현실주의를 수용한 것이라 할 수 있다.

니버가 이상과 실제의 균형을 요구한 것은 정치 영역 밖으로부터의 예언자적 현실 비판과 정치를 책임지고 있는 정치가들 사이의 관계가 서로 건설적으로 분업화 되어야 한다는 생각에서이다. 니버는 1937년 저술 『비극을 넘어서』에서 "도덕적 고발을 통해 세상을 변화시키는 데에 성공한 예언자가 없다면 인간이 지닌 역사의 순간순간에 보다 지고한 가치를 실현할 수 있는 가능성을 잃게 될 것이며, 불의한 권력을 바로잡기 위해 권력을 사용하는 정치가가 없다면 그리스도의 나라 대한 우리의 비전은 불의로부터 고통을 당해보지 않았기 때문에 불의에도 참고 지낼 수 있는 사람들의 사치품이 될 것이다"라고 주장하였다.[20] 이러한 맥락에서 니버는 닉슨과 빌리 그래함 목사가 시민 종교를 부당하게 이용하였다고 비판하는 한편 미국 건국 당시의 국부들은 국가 종교의 설치를 금하고 마틴 루터 킹 목사와 같은 예언자적인 저항을 보호할 수 있는 공간을 마련해 주었다고 칭송하였다. 니버가 악은 때때로 억제되지 않은 선(unchecked good)에서 나올 수도 있다고 한 말은 미국의 시민 종교가 미국이 내세우고 주장하는 선을 무조건 정당화했던 것에 대한 비판이었다.

오바마는 미국의 역대 어느 대통령보다 더 커다란 사회 개혁 선구자의 이미지를 갖고 당선되었다. 물론 국민 건강 관리를 위한 의료보험 개혁 등을 오바마가 주도하지만 오바마에 대해 좌파나 우파가 지니는 이미지는 각각 극에 다다를 수 있다. 좌파는 혁명적인 변화를 오바마에게 원할 수도 있고, 몇몇 극우 세력은 이미 오바마를 공산주의자나 모택동주의자로 몰아붙이면서 그를 극좌로 몰아세웠다.[21] 극우세력이 그렇다고 하더라고 좌파에 속하거나 오바마에게 커다란 변화를 기대하는 사람들은 흑인 출신 오바마의 대통령 당선을 법적인 차원에서 한 발 더 나아가 정치 사회적, 경제적, 그리고 인종적 차원에서의 차별이 종식되는 계기로 기대할 수도 있다. 그러나 그가 이러한 변화의 상징적 위치에 서게 된 것은 사실이지만 하루아침에 미국의 차별적 구조가 바뀔 수 있는 것은 아니다.

한편 종교 좌파나 이상적인 진보주의자들은 그들의 이상적 바람을 실현 해 줌으로써 오바마가 민주당 내에서 반대 없이 전적인 지지를 받는 완전한 영웅이 되기를 원할지도 모른다. 이것은 그들에게나 오바마에게 하나의 유혹이 될 수도 있다. 니버의 논리에 따르면 진보주의자들은 오바마에게 예언자적인 민중지도자로서 역할을 하도록 요구해서는 안 될 것이다. 그러나 동시에 오바마의 정치 행위를 무조건 수용해서도 안 될 것이다. 오바마 자신도 늘 이상과 현실에서 균형을 유지해야 할 것이며 진보주의자들 또한 정치인 오바마에게 균형 잡힌 정치를 할 수 있도록 여지를 부여해 주는 한편 감시의 눈길을 멈추지 말아야 할 것이다.

이미 오바마는 그의 저술에서 남북 전쟁 당시 노예제 폐지 등의 이슈에 당면해서도 정치적 균형을 유지하면서 문제를 풀어나간 링컨에 대하여 언급하면서 민주주의의 토론 기능과 함께 토론의 한계까지도 모두 인식하고 있었던 링컨을 잘 이해하고 있다고 고백하였다. 미국의 헌법에 기초를 둔 소위 말하는 숙의(熟議) 민주주의(deliberative democracy)는 역사를 거치면서 재산이 없는 백인 남자에게도 선거권을 부여하게 되었고 나중에 가서는 여성에게도 선거권을 부여하였다. 이러한 개혁이 가능하게 된 것은 민주주의에 대한 논의의 진전과 더불어 합리성을 전제로 한 치열한 논쟁을 통해서일 수도 있다. 또는 미국의 경제적 고통을 완화해 주고 종교 간 또는 계급 간의 긴장을 약화시키는 데에 기여한 실용주의 사상이었을 지도 모른다. 그러나 링컨도 민주주의에 대한 숙의(deliberation)만으로 미국의 원죄라 할 수 있는 노예제의 쇠사슬을 끊을 수는 없었다.22 노예 해방을 가져온 것은 결국 무기였다. 그것이 남북 전쟁이다.

오바마가 주목하는 것은 미국의 자유를 위한 상황이나 조건을 만들어 낸 것이 실용주의나, 이성의 목소리나 타협의 힘만이 아니라는 사실이다.23 물론 굽힐 줄 모르는 이상주의자도 있고 피를 흘려가며 자유를 쟁취하려고 노력한 사람들도 있다. 그러나 기억해야 할 것은 심의나 헌법적 질서가 때로는 강자의 사치품이 되기도 하고 때로는 기인이나 열성주의자, 또는 예언자나 선동가 등 새로운 질서를 위해 싸워온 절대주의자들의 도구가 될 수도 있다는 사실이다.

결국 오바마는 니버가 그랬던 것처럼 헌법이나 숙의 민주주의와 같이 이상적인 가치를 전제로 하는 모든 제도는 다양하게 해석될 수 있는 추상성을 지니고 있을 뿐만 아니라 현실과의 관계에서 불확실성과 부딪칠 수 있는 가능성을 다분히 지니고 있음을 인정하였다. 또한 어느 가치도 다른 어느 가치보다 우월하거나 절대적이지 않다는 사실을 알기에 오바마는 유사한 확신을 가진 사람들, 예컨대 피켓을 들고 항의하는 낙태반대자나 실험실을 습격하는 동물권리보호자들의 생각에 동의하지는 않지만 그들을 무조건 무시할 수는 없다고 고백하였던 것이다.24 이는 오바마가 예언자적 이상주의와 정치적 현실주의 사이에서 긴장하고 있음을 보여주는 것이라 할 수 있다.

오바마에게 링컨은 숙의 민주주의의 기능은 물론 숙의의 한계를 모두 이해한 유례없는 인물이었다. 링컨은 노예 제도 폐지를 양보할 수도 없고 나라를 둘로 나눌 수도 없다는 굳건하고 심오한 확신을 가지고 있었다.25 그러나 링컨은 전쟁 없이 연방국가(Union)를 유지하기 위해 남부와 타협하기도 하였고, 일단 전쟁이 발발하자 전략에 따라 장군들을 경질하기도 하였으며, 전쟁의 성공적인 결말을 위해 헌법을 극단적으로 해석하기도 하는 정치인으로 대통령이 지니는 실용주의를 따르기도 하였다.26

링컨은 노예제를 놓고 자신들의 정치적 이익이나 지역의 이해관계를 감춘 채로 성서를 자신에게 유리하게 해석하는 종교인들을 비판하였다. 노예제를 인정하는 측과 반대하는 측이 내세우는 도덕적 근거에 대하여, 그리고 신이 자기네들의 명분과 한편을 이룬다는 주장에 대해서도 회의적인 태도를 보였다. 자신의 두 번째 대통령 취임 연설문에서 링컨은 "양쪽은 모두 같은 성서를 읽고 같은 신에게 기도를 드리지만 다른 쪽과 싸우면서 신의 도움을 기원하고 있다. 타인의 얼굴에 흐르는 땀방울에서 자신의 이득을 우려내기 위하여 신의 도움을 청하는 것에 대하여 감히 문제를 제기하는 것이 이상할지도 모른다. 그러나 우리가 심판받지 않을 것이라고 판단하지 말자"라고 강조하였다.27

오바마는 이러한 링컨의 입장에 대하여 편법을 위해 신념을 버린 일로 생각하기보다는 두 개의 모순적인 명분 사이의 내적 균형을 유지한 것으로 평가하였다. 첫 번째는 공유할 수 있는 이해에 도달하기 위해 대화를 해야 한다는 명분이다. 이는 인간은 모두 불완전한 존재이고 신이 우리 편에 있다는 확신을 가지고 행동할 수는 없는 존재로 생각하기 때문이다. 또 다른 명분은 때로 우리는 마치 확신을 가지고 있는 것처럼 행동을 해야 한다는 것이었다.28

오바마의 이러한 이해는 링컨과 니버가 공유하는 정치인의 지혜에 기반 한 것이라 할 수 있다. 노예제 폐지 주창자들의 입장에서 볼 때 링컨의 정책은 우물쭈물하고 차갑고 미지근하며 서툴었지만 정치인으로서는 민첩하고, 급진적이며, 단호했다는 평가를 받았다. 오바마 또한 대통령으로서의 정책 입안이나 입법 추진에 대하여, 또는 국내 정치나 외교 정책에 대하여 비판이 쇄도하였다. 그럴 때마다 오바마는 자기 연민에 빠지거나 편협한 생각을 가지거나 반대자에 대한 복수심으로 일을 처리하지 않고 니버와 링컨이 제시한 지혜를 따르려고 하였다.

목사이며 신학자인 스미스(Drew Smith)는 재선을 앞둔 시점에 오바마의 첫 번째 대통령 임기에 대하여 다음과 같이 평가하였다. 기본적으로 오바마는 대통령의 직을 수행하면서 니버의 현실주의가 제시하는 핵심적인 교훈, 즉 정치적 이념(ideal)을 절대화하기보다는 근접하게(approximate) 하는 것이 중요하다는 것과 이 근접에 가까운 목적을 추구할 때에 자신의 보다 심오한 목적이나 선택과 일치하지 않을지라도 기꺼이 행동을 취해야 한다는 가르침을 강력하게 아우르는 정책을 펼쳤다는 것이다.

니버의 정치에 대한 분석은 "정치는 타협의 예술이다"라는 금언을 보다 더 강화 해 주지만 니버에게 타협은 타협의 내재적 가치, 즉 타협을 위한 타협을 추구하는 것이 아니고 지도자의 위치를 획득하거나 유지하기 위한 욕망에서 나오는 것도 아니었다. 타협은 공동선을 달성하기 위한 한 가지 방법이 되어야 한다. 정치에서는 원하는 모든 것을 얻는다는 것이 불가능한데 원하는 것의 일부라도 얻기 위해서는 좋아하지 않는 것도 받아들여야 한다. 스미스는 오바마는 주요한 법안을 다루거나 연방 재정 문제 등을 다룰 때 이러한 니버의 분석을 적극 수용하였으며 후보 시절부터 일관성을 유지하고 있다고 평하였다. 물론 오바마가 타협에 있어서 절대음감(pitch perfect)의 소리를 낸 것은 아니었다. 그러나 적어도 기본적으로 자국민은 물론 세계 시민의 인권, 자유, 그리고 기회를 보장하고자 하는 이상을 미국의 정치적 상상력에 투사하는 데에 있어서 오바마가 커다란 역할을 하는 모습을 보였다고 평가하면서 오바마의 정치적 행위가 보다 폭넓은 공동선을 향하기를 기대한다고 말했다.29

한편 브룩스가 니버에 대해 질문한 것은 브룩스 같은 신보수주의자가 인간의 한계나 사악한 본성을 무시하고 사회를 개혁하겠다는 천진난만함을 지닌 진보적인 좌파를 반격하기 위해서일 수도 있다는 해석도 있다. 니버의 사상이 보수주의자들에게는 '사회 공학(social engineering)'을 통해 빈곤, 범죄, 무지 등을 종식시키고자 하는 진보주의자들의 오만하고 낭만적인 계획을 고쳐 잡을 수 있는 명분이 될 수도 있기 때문이다. 또한 자유주의자들 중에서도 니버를 '강력한' 외교 정책의 예언자로 읽음으로써 보수주의자들과 뜻을 같이 하는 존재로 이해하는 자들도 있다. 이들은 민주당 내에서 국제문제에 감성적인 접근을 하는 좌파들을 비난하기 위해 니버를 끌어들이기도 하였다.

그러나 오바마가 요약해서 보여준 니버의 사상은 보수주의자나 자유주의자들이 점유하고 있는 것과는 다른 생각이다. 냉소주의나 행동하지 않는 것을 반대하는 오바마의 충언이 니버의 사회 윤리에 대해 그냥 안다고 말하고 지나간 것에서 나온 것이 아니기 때문이다. 오바마가 후보로 나서기 전 알린스키 방식(Alinskyite)의 커뮤니티 운동 조직가였던 사실에 비추어 볼 때, 오바마가 사회 정의를 위한 노력에 있어서 어떠한 태도를 보여야 하는가에 대한 니버의 사상을 모르는 것은 아니었다.30 우리는 니버가 갈등과 자기 이해관계로 점철된 타락한 세상에서는 도덕에의 호소나 진보적인 교육이 아니라 조직화된 대항적 힘만이 강자들로 하여금 자신들의 특권을 내려놓게 할 수 있다고 주장하였음을 상기할 필요가 있다.

여기서 말하는 대항은 비폭력적인 저항을 말한다. 비폭력적인 압박과 저항은 평범한 사람들이 존엄성을 획득하고 품위 있는 삶을 쟁취할 수 있는 가장 실질적이고 필요불가결한 노력이다. 또한 비폭력적인 저항은 적대적인 관계에 있는 사람들을 미래 어느 시점에 화해와 용서로 이끌어낼 가능성을 지닌 가장 인간적인 형태의 대중 저항운동이 될 것이다. 오바마는 니버의 이 비폭력적인 저항을 잘 이해하고 있기에 대선 과정에서 오바마 진영의 선거 운동 방식에 이의를 제기한 치과의사의 충언을 순순히 받아들인 것이다. 상대방을 악한 존재로 여기거나 투쟁의 대상으로 여기지 않아야 한다는 생각과 적을 앞세워 나의 선을 내세우기보다는 내 안에 있는 사악함의 가능성도 인정하라는 니버의 생각에 동의하기 때문이다.

대통령은 비폭력적 저항의 방법을 쓰지 않아도 자신의 뜻을 펼칠 수가 있다는 점에서, 오바마는 미국의 불평등한 사회 구조를 개혁하기 위해 행동을 취해야 하며 구체적으로는 공동의 안녕을 위하여 국제 사회와의 관계에서나 국내의 경제 문제에 있어서 자기 것을 지키려는 강자나 강대국에게 양보를 요구해야 할 것이다.

제7장

오바마의 종교성 논란과 우파의 도전

오바마는 진보주의자들에게 복음주의 종교 공동체를 포함한 다양한 종교에도 접근하라는 권고를 보내고 보수적인 종교 우익에게는 포용적인 종교적 태도를 갖도록 독려함으로써 자신의 확장된 종교적 스펙트럼을 보여주었다. 또한 자신의 신앙 여정을 솔직하게 소개하였고[1] 2008년 선거 운동 중에는 "보다 완벽한 화합(A Perfect Union)" 연설에서 자신의 종교성을 투명하게 드러내기도 하였다.[2] 또한 새들백교회에서 있었던 릭 워렌 목사의 포럼에서도 예수 그리스도에 의한 용서에 대한 개인적 확신을 드러내기도 하였다.

오바마의 인종적 배경이 아프리카계 미국인이고 그의 종교적인 배경 또한 진보적인 흑인 교회임에도 불구하고 그의 포용적인 태도가 다양한 교단과 인종, 특히 남침례교단과 같은 보수적인 복음주의 교회를 포함하여 백인들의 교회로까지 확장되었음을 보여주는 다음의 일화가 있다.

2006년 12월 1일 릭 워렌 목사의 새들백교회에서 세계 에이즈의 날 행사를 위한 수뇌부 회의가 열렸을 때였다. 여기에는 공화당의 대선 예비후보 중 한 명인 샘 브라운백(Sam Brownback) 상원의원도 참석하였다. 그는 오바마를 청중에게 소개하면서 오바마를 향해 "나의 집에 온 것을 환영합니다(Welcome to *my* house)"라고 하였다. 이에 청중들은 웃음과 함께 박수를 보냈다. 그러자 잠시 후 오바마는 연단에 오르면서 브라운백에게 "샘, 한 가지 분명히 해야 할 게 있습니다. 이 집은 나의 집이기도 합니다. 이곳은 하느님의 집입니다"라고 응대하였다. 그러면서 그는 "샘, 나와 똑같은 기독교인이지 않습니까? 하지만 나의 형 같이 행동하지 마세요. 이 집은 나의 집이기도 하지 않아요?"라고 덧붙였다.

보수적인 가톨릭 신자였던 브라운백은 보수적인 백인들로 구성된 워렌의 교회가 같은 백인인 자신을 한 식구처럼 여길 것으로 간주하고 진보적이고 흑인인 오바마와 구별하려는 의도를 가지고 있었던 것이다. 그러나 오바마는 교단과 구성원의 인종적 배경이 다름에도 불구하고 새들백교회 또한 자신의 교회이기도 하다고 말함으로써 모든 교회는 모든 사람을 위한 하느님의 교회라는 것을 언급하는 등 기독교의 보편적 지향을 강조하는 한편 자신의 종교적 포용성을 보여주었다.

대통령이 되고 난 후 오바마는 2009년 6월 이집트를 방문하여 카이로에서 있었던 이슬람 신자들을 향한 연설에서 "나는 기독교인이다(I am a Christian)"라고 공개적으로 선언하기도 하였다.[3]

그러나 오바마가 여러 곳에서 행한 종교적인 발언에도 불구하고 오바마의 종교성에 대한 의구심은 선거 운동 과정에서도, 그리고 대통령이 된 후에도 계속 있어왔다. 물론 오바마의 종교성의 정도에 대한 의구심과 그가 기독교 신자인가 하는 회의적 태도 대부분은 보수적인 종교 우익들로부터 제기된 것이었다. 그러나 일반 대중들 또한 의구심을 떨쳐버릴 수가 없었으며 점점 의심하는 사람들의 숫자가 늘어나고 있다.

예컨대 2010년에 퓨 연구소(Pew Research Center)가 행한 여론 조사에 따르면 미국인의 43%가 오바마의 종교가 정확하게 무엇인지 모른다고 응답하였고 성인의 약 34%만이 그가 기독교인임을 확신한다고 대답하였다. 그런데 이 수치는 1년 전의 48%에 비하면 급락한 수치이다. 보다 충격적인 사실은 응답자의 약 18%가 오바마가 모슬렘이라고 확신한다는 것이다. 그런데 이 수치는 1년 전의 11%보다 확실히 증가한 수치이다.

오바마에 대한 종교성 논쟁은 선거 운동 과정에서도 있었고 대통령으로 당선된 이후에도 계속되었다. 2010년의 중간 선거에서 민주당이 패배하여 하원에서의 다수당 자리를 상실한 것도 이와 무관하지는 않다.[4] 선거 운동 과정에서 특히 문제가 된 것은 그의 멘토이자 그의 두 번째 아버지라는 예레미야 라이트(Jeremiah Wright Jr.) 목사가 백인을 강하게 비판하며 혐오하는 입장을 취하고 있다는 사실에서였다. 대통령이 된 후에도 오바마는 종교 우익으로부터 끊임없는 도전과 비판을 받는다. 특히 티파티 운동(Tea Party Movement)은 오바마의 신앙 정도는 물론 그의 종교에 대하여 강한 의구심을 불러일으키는 데 커다란 역할을 하였다.

이러한 상황에서 오바마가 보여준 종교 친화적인 태도를 가지고 미국의 정치와 종교의 지평이 바뀌었다고 할 수 있을까. 앞으로 우리가 살펴 볼 진보적 복음주의자들의 출현에도 불구하고 보수적인 종교 우익은 정치와 사회 영역에서 여전히 대립각을 세우면서 존재하고 있는 것은 아닌가. 이러한 질문과 함께 이 장에서는 오바마의 신앙 형성과정과 백인 혐오와 반미(反美) 발언으로 논란을 가져온 라이트 목사와의 관계에 대하여 먼저 살펴보고, 티파티운동 등을 통해 대통령 오바마의 신앙과 정치사상 등에 대하여 끊임없이 문제를 제기하고 도전해 온 정치 및 종교 우익 진영의 움직임에 대하여 논하고자 한다.

1. 오바마의 포스트모던적인 신앙 여정

오바마의 신앙 형성은 일반적인 신자들의 종교 수용 과정과는 다르게 이루어졌다. 다시 말해 부모의 종교를 수용한 것도 아니고 전도를 받아 신앙을 가지면서 종교적인 체험을 통해 신앙의 확신을 가지게 된 것도 아니었다. 또한 시간이 지나면서 신앙이 깊어진 것도 아니고 어떤 위기의 순간에 처해져서 신에 대해 의지하는 마음이 생겨난 것도 아니며, 어느 순간에 신의 은총으로 회개라든가 거듭남의 극적인 종교 체험을 갖게 된 것도 아니었다. 오바마의 신앙은 자신의 정체성 정립과 세계관 확립 과정과 너불어 이루어졌다. 그것은 시카고에 있는 트리니티 연합그리스도교회(Trinity UCC)[5]를 통해 이루어졌다.

오바마는 하와이 대학 최초의 흑인 학생이었던 케냐 출신의 유학생 아버지와 백인 어머니 사이에서 태어났기에 태생적으로 불분명한 정체성을 지니고 있었다. 이 인종적 정체성의 불확실성은 흑인 친구들 사이에서는 자신이 매우 백인적이라는 사실과 어머니와 외할아버지의 백인 사회에서는 자신이 매우 흑인적이라는 사실로 인해 사회적 차원으로도 확대되었다. 또한 그의 어린 시절인 60년대 말에서 70년대 초에 어머니와 재혼한 새 아버지와 인도네시아에서 살면서 겪은 다문화적인 삶 또한 그의 불확실한 정체성을 증가시키는 데에 한 몫 하였다.

그러나 트리니티교회를 통해 그는 자신의 불확실한 정체성을 극복하고 확인하는 동시에 불완전했던 세계관을 정립할 수 있었다. 즉 교회를 통해 그는 자신이 아프리카의 후손이라는 것을 확인할 수 있었고 동시에 신과의 관계를 처음으로 확신할 수 있게 되었다. 트리니티교회에서의 경험은 진보적인 흑인 신학을 접할 수 있게 하였고 사회적 활동에 대한 기독교적 명령을 자신의 정치적 삶에 지속적으로 투영할 수 있는 계기가 되었다.

오바마는 미국의 역대 대통령 중 최초로 기독교 가정에서 자라나지 않은 대통령이다. 1961년에 태어난 그는 어린 시절을 무신론이나 이슬람교의 환경에서 보냈다. 특히 오바마의 어머니는 종교는 인간이 만든 것에 지나지 않고 인간의 심리적 결과물이라는 인본주의적인 신념을 지니고 있었다. 고등학교 시절부터 무신론자임을 자처한 어머니 앤 던햄(Ann Dunham)은 아버지의 직장 이주로 하와이 대학에 진학하였고 1학년 때 그곳에서 케냐에서 유학 온 대학원생인 오바마 시니어(Barrack Obama Sr.)를 만나 결혼하게 된다. 오바마 시니어 또한 어린 시절의 종교였던 이슬람교를 거부하고 종교를 미신으로 여겼다.

그러나 오바마는 여섯 살 때 이슬람교가 주된 종교인 인도네시아로 이주를 하게 되면서 공식적인 서류에 모슬렘으로 이름이 올라가게 된다. 오바마가 태어난 얼마 후 오바마 시니어는 하버드 대학으로 박사 학위를 위해 떠났으며, 그가 케냐에서 이미 결혼을 하여 자식까지 두었다는 사실이 알려지자 어머니 앤은 그와 이혼을 하였고, 얼마 후에 인도네시아 출신의 하와이 대학교 학생이었던 소에토로(Lolo Soetoro)와 결혼을 하였다. 새아버지와 함께 인도네시아로 건너간 오바마는 처음에는 가톨릭 학교를 다녔다. 무신론자인 어머니와 모슬렘인 양아버지는 오바마를 위해 교육환경이 가장 좋은 이 학교를 선택했던 것이다. 그러나 2년 후 아버지가 직장을 옮겨감으로써 오바마는 공립학교로 전학을 할 수밖에 없게 되었다. 이 학교를 다니면서 오바마는 공식적으로 모슬렘이 되었으며 매주 2시간씩 종교 학습을 받기로 되어 있었다.

오바마의 종교 환경은 그의 인종적, 사회적 정체성 혼란만큼이나 여러 가지가 혼동된 것이었다. 모슬렘의 국가에서 살면서 가톨릭 학교에서 예수를 접하고 교회 교리를 배우기도 하였고 양아버지와 이슬람 사원의 의식에 참여하기도 하였으며 공립학교에서 이슬람 교리에 대하여 학습을 받기도 하였다. 또한 오바마에게 "세속적인 휴머니즘의 따사로운 증인, 뉴딜 정책과, 평화봉사단, 자유주의 사상을 지키는 전사"[6]였던 어머니는 그에게 낙천적인 무신론을 가르치기도 하였다. 오바마가 두 살 때 그를 떠난 친아버지는 모슬렘으로 양육되었지만 오바마의 어머니를 만날 무렵에는 확고한 무신론자였다. 한편 양아버지 또한 모슬렘이면서도 힌두교, 불교, 그리고 고대의 애니미즘적인 전통이 뒤섞인 환경에서 성장하였기에 민속적인 주술에도 익숙하여 오바마를 주술의 세계로 노출시키기도 하였고, 여성과 술과 서양 음악을 좋아하는 세속적인 모습을 보이기도 하였다.[7]

이처럼 나양한 종교의 세계에서 살았지만 오바마는 어느 종교에도 깊이 들어가지 않았다. 아마도 인류학적인 시각을 가지고 종교를 보는 눈을 가진 어머니의 "종교는 적절하게 존중해야 하지만 동시에 적절하게 거리를 두어야 한다."라는 가르침 때문이었을지도 모른다.[8]

그러나 오바마의 인도네시아에서의 삶, 특히 종교 의식에 참여했다거나 공식적으로 모슬렘의 이름에 올랐다는 사실 등은 훗날 오바마가 정적들로부터 공격을 받는 빌미가 되기도 하였다. 그는 기독교인이 아니며 이슬람을 신봉하는 모슬렘이고, 더 나아가서는 모슬렘인 그가 기독교인이라고 고백하는 것은 위선적인 행위이며, 또한 일종의 이슬람에 대한 배교 행위로 이슬람의 교리에 따라 처형의 대상이 된다고까지 주장하는 자들도 생겨났다.

어린 시절에 본인의 의사에 관계없이 회교 사원에서의 예배에 참석하고 모슬렘의 이름에 오른 것도 사실이다. 그러나 오바마에게 가장 영향을 미친 어머니에 의해 오바마는 1971년 다시 하와이로 돌아온다. 어머니는 오바마가 인도네시아에 거주하면서 아웃사이더로 사는 것을 원하지 않았고 인도네시아의 문화권에만 머물게 하고 싶지 않았기 때문이다. 또한 그녀는 자식이 높은 수준의 교육을 받기를 원하였다. 실제로 어머니는 처음 자카르타에 도착했을 때부터 새벽 4시에 아들을 깨워 3시간씩 영어 공부를 하도록 하였다.

　오바마는 청소년기 또한 복잡한 환경에서 보내게 된다. 어머니가 그녀의 두 번째 남편과 이혼한 후 이 남편과의 사이에서 새로 태어난 두 여동생과 다시 돌아온 호놀룰루는 다양한 종교가 모여 있는 곳이기 때문이었다. 모르몬교는 물론 불교 서적이 넘쳐났고 각기 다른 인종은 각각 나름대로의 종교를 가지고 있었다. 그는 사립학교 푸나호우(Punahou School)에 등록을 하면서 십대를 보내게 되는데 자신의 인종적 정체성에 더하여 정신적으로 방황하는 시기에 처한 십대들이 흔히 빠지는 불확실한 미래에 대한 두려움과 자유에 대한 열망 등으로 고민에 빠지기도 하였다. 그러나 아무도, 어느 종교도 오바마에게 정확한 삶의 의미 체계도, 미래에 대한 확실한 길도 제시하지도 않았고 오바마의 정체성을 분명하게 설정해주지도 않았다.

　그가 무엇을 하고 어떻게 살아야 할 것인가에 대한 생각을 시작한 것은 콜롬비아 대학에 다니면서부터였다. 푸나호우 고등학교를 졸업한 후 로스엔젤리스의 한 대학에서 2년을 보냈지만 목표도 없는 삶을 사는 친구들을 보고 콜롬비아로 옮겼던 것이다. 그는 무엇인가 특별한 삶을 살고 주목받는 사람이 되고 싶었지만 여전히 아무도 길을 보여주지 않았다. 침례교회를 다녔지만 교회 공동체에 속해 있으면서도 속해 있지 않은 어정쩡한 상태로 시간을 보냈다. 혼혈로 인한 태생적 정체성 혼란은 종교 생활은 물론 미국 사회에서의 생활에까지 확장되어 그는 어디에도 쉽게 뿌리내리지 못하였다.

　그러나 마침내 오바마는 기독교를 통해 불확실한 정체성을 정립하고 자신의 세계관을 확고히 할 수 있게 된다. 그것은 낯선 곳인 시카고의 트리니티교회에서 라이트 목사를 만나면서부터였다. 오바마는 1983년 콜롬비아에서 정치학으로 학위를 받은 후 시카고에 있는 공동체 개발 프로젝트(Developing Community Project)에서 일하게 된다. 그가 맡은 일은 시카고 남부에 거주하는 자들로 하여금 지역 공동체의 변화를 위한 활동에 교회를 중심으로 참여하도록 하는 것이었다. 구체적으로는 직업이 없거나 약물에 중독되어 있거나 희망이 없이 사는 사람들, 또는 절망에 빠지거나 가난에 찌들려 사는 흑인들을 상담하고 그들의 필요와 불평을 들어주면서 여러 교회를 통해 그들이 삶을 개선하도록 유도하는 일이었다. 때로는 회의를 주재하면서 수치스러운 일을 당하기도 하였지만 작은 성공을 거두는 경우도 있었다.

이 일을 하면서 정치적 이슈나 행동 등의 대화에 있어서는 지역민들에게 쉽게 다가갈 수 있었지만 한 가지 장애물이 있었다. 그것은 종교 문제였다. 자신의 신념을 자리 잡게 하고 남들과 공유하는 전통도, 공동체도 없다는 사실이 오바마의 딜레마였다. 함께 일하는 동료들과 가치를 공유하고 함께 노래를 부르기도 하지만 자신의 일부는 늘 그들로부터 분리되어(detached) 있는 상태였다. 지역 공동체 사람들도 오바마가 제시하는 사회 개선책에 대하여 듣기 전에 먼저 그의 종교적 배경과 경험을 공유하기를 원했다. 그러나 그는 신앙을 가지고 있지 않았다. 그가 깨닫게 된 것은 무신론자인 그의 어머니가 즐겼던 자유를 물려받았지만 그것은 외로움을 수반한 자유였다는 사실이다.9

어느 일요일 트리니티교회의 아침 예배에 참석한 오바마는 라이트 목사의 설교를 듣는다. 설교의 제목은 그가 2006년에 쓴 저술의 제목으로 정한 "담대한 희망(The Audacity of Hope)"이었다. 이미 오바마는 업무적인 일로 라이트 목사를 만나 이야기를 나눈 적이 있었다. 그는 여전히 종교에 대한 의구심을 가지고 교회에 앉아 있었다. 그러나 그는 그날 설교를 듣고 눈물을 흘렸다. 그것은 교회를 통해 자신의 가치를 펼칠 수 있는 희망을 보았기 때문이다.

오바마는 고백하기를 자신의 회의주의를 벗어던지고 기독교 신앙을 수용하게 한 어떤 특별한 것이 흑인 교회에 없었다면 그 또한 어머니처럼 자신에만 만족하고 살았을 것이라 한다. 그 특별한 것 중의 하나는 미국의 흑인 교회 전통이 지닌 힘이 사회 변화에 박차를 가할 수 있다는 사실이다. 흑인 교회는 완벽한 사람들을 대상으로 하는 교회가 아니며 개인의 구원과 집단의 구원을 분리하지도 않는다는 사실 또한 오바마에게 중요하게 다가왔다. 흑인 교회는 신앙적 삶은 물론 공동체의 정치적, 경제적, 사회적 삶에도 봉사하며, 말로만 구원하는 것이 아니라 진정으로 굶주린 자를 먹이고 헐벗은 자를 입히며 권력과 지배자에게 도전하라는 성서적인 요구에 응답하는 공동체였다. 흑인 교회의 이러한 투쟁의 역사 속에서 오바마는 신앙이 단지 피로에 지친 자들을 위로하거나 죽음을 대비하는 방책 역할에만 머물지 않음을 알게 되었다. 오히려 신앙은 세상에서 무엇인가를 분명히 하게 해주는 동인이었다. 교회에서 그는 매일 사람들을 만나면서 무에서 유를 만들어 내는 그들을 보았고 어려운 상황 속에서도 희망을 유지하며 존엄을 잃지 않는 것을 보았으며 기독교의 가르침이 구현되는 것을 볼 수 있었다.[10]

오바마의 신앙은 회개를 통해서도 재생의 경험을 통해서도 형성되지 않았다. 그것은 흑인 교회의 역사적 지향과 자신의 가치와의 일치를 통해 형성되었다. 자신의 마음속에 깊이 자리하고 있던 신념을 확고하게 해 주는 공동체 또는 종교 전통을 찾던 중 만나게 된 것이다. 따라서 어떤 종교적 현현이 있었던 것도 아니었고 다만 그의 선택이 있었을 뿐이다. 흑인 교회는 신앙을 강조하지만 의구심의 포기를 강요하지도 않고 세상에 대한 애착을 버리게 하지도 않는다. 그렇게 할 수도 없기 때문이다. 오바마의 선택은 종교적 헌신이 비판적 사고를 방해하거나 경제 정의와 사회 정의를 향한 그의 노력을 금하지 않기 때문에 가능한 것이었다. 그러면서 그는 교회의 십자가 밑에서 무릎을 꿇고서 신이 그를 부르는 것을 느꼈기에 신의 뜻에 자신을 맡기기로 하였고 신의 진리를 찾는 데에 헌신하고자 결심하게 되었다고 고백한다.[11]

한 마디로 트리니티교회는 오바마가 개인적인 차원에서는 물론 정치 사회적 차원에서의 삶의 동기를 만족시킬 수 있는 곳이었다. 아프리카의 후손으로서 인종 정체성을 확인하였고 자신의 정치적 동기 또한, 라이트 목사와 교회가 지향하는 해방 신학적 지향과 일치함을 확인할 수 있었다. 이는 자신의 정치적 열정과 견해에 대한 종교적 승인이었다. 해방 신학과 더불어 뉴욕 유니온 신학교의 제임스 콘(James Cone) 등에 의해 발전된 흑인 신학은 미국 흑인들의 삶에 대한 성찰적 의미 체계와 정치 사회적 해방 운동의 지침이 되어 왔다. 트리니티교회 또한 흑인 신학의 영향 아래 정치적으로는 자유주의적이며, 개인의 신앙이 단지 개인의 영적 안녕을 희구하는 데에 머무르지 않고 세상을 바꾸는 막중한 임무에 뿌리를 두어야 한다는 성서적 관점을 수용하였다. 또한 낙태 이슈와 관련해서는 여성의 권리를 방어하는 프로초이스(prochoice) 파를 지지하였고 교회와 국가의 분리 원칙은 억압자가 교회 강단에 서는 것을 막기 위한 것이며 백인의 종교가 권력을 장악하는 것을 막기 위해 세워진 것으로 가르쳤다. 더 나아가 예수의 발자취를 좇아서 범죄자, 이민자, 동성애자, 가난한 자 등을 위한 목회를 추구하는 교회가 바로 트리니티교회였다. 이 모든 사실은 오바마의 정치 사회적 지향을 만족시키기에 충분하였다.

　오바마의 신앙 고백은 보수적인 종교 집단에 의해 비판받기에 충분할 정도로 독특한 언어를 사용하고 있으며, 대선에서 복음주의자들의 지지를 받지 못할 정도로 전통적인 신앙 체험 후에 이루어진 고백이 아니었다. 오바마가 신앙의 출발점을 신의 은총이나 교회에 두지 않고 스스로의 선택에 두었다는 사실은 영혼의 공허함과 죄로 인한 힘겨움으로 인해 구원을 약속한 예수의 사랑에 응답하는 식의 전통적인 기독교의 회심과는 다른 것이었다. 그러나 오바마와 같은 포스트모던 세대들에게는 전통적인 신앙에서나 인본주의적 사상에서나 스스로가 주체가 되어 나름대로의 진리를 찾고 선택하고 자기 나름의 삶의 의미 체계를 만드는 것이 일반적인 신앙 수용의 방법이었다. 오바마는 자기의 가치와 신념을 담기 위한 그릇을 찾았고 그것이 트리니티교회였던 것이며 그곳에서 신을 만나게 된 것이다.

따라서 많은 젊은 세대들은 오바마의 신앙고백이 정직성과 함께 주체적인 정신적 가치 추구를 담고 있다고 평가하면서 동조를 표명하였고, 심지어는 비종교적이거나 무신론을 주장하는 사람들까지도 대통령 후보로서 보여준 그의 신앙 고백에 대하여 거부 반응을 나타내지 않았다.[12]

한편 그는 가톨릭은 물론이고 이슬람교까지도 포용함으로써 종교다원주의적인 태도를 보였는데 이 또한 자신의 의미 체계가 불확실하다는 증거가 될 수 있기에 선거에서 불리하게 작용할 수도 있었다. 그는 기독교가 신으로 향할 수 있는 유일한 길이 아니라고 생각하며, 전통적인 복음주의자들이 신봉하는 성서의 축자영감설, 사후세계의 존재, 전통적인 도덕 기준 등을 확신하고 있지 않다고 고백하기도 하였다. 그러나 이 또한 오늘날 미국의 많은 사람들이 구원과 타 종교와의 관계에 대해 갖고 있는 일반적인 생각과 크게 다르지 않기에 일련의 근본주의적인 복음주의자들을 제외하고는 거부 반응을 크게 불러오지 않았다.

퍼트넘과 캠벨은 최근까지 약 50년 동안에 나타난 미국인들의 독특한 종교성에 대하여 종교의 사회학적 지형 변화를 통해 해석하였는데 이 연구조사에 따르면 상당수의 미국인들은 비기독교인을 포함하여 다른 종교를 가진 사람들도 천국에 갈 수 있다는 생각을 가지고 있다. 2007년의 통계 수치를 보면 모르몬교 신도의 경우 98%, 가톨릭 신자의 경우 83%, 주류 개신교 신자의 경우 83%, 흑인 개신교도의 경우 79%가 다른 종교의 구원 가능성에 대하여 동의하였고 심지어 복음주의자들마저도 54%나 이에 동의하였다. 그러나 여기서 주목해야 하는 것은 다른 종교 중 이슬람교에 대한 경우는 다르다는 사실이다. 퓨 포럼의 조사 결과 이슬람교 신자가 영원한 생명에 이르는지 여부에 대한 질문에 복음주의자들은 35%만이 동의 하였다. 그러나 흑인 개신교도들은 58%가 동의하는 모습을 보였다.13 이슬람에 대한 정치적 의미를 고려한다고 하더라도 복음주의자들이 타 종교의 구원 가능성에 대하여 동의를 한 비율은 낮은 것이 결코 아니다.

2. 오바마의 멘토 라이트 목사의 반미 발언 논쟁

독특한 삶의 행로와 신앙 내용을 고백한 오바마의 포스트모던적인 의미 체계는 많은 젊은이들로부터 환영을 받았다. 그러나 민주당 대통령 후보 경선에서 오바마가 두각을 나타내기 시작하자 곧 보수적인 정치 세력과 종교 세력은 물론, 미디어까지 합세하여 그에 대한 공격을 퍼부은 사건이 일어났다. 이는 오바마에게 닥친 첫 번째 위기의 서막이었다. 특히 이 사건이 중요한 것은 자신을 위해서나 미국 사회 전체를 위해서 반드시 극복해야 할 간극, 즉 '우리'와 '그들'의 이항 대립적 위치 지우기의 장벽을 넘어서야 하는 임무에 대하여 오바마가 이미 천명한 적이 있었기 때문이다. 먼저 그는 근본적으로 자신을 타인들(others)의 집단에 속한 것으로 보는 보수적 백인들의 인식에 변화를 주어야 하고, 정치를 우리의 문제(matter of us)가 아니라 그들의 문제(matter of them)로 인식하는 대다수 젊은 미국인들의 정치에 대한 냉소주의를 극복하도록 해야만 했다. 이것이 공화당과 다르게 민주당이 지향해야 할 시대적 의무라고 그가 생각했기 때문이다.

기독교 신자이든 비신자이든 관계없이 대부분의 미국인들이 문제를 제기하고 관심을 보인 것은 오바마의 포스트모던적인 신앙 내용에 대해서가 아니었다. 그것은 미국 사회를 향해 과격하다 싶을 정도로 급진적인 비난성 발언을 던진 예레미야 라이트 목사와 대통령 후보 오바마의 관계에 대해서였다. 라이트는 20년 동안 오바마가 다닌 트리니티교회의 목사였고 오바마의 결혼을 주례하였으며 두 딸의 세례를 집례 할 정도로 오바마와 친분을 나누었던 인물이었다. 또한 그는 오바마의 정신적인 지도자이자 아버지이기도 하였다. 그러나 라이트 목사는 미국을 인종 차별로 인해 저주받은 나라라고 주장하였고, 에이즈는 미국 정부가 흑인들을 상대로 사용한 무기였으며, 미국은 고대 로마처럼 억압적인 제국이라고 주장한 적이 있었다. 그는 또한 이스라엘과 갈등을 겪고 있는 팔레스타인을 지지하였으며 미국이 받은 9/11 사태의 고통은 자업자득이라고 주장하기도 하였다.

라이트 목사의 미국을 비난하는 선동적 발언을 문제 삼고 나선 것은 ABC 방송의 두 기자였다. 이들은 라이트 목사의 많은 설교를 뒤져보다가 두 개의 설교에서 문제의 발언을 끄집어냈다. ABC 뉴스가 문제 삼은 첫 번째 설교는 2003년 4월 13일에 행한 "당황해 하는 신과 정부(Confusing God and Government)"라는 제목의 설교였고, 여기서 두 기자는 다음의 내용을 추출하여 보도하였다.

> "정부는 그들에게 마약을 제공하였고 감옥을 더 크게 지었으며 삼진아웃을 법으로 제정하면서 우리에게 '신이여 미국을 축복하소서!(God Bless America!)'를 노래하기를 원하고 있다. 아니, 아니, 아니다. 신이여 미국을 저주하소서이다. 무구한 사람들을 살해한 것에 대하여 성서가 기록하고 있다. (…) 우리 시민들을 인간 이하로 취급한 미국에 신의 저주가 있을 것이다. 미국이 신인 것처럼 행동하고 미국이 최고인 것처럼 행동하는 한, 신은 미국을 저주할 것이다."[14]

이에 앞서 기자들은 이미 라이트 목사가 9/11 사태 직후의 9월 16일 일요일에 있었던 "예루살렘 멸망의 날"이라는 제목의 설교에서도 미국을 비난하였다고 지적하였다. 라이트 목사는 미국이 알 카이다의 공격을 불러들인 것이라고 말하였고 그 이유는 미국이 저지른 테러리즘 때문이라고 주장했다는 것이다. 기자가 설교 중에서 추출해낸 문제의 발언은 다음과 같다.

"우리는 히로시마를 폭격하였고, 우리는 나가사키를 폭격하였다. 우리는 뉴욕과 펜타곤에서의 수천 명보다 더 많은 사람들을 핵무기로 공격하였다. (…) 우리는 팔레스타인인들과 남아프리카의 흑인들에 대한 국가적 테러리즘을 지원해 왔고 이제 우리는 우리가 해외에서 저지른 일이 우리의 앞마당에 다시 돌아온 것에 대하여 분개하고 있을 뿐이다. 미국의 자업자득이다.[15]

사람들은 미국의 희망과 화합(hope and unity)의 상징 그 자체로 미국 역사의 가장 치명적인 원죄인 인종 문제에 대한 고리를 끊고자 하는 대통령 후보 오바마의 정신적 지도자라는 사람이 어떻게 미국에 대하여 이 정도로 통렬한 공격을 가할 수 있을까 질문하면서 문제로 삼기 시작하였다. 더 나아가 어떻게 오바마가 라이트 목사가 시무하는 교회의 교인일 수가 있을까 하고 문제를 제기하였다. 오바마는 뉴욕타임지와의 인터뷰에서 9/11 사태에 대한 라이트 목사의 설교가 있었던 그날 그는 교회 예배에 참석하지 않았다고 하였다. 그러면서 오바마는 9/11 사태의 폭력은 용서할 수 없으며 정당화될 수 없다고 언급하였고 라이트 목사가 자극적인 발언을 하려고 했던 것 같다고 평가하였다.

사실 라이트 목사는 미국에서 가장 영향력이 있는 흑인 목사 10명 중의 한 명으로 손꼽히는 흑인 지도자였으며 8,500명의 교인을 거느린 커다란 교회의 목사였다. 또한 베트남 전쟁에 지원했던 참전용사였고 미 해군에서 6년간 복무하기도 하였다. 제대 후 워싱턴 D. C.에 있는 하워

드대학(Howard University)에서 학사와 석사를 마쳤고, 고등성서비판으로 근본주의적인 무디성서연구원과 논쟁을 벌였던 자유주의 신학의 메카인 시카고대학 신학교(University of Chicago Divinity School)에서 신학을 공부하였으며, 오하이오에 있는 연합신학교(United Theological Seminary in Dayton, Ohio)에서 마틴 루터 킹 목사의 멘토였던 프록토(Samuel DeWitt Proctor) 교수의 지도 아래 박사 학위를 취득하였다.

라이트 목사의 발언이 충격적이었지만 미국에서의 흑인 교회의 역사를 보면 일견 이해할만한 점이 없지 않다. 특히 흑인 교회는 흑인 공동체와 분리해서 생각할 수가 없기에, 흑인 교회는 흑인의 삶과 흑인들의 사회적 위치에 대한 반영인 동시에 저항이라 할 수 있다. 마치 마르크스가 종교는 억압적인 하부구조의 반영이며 인민의 아편이면서 동시에 인간의 실제 고통에 대한 저항의 측면도 지닌다고 한 것처럼,[16] 흑인 교회는 백인이 주도하는 차별적인 사회를 반영해 주는 한편 차별에 대한 저항의 모습을 끊임없이 보여주었다.

실제로 흑인 교회가 생겨나고 흑인 교회를 중심으로 한 새로운 교단이 형성된 것은 대부분의 교단 분리 과정에서 나타났던 것처럼 신학이나 신앙 체계의 차이 때문에서가 아니었다. 그것은 백인으로부터 흑인을 구별하려는 미국의 오랜 인종 차별적 관습의 결과였다. 따라서 흑인 교회의 존재는 사회적 불평등과 억압의 증거이자 그에 대한 저항의 일환이 아닐 수가 없었다. 그러나 흑인 교회는 백인들로부터 분리된 장소에서 예배를 본다는 의미에만 머물지 않았다. 그곳은 최초로 흑인들에 의한 자유를 향한 몸부림의 터전이 되었으며, 마틴 루터 킹 목사의 흑인 인권 운동 등을 거쳐 오늘날에는 미국 시민사회의 매개체 역할을 담당하는 중요한 장소가 되었다. 따라서 흑인 교회는 영적이면서 동시에 정치 사회적 차원의 세속적 목표를 동시에 추구한다고 할 수 있다. 예컨대 구원과 같은 개인적 차원의 궁극적 관심을 추구하는 동시에 흑인들 사이의 문화적 단결과 유대, 그리고 정치 사회적 연대와 억압에의 투쟁을 전개하는 시민사회 운동의 장이 바로 흑인 교회이다.[17]

한편, 라이트 목사의 미국에 대한 신랄한 비판은 다소 거친 용어를 사용하기는 하였지만, 미국 사회에 대한 진보적인 신학적 성찰 전통은 물론, 사회과학적 연구를 바탕으로 한 비판의 맥락에서 보면 처음 있었던 일이 아니었다. 1946년 3월에 있었던 미국 연방기독교교회협의회 (Federal Council of Churches of Christ in America)의 캘혼 위원회(Calhoun Commission)는 일찍이 일본에 대한 원자 폭탄 투하와 관련하여 기독교 신앙의 빛으로 교회와 전쟁의 관계에 대하여 성찰한 24쪽에 이르는 〈원자탄 전쟁과 기독교 신앙(Atomic Warfare and the Christian Faith)〉이라는 보고서를 발행하였다. 예일대의 리처드 니버(Richard Niebuhr)와 로날드 베인톤(Ronald Bainton), 그리고 유니온 신학교의 라인홀드 니버를 포함한 20명의 위원들은 만장일치로 미국의 폭탄 투하를 비난하였다. "우리는 회개로 시작하고자 한다. 미국의 기독교인으로서 우리는 원자 폭탄의 무책임한 사용에 대하여 깊이 참회한다. 우리는 전쟁 윤리에 대한 판단이 원칙적으로 무엇이든 간에 히로시마와 나가사키에 대한 갑작스러운 폭탄 투하는 도덕적으로 변명의 여지가 없다는 데에 의견이 일치하였다. 우리는 하느님의 율법과 일본 사람들에 대하여 중대한 죄를 범하였다." 위원회의 구성원은 모두가 개신교 자유주의자들이었다. 그러나 원자 폭탄의 사용을 비난하는 가톨릭과 유대교 지도자들도 있었다. 실제로 가톨릭의 『공동체(Commomweal)』는 1945년 8월에 "히로시마의 이름과 나가사키의 이름은 미국의 죄와 수치를 나타내는 이름이다"라고 선언하였다.[18]

한편 밀스(C. Wright Mills)나 촘스키 등은 국내의 정치 사회적이고 경제적인 불평등은 물론 대외적으로 나타나는 미국의 제국주의적 팽창에 대하여 신랄한 비판을 가하고는 했다. 개신교뿐만 아니라 가톨릭 좌파

(Catholic Left) 등도 포함하고 있는 미국의 진보적 신학 사상은 해방 신학이나 흑인 신학으로 발전하기도 했다. 이들은 복음주의 등의 종교 우익은 물론 자유주의(liberalism)를 표방하는 미국의 주류 개신교까지 비판의 대상에 포함시켰다. 이들에 따르면 자유주의는 기본적으로 자본주의의 핵심적 동력인 사적 이익의 극대화를 위한 특권을 개인에게 부여하는 철학적 원칙에 의존하고 있다. 따라서 진보적 시각에서 보면 개혁적인 자세를 견지하는 자유주의(reformist liberalism)라 할지라도, 공유하는 문화적 가치를 가진 평등한 공동체 창조에 반하여 작용하는 사회적 에너지만을 창출해 낼 뿐이다. 자유주의 또한 항상 사회 문제에 대하여 '진보적인' 해결책을 제안하려고 하지만 그러한 문제를 처음 야기한 제도적인 구조를 전복시키는 데까지는 나아가지 못하고 있기 때문이다.[19] 라이트 목사의 발언은 이러한 신학적 맥락에서 나온 것이다. 또한 이러한 시각에서 보면 민주당도 개혁적인 자유주의에 지나지 않기에 비판의 대상이 될 수밖에 없다.

오래전에 한 설교의 내용이며 다른 종교인들도 던졌을 발언을 문제시한 것은 대선을 둘러싼 정치적 동기 때문이라는 사실은 누구나 알 수 있었다. 라이트 목사가 했다고 해서 문제를 제기한 것은 라이트 목사가 오바마와 부자지간처럼 밀접한 인간적인 관계를 맺고 있다는 사실 때문이었다. 그러나 단순한 관계의 지적이 아니라 이 관계를 통해 오바마의 모순을 드러내고자 하는 정치적 동기가 더 컸다고 할 수 있다.

그것은 종교인과 베버가 말하는 직업으로서의 정치인이 각각 지니는 '내재적 운영 원리(inner-operational principle)'의 불일치라는 변수가 오바마와 라이트 목사와의 관계에서 더 크게 작용하기 때문이었다. 고등 종교의 보편적 가치나 휴머니즘적인 가치를 추구하는 종교인들과 달리, 정치인들은 국내든 국제 사회와 관련해서든 인간 존중이나 세계 평화 등의 보편적 가치를 명분으로 내세운다. 하지만 우선 권력을 쟁취해야 하는 직업 정치가이기에 정치인들은 가치와 무관하게 정치 공학을 최대한 활용해야 함은 물론이고 선택의 기로에 처하는 운명을 지니고 있다. 정치에서든 정책에 있어서든 선택은 개별주의(particularism)의 속성을 지니기에 모두를 위한 것일 수가 없다. 따라서 정치인의 정치적 지향은 보편성을 상실한 쪽으로 흘러간다. 이것이 종교와 정치의 관계가 타협이나 무관심의 경우를 제외하고는 항상 갈등할 수밖에 없는 근본적인 이유이다.

진보 세력과 민주당의 제휴 관계가 지니는 한계적 성격 또한 논쟁을 불러일으킨 원인이 되었다. 민주당이 내세우는 정치적 명분과 진보 세력이 내세우는 보편적 명분에 있어서는 어느 정도의 공통분모가 존재하는 것도 사실이다. 그러나 민주당은 국가(state)의 장악을 궁극적인 목표로 삼는 하나의 정치 조직(a political organization)이다. 따라서 국내 정치에서의 계층 간의 이해관계에서는 물론 국제 관계에서도 미국 중심의 개별주의적인 속성을 드러낼 수밖에 없게 된다. 국가 이익과 미국 주도의 신자유주의에 민주당도 무관심 할 수가 없다는 것이다.[20] 따라서 라이트 목사의 진보적 발언이 보편적인 가치를 내세워 미국의 개별주의와 특수주의에 대한 비판이었음에도 불구하고, 그와 가까운 오바마 후보의 정치적 배경이 민주당이었기에 논란이 증폭된 것이라 할 수 있다.[21]

ABC의 뉴스가 보도된 바로 그 다음날인 3월 14일에 오바마는 한 웹사이트에 라이트 목사를 둘러싼 논쟁에 대한 자신의 입장을 나타내는 글을 실었다. 그는 이슈가 된 라이트 목사의 발언에 대하여 단호히 거부한다는 입장을 표명하면서도 자신과 라이트 목사, 그리고 트리니티교회의 관계에 대해 해명하였다. 먼저 그는 라이트 목사의 경력과 공헌에 대하여 소개하였다. 그는 미국 해군으로 나라를 위해 봉사하였고 존경받는 성서학자로서 유니온 신학교와 시카고대학에서 학생들을 가르치기도 하였다. 또한 그가 시카고의 남부에 있는 교회를 섬겨왔으며, 그 교회는 노숙자들에게 거처를 마련해 주고 에이즈 환자 등을 돕는 등 사회 정의를 말로만 하지 않고 몸소 실천하는 교회였다.

오바마가 이때 강조한 것은 라이트 목사가 삶의 바탕이 되는 예수의 복음을 설교하는 목회자였지 결코 자신의 정치적 조언자가 아니었다는 사실이었다. 종교인과 직업 정치인을 엄격히 구별해야 한다는 점을 강조한 것이다. 그리고 그의 설교는 항상 신을 사랑하고 서로 사랑하며 가난한 자를 대신해 열심히 일하고 매 순간 정의를 추구하라는 것이었다고 밝혔다. 그는 최근 논쟁이 되고 있는 라이트 목사의 발언 주제에 대하여 "설교를 통해서나 사적인 자리에서 들어 본 적이 없다"고 하면서, "이들 이슈에 대하여 들은 것은 대선 운동이 시작되면서"라고 설명하였다.

그러면서 오바마는 자신의 태도를 분명히 하였다. 라이트 목사의 언급에 대하여는 강하게 반대한다고 말하였다. 한편, 지금은 라이트 목사가 은퇴하고자 하는 시점이고, 오바마 자신과 트리니티 신앙 공동체와의 강한 유대 관계를 생각할 때 라이트 목사의 발언 문제로 교회를 떠나는 것은 적절하지 않다고 밝혔다. 그러면서 그는 미국인들이 다른 사람의 말을 근거로 해서 자신을 판단하지 말고 미국의 대통령이 되고자 하는 자신의 가치, 판단, 경험을 바탕으로 평가해 줄 것이라고 믿는다며 글을 마쳤다.[22]

그러나 논쟁은 계속되었고 라이트 목사에 대한 비난은 오바마에게 향해졌다. 오바마 지지자들 또한 오바마로 하여금 트리니티 교회를 떠날 것을 주문하였다. TV에서는 라이트 목사가 한 설교의 단편들이 계속해서 내보내졌다. 그러나 오바마는 3월 18일 필라델피아에 있는 국립 헌법 센터(National Constitution Center)에서 있었던 "보다 완벽한 화합"이란 제목의 연설에서 라이트 목사에 대한 자신의 입장을 다시금 적극 표명하였다.

여기서 그는 온갖 고난을 극복하고 독립을 쟁취한 선조들이 1787년 필라델피아의 헌법대표자회의(Constitution Convention)에서 만들어낸 미국 헌법이 노예제 폐지에 대해서는 동의를 이끌어내지 못했음을 먼저 거론하였다. 헌법이 자유, 정의와 화합을 강조하고 법 앞에서의 시민의 동등한 권리 등의 이상적 가치를 제시하였지만 노예 제도 문제에 있어서는 의견이 하도 분분하여, 적어도 20년 동안은 노예 매매가 계속될 것이며 문제의 해결은 후손들의 판단에 맡기기로 했다는 것이다. 이후 이 문제를 해결하고자 하는 노력이 때로는 거리에서, 때로는 법정에서 저항과 투쟁을 통하여 있어왔다. 급기야는 남북 전쟁이 일어났고 시민 불복종 운동까지 일어나면서 화합에 대한 이상과 현실의 간격이 상당히 좁혀졌다고 오바마는 평가하였다.

그러면서 오바마는 보다 정당하고, 보다 동등하며, 보다 자유롭고, 보다 배려하고, 보다 번성하는 미국을 위한 선조들의 행진을 계속하는 것이 선거 운동을 시작하는 자신의 첫 번째 임무라고 말하였다. 한 마디로 그것은 같은 곳을 바라보지도 않고 같은 곳 출신이 아니기에 각기 다른 삶의 스토리를 갖고 있지만, 공통의 희망을 가진 미국인 모두가 후손들의 미래를 위해 함께 해결해야 할 도전이라는 것이다. 미국인 모두가 목말라 하고 있는 것은 미국이 여러 부분들의 단순한 집합이 아니라 모두가 하나가 되는 화합의 메시지라는 것을 밝혔다.

그럼에도 불구하고 오바마가 확인한 것은 인종에 대한 이슈로 백인과 흑인 간은 물론이고 흑인과 황인종 간의 인종적 대립이 새삼 선거 운동의 이슈가 되고 있다는 사실이었다. 혹자는 자신을 너무 검다고 하고 혹자는 자신이 충분히 검지 않다고 함으로써 인종 간의 이슈로 선거를 몰아가고 있다고 하였다. 그러면서 오바마는 특히 자신의 목사였던 라이트 목사가 선동적인 언어를 통해 인종 간의 간극을 확대하는 동시에 미국의 선하고 위대한 측면을 모두 평가절하한 것에 대하여 언급하기 시작하였다.

오바마는 논란을 불러온 라이트 목사의 미국에 대한 언급은 상당히 왜곡된 부분이 많음을 인정하였다. 백인들에 의한 인종주의를 미국의 고질병으로 보거나 미국이 잘하는 것보다 못하는 것이 더 많다는 식의 견해는 올바른 것이 아니라고 지적하였다. 또한 중동에서의 갈등을 이슬람 급진파의 사악하고 증오에 가득한 이데올로기로부터 파생된 갈등으로 보지 않고 이스라엘과 같은 미국의 우방국들이 불러일으킨 것으로 보는 것 또한 왜곡이라고 주장하였다.

특히 오바마는 화합이 필요한 시점에 불거져 나온 라이트 목사의 견해는 잘못되었을 뿐만 아니라 분열적이라고 비판하였다. 특히 일련의 커다란 문제, 예컨대 아프가니스탄과 이라크 전쟁 와중에 테러리스트의 위협이 상존해 있고, 경제 지표가 떨어져 있으며 만성적인 건강관리의 위기와 기후 변화 문제가 심각한 이 때 모두가 힘을 합해야 함에도 불구하고 그러한 발언이 나온 것은 유감이라고 말했다.

그렇지만 진실은 논란을 일으킨 라이트 목사의 발언이 그에 대한 전부를 말해주는 것이 아니라는 데에 있다고 오바마는 주장하였다. 그는 20년 전에 자기를 기독교 신앙으로 이끌어 냈으며 아픈 자를 돌보고 가난한 자에게 용기를 북돋우라는 가르침을 준 목사였다고 하면서 다시금 그의 학문적 배경과 국가에의 공헌 이력은 물론 그의 사회봉사적인 목회의 성과 등을 소개하였다. 또한 그와의 가족 같은 관계에 대하여 언급하면서 한 번도 그가 특정한 인종 집단에 대하여 경멸적으로 이야기하거나 그가 만난 백인들을 위협하는 것을 본 적이 없다고 말하였다.

그러면서 오바마는 흑인 교회가 다른 교회들과 다르다는 사실을 이해해야 한다고 호소하였다. 흑인 교회를 다닌다는 것은 교회의 구성원이 되는 것 이상의 의미가 있다. 그곳은 다양한 계층에 속하며 다양한 직업을 가진 흑인들이 서로의 삶과 희로애락을 공유하면서 함께 나누는 공간이기에 교회를 떠나서는 스스로에 대하여 아무것도 알 수 없을 정도라는 것이다. 개인주의가 지배하는 미국 사회에서 상호의존과 상호 작용을 통해 삶의 공감을 나누는 공동체가 바로 흑인 교회라는 것이었다. 물론 그가 다닌 트리니티교회 또한 완벽한 공동체는 아니었다. 좋은 점과 나쁜 점을 동시에 가지고 있고 이율배반이 존재하고 있는 것 또한 사실이다. 이러한 모순은 라이트 목사도 가지고 있다. 따라서 오바마는 고백하기를 20년 동안 자신의 삶의 상당 부분을 차지하는 교회를 떠나는 것도, 라이트 목사와의 관계를 끊는 것도 불가능하다고 하였다. 그것은 마치 자신으로 하여금 흑인 공동체를 떠나라고 하는 것과 마찬가지기 때문이다.

"내가 흑인 공동체를 부정할 수 없는 것과 마찬가지로 나는 그를 부정할 수 없다. 나는 그와의 관계를 끊을 수 없다. 그것은 나를 키우기 위해 스스로를 희생해가며 나를 사랑한 나의 백인 할머니가 길에서 흑인을 만나면 두렵다고 말했다고 해서, 그리고 나를 움츠리게 하는 인종 차별적인 고정관념을 입에 오르내렸다고 해서 그녀와의 관계를 끊을 수 없는 것과 마찬가지이다. 이들 또한 나의 일부이다. 그리고 그들은 내가 사랑하는 이 나라, 미국의 일부이다.

혹자는 이것을 용서할 수 없는 발언을 정당화거나 변명하기 위한 것으로 여길지도 모른다. 확신하건대 그것은 아니다. 정치적으로 안전한 것은 이 에피소드가 사라지기를 바라면서 다른 주제로 넘어가는 것일 것이다. 우리는 라이트 목사를 기인이나 선동가로 간주하고 무시할 수도 있다. 마치 깊이 자리한 인종적 편견을 지닌 페라로(Geraldine Feraro)의 발언이 있은 후 사람들이 그녀를 무시했던 것처럼 말이다.

그러나 인종 문제는 이 나라가 당장 무시해도 좋을 그런 이슈가 아니다. 라이트 목사가 그의 설교에서 미국을 단순화하고 고정관념화하고 부정적인 것을 확대 해석하여 실재를 왜곡하기에 이른 것처럼 우리들 또한 똑같은 실수를 범할 수가 있다.

중요한 것은 이미 던져진 발언과 지난 몇 주 동안 떠오른 이슈는 우리가 아직 완전히 풀어내지 못한 이 나라의 복잡한 인종 간의 문제를 반영하고 있다는 사실이다. 그것은 우리가 아직 완벽하도록 만들어야 할 화합(union)의 한 부분을 차지하는 문제이다. 우리가 이 문제에서 벗어나 각자의 길로 가버린다면 우리는 결코 함께 할 수 없으며 우리가 당면한 여러 가지 도전, 예컨대 건강 관리 문제, 교육 문제, 모든 미국인에게 양질의 일자리를 확보하는 문제 등의 당면 과제를 해결할 수 없을 것이다."23

이 연설 이후 전국적으로 인종에 대한 논의가 다시금 불붙었고 특히 젊은 세대들 사이에서는 인종에 대한 논의가 자연스럽게 그리고 보다 분명한 언어로 논의되고는 하였다.24 흑인 교회에 대한 주제로 세미나가 열리기도 하였고 TV 토크 쇼에 이르기까지 인기 있는 토론 주제가 되었다. 또한 오바마는 거의 모든 여론 조사에서 인기가 상승하였고 하원 의장을 지낸 공화당의 깅그리치(Newt Gingrich)까지도 이 연설을 듣고 브라보를 외쳤을 정도였다.25

오바마의 연설은 선거 전략적으로는 적어도 성공을 거두었다. 라이트 목사의 독설 내용을 비난함으로써 보수주의자들의 분노를 잠재울 수 있었고, 라이트 목사가 행한 설교의 일부가 그의 전부가 아니기에 그를 비난하거나 그와의 관계를 끊을 수 없다는 말은 흑인 공동체와 오바마의 끈끈한 관계를 확인할 수 있게 해 주었다. 더 나아가 미국 사회를 논쟁과 분열로 몰고 간 라이트 목사와의 관계로 인한 위기를 보다 완벽한 미국 사회의 통합의 기회로 전환하고, 그것을 선거 운동 기간에는 물론 대통령이 되었을 때 자신이 취해야 할 책무와 헌신에 접목시킨 그의 놀라운 수사법은 많은 미국인들에게 감명을 주기에 충분하였다.

그러나 연설 이후 논쟁은 잦아들었지만 라이트 목사가 미디어에 모습을 드러내면서 다시 논란이 일어났다. 4월 28일에 열린 내셔널 프레스 클럽(National Press Club) 연설에서 그는 자신에 대한 오바마의 비판이 단지 정치적 편법에 지나지 않았다고 간주하며 자기의 설교에 대한 오바마의 비난은 진실이 아니라는 의미의 발언을 하였다.[26] 결국 오바마는 라이트의 행동에 분노하고 슬퍼졌다면서 5월 31일에 부부가 함께 트리니티교회를 탈퇴한다고 선언하기에 이르렀다. 정치적으로, 그리고 선거 전략적 차원에서 더 이상 라이트와 트리니티교회와의 관계가 자신의 발목을 잡고 있는 것을 허락할 수 없는 상황이 되었기 때문이었다. 라이트 목사는 오바마가 공식적으로 대통령 출마 선언을 하는 자리에서 개회 기도를 하도록 되어있었지만, 하루 전날 오바마는 초대를 철회하였다. 또한 오바마의 민주당 지명을 지지하는 170명의 흑인 종교 지도자들이 모여서 결성한 미국흑인종교 지도자위원회(African American Religious Leadership Committee)의 명단에 라이트 목사가 들어있었지만 2008년 3월 이 그룹에서 제외되었다.

오바마의 라이트 목사와 트리니티교회와의 결별이 선거 전략에서 비롯된 것이라면 이는 일국의 대통령 후보로서, 또는 정치인으로서 오바마가 지닐 수밖에 없는 한계를 드러낸 것이라고 할 수 있다. 그러나 그는 극단적인 선택을 성급하게 하지 않음으로써 그가 복음주의자들과의 관계에서 강조한 포용의 모습을 보여주었다. 그러는 한편 라이트 목사의 문제를 포함한 선거 운동 전 과정을 통하여 자신의 인종적 사회적 정체성을 분명히 정립할 수가 있었다. 또한 정치적으로는 대통령이 되면 가장 먼저 해야 할 임무가 국민의 화합이라는 것을 보여 줌으로써, 정치적으로나 종교적 차원에서 진보와 보수, 좌와 우를 상당 부분 포용하는 데 성공하였고 결국 대통령에 당선될 수가 있었다. 오바마의 대통령 당선은 신앙이 국가의 통치에 영향을 미쳐야 하며 종교는 정치 영역에서 하나의 중요하고 정당한 역할을 가진다는 그의 신념이 미국 사회에서 수용되고 있다는 사실을 보여준 사건이었다. 그만큼 미국에서는 정치와 종교의 불가분의 관계가 독특한 모습을 가진 채 지속되고 있는 것이다.

3. 티파티 운동과 정치·종교 우익의 도전

미국에서의 종교의 정치 사회적 특성을 논한다면 무엇보다도 유동성과 역동성을 들 수 있다. 다시 말해 미국의 종교는 역사성을 강하게 지닌다. 때로는 서서히, 때로는 급박하게, 때로는 다양하게 변하기도 하지만 이러한 변화에 대한 반동 또한 만만치 않다. 구체적으로 살펴보면 미국의 종교는 먼저 수평적으로는 건국 초기부터 사회적이고 경제적인 계층화 요인과 맞물려 다양한 교단으로 구성되어 왔고 이들 교단들은 커다란 갈등 없이 지금까지 공존해 왔다. 그러나 다른 한편으로 이들 교단은 모더니즘의 물결과 사회 세속화와의 흐름에 맞물려 교단 내에서도 보수와 진보로 분리되기도 하였고, 60년대부터는 뉴 레프트 운동, 흑인 인권 운동 등을 겪는 과정에서 정치 당파와 연결되면서 종교 우익과 좌익으로 분리되어 정치적 좌파와 우파의 분리 노선과 나란히 서기도 하였다. 동시에 동양 종교 등의 새로운 종교 의식이 유입되기 시작하면서 종교 다원화 사회가 되었다. 한편, 세속주의 또한 서서히, 그리고 꾸준히 미국인의 의식 속으로 침투하여 왔다.

종교가 교단별로 또는 교회별로 정치와 연결되면서 정치적 당파성을 띠게 된 결과 미국에서는 때로 종파 간 대립이 있기도 하였다. 그러나 건국 초기 국가 DNA에 심어진 종교관용(religious tolerance)으로 인해 간헐적인 종교 폭동에도 불구하고 지속적인 종교 전쟁은 일어나지 않았다.27 따라서 미국의 종교 지형은 회중교회, 장로교, 감리교, 성공회, 북침례교와 서침례교 등의 주류 개신교와, 남침례교로 대표되는 복음주의로 양분된 개신교가 주를 이루고 있고, 가톨릭, 유대교, 이슬람, 그리고 불교 등의 동양 종교 등으로 구성되어 있다. 무신론자 또한 다수 존재한다. 중요한 것은 종교적 다양성이 타 종교의 신학에 대한 인정과 수용은 물론 사회적 포용까지도 수반하고 있다는 사실이다. 심지어 무신론자에 대한 편견까지도 상당히 줄어든 상태이다. 그 결과 종교 탈퇴와 종교 이동이 빈번하게 일어나고 있으며 무엇보다도 종교 간 결혼이 거부감 없이 행해지기도 한다. 이처럼 다양한 차원에서 분리를 겪고 있는 미국 사회가 어떻게 통합되고 유지될 수 있을까. 이런 질문을 던진 퍼트넘과 캠벨은 다양한 신앙 체계를 가진 사람들 사이에 맞물려 있는 인간적인 관계망 때문이라고 답하면서 이것이 바로 미국의 축복(American grace)이라고 주장하였다.[28]

종교와 정치와의 관계에서도 새로운 현상이 나타났다. 종교의 정치적 파당성이 상당 부분 사라진 것이다. 물론 여전히 근본주의적인 종교 지도자 몇몇은 공화당과 밀접한 관계를 통해 정치적 편향성을 드러내고 있다. 그러나 대다수의 미국인들은 이슈에 따라 좌에 서기도 하고 우에 서기도 하기 때문에 진보와 보수의 선명한 분리가 쉽지 않게 되었다. 또한 인종과 젠더의 분리 장벽도 상당히 허물어져 흑인인 오바마가 대통령이 되었고 다음 대선의 유력한 주자로 힐러리 클린턴 같은 여성 정치인이 거론되기도 한다. 물론 상당수의 미국인들은 좌와 우를 분명히 하고 민주당과 공화당 중 하나를 평생의 동지로 생각하고 추종하기도 한다.

한편 이러한 흐름을 거부하는 반동적 움직임 또한 늘 존재해왔다. 특히 오바마가 복음주의 친화적인 경향을 보이면서 우를 향한 신호를 보냈고, 인종은 물론 좌와 우의 대립을 극복하고 더 높은 화합을 이루자는 주장과 노력에도 불구하고 여전히 WASP 체제의 유지만 고집하는 세력이 있다. 이른바 보수 우익과 종교 우익 세력은 이러한 흐름에서 이탈하여 때로는 인종적 편견을 수반한, 때로는 집단적 광기에 이를 정도의 저항적인 목소리를 내고 있다. 칼럼니스트 조나단 알터(Jonathan Alter)는 이들 현상을 '오바마 교란 증후군(Obama Derangement Syndrome)'이라고 칭하면서 일례로 '티파티(Tea Party)' 운동을 들고 있다. 이 외에도 공화당 등의 정치권에서는 오바마의 재선을 방해하기 위한 '투표자 억제 프로젝트' 등을 기획하기도 하였다.29 여기서는 우리의 논의 주제인 정치와 종교의 관계와 밀접하게 관련된 티파티 운동에 대하여 중점적으로 논하고자 한다.

1773년의 '보스턴 티파티 사건(the Boston Tea Party)'30에서 이름을 따온 21세기의 티파티 운동은 미국의 공공 영역과 정치 영역으로 급속히 확산된 일종의 우익 대중 운동이다. 높은 세율과 과도한 정부 지출에 대한 불만을 표출하기 위해 이들은 보스턴의 '티(Tea)'를 '이미 충분히 세금을 냈다(Taxed Enough Already)'라는 의미로 전용하였다. 이 이름을 차용한 것은 역사적 사건의 이름이 지니는 중요한 정신적 가치 때문이었다. 산만하고 흩어진, 그리고 혼란스러운 운동에 정당성을 부여하고 일관성을 부여하는 미국의 혁명에 대한 메아리가 이름에 담겨 있기 때문이다. 분파적 운동의 정당성을 확보하고 강화하기 위해 티파티 세력들은 과거의 역사적 사건과 자신들 사이의 유사성을 유출해 낼 필요가 있었다. 따라서 이른바 긴급 재정 지원(bailout)을 거부하는 것은 차를 버리는 것과 같고 건강 보험개혁은 차조례(Tea Act)와 같기에 인정할 수 없다는 논리를 펴면서, 이들은 지금의 투쟁이 과거의 영국을 상대로 한 독립 투쟁과 다르지 않다는 점을 부각시키고 강조하였다.31

2009년에서 2012년까지 왕성한 활동을 보인 티파티 운동은 구체적으로 제한된 정부(limited government), 부채 탕감(debt reduction), 증세 금지(no higher taxes), 새로운 지출 금지(no new spending) 등을 요구하고 있다. 이들은 미국의 헌법이 연방 정부의 권력을 상당히 제한하고 있다고 해석하면서 현재 미국 의회 또한 과도한 권리를 행사하고 있다고 주장하였다.32 따라서 표면적으로는 증세를 반대하고 정부의 규모 축소 등을 주장하고 있다. 그러나 좀 더 자세히 들여다보면 티파티 운동은 재정 문제 외에도 여러 가지 이슈를 주장에 담고 있다. 퍼트넘과 캠벨은 다음의 세 가지를 이들의 숨겨진 주장이라고 결론지었다.

첫째, 이들은 미국의 정부에 종교를 더 많이 끌어들이려고 하고 있다. 이는 공화당원들이 요구했던 것보다 정도가 더 심한 것이었다. 정치에서 종교의 역할이 두드러지기를 원하고 있기 때문이다. 종교와 정치의 결합에 대한 선호는 이들이 표면적으로 내세운 작은 정부에 대한 선호보다 더 높았다. 정치와 종교의 결합은 곧 기독교 우익(Christian Right)이 운동에 깊숙이 관여하고 있다는 사실을 말해주는 것이다.

둘째, 이들은 정부의 지출이 축소되기를 원하고 있다. 이러한 주장은 극심한 경제 침체가 시작되었던 2006년 경 초보 정치인들이 정부의 지출을 줄여야 한다는 논리를 펴면서 제기되었었다. 그러나 오바마 정부가 들어선 이후 열성적인 공화당원들을 중심으로 정부 지출 축소 주장이 다시 일어났고 티파티 운동을 통해 확산되기에 이르렀다. 따라서 이들의 정부 지출 반대는 그들이 싫어하는 오바마 행정부의 지출에 대한 반대 가능성으로 볼 수 있다.

셋째, 백인우월주의를 함축하고 있기에 흑인은 물론 이민자들에게도 호의적이지 않은 태도가 운동에서 드러났다. 또한 대부분 백인들로 구성된 운동 주체들은 낙태를 반대하고 개인의 자유보다는 국가 안보를 더 중요시 하는 등 미국 패권주의 정책을 지지하는 모습도 담고 있었다.33

결국 티파티 운동의 목적은 정권 쟁탈이라는 정치적 목적에 있었다. 전형적인 티파티 운동은 강력한 재정적 차원은 물론 정치 사회적 차원에서도 보수주의적일 뿐만 아니라 종교가 주입된 정치를 실천하는 후보를 원하고 내세우고자 했던 것이다. 이 정치적 목적의 다른 한편에는 인종적 편견이 도사리고 있었다. 자기들과 다른 인종 출신인 대통령을 인정할 수 없기 때문이었다. 따라서 그것은 새로운 변화를 지향하는 특별한 어젠다를 내세우는 사회 운동이라기보다는 인종주의를 바탕으로 한 격한 감정 표출을 위한 선동적 대중 운동이었다. 결국 이 운동의 최종 목표는 일반적 측면에서 보면 좌파와 오바마에 대한 노골적 반대였고 보다 구체적인 측면에서 보면 오바마케어[34]에 대한 반대와 보수주의자들이 주장하는 바의 오바마 정권의 사회주의식 정부 확장에 대한 반대였다.

운동의 시작은 국가가 생존 위기에 처할 조짐이 있다는 불안감에서 시작하였다. 이들은 이민과 이슬람에 대한 반대를 결속의 요인으로 설정하였다. 또한 인종이란 말 대신, 보다 완고하게 오바마의 타인성(otherness)이나 다른 출신 배경과 성분(not-from-here quality) 등을 거론하며 이를 배경으로 불합리한 음모 이론에 불을 지폈다.

티파티 운동은 다섯 개의 기존 보수주의 운동 세력의 결집으로 가능했다. 경제적 안정화 세력(economic establishment wing, 적자에 대한 강경파), 네오콘 세력(neoconservative wing, 외교 정책 강경파), 반정부 자유론자 세력(anti-government libertarian wing), 기독교 우익 세력(Christian Right wing) 등이다. 이들은 머독(Murdoch)이 소유한 미디어 세력, 즉 폭스 뉴스, 월스트리트저널, 뉴욕포스트지 등의 지원을 받으며 활동하였다.[35]

성난 풀뿌리 대중의 반동적 운동인 티파티는 오바마와 민주당을 패배시킨 2010년 중간 선거에서 두드러진 역할을 하였다. 또한 선거 패배의 결과 오바마 정권에 심각할 정도의 역기능적 타격을 가하기도 하였다. 특히 오바마 행정부의 운용에 심각한 제동을 걸었을 정도로 나라 전체의 정치적 어젠다 구성에도 상당한 영향력을 행사하였다. 동시에 당의 무게 중심을 보다 더 우로 향하게 하는 등 공화당에 상당한 영향을 미쳤다. 이런 의미에서 이 운동은 공화당에 보낸 선물이었다.

그러나 운동이 급조되었고 세력의 증가 또한 빠르게 이루어졌다는 사실이 보여주듯이 티파티는 감정적이고 선동적인 대중 동원 운동이 지니는 휘발성의 취약함(vulnerability)을 드러낼 수밖에 없었다. 긴박하고 절실한 두려움이 격한 감정과 함께 표출되었지만 시간이 흐르면서 열기가 식었기에 오래 지속되지는 못했다. 결국 미국인들은 티파티 운동이 지극히 당파적이고 여론 흐름에 반하는 것으로 평가하기에 이르렀다.[36]

티파티는 오바마의 취임식이 있었던 날로부터 3주 후에 일어났다. 2009년 2월 18일 대통령 오바마는 주택 소유 안정화 계획(Homeowners Affordablity and Stability Plan)을 발표하여 900만 명의 주택 소유자가 압류를 피할 수 있도록 하기 위해 750억 달러를 지원하기로 하였다. 그리고 융자금 지원 사업을 돕기 위해 미연방저당금융금고(Fannie Mae, Federal National Mortgage Association)[37]와 미연방가계대출저당회사(Freddie Mac, Federal Home Loan Mortgage Corporation)[38]에 2,000억 달러를 추가로 지원하기로 했다. 이는 부시 정권 때부터의 경제 침체와 금융 위기로 인해 당시 미국의 많은 주택 소유자들이 집에 대한 권리를 포기할 수밖에 없게 되거나 압류(foreclosure)에 처해지는 상황에 이르렀기 때문이다.

그러나 그 다음날 자유론자이면서 CNBC의 기업뉴스 네트워크 편집장인 릭 산텔리(Rick Santelli)[39]가 시카고 상공회의소(Chicago Board of Trade) 회의장에서 정부의 정책에 대한 뉴스를 전하는 과정에서 새 정부가 미국인들로 하여금 여유롭게 사는 이웃 사람들의 융자금(mortgage)을 대신 갚게 하고 있다면서 문제를 제기하였다. 그는 정부가 주택 소유자들의 나쁜 습관을 조장하고 있다고 비난하는 동시에 미시간 호수에 파생상품증권을 던져 버려야한다고 주장하였다. 그는 새로운 티파티로 '시카고 티파티' 운동을 원했던 것이다.

산텔리의 발언 이후 몇 시간 만에 보수성을 강하게 띤 한 트위터 [#TCOT(Top Conservative Twitter)]를 통해 20명의 보수주의자들이 회의를 열어 이 이슈에 대한 논의를 전개하자고 제안하였다. 이에 보수적인 폭스 뉴스가 채널을 동원하여 이 문제를 중점적으로 다룬 결과, 오바마가 취임한 지 3개월도 안 된 4월 15일의 납세일(tax day)[40] 무렵에는 무려 850개의 티파티 단체가 만들어졌다. 이에 호응하여 폭스 뉴스는 4명의 앵커들로 하여금 24시간 동안 돌아가면서 이 운동에 대해 보도를 하고 응원을 하도록 하였다.[41]

초기에 이 운동에 참여한 자들이 표면적으로 내세운 이유는 워싱턴의 정부가 그들의 목소리를 듣지 않은 것에 분노했기 때문이라는 것이었다. 그러나 그들이 요구한 무엇을 듣지 않았는지가 불분명하였다. 또한 그들은 왜 운동에 참여하였는가 하는 질문을 받고도 은행이나 긴급 재정 지원에 대한 언급을 포함한 대답은 전혀 하지 않았다. 부시가 재직 중에 퍼부은 거대한 액수의 긴급 지원에도 아무 말이 없었고 전쟁에 조 단위의 달러를 쏟아 부어도 말이 없었던 이들이 오바마의 발표에 저항하는 것, 그것도 감정적으로 저항하는 것은 정책에 대한 것이라기보다는 다른 무엇에 대한 저항이 아닐 수가 없다. 실제 오바마가 제시한 긴급 재정 지원 정책은 압류에 직면한 모든 주택 소유자들을 구제해주는 정책이 아닐 정도로 온건한 정책이었다.

티파티 운동의 감춰진 속내가 드러난 것은 '우리의 나라를 되찾자(Take Our Country Back)'라는 플래카드가 텔레비전에 비추어지면서부터였다. 흑인 대통령에게 점유된 정권을 되찾자는 것이었다. 티파티 운동의 인종주의적인 암시가 노골적으로 드러난 것이었다. 사실 티파티 운동에는 대부분 백인들이 참여하였고 유색인은 8%에 지나지 않았다.

이 수치는 공화당에 참여한 유색인 11%보다 적은 것이다. 결국 티파티 멤버라고 스스로를 밝힌 사람들이 사실상 매우 보수적인 백인 공화당원들이라는 사실이 점점 밝혀졌다. 티파티는 워싱턴의 보수 세력에 의해서 날조된 대중 운동의 결과물임이 드러났던 것이다.

예컨대 많은 티파티 운동 단체들은 다수의 대기업으로부터 지원을 받아 운영되는 워싱턴의 프리덤웍스(FreedomWorks)[42]와 억만장자인 코치 형제(Charles & David Koch)가 기금을 지원하는 미국 번영회(AFP: American for Prosperity)로부터 상당한 재정적 지원을 받았다.[43] 또한 각종의 티파티 집회에도 보수적인 스카이프 재난(Scaife Foundation)과 담배회사 필립 모리스 등 여러 대기업들이 기금을 지원하고는 하였다. 이는 정치 사회적 보수주의자들이 경제 어젠다도 함께 다루어야 한다는 확신을 갖게 한 계기가 되었다. 따라서 이들로부터 지원을 받은 만큼 티파티 운동은 대기업이나 억만장자들의 경제적 이기주의를 논리 정연하게 정당화하는 자유론(libertarianism)[44]의 손발이 될 수밖에 없었다. 대부분의 억만장자들은 사회적으로는 자유주의적이지만 재정적으로는 보수적인 성향을 지닌다. 이들은 국가의 역할을 개인의 자유와 재산의 보호에 한정하며, 최소한의 규제 외의 경제 불간섭을 주장하기 때문이다. 따라서 이들의 티파티에 대한 지원은 자유 시장과 개인의 회계 책임을 강조하면서 '개인의 실패에 대한 공적 자금 지원 금지(No public money for private failure)'[45]라는 개신교 윤리와의 선택적 친화에 의해 생겨난 자본주의의 원칙에 동의하고 있기 때문에 가능한 것이었다. 이들 또한 오바마의 정권 장악으로 위협을 느꼈던 것이다.

하버드 대학의 질 레포(Jill Lepore) 교수는 티파티 활동이 반(反)역사(anti-history)적 실천에 지나지 않다고 평가하였다. 티파티 운동은 보스턴의 혁명과 유사성을 거의 가지고 있지 않다고 하면서 "티파티운동은 반역사이다. 반역사에서 시간은 하나의 허구이다"라고 주장하였다.[46]

이들이 미국의 건국 아버지들도 오바마케어를 불쾌해 한다고 아무 거리낌 없이 주장하는 반동적인 논리를 펼치고 있다는 것이다. 한편 그녀는 이들이 헌법과 독립선언서가 종교적 교리인 것처럼 간주하는 행태에 대하여 '역사 근본주의(historical fundamentalism)'라고 비판하기도 하였다.

그러나 티파티, 벡(Beck), 하니티(Hannity), 그리고 텍사스 교육위원회[47]가 공유하는 것은 과거와 현재의 관계에 대한 일련의 가정이다. 이 가정은 넓게는 아주 반지성적이며, 좁게는 반역사적이다. 그 이유는 시간의 논리인 연대(年代)의 전후관계를 무시하기 때문이다. 우리가 거기에 있고 건국 조상들이 우리와 함께 한다고 말하는 것이나, 가장 최근에 일어난 파격적인 정치 발전, 예컨대 최초 흑인 미국 대통령 당선과 같은 것 때문에 우리가 그들을 버렸다든가, 그들이 무덤에서 등을 돌렸다고 말하는 것은 가장 엄격한 헌법 원형주의에 동의를 하기보다는 과거와 현재 사이의 관계에 대한 일련의 전제에 더 엄밀하게 동의를 구하는 것과 같다. 또한 이 전제는 원형주의와 복음주의, 그리고 유산 관광을 합쳐서 다양한 근본주의에 달하게 하는 가정인 것이다.

역사 근본주의는 특정한 그리고 아주 편협하게 정리된 하나의 과거인 건국(founding)이 영원하고 신성한 것이기에 숭배되어야 한다는 신념으로 나타난다. 즉 특정한 역사적 문서(건국 문서)가 종교적 근본주의자들이 지니고 읽는 것과 같은 정신으로, 예컨대 십계명을 읽는 것처럼, 읽혀야 한다는 것이다. 또한 건국 조상들은 신에게 영감을 받았으며 역사에 대한 학문적 연구는(증거의 기준과 분석 방법이 회의주의에 바탕을 둔) 음모이자 신성 모독이며, 거룩한 문서와 같은 건국 문서와 예언자와 같은 건국 조상에 대한 호소를 바탕으로 한 정치적 주장이야말로 의심할 여지 없이 분명하다는 것이다.[48]

마치 종교 우익이 성서에 대한 문자주의적인 해석에 매달리는 것처럼, 티파티 운동은 헌법의 엄격한 해석을 요구하는 헌법 원형주의에 집착하였다. 그러면서도 이들은 기독교 근본주의자들의 경우처럼 헌법 조항을 선택적으로 활용하여 지지할 것과 무시하고 거부할 것을 확연히 구분하였다. 티파티에 참여하는 복음주의자들 또한 헌법을 기독교 재구성주의(Christian Reconstructionism)의 시각을 가지고 해석하였다. 예컨대 이들은 성서적 율법에 따른 통치를 주장하면서 세속적인 정부는 제한적인 권위만을 부여받는 것이 신의 뜻이라고 강조하였다. 따라서 반국가주의(antistatism)는 독립전쟁에서 시작되었을 뿐만 아니라 성서에서 시작되었다는 것이다. 헌법은 단지 법적인 문서에 지나는 것이 아니라 신성한 원칙에 따른 계약(covenant)이기에 헌법의 성서적 근거에 따라 미국의 법체계를 회복해야 한다고 주장한다. 또한 이스라엘의 선택된 민족이 그랬던 것처럼 티파티는 미국 판 히브리 성경을 재발견함으로써 미국이 헌법적인 회개를 하도록 해야 한다는 것이다. 이것은 몇몇 티파티의 주동자들이 던진 말이다. 하지만 2010년 미국가치조사(American Values Survey)의 결과 실제 티파티 구성원들의 55%가 미국은 과거에도 엄연한 기독교 국가였다고 믿었고 지금도 그렇다는 사실을 보면, 이러한 주장들이 소수에 의해 던져진 운동 구호에 그치는 것이 아님을 알 수 있다.[49]

　티파티에 적극 참여한 종교 기관은 신앙자유연합(Faith and Freedom Coalition)이었다. 이 단체는 기독교 연합(Christian Coalition)을 승계한 보수적인 복음주의를 중심으로 한 종교 단체로 중간 선거에는 물론 2012년의 대선에서도 오바마의 정책을 적극적으로 비판하기도 하였다. 이와 함께 오바마에 대한 비판의 칼날을 세운 기독교 우익 인사로는 팻 로버트슨과 제임스 돕슨(James Dobson)이 있고 빌리 그래함 목사의 아들인 프랭클린 그래함(Franklin Graham) 등이 있다. 이들은 오바마의 출생지 의혹에 대한 정치적 논란50에 뛰어드는 한편 오바마의 기독교 신앙에 대하여 의구심을 제기하기도 하였다.

복음주의자들의 이러한 행태는 중앙 정부를 축소하고 주 정부의 권위와 위상을 강화하며 백인의 우월성을 강조하는 전통적인 WASP의 신념 체계를 일찍부터 내재화하였기 때문이다. 또한 이들은 갈등이 생겨났을 때의 판단 기준을 선악의 잣대로 보는 경향을 갖고 있기 때문이다. 따라서 티파티 참여자들은 복음주의자들이 그랬던 것처럼 자신들의 삶의 방식에 맞으면 선이고 그렇지 않으면 악으로 판단하는 경향을 보였다.

티파티의 인구 통계학적 구성을 보면 백인, 중산층, 중년, 복음주의 개신교도들이 주를 이룬다. 티파티를 절대적으로 지지하는 자들의 연령대는 45세에서 64세까지가 43%로 가장 많고, 학력은 대학을 다니거나 졸업한 자들이 52%를 차지하고 있다. 인종별로는 백인이 84%이고 수입은 연봉 4만에서 6만 달러가 15%, 6만에서 10만 달러가 24%, 10만 달러 이상이 24%를 차지하고 있어 2만에서 4만 달러(26%)와 2만 달러 미만(11%)과 대조를 이룬다. 거듭남(born again)을 경험한 복음주의자들 중에서는 53%가 티파티 운동을 지지하고 47%가 반대하는 것으로 나타났으며 성별로는 지지자의 59%가 남성이고 41%가 여성이다.51

티파티 운동은 많은 모순과 오류를 안고 있으면서도 엄청나고 걷잡을 수 없는 정치적 결과를 낳고 말았다. 2009년 9월 12일에 있었던 티파티 군중대회에서는 전국에 걸쳐 60만 내지 120만 명이 참여한 각종의 집회가 열렸었고 이후에도 많은 집회가 뒤따랐다. 운동의 이름이 미국의 건국자들과 그들의 이상을 암시해 줄 정도로 호소력이 있었기 때문이다. 2010년에는 공화당원의 3분의 2가 이 운동과 연관되기를 원했고, 중간 선거의 선거 전 조사와 출구 조사에서는 미국인의 20%가 자칭 티파티 지지자라 고백하였으며 투표한 자들의 41%가 티파티 지지자라고 밝혔다. 결과적으로 티파티 운동은 공화당에 중간 선거의 압도적 승리를 안겼다. 티파티 운동가들은 미디어로부터의 대단한 주목을 받는 이상의 결과를 이루어내게 되고, 이는 공화당이 활기를 되찾을 수 있을 정도의 많은 지지자들을 생성해냈다는 말이다.

그러나 더 중요한 사실은 스카치폴과 윌리엄슨이 주장하는 대로 티파티가 공화당의 보수성을 재구성하고 공화당을 더욱 강경한 정치집단으로 만들었다는 데 있다. 티파티 주동자들은 대중 운동이 지닌 선동성을 이용하고 억만장자들을 티파티 운동에 참여하도록 유도하여 공화당을 더욱 더 타협을 모르고 이념에 철저한 당으로 재구성하기를 원했다. 티파티 세력은 공화딩에 일종의 이념적 정회를 주문하면서 공화당이 더욱 더 우로 향하게 박차를 가하면서 공화당이 원래부터 보수적인 백인 유권자에게 어필하는 정당임을 확인토록 하였던 것이다.[52]

반면 민주당은 이 운동으로 커다란 타격을 받았다. 예컨대 이 운동은 대통령의 임기 초반부터 오바마의 정책을 방해하는 데에 성공하였고, 결국 재정 개혁, 클린 에너지 정책, 이민법 개혁 등 장기간에 걸쳐 실천될 정책들이 초반부터 차질을 빚을 수밖에 없었다. 또한 오바마의 건강보험 개혁의 강력한 지지자였던 테드 케네디(Ted Kennedy)의 사망으로 공석이 된 매사추세츠 상원의원 자리를 중간 선거에서 티파티 세력의 도움을 받은 공화당 후보 스코트 브라운(Scott Brown)에게 빼앗기는 아픔을 겪기도 하였다. 또한 티파티 멤버 출신 80여명이 의회에 진출하자 민주당은 하원의 다수당 자리를 공화당에 넘겨주어야 했고 전국에 걸친 많은 주 의회에서도 다수당의 지위를 상실하게 되었다.

티파티는 대중 매체의 주목을 받기도 하였다. 물론 때로는 조롱과 풍자의 대상이 되기도 하였지만 주류 방송 매체는 앞 다투어 이들의 활약을 보도하기도 하였다. 예컨대 2011년 말에 CNN 방송은 9명의 공화당 후보를 초청하여 "티파티 익스프레스(Tea Party Express)"라는 공화당 토론회를 열기도 하였다. 또한 폭스뉴스에서 MSNBC에 이르기까지의 거의 모든 방송 뉴스는 2012년의 예비 선거 과정 전체를 다루면서 티파티가 지지하는 후보들의 주요 쟁점에 대한 뉴스를 전하였다.

 티파티가 미국 정치에서 중요한 역할을 한 것은 사실이다. 그러나 티파티는 중간 선거 이후 여론의 지지를 상실하면서 대중으로부터 멀어지기 시작하였다. 몇 가지 이유가 있다. 첫 번째로는 의회 활동과 관련해서 티파티 지원으로 의회에 입성한 의원들의 정치 역량의 부재를 들 수 있다. 두 번째로는 2012년의 대선과 관련된 것으로 선거 과정에서 티파티 운동이 겨냥한 유권자의 폭이 매우 좁았다는 사실 때문이다. 마지막으로는 티파티 운동이 선거 캠페인 중 보여준 지나칠 정도의 오바마에 대한 공포(Obamaphobia) 분위기 조장과 비방, 그리고 마니교식의 선악 대립 구도 설정 등이 대중의 혐오를 불러일으켰기 때문이다.

 첫 번째 이유를 좀 더 들여다보자. 오바마 대통령의 첫 번째 임기 전반기는 대통령과 티파티의 대립으로 점철된 해였다고 할 수 있다. 초기의 오바마 행정부와 의회의 다수당인 민주당은 경기 침체 극복을 위한 개혁 추진을 위해 전력을 다하였다. 미국은 1930년대의 대공황 이후 가장 커다란 경제적 침체에 빠져있었기 때문이다. 그러나 티파티는 보수적인 일반 대중과 보수적인 미디어를 동원하는 동시에 자유 시장 경제 정책을 유지하는 데에 초강경 자세를 보이는 거물급 억만장자들의 재정 지원에 힘입어 오바마 정권과의 투쟁에 전력을 다하였다. 그 결과 2010년의 중간 선거에서 티파티가 승리하였고 이제 투쟁의 장은 의회로 넘어가게 되었다.

 의회는 티파티 출신의 의원들이 두각을 나타내면서 공화당이 다수당이 되었다. 그러나 이때의 하원은 가장 생산적이지 못한 의회라는 비판을 받을 정도로 무능함을 보였다. 이들이 공화당 의원 외에는 누구와도 협조하지 않는 완고한 태도를 지니고 있었기 때문이다. 이는 의회 정치의 핵심이 대화와 협상을 통하여 동의(consensus)를 이끌어내는 것으로 믿고 있는 다수의 유권자들을 실망시켰다. 이들의 완고함과 비타협적인 태도는 재정 지원을 해 준 초보수적인 억만장자들과의 의존 관계에서 비롯된 것이다. 보수적인 자본가들은 엄청난 비용을 들여, 방송광고에서 사회주의자가 미 행정부를 장악하고 있다는 식으로 대통령 오바마를 공포의 대상으로 폄하하였다. 따라서 이들의 지원을 받고 있는 티파티 출신 의원들이 민주당이나 오바마와 대화나 타협을 한다는 것은 불가능한 것이었다.

구체적으로 살펴보면, 먼저 티파티 출신 의원들은 2010년의 중간 선거 캠페인을 빌이면서 균형 예산(fiscal discipline)에 대한 메시지를 던졌고 일자리 창출의 약속을 내걸었었다. 그러나 이 두 가지 약속 모두가 지켜지지 않았다. 의회는 부채를 줄이지도 못하였고 일자리 창출을 위한 법안을 하나도 통과시키지 못하였다. 티파티의 목적이 정부 지출을 줄이고 세금을 삭감하는 데에 있었지, 침체된 경제를 회복하는 데에 있지 않았기 때문이다. 또한 오바마 정권의 정책에 대한 건설적 비판에 중점을 둔 것이 아니라 오바마 정권 자체를 거부하는 것에 몰두하였기 때문이다. 실제로 공화당 의원들은 오바마 행정부가 첫 업무를 시작하는 당일에 함께 모여 원래 공화당의 아이디어였을지라도 오바마가 추진하는 법안은 무조건 저지하겠다는 맹세를 하였다. 대통령에 대한 티파티의 증오심이 의원들을 통하여 노골적으로 드러난 것이 아닐 수 없다.

두 번째 이유로는 2008년의 대선 과정에서의 유권자의 숫자와 인종적이고 사회계급적인 배경이 2010년의 중간 선거의 경우와 다르다는 사실을 인지하지 못하고 2012년이 대선에서의 승리를 장담한 티파티의 오만함을 들 수 있다. 2010년의 선거에서는 젊은 층과 소수자, 그리고 저소득 계층의 투표 참여가 매우 저조하였다. 대략 유권자 5명 중 2명만이 투표를 하였고 투표자들 대부분은 연령이 높고 보다 보수적인 백인들이었다. 티파티 세력과 공화당은 젊은 세대나 성인 소수자들의 투표를 어렵게 하는 선거 분위기를 만들어 내면서[53] 2012년에도 자신들의 지원을 받는 공화당이 다시금 승리할 것을 확신하였다.

문제는 공화당 대선 주자들이 티파티를 지지하는 유권자들만 바라볼 수가 없었다는 데에 있었다. 주자들은 한편으로는 티파티와 재정 지원자들의 눈치를 보아야 했고, 다른 한편으로는 티파티 지지자가 아닌 공화당원들에게도 어필을 해야 했으며 평범한 유권자들이나 부동표까지도 공략해야만 했다. 이것은 쉬운 일이 아니었다. 이민 문제, 여성의 권리, 세제 개혁, 교육, 건강 보험 등 중요한 선거 이슈마다 티파티 세력이 내세우는 원칙이 일반인들의 가치와 항상 일치하는 것은 아니었기 때문이다. 또한 오바마를 권좌에서 밀어내고 민주당을 무력화시키는 동시에 승리를 위해 필요한 여타 유권자들을 설득하는 것은 쉬운 일이 아니었다. 선거 결과는 2008년의 반복이었다. 2010년보다 더 많은 소수자와 젊은 세대, 그리고 저소득 계층의 사람들이 선거에 참여하여 오바마를 지지하였다.

한편, 이미 2011년 중반부터 티파티는 대중의 인기를 상실하고 있었고 대선에 가까울수록 그 정도가 심해졌다. 이것을 감지한 것은 보수적인 정치인들과 방송 매체의 수장들이었다. 일례로 폭스 뉴스가 2011년 중반에 티파티에 대한 언급을 3,000번 정도 했다면 2012년 대선 6개월 전에는 겨우 900번 정도만 했을 뿐이다.[54]

세 번째 이유로는 티파티 세력이 보여준 광기에 가까운 오바마에 대한 분노 표출을 들 수 있다. 예컨대 테네시 주의 지역 티파티 단체는 고속도로에 세워진 광고판에 "오바마를 쫓아내고 미국을 구하자(Fire Obama, Save America)"라든가 "오바마냐 미국이냐: 하나를 선택하라(Obama or America: You Can't Have Both)"라는 문구를 실었다.[55] 대부분의 미국인들이 오바마를 위협적으로 여기지도 않으며 이국인(alien)으로 간주하지 않는다는 것을 간과한 것이다. 또한 모든 타협의 가능성을 차단한 티파티 세력의 완고하고 배타적인 태도에 모두가 동의하지 않는다는 사실을 망각한 결과다.

  티파티 세력에 대한 대중의 지지 하락은 2012년의 대선에서의 참패와 더불어 발생하였다. 물론 티파티 세력과 공화당은 중간 선거에서의 여파를 몰아 2012년의 선거에서의 승리를 자신하였었다. 그리고 다크호스로 미트 롬니(Mitt Romney)를 내세웠고 롬니는 자신의 러닝메이트로 위스콘신의 하원의원인 42세로 젊은 폴 라이언(Paul Ryan)을 지목하였다. 라이언은 사회보장제도(Social Security)가 사회주의에 근거해서 만들어진 시스템이라고 비난할 정도로 티파티 운동과 맥을 같이 하는 정치인이었다. 실제로 티파티는 롬니가 대통령 후보가 되는 것을 원하지 않았지만 자신들의 이데올로기적 영웅인 라이언이 부통령 후보로 지명된 것에 만족하였다. 라이언은 평소 티파티가 신념으로 삼고 있는 개인의 자유, 정부에 대한 불신, 그리고 건국 정신의 신봉 등에 동의하였기 때문이다. 라이언이 공화당의 떠오르는 스타로 공화당의 재정과 예산 문제를 주도 해 왔던 인물이라는 점에서, 아직도 공화당은 작은 정부와 재정 축소 정책을 고집하는 티파티 세력의 영향 아래 있음을 보여주는 것이 아닐 수 없었다.

  공화당과 티파티 세력은 충분한 선거 자금 동원 능력을 가지고 있었기에 원숭이라도 당선시킬 수 있을 것이라며 자신감에 차 있었다. 그러나 선거를 두 달도 남겨 놓지 않고 롬니의 실체가 원숭이보다 못하다는 평이 나오기 시작하였다. 몇 번의 실언이 있었고 오바마와의 토론 과정에서 허점이 하나 둘 드러나기 시작하자 롬니는 성격이나 능력에 있어서 나라의 운영을 맡을 자격이 없다는 평가를 받기도 하였다. 보수주의적인 토크쇼의 진행자들은 롬니가 오바마를 이길 정도로 충분한 보수성을 갖추지 못하였다고 비판하였다. 결국 롬니는 선거에서 패배하면서 공화당과 티파티에 적잖은 상처를 남기었다.[56]

티파티 운동을 통해 확인할 수 있는 것은 미국 사회가 다문화적이고 진보적인 방향으로 발전 해 왔음에도 불구하고 종교나 정치 우익의 반동적 준동은 어느 때든지 가능하다는 사실이다. 오바마는 종교 우익이 보여주었던 정치와 종교의 결합과는 차원을 달리하는 정치와 종교의 연결을 시도하였고 인종 간이나 계층 간의 간극을 극복하고 화합하고자 하는 노력을 보였다. 사회적으로도 퍼트넘과 캠벨의 연구에서 보여주었듯이 미국은 다문화와 다인종 사회에 접어드는 동시에 교단 간이나 종교 간의 간극을 뛰어넘어 친교와 결혼이 이루어질 정도로 매우 포용적인 사회가 되었다. 그러나 여전히 이러한 정치 사회적 흐름에 반동적인 세력과 반동적 운동이 존재하고 있음을 티파티 운동의 부침을 통해 확인할 수 있었다.

물론 2010년 이후 티파티 단체가 줄어들면서 그 세력이 기울기 시작한 것은 사실이다. 그러나 스카치폴이 평가하는 바와 같이 아직도 상당한 생존율(a very good survival rate)을 나타내고 있다. 따라서 티파티 세력이 사라지거나 약화되었다고는 할 수는 없다. 그들은 여전히 오바마 정권의 정책에 제동을 걸기 위해 노력하고 있고 차후의 선거에서 승리하기 위해 그룹을 재정비하고 있다.[57] 이들의 움직임과 더불어 종교 우익의 활동도 꾸준히 계속될 것이다.[58] 그러나 이들의 영향력이 이들과 행보를 달리하는 진보적 복음주의자들의 사회적 관심 증대와 맞물려서 어떤 방향으로 흘러갈지는 예측하기가 어렵다. 종교가 지닌 역사성 때문일 것이다.

제4부

진보적 복음주의의 정치 사회적 동력

현대 사회는 여러 방면에서 급속한 변동을 겪고 있지만, 정치와 종교 영역은 요지부동이거나 아주 느리게 발전하고 있다. 특히 미국의 경우 근본주의 종교 우익과 신자유주의 정치 우익은 보수의 공통분모를 가지고 지난 20여 년 동안 미국 사회를 때로는 파행과 모순으로, 때로는 반동과 역행으로 치닫게 해 왔다. 이들은 사회민주주의에 가까운 정치 철학 실천을 꾀하는 진보 세력, 자유주의 신학, 그리고 세속적 인본주의 등을 투쟁 대상으로 간주한다. 보수와 진보 세력의 갈등적 공존이 가능한 것은 미국이 가장 종교적이면서도 가장 세속적인 나라이기 때문이다.

앞장에서 보았듯이 정치, 경제, 사회, 인종, 젠더, 섹슈얼리티 등 미국의 모든 영역에서의 대립과 양극화는 모두 종교와 연관되어 나타났다. 현상(現狀, status quo)의 정당화든지 타개 또는 변혁 모두 종교의 지지와 정당화가 필요하기 때문이다. 이러한 과정에서 종교는 보편성을 상실하고 이데올로기로 전락하는 경향이 짙다. 종교적 보수와 진보 모두가 모든 사람을 위한 보편주의를 명분으로 제시하지만 실질적으로는 특정 계층이나 이해 집단을 위한 개별주의적 성향을 띠기 때문이다.

대통령 부시는 전쟁을 성전으로 전환하여 기독교를 정치적 갈등 차원의 이데올로기로 전락시켰다. 보다 높은 차원의 화합을 부르짖은 오바마의 경우, 정치인으로서의 한계로 인해 민주당의 이해관계나 국가 이익을 넘어서는 정책 수행이 어려운 상황이다. 급기야 그는 보수적인 티파티 운동 등으로부터 공격을 받기도 하였다. 따라서 정치와 종교의 관계는 여전히 오리무중이고, 특히 복음주의 또한 여전히 반동적인 모습을 보이고 있다.

이러한 와중에 새로운 희망이 제기되었다. 그것은 진보 진영이 아닌 복음주의 진영으로부터였다. 이른바 진보적 복음주의가 출현한 것이다. 이는 오바마의 종교 친화적인 정책에 대한 화답일 수도 있다. 물론 복음주의 자체에 진보적인 역사가 없었던 것은 아니다. 그러나 사회 문제에 대해 관심을 보였다는 이유로 진보적이라고 불리고는 했지만 그 관심의 깊이와 폭이 그리 깊거나 넓지는 않았다. 물론 신학적으로 여전히 보수적이었다. 우리가 주목하는 최근의 진보적 복음주의자들 중에는 남침례교 등의 보수적이고 근본주의적인 신념을 고수하는 인물도 있다.

그러나 이들은 정치와의 관계에서는 물론 사회 활동에 있어서 새로운 패러다임을 제시하고 있다. 즉 개별주의적이고 파당적인 국가주의에 편승하여 국가에 대한 충성을 고집하기보다는, 신의 목소리와 양심에 충실해야 한다는 신념을 내세우면서 사회 문제에 대해 보다 높은 관심과 헌신적 활동을 국내를 넘어 세계로 확대하고자 시도한다. 한 마디로 진보적 복음주의는 이전보다 뚜렷한 사회적 관심을 훨씬 더 넓은 영역에서 펼치기 시작하였다. 예컨대 21세기의 복음주의가 표방하는 세계의 빈곤 문제나 환경 문제 등에 대한 관심은 복음주의의 사회 참여에로의 '성대한 복귀(great return)' 또는 '거대한 확장(great expansion)'이 아닐 수 없다.[1]

그러나 종교의 역사가 자주 보여주듯이 진보적 복음주의가 앞으로 어떻게 전개될지, 어떠한 정치 사회적 결과를 미국 사회에 가져올지는 확실하지 않다. 따라서 우리가 주목하는 것은 진보적 복음주의가 내세운 새로운 정치 사회적 의미 체계와 더불어 그것의 사회적 실천 과정이다.

또한 미국 사회에서의 종교의 사회적 위치와 역할, 정치와의 관계 등에 있어서 이들의 출현이 어떤 변화를 예측하게 하는 척도 역할을 할 수 있을까 하는 것이다. 미국의 진보적 복음주의가 지니는 새로운 의미 체계와 사회적 활동에 대한 객관적 검토는 우리 사회의 정치와 종교의 관계와 문제에 대한 예측과 전망, 그리고 대안 제시를 위해서도 바람직하기 때문이다.

여기서는 먼저 진보적인 복음주의의 역사적 전개 과정을 추적해보고 그들이 표방하는 새로운 의미 체계를 살펴보고자 한다. 그 다음 진보적 복음주의가 지니는 정치 사회적 동력이 종교 우파와의 싸움과 미국 국가 패권주의에 대한 저항 과정에서 어떻게 표출되는지 논하고자 한다.

제8장

복음주의의 사회 참여로의 성대한 복귀

개신교의 역사를 볼 때 제반 사회 문제에 대한 관심을 표방하는 복음주의의 진보적 성격은 18세기 영국이나 영국의 식민지 국가에서 생겨난 복음주의의 고전적 전통에서도 이미 나타났었다. 멀리는 존 웨슬리(John Wesley)나 조지 화이트필드(George Whitefield) 등이 사회에 대한 복음주의적 헌신의 맥락에서 새로운 방법과 수단을 만들어내기도 하였으며, 많은 젊은 예언자들이 나타나 현상(現狀)에 대하여 불만을 토로하면서 무엇인가 새로운 것을 종교계에 요구하기도 하였다. 그 중 복음주의 사회 운동으로 가장 높게 평가되는 사건은 18세기 후반 정치인이면서 복음주의 신학자였던 윌리암 윌버포스(William Wilberforce)가 시작한 '노예무역 반대 운동'이다. 영국 의회 안에서 시작한 이 노예제 폐지 운동이 미국에서 급속하게 확산된 것은 제2 각성 운동[1] 중이었다. 물론 이 제2 각성 운동의 동기는 회의주의(skepticism), 이신론(deism), 합리주의(rationalism) 등에 대한 반작용에 있었지만, 흑인 노예들로 하여금 자유에 대한 강한 동기를 갖게 할 정도로 기독교의 가르침을 사회 문제의 해결에 적용하려 애썼고, 그 결과 19세기 말과 20세기 초에 등장한 사회 복음(Social Gospel) 운동을 예시하였다는 평가를 받고 있다. 일반적으로 알려진 사실과 달리 사회 복음 운동은 자유주의 개신교 신학보다는 부흥 운동가들이나 웨슬리적인 성결 운동(holiness movement)에 더 뿌리를 두고 있다. 한편 영국과 미국에서 일어난 초기의 노동 운동 역시 상당 부분 감리교에 의해서 추진되었다.2

물론 부흥 운동은 개인의 회개와 경건성에 주로 초점을 맞추었다. 그러나 복지를 증진하거나 사회 문제에 대처하는 데에 있어서도 신앙생활에 상응하는 헌신을 보이기도 하였다. 예컨대 이들은 노예제 폐지 운동과 함께 문맹 퇴치, 교육 강화, 금주 운동, 감옥의 개선, 평화 증진, 빈곤 문제 해소 등에도 힘을 쏟았다. 이 시기의 대표적인 부흥 목사였던 핀니(Charles Grandison Finny)는 회개한 그리스도인들은 완벽한 개인의 삶뿐만 아니라 완벽한 사회를 이룩해야 한다고 역설하였다. 따라서 신자들은 개인과 공동체, 그리고 정부에까지도 개혁을 확대하여 사악함이 세상에서 사라지도록 해야 한다고 주장하였다.3 한 마디로 부흥 운동은 사회 개혁 운동을 수반한 것이었다. 이러한 전통은 오늘날에도 개인의 경건한 신앙생활을 강조하고, 복음주의의 핵심적인 교리를 고수하면서 사회 문제로 활동 영역을 넓히는 진보적 복음주의에 의해 지속되고 있다.

이후 19세기 말과 20세기 초에 이르러 도시화와 산업화가 가속화되고 이민자가 급증하기 시작하면서 새로운 사회 문제가 등장하자 복음주의적인 진보주의는 탄력을 받기 시작하였다. 1865년에 영국에서 창설되어 1880년에 미국으로 확대된 구세군(Salvational Army) 활동 등이 활발해졌고, 공공교육 강화, 노동조합 지원, 여성 참정권 지지, 여성 성직자 안수 지지 등으로 진보적 복음주의는 활동의 폭을 넓혀가기 시작하였다. 이들은 이웃 사랑과 가난한 자와 핍박 받는 자에 대한 돌봄을 강조하는 성서의 가르침을 근거로 하였고 인종과 젠더의 평등에 대해 나름대로의 성서적 해석을 도모하였다. 19세기의 '기독교 미국(Christian America)'에 대한 자부심과 신념으로 가득 찬 많은 기독교인들은 천년왕국을 이 땅에 건설해야 예수가 재림한다는 후천년왕국설을 신봉하기에 종교 부흥과 사회 개혁이 하느님 나라의 완성에 기여할 것이라는 낙천주의를 가지고 있었다.[4]

그러나 1920년 무렵의 복음주의는 진보적인 사회 개혁 대신 개인주의적인 사회 윤리를 내세우기 시작하였다. 전반적인 사회 개혁을 위한 초석은 개인들의 영적 거듭남과 도덕적 변화에 있다고 믿었기 때문이다. 복음주의의 이러한 변화는 사회 복음과의 신학적 논쟁과 이에 대한 반작용으로 일어났다. 과학의 발전과 성서 고등 비판 등에 힘입은 사회 복음과 자유 신학이 사회제도가 사악함으로 가득 차 있다고 주장하는 한편, 불의한 사회를 개혁하고 정의를 회복하는 것이 개인의 신앙적 거듭남에 우선한다고 가르쳤기 때문이다. 당연히 근본주의자들이 발끈하였다. 이들은 개인 회개의 중요성을 평가절하한 자유주의 신학을 비판하는 한편, 종말에 예수가 재림하여 악한 무리를 제거한 이후에나 이 땅에 하느님 나라가 세워질 것이라는 전천년왕국설을 강하게 내세우기 시작하였다. 사회 개혁과 정치적 활동은 세상의 타락을 해결할 수 없으며 다만 복음에 바탕을 둔 신앙생활에 장애가 될 뿐이라는 주장이다. 결국 복음주의 내에서의 사회 개혁 추진 세력은 위축되고 말았다. 보수로 방향을 전환한 복음주의는 사회 문제의 해결 방안으로 개인의 영적 변화와 도덕적 개선을 우선시하기 시작하였다.

사회 개혁과 참여의 문제를 놓고 미국의 복음주의가 보인 이러한 변화무쌍한 역사는 진보적 복음주의가 21세기에 들어 갑자기 생겨난 것은 아니었음을 보여준다. 소위 말하는 복음주의 좌파가 복음주의 내에서 면면히 부침을 거듭하면서 존재해왔으며, 이들이 오늘날의 진보적 복음주의의 길을 닦아왔던 것이다. 특히 지식사회학이 강조하는 실재의 사회적 구성(social construction of reality)처럼 진보적 복음주의와 같은 새로운 종교 사상, 신념, 그리고 실천 강령 등은 기존의 종교 내용이 시대의 특수한 정치 사회적 상황과 조응하면서 형성되었음을 알 수 있다. 따라서 최근의 진보적 복음주의 운동은 그 시발점을 1940년대와 1970년대로 두고 있다. 이 두 시기의 복음주의 활동은 뚜렷하고 독보적인 신학과 메시지를 사회에 내보냈다. 그러나 결국 진보적 복음주의는 종교 우파와 자유주의의 틈에 끼어 미국 사회에 영향력 있는 목소리를 내는데 성공하지 못했다. 하지만 진보적 복음주의가 21세기에 들어서면서부터 특히 젊은이들 사이에서 주목받으면서 그 어느 때보다 더 많은 여론의 관심과 함께 탄력적으로 움직이기 시작하였다. 여기서는 2008년의 대통령 선거를 전후해 강력한 영향력을 발휘하면서 새로운 사회 운동세력으로 발전한 진보적 복음주의의 역사적 전개 과정에 대하여 살펴보고자 한다.

1. 신복음주의의 등장과 시카고 복음주의 선언

1940년대는 세계대전이 일어났을 때였다. 미국에서는 커다란 사회적 혼란이 일어났고 미국의 개신교 또한 대중으로부터 상당한 관심과 함께 시대적 상황으로부터 오는 도전을 가득 받고 있었다. 가장 도전적인 질문은 "미국과 서구가 무신론을 표방하는 전체주의 국가들의 위협에 어떻게 대처해야 하는가?"였다. 대개의 보수적인 종교가 그러하듯이 미국의 복음주의자들 또한 개개인의 도덕성과 신념을 강화하는 작업에 치중하였다. 따라서 새로운 각성 운동이 전개되었다. 개인 심령의 변화와 도덕적 완성이 사회 질서의 회복과 사회 안정의 원천이 된다는 생각에서였다. 이때 전국적인 복음주의 청년 조직인 'YFC(Youth for Christ)' 등의 신앙 운동 단체가 생겨났고, 빌리 그래함(Billy Graham) 같은 젊은 부흥 운동가들 또한 등장하였다.

또 다른 대처 방식은 '진보적 행동과 윤리적 책임'의 정신으로 미국 사회에 커다란 영향을 미칠 수 있다는 확신을 가지고 '새로운 복음주의(the new evangelicalism)'를 표방하면서 '전국 복음주의 협회(National Association of Evangelicals)'를 결성한 젊은 지식인들이 제시한 운동이다. 이는 칼 헨리(Carl F. H. Henry)에 의해 주도된 운동으로 지적인 사회적 의식을 가지고 성서적 예언자 등의 주제에 보다 균형 잡힌 현실적 태도를 지니고 있다면, 기독교의 통합에 긍정적이고 성서에 대한 보다 새롭고 타당성 있는 해석을 제공할 수 있다는 주장을 내세웠다. 앞의 대처 방식과 다른 점은 이들이 사회 문제에 관심을 갖고 진보적 행동을 취한다는 것이고, 같은 점은 개인의 심령 변화와 윤리 의식 강화 또한 여전히 강조하고 있다는 것이다.

따라서 이들이 먼저 도전한 것은 복음주의의 근본주의적 행태였다. 근본주의자들이 공공의 문제에 제대로 관심을 기울이지 않고 있었기 때문이다. 근본주의자들의 관심은 사회 복음의 경우처럼 세속적인 인본주의나 합리주의의 경향에 동조하는 것은 아니었다. 다만 서구 문명이 정신적으로나 문화적으로 살아남기 위해서는 전통적인 기독교가 회복되어야 한다는 데에 초점을 맞추었을 뿐이다.

이 새로운 복음주의 운동이 역사적 중요성을 지니는 것은 오늘날의 진보적 복음주의가 그러하듯이 전통적인 복음주의와 진보적이며 자유주의적인 주류 개신교 사이의 중간에 위치하여 양쪽의 한계를 비판하며 활동했다는 데에 있다. 예컨대 헨리는 그의 저술[5]에서 근본주의자들이 지나칠 정도로 개인의 죄에만 집중하고 사회적 악을 다루는 데에 소홀할 뿐만 아니라, 예수의 재림에만 관심을 두기에 그리스도의 나라를 이 땅에 세우는 작업에 매진하지 않다고 비판하였다. 헨리가 문제 삼은 것은 전천년왕국설의 핵심 신앙 내용과 실천 방식이었다. 전천년왕국설자들은 천년왕국 건설은 재림 예수가 담당할 몫으로 지금 이 세상을 개혁하려고 하는 것은 밑바닥에 구멍이 난 배에 페인트 도색을 하는 것과 다르지 않다고 간주하였다. 이와 동시에 헨리는 인본주의자나 자유주의적인 기독교인들 또한 서구가 당면한 사회 문제를 해결할 능력이 없다고 주장하였다.[6]

결국 이 새로운 복음주의는 주류 개신교에 대한 대안으로 복음주의 지식인들과 혁신적인 전후 부흥 운동가들, 그리고 복음주의 구제 운동가들 등에 대한 통합을 목적으로 하였다. 이후 1956년에 헨리는 빌리 그래함의 도움으로 〈크리스천 투데이 *Christianity Today*〉 잡지를 창간하여 주류 개신교의 〈크리스천 센트리 *The Christian Century*〉와 겨루게 되면서 초대 편집자가 되었고, 워싱턴에 편집실을 두면서 조찬기도회 등을 통해 영향력 있는 사업가들과 저명인사 등과 교류하면서 정부 지도자들과 접촉하기도 하였다. 그러나 1960년대의 심각한 사회적 혼란에 당면하게 되자 사회적 차원과 정치적 차원에서 이 잡지는 진보적이기보다는 보수적인 입장을 더 취하게 되었다. 예컨대 이 잡지는 시민권 운동과 관련해서는 인내와 함께 질서 유지의 필요성을 더 강조하였고, 베트남 전쟁을 지지하면서는 공동체적 관점보다는 개인주의와 자유 경제를 더 지원하기 시작했다.[7]

헨리의 새로운 복음주의가 1960년대에 겪은 위기는 정체성의 위기로 평가된다. 천년왕국설에 바탕을 두고 있는 전통적인 복음주의와 스스로를 구별하였고, 합리성을 바탕으로 하는 세속적인 인본주의와 성서에 대한 고등비판을 바탕으로 하는 자유 신학과도 거리를 두었기 때문이다. 따라서 새로운 복음주의 운동은 추상적이고 관념적인 차원에서는 나름대로의 논리와 특성을 드러냄으로써 뚜렷한 정체성을 확보할 수 있었다. 그러나 1960년대의 극심한 사회혼란의 상황은 좌와 우 중의 하나를 선택하도록 강요하던 때였다. 마치 한국전쟁 중 한 마을에서 더불어 살던 사람들이 좌와 우 중에서 하나를 선택하도록 강요받았던 것처럼 말이다.

결국 헨리의 '새로운 복음주의 운동'은 현실 사회에 대한 문제 인식과 함께 현실에의 참여 의식은 갖추었지만, 복잡한 사회 상황에서의 정체성 위기를 맞이하면서 실천을 위한 전략 등이 불분명한 운동으로 끝나고 말았다. 내부에서도 갈등이 일어 헨리가 베트남 전쟁에 대한 미국의 태도 변화를 요구하고 자본주의의 단점에 대하여 지적하자, 잡지 편집장의 자리에서 밀려나게 되었다. 또한 빌리 그래함이 닉슨을 지지하자 운동권 내에서 그의 위상은 더욱 좁아지게 되었다. 한편 개인의 회심을 강조하는 근본주의의 전통과 유산은 사회적 관심을 하위로 밀어내 버렸다. 1950년대와 60년대의 복음주의자들은 반공(anticommunism)을 지지하는 것 외의 직접적인 정치적 활동을 자제하였다. 헨리가 창간했지만 편집 지침까지도 바꿔버린 〈크리스천 투데이 Christianity Today〉는 1965년 "죄에서 해방된 인간들과 무관한 사회 해방은 없다."라고 하면서 사회 문제에 대해 "가장 위대하고 가장 진보적인 해결책은 주 예수 그리스도의 은총과 복음을 통한 개인의 심령 변화"에 달려있다고 주장하였다.[8]

진보적 복음주의의 모호한 정체성은 이후 1980년대의 진보적 복음주의 운동에서도 나타난다. 예컨대 진보적 복음주의를 표방하는 소저너스(Sojourners) 운동 또한 정치적 우파와 좌파 모두를 비판하였는데 이 둘 모두가 인간 생명에 대한 광범위한 방어책을 제시하지 못한다고 여겼기 때문이다. 그러는 한편 이들은 스스로를 신학적으로 보수적인 복음주의자로 간주하는 동시에 정치적 좌파들이 지니는 많은 신념을 옹호하였다. 예컨대 이들은 미국의 군축, 사형제 폐지, 국제적 갈등의 평화적 해결 등 여타 세속적인 평화 운동가들과 맥을 같이 하면서도 낙태 반대 등의 팻말을 함께 들고 거리로 나오기도 하였다. 이와 관련해서 월스트리트저널은 진보적 복음주의를 현대 미국의 정치적 스펙트럼의 어느 곳에도 넣기가 힘든 분류 불가의 운동으로 평가하였다.[9]

1960년대 중반에 일련의 신학자, 목회자, 학자들이 자신들의 정치 사회적 활동에 대해 재평가를 하면서 새로운 복음주의 운동이 다시금 힘을 얻게 되고 오늘날 진보적인 복음주의 운동에 직접적으로 영향을 미치게 되었다. 특히 침례교 목사인 프레드 알렉산더(Fred Alexander)와 그의 부인 앤(Anne), 그리고 아들 존(John)은 근본주의 활동가 사이에 존재하는 인종 차별의 문제를 집중 거론하였다. 수년 후 잔 알렉산더는 억압 받는 자들과 주변인들을 상징하는 잡지 〈디 아더 사이드 *The Other Side*〉를 중심으로 온갖 종류의 사회적 불의에 대하여 비판하는 한편 약자들이 받는 사회적인 고통에 대하여 관심을 기울이기 시작했다.

그러나 진보적인 미래의 복음주의가 공공 영역에서 활발한 운동을 펼치도록 자리 매김을 해 준 사건은 1973년에 일어났던 시카고 YMCA에서의 복음주의 선언이었다. 1973년 11월 닉슨의 워터게이트 사건이 절정에 달했을 무렵, 50여명의 복음주의 지도자들이 시카고의 한 허름한 YMCA 호텔에서 추수감사절 워크숍을 가졌을 때였다. 이 때 한 젊은이가 복음주의가 시대의 사회적 악에 대한 침묵을 깨야 한다는 연설을 하였다. 그 청년은 론 사이더(Ron Sider)[10]였고 이날 모임에 참석한 자들은 대부분 복음주의의 진보적 지도자들이었다.

모임을 주도한 사이더 등은 미국의 군사주의, 성차별주의, 경제적 착취, 인종 차별주의, 닉슨의 권력 남용 등에 대하여 비난을 퍼부었다. 이들은 며칠 동안의 강도 높은 토론 끝에 더 이상 미국에서나 국제 사회에서의 사회악에 대하여 침묵하지 않을 것이라고 하면서 'ESC(Evangelical

Social Concern) 시카고 선언'을 발표하였다. 다음은 시카고 선언의 전문이다.

"복음주의의 사회적 관심을 위한 시카고 선언"

주 예수 그리스도와 하느님 말씀의 온전한 권위에 헌신하는 복음주의 기독교인으로서 우리는 하느님이 그의 백성의 삶 전체에 대하여 권리를 주장하심을 확언한다. 따라서 우리는 하느님이 우리로 하여금 미국과 세계에서 거하게 하신 상황과 우리들의 삶을 분리할 수가 없다.

우리는 우리의 삶에 대한 하느님의 완전한 권한을 인정하지 않았음을 고백한다.

우리는 하느님이 사랑을 요구하신다는 사실을 인정한다. 그러나 우리는 사회적 학대로 고통 받고 있는 사람들에게 하나님의 사랑을 보여주지 않았다.

우리는 하느님이 정의를 요구하신다는 사실을 인정한다. 그러나 우리는 불의한 미국 사회에 그의 정의를 선포하거나 드러내지 않았다. 주께서 가난한 자와 억압받는 자들의 사회적, 경제적 권리를 보호하라고 우리에게 요구하셨건만 우리들은 대부분 침묵으로 지켜왔다. 우리는 미국에서 교회의 인종 차별주의에의 역사적 관여에 대하여, 그리고 인간의 피부색에 따라 그리스도의 몸을 분할해 온 개인의 태도와 제도적 구조를 영속시키는 복음주의 공동체의 분명한 책임에 대하여 유감으로 생각한다. 더 나아가 우리는 우리의 경제 시스템에 의해 국내와 해외에서 거행되는 인종 차별주의적인 착취를 비난함에 있어 실패하였다.

우리는 하느님의 자비가 풍부하시고 하느님은 죄를 회개하고 돌아서는 자들 모두를 용서하신다는 것을 인정한다. 그래서 우리는 우리의 동료 복음주의 기독교인들로 하여금 우리나라의 사회적, 정치적 불의에 맞서는 기독교적인 제자의 신분으로 회개의 증거가 되기를 요구한다.

우리는 우리 문화의 물질주의에 대하여, 그리고 국가의 부와 서비스의 불균형적인 분배에 대하여 비난해야 한다. 우리나라가 하나의 국가로서 국제 무역과 개발의 불균형과 부정에 있어서 중대한 역할을 하고 있음을 인식하고 있다. 하느님과 수십억의 굶주리는 이웃들 앞에서 우리는 현재의 우리의 생활수준에 대한 우리의 가치에 대하여 재고해야만 하며 세계 자원의 보다 정당한 획득과 분배를 촉구해야만 한다.

우리는 남자들에게는 우쭐한 지배를, 여성에게는 무책임한 복종을 조장해 왔음을 인정한다. 따라서 우리는 남녀 모두에게 상호 존중과 적극적인 제자 훈련을 요구한다.

우리는 새로운 복음을 선포하지 않는다. 다만 성령의 힘을 통하여 사람들을 죄로부터 해방시켜 그들로 하여금 정의로운 일을 통해 하느님을 찬양하게 한 우리의 주 예수 그리스도의 복음을 선포하는 바이다.

이 선언으로 우리가 특정의 정치적 이데올로기나 정당을 승인하는 것은 아니다. 다만 우리나라의 지도자들과 국민들로 하여금 나라를 고양하는 정의에 참여하도록 요구할 뿐이다.

우리는 그리스도가 그의 나라(Kingdom)를 완성하기 위해 오신다는 성서적 소망 안에서 이 선언서를 만들며 그가 올 때까지 우리가 온전한 제자가 되기를 바라는 그의 요구를 수용하려 한다.

1973년 11월 25일 일리노이 주 시카고[11]

요약하자면 시카고 선언은 대부분의 복음주의자들이 지니는 협소한 종교적 관심과 비정치적인 성향, 그리고 보수적인 지향 등에 대하여 반성하고 있다. 또, 지구촌에서 벌어지는 고통과 폭력을 만들어 낸 미국의 경제적인 착취와 군사적 국가주의를 복음주의자들이 공모한 것에 대하여 반성하며, 부부 간의 '상호 존중(mutual submission)'보다는 남성의 지배와 여성의 복종을 지지한 복음주의자들의 잘못된 행태에 대하여 고백하고 있다. 또한 전통적인 복음주의가 제시하는 진정한 사회 변화는 오로지 개인의 영적인 구제와 도덕적 변화를 통해서만 가능하다는 개인주의적 사회 윤리와 비정치적인 보수주의를 비성서적으로 간주한다.

이 선언에 대해 워싱턴포스트지는 미국의 정치와 종교를 뒤흔들 수 있는 종교 운동이 시작되었다는 뉴스를 내보냈다. 복음주의자들이 진보적인 사회 참여와 정치적인 행위를 통해 미국을 보다 복음주의적인 방향으로 끌고 나가겠다고 선언을 했기 때문이다.

시카고 선언의 우선적 목표는 복음주의 기독교인들 가운데에서 팽배해 있는 사회 정의에 대한 무관심을 관심으로 돌리고 복음주의자들을 포함한 모든 미국인들로 하여금 '나라를 고양하는 정의(the righteousness that exalts a nation)'를 추구하게 하는 것이었다. 이를 위해 경제 정의, 평화 유지, 인종 간의 정의와 화해, 성 평등 등이 복음주의의 가장 중요한 임무인 그리스도의 복음 전파와 일치한다는 예언자적 선언을 하였던 것이다.

복음주의 좌파가 표방한 이러한 진보적인 사회의식과 양심이 어디에서 생겨났을까? 많은 목회자들이 국가 권력에 순종할 것을 설교하였음에도 불구하고, 무엇이 이 젊은 복음주의자들로 하여금 베트남 전쟁을 거부하도록 하였는가? 이 지도자들로 하여금 소박한 삶을 설파하게 하고 고삐 풀린 자본주의를 비판하도록 한 것은 무엇인가?

YMCA에서의 이 시카고 선언은 1960년대부터 시작된 혼란스러운 미국의 사회상과 무관하지 않다. 시카고는 전천년왕국설의 굳게 지키는 무디(Dwight Moody, 1837-1899)의 영향력이 지배적인 곳이었다. 무디교회는 교회 구성원들의 영혼 구원에 주로 초점을 맞추고 있었다. 물론 이들이 지닌 정치적 보수성으로 인해 공화당을 지지한 것은 사실이지만 그렇다고 해서 이들이 공화당을 위한 정치적 행사에 동원된 적은 아직 없었다. 다만 이들은 개인적으로는 거룩한 신앙생활에 몰두하는 한편 시민으로서의 역할 또한 눈에 띠지 않게, 그리고 정직하게 수행할 뿐이었다.

그러나 1968년 8월 26일에서 29일까지 민주당 대통령 후보 선출을 위한 전당대회가 시카고에서 열리자 이들은 당황함을 감추지 못하게 되었다. 전당대회는 존슨 대통령의 재선 불출마에 따라 새로운 후보 선출을 위한 것이었다. 하지만 이 시기는 이미 4월 4일에 있었던 마틴 루터 킹 목사의 암살과 전국 주요 도시에서의 폭력과 폭동으로 시민들의 불안이 극에 달했을 정도로 미국이 사회적 혼란에 처했던 때였다. 또한, 6월 5일에는 민주당의 유력한 대통령 후보였던 로버트 케네디 뉴욕 상원의원이 암살당하는 등 정치적 혼돈 또한 절정에 이른 때였다.

전당대회가 열린 시카고의 그랜드 파크는 이미 미국 사회에 불기 시작한 뉴 레프트 운동과 반미주의, 반전운동, 자유연애, 폭력, 마약 등의 혼돈이 점철되어 표출되는 장소가 되었다. 특히 '베트남 전쟁 종식 총동원 위원회(National Mobilization Committee to End the War in Vietnam)'와 '국제 청년 정당(Youth International Party)', 그리고 '민주사회를 위한 학생회(Students For a Democratic Society)' 등이 주도한 시위에는 1만 명 이상이 참여하였다. 그러자 시카고 시장은 이에 맞서 23,000여명의 경찰과 일리노이 주 국가 방위군(National Guardsmen) 등을 동원하였고 마침내 시위대와 격하게 충돌하기에 이르렀다. 시위대와의 충돌은 대중 매체를 통해 그대로 생중계되면서 갈등은 더욱 고조되었다.

진압이 아니라 충돌이라고 표현한 것은 시위대에 대한 경찰의 공격이 극렬했기 때문이다. 충돌의 정도가 얼마나 컸냐 하면, 8월 28일에 벌어진 시위에 맞선 경찰과 국가 방위군의 무자비한 폭력 진압으로 인해 TV로 생중계된 이날의 사건을 대중 매체가 '시카고 경찰 폭동(Chicago police riot)'이라 명명할 정도였다. 경찰과 방위군은 시위대와 구경꾼들에게 무차별적으로 곤봉을 휘둘러댔던 것이다. 그랜드 파크의 무질서함은 미국 정치에서 오랫동안 보여주었던 빈곤 구제, 시민 인권, 경제 성장을 둘러싼 자유주의에 대한 사회적 동의가 깨어지고 말았다는 것을 상징적으로 보여주는 커다란 사건이었다.

이 사건은 한편으로는 무디교회 교인들로 하여금 전천년왕국설이 강조하는 세상사에의 무관심을 떨쳐 버리고 종교 우익의 활동에 적극 동조하는 빌미를 만들어 주었다. 시위를 통해 나타난 극심한 사회적 혼란과 시위에서 뉴 레프트 운동 등의 지극히 세속주의적인 요구가 드러나자, 이들은 경악과 함께 위기감을 느끼기 시작하였기 때문이다. 결국 이들은 복음주의 종교 우익의 근본주의 운동을 지원하기 시작했고, 이후 수년 동안 복음주의가 지원하는 정치 우익의 정치 활동에 동원되기에 이르렀다.

반면 훗날 시카고 YMCA 회합에 참여한 진보적 복음주의자들에게는 복음주의의 전형적인 상징인 무디교회의 위기의식도, 그리고 그랜드 공원 시위를 통해 드러난 정치 사회적 이슈도, 이후 시카고 선언 몇 주 전에 절정에 이른 닉슨의 워터게이트 사건으로 야기된 정치적 혼란 등도 저버릴 수가 없는 숙제가 되었다. 둘 다 그들에게 어두운 그림자를 드리웠지만 그렇다고 해서 쉽게 무시할 수가 없는 것이었다. 결국 이들은 경건주의와 자유주의로 대표되는 성과 속의 문화 전쟁에서 초월하고자 하였다. 긍정적으로는 이 두 운동을 수용한 결과 진보적인 정치와 개인의 경건함을 혼합하게 되었다. 그러나 부정적으로는 무디교회가 고집한 수동적인 보수주의와 뉴 레프트 등의 좌파 저항자들이 보인 무정부적인 신성 모독을 겨냥한 것으로 결국 이 모두를 거부하는 것이었다. 복음주의의 개인 중심의 경건함을 유지하면서도 정치 사회적 관심을 계속해서 나타내는 복음주의 좌파의 이러한 모습과 특성은 최근에 등장한 진보적 복음주의에도 그대로 남아있다고 할 수 있다. 그러면서 그것은 운동의 한계로 작용하기도 한다.

시카고 선언을 통해 진보적 복음주의는 한동안 주목을 받았다. 또한 미국 복음주의 내의 한 분파로 인식될 정도로 나름대로의 위치를 갖게 된다. 하지만 정치 세력과의 정체성 문제로 복음주의 좌파들은 분열되었고, 전국적인 정치적 힘을 가지고 등장한 종교 우익의 득세로 희미해지기 시작하였다. 결국 시카고 선언은 워싱턴포스트지가 예상한 것과는 다르게 미국의 정치와 종교의 관계에 새로운 바람을 불러일으키는 종교 운동이 되지 못했다. 다시 말해 이 사건은 미국 복음주의의 정치사에서 하나의 각주에 지나지 않게 되어 버렸다. 이들이 복음주의를 정치적 우파가 아니라 좌파적인 방향으로 끌고 가려고 했지만, 훗날 정치 영역에서 영향력을 갖고 떠오른 것은 복음주의 좌파가 아니라 우파였기 때문이다. 실제로 종교 우익은 미국의 정치적이고 종교적인 삶을 뒤흔들 정도의 활발한 움직임을 보이기도 하였지만 복음주의 좌파는 조용하게 움직였을 뿐이다.

비록 완성을 거두지 못하였고 종교 우익만큼 세를 얻지 못하였지만 70년대의 시카고 선언은 오늘날의 진보적 복음주의 형성에 몇 가지 커다란 자취를 남겼다. 첫 번째 흔적은 기독교가 복음주의 좌파나 우파 모두에게 개인의 회개와 변화를 넘어 사회적이고 정치적인 역할과 책임이 있다는 인식을 이끌어 냈다는 것에 있다. 실제로 내세적인 (otherworldly) 복음주의자들이 느낀 사회적 책임이 결국은 세속주의와의 문화 헤게모니 전쟁이나 정부의 세속적 지향의 확대에 대한 거부 운동 등으로 국한해서 향한 것이 사실이지만 시카고 선언이 공동체적 정치 행위에 동기를 부여해 준 것 또한 사실이다.

시카고 선언이 남긴 두 번째 영향은 복음주의는 보수적이라는 생각을 부정하는 논쟁이 지속되도록 한 것이다. 상당수의 복음주의자들은 자신들이 사회나 경제 문제에 있어서 온건하거나 자유주의적인 입장을 취하고 있다고 고백하고 있음에서 볼 수 있듯이, 복음주의 유권자들 사이에서도 인종, 젠더, 환경, 빈곤, 경제 제도, 평화 유지 등에 대한 관심은 지속적으로 유지되고 있었던 것이다. 이러한 모습은 2008년의 대선에서 젊은 복음주의 유권자 3명 중의 한 명이 오바마에게 투표를 하였다는 것에서도 잘 나타나고 있다.

세 번째로 남겨진 시카고 선언의 지속적인 영향은 공동체 재개발과 공동체를 지향하는 정치적 지지라 할 수 있다. 오바마의 배경이 공동체 조직 운동가였으며 2008년과 2012년의 선거에서 그의 승리의 가장 굳건한 토대가 되었던 것처럼 1970년대 이후 공동체를 위한 목회운동이 미국의 도시에서 커다란 역할을 하게 된 것이다. 이처럼 복음주의 운동은 개인의 변화와 함께 사회 정의에 대한 관심을 가지게 되었다.

네 번째로 시카고 선언이 남긴 영향은 지구의 남반구 출신의 복음주의 사상과의 지속적인 유대관계의 확대와 유지였다. 북미의 백인 중심의 기독교가 점차로 아프리카, 아시아, 남미 등의 기독교인들과 관계를 갖게 되었던 것이다. 그만큼 세계 기독교인들과의 우애와 함께 국제적 네트워크를 구성하게 되었다.[12]

2. 평화를 위한 오순절 행진과 복음주의 갱신 운동

1985년 5월 워싱턴 D.C.에서 전쟁과 불의에 항거하는 비폭력적 시위를 위한 '평화 오순절(Peace Pentecost)' 집회가 소저너스(Sojourners)의 주최로 열렸다. 여러 가지 중요한 사회적, 경제적, 정치적 문제가 시위 어젠다에 포함되었는데 궁극적으로는 이 여러 가지 이슈와 연관되어 발생하는 삶과 죽음의 광범위한 문제를 다루게 되었다. 소저너스는 진보적인 복음주의 단체로 짐 왈리스[13]가 주도하였다. 당시의 미국 대통령은 레이건으로 소련과의 대결 국면에서 보다 강력한 미국을 위해 군비 경쟁에 치중하였고 우주 전쟁 등에서의 군사적 우위 확보에 전력을 다하였다. 평화 오순절 운동은 먼저 백악관 앞에서 군비 경쟁을 종식할 것을 요구하였고, 국무성 앞에서는 중앙아메리카에서의 폭력과 테러 지원 중지를 요구하였다. 또한 이들은 남아프리카공화국 대사관 앞에서 남아공의 인종 차별 정책(apartheid)에 항의하는 집회를 열었으며, 소련대사관 앞에서는 소련의 아프가니스탄 침공을 멈출 것을 요구하였다. 마지막으로 이들은 미국의 보건복지부 청사 앞에서 낙태된 아기들을 위한 기도회를 하면서 낙태로 내몰리는 여성들을 위한 대안 제시를 요구하기도 하였다.

왈리스가 주도한 이 운동이 겨냥한 또 다른 비판 대상은 1970년대 말부터 일어나기 시작한 새로운 종교 우익(Christian Right) 운동이었다. 이른바 '도덕적 다수'의 제리 팔웰 목사, 복음주의 목사이며 작가인 라하에(Tim LaHaye), 그리고 가정중심사역(Focus on the Family)의 제임스 돕슨(James Dobson) 등은 보다 광범위한 지원 세력을 배경으로 하는 한편, 보다 튼튼한 재정을 가지고 등장하여 진보적 복음주의를 복음주의 내에서 밀어냈기 때문이다. 이들은 미국이 지닌 '기독교 유산(Christian heritage)'과 전통적인 가정의 가치 회복을 내세우는 한편 공공 문화의 세속화와 낙태를 반대하는 운동을 전개하였다. 무엇보다도 놀라운 사실은 이들이 지금까지의 전천년왕국설이 신봉한 세상사에 대한 무관심의 태도를 버리고 세속적인 문화와의 전쟁을 선포하면서 페미니즘과 동성애 권리 등의 주장에 반기를 들기 시작하였다는 것이다. 그러나 더욱 놀라운 사실은 이들이 공화당의 정치인들과 동맹을 맺으면서 선거에 깊숙이 개입하는 한편, 경제적 보수주의와 미국의 군사주의에 대한 지원을 적극적이고 노골적으로 표명하였다는 것이다. 급기야 1980년의 대선에서 레이건을 당선시키는 데 일조하였고, 복음주의가 완고한 정치적 보수주의라는 인식을 오랫동안 사람들의 뇌리에 강하게 주입시키는 결과를 가져왔다.

왈리스가 비판한 종교 우익의 문제는 정치와 종교의 혼합에 있지 않았다. 그것은 오히려 우파의 정치 이데올로기를 장려하면서 사회적 관심에 대한 복음주의의 전통을 왜곡한 행태에 있었다. 왈리스를 비롯한 진보적 복음주의자들에게 복음의 진정한 의미란 고난 받는 모든 이들에게 좋은 소식을 전하는 것에 있고, 이 시대의 복음은 경제 정의를 회복하고 인종 차별을 철폐하며 여성의 지위를 향상하고 평화를 노래하는 데에 있다고 여겨지기 때문이다.[14]

1973년의 시카고 선언이 있은 후 정확히 20년 후인 1993년 11월 21일 제2차 시카고 선언이 발표된다. 11월 19일부터 시카고의 컹그레스 호엘(Congress Hotel)에서 열린 복음주의 시민 행동(Evangelicals for Social Action) 집회에서 수십 명의 복음주의 지도자들은 새로운 선언서를 작성하였다. 다양한 집단과 관점을 대표하는 자들이 이 선언을 대표하였다. 당시 ESA의 회장이던 론 사이더가 초안을 작성한 후 오랜 토론 끝에 선언서가 만들어졌다.

"제2차 시카고 선언: 복음주의 갱신을 위한 요구(Chicago Declaration II: A Call for Evangelical Renewal)"로 명명된 이 선언문은 1973년의 선언문에 대한 지지와 동의를 바탕으로 더욱 악화된 사회적 위기와 도덕적 위기 속에서 복음주의자들이 해야 할 일에 대한 성찰이 목표임을 밝히고 있다. 1차 선언문과 달리 2차 선언문은 크게 비탄과 희망(weep and dream)의 장과 헌신(commitment)의 장으로 나뉜다. 1993년의 선언문에는 20년 전의 선언문보다 복음주의의 핵심 교리에 대한 신앙 고백이 상당 부분 포함되어 있다. 예컨대 비탄과 희망의 첫머리에는 세상의 희망인 예수 그리스도를 알지 못하고 그에 대한 고백이 없는 사람들에 대한 안타까움과 함께, 사랑과 증거로 이들을 생명의 그리스도로 이끌어

내는 교회의 선교 사명의 희망을 거론하고 있다. 이후 계속해서 인종주의, 빈부 격차, 폭력과 생명 경시, 여성 차별, 세대 간 격차, 소비 중심 세태 등에 대해 슬퍼하면서, 이 모든 문제의 해결의 위한 소망을 신과의 관계, 그리스도 복음 안에서의 화해, 신앙 공동체의 완성, 초월적 가치와 도덕적 양심의 공적 영역으로의 확대 등에 두고 있다. 현상 인식에 있어서 확대된 사회 문제를 포함하면서도, 이들을 신의 영광과 거룩함에 대한 경외의 결핍과 연계하며 해결에 대한 소망을 위해 복음주의의 전통적인 교리를 상당부분 인용하고 있다.

그리고 헌신의 부분에서도 복음에 대한 희망과 하느님 나라의 완성에 대한 헌신을 강조하면서 이 하느님 나라의 완성을 저해하는 악한 영의 세력에 대한 거부, 복음의 생활과 선포로 하느님에 대한 사랑과 섬김의 전파 등 상당히 복음주의적인 고백을 전제하면서 헌신을 결의한다. 그러면서 이들은 현대 사회의 문제에 대한 비판적 성찰과 함께 사회 변화를 위한 헌신적 행동을 약속한다. 다음의 제2차 시카고 선언의 일부이다.

"우리는 우리의 자기만족, 기술에 대한 의존, 현상(現狀)의 악한 세력과의 공모에 대해 회개한다. 우리는 국가와 경제 체제에 대한 우상화를 거부하고 그리스도와 그의 나라가 지향하는 가치에 대해 열정적으로 헌신하는 바이다. 우리는 권력, 소유, 자기 달성, 안정, 안전(power, possession, self-fulfillment, security, and safety)에 대한 집착을 멀리하고 우리의 희망을 이루기 위해 고난과 갈등을 기꺼이 감수하고자 한다.

1973년에 우리는 복음주의자들의 사회적 참여를 요구하였다. 이 요구는 여전히 유효하다. 감사하게도 더 많은 사회적 참여가 이루어지고 있다. 그러나 비극적이게도 우리는 이데올로기의 노선에 따라 분열되는 경험을 아주 자주 겪어왔다. 최근의 복음주의의 정치 참여는 너무 많은 경우 비시민적이고 분열적이며, 상대방을 악마시하는 경향을 지니고 있고, 신중한 분석과 성서적 성실성(biblical integrity)을 결여하고 있다. 성서의 온전한 권위에 대한 충실함은 좌와 우의 전통적인 카테고리를 초월한다.

복음은 분열되지 않는다. 그것은 회개의 요구와 정의의 요구 모두를 포용한다. 예수의 가르침과 모범에 대한 순종은 신자들이 기도, 예배, 복음주의, 그리고 사회 개혁까지도 통합할 것을 요구한다."[15]

제2차 시카고 선언은 1차 선언에 대한 재확인과 지지라 할 수 있다. 선언 내용의 상당 부분은 사회 문제에 대한 관심보다는 복음주의자들의 사회 참여 과정에서 나타나는 분열 양상과 종교 우익의 왜곡된 성서 해석에 초점을 두고 있다. 따라서 내용에 있어서 1차 선언과 별다른 차이가 나지 않는다. 오히려 2차 선언은 1차 선언에 대한 복음주의의 신학적 정당화 작업이 아닌가 생각한다. 복음주의를 새롭게 하자는 이 선언의 부제는 80년대 후반과 90년대에 있어서 진보적 복음주의가 처한 복음주의 내의 작은 위치를 벗어나고자 하는 몸부림을 보여준다고 할 수 있다.

이러한 사실은 1996년 2월에 공식적으로 시작한 '회복 요구(Call to Renewal)' 네트워크에서도 잘 나타난다. 이 운동을 주도한 사이더와 왈리스, 그리고 토니 캠폴로(Tony Campolo)는 종교 우익의 대항 세력을 복음주의 내에서 형성하고자 하였다. 그러면서 이 운동은 미디어 전략 개발, 선거 후보 포럼 기획, 지역 세력 규합 등에 힘썼다. 따라서 운동의 목표는 이데올로기적 분열을 초월하는 한편, 빈곤, 인종 관계, 환경 문제 등과 관련된 사회 정의의 회복이었다. 이들에 따르면 자유주의자들은 가치문제를 심각하게 다루지 못하고 있기 때문에 이 분야에 대한 관심을 미국 문화에서의 영적 가치 붕괴만을 염려하는 기독교 연합(Christian Coalition)과 다른 보수적인 세력에게 넘겨주고 말았다. 반면 기독교 우익은 사회 문제에 지극히 이데올로기적인 어젠다만을 부여하고 있으며, 우익 정치인들의 포로가 되었을 뿐이다.

그러나 이 운동은 단지 그들이 경쟁하는 기독교 연합, 공화당 의회 등과의 대척점만을 부각시키는 데에 그치는 한계를 드러내기도 하였다. 상대 세력에 대한 단순한 반응이나 일반적인 도덕적 논의보다는 보다 긴급한 공공 정책에 대한 논의를 전개했어야 했다는 지적이다.

또 다른 문제는 네트워크 내의 가치 불일치이다. 예컨대 모임을 주도한 사이더는 낙태를 극력 반대하면서 전통적인 가정의 회복에 정부가 주도적인 역할을 하도록 요구하는 입장을 취하고 있었다. 또 다른 불일치는 동성애자와 관해서였다. 동성애자의 권리를 위해 시민 인권의 표어를 도용하고 있다고 비판한 자도 있었다. 이러한 주장은 운동 참여자들을 당황하게 하였고 대중의 강한 논쟁적 저항을 불러왔을 뿐이다.[16] '교육발전을 위한 복음주의 협회(Evangelical Association for the Promotion of Education)'를 창설한 캠폴로 또한 민주당과 연계하면서[17] 좌파 집단과 명분을 같이 하지만 공공연하게 낙태와 동성애 결혼에 반대하는 입장을 표명하였으며, 사이더와 마찬가지로 산모보다 태아를 우선시하는 프로라이프(pro-life)를 지지하는 입장을 고수하였다. 물론 전쟁, 기아와 빈곤, 부의 불평등, 사형, 안락사 등을 반대하는 입장을 취하기도 하였다. 이처럼 진보적 복음주의는 미국 내의 정치적 스펙트럼에서 여전히 불분명한 위치에 놓여있음은 물론 사회적 이슈에 있어서도 불안한 정체성을 지니고 있었다.

결국 진보적 복음주의자들은 시카고 선언에서 다루지 않았던 낙태와 동성애 결혼 문제에 대하여 언급을 할 수밖에 없었다. 그러나 대부분은 프로라이프를 지지하고 이성 간의 결혼만을 신의 이상에 합당한 결혼 제도라고 인정하는 자세를 취하게 된다. 물론 이들은 종교 우파가 이들 이슈를 보수적으로 해석하고 정치적 토론장에서 후보자를 평가하는 기준으로 과장해서 이용하는 방식에 대해서는 비난을 쏟아 부었다. 진보적 복음주의자들은 사회 정의에 있어서 정치적 자유주의와 동조하면서 종교 우익과 정치 우익과의 대결 국면을 만들어냈다. 하지만, 낙태와 동성애에 대한 종교적 동기와 입장 차이로 인해 정치적인 자유주의자들 사이에서는 환영받지 못하는 경우가 발생하기도 하였다.

3. 진보적 복음주의의 사회적 부상과 민주당과의 제휴

진보적 복음주의가 복음주의 내에서의 주변적 위치를 벗어나기 시작하고 미디어의 주목을 받기 시작한 것은 21세기에 들어서이다. 특히 이들은 정치인과 일반 복음주의 신자들로부터의 관심을 되찾게 된다. 이 시기에는 9/11 사태가 벌어졌고, 이후 부시 정권이 아프가니스탄과 이라크에 대한 침공을 했었던 때이며 부시가 재선에 성공한 2004년의 선거가 있었던 때이다. 이미 온 나라가 보복 전쟁을 지지하는 분위기에 휩싸여 있었고 부시의 재선이 확실시 되었다.

그러나 대통령 선거 시즌 중에 소저너스는 "신은 공화당원도 아니고 민주당원도 아니다(God Is Not a Republican, or a Democrat.)"라는 범퍼 스티커를 사람들에게 나누어 주기 시작하였다. 스티커 주문이 쇄도하였고 스티커는 금방 동이나 버렸다. 이 단순한 메시지는 신은 공화당을 지지하고 투표하며, 신실한 기독교인들은 민주당을 지지하지 않는다는 종교 우익의 주장에 지친 많은 기독교인들의 지지를 이끌어 내는 데에 성공하였다. 소저너스는 기독교인들은 후보를 평가할 때 낙태나 동성애 결혼 등에 대한 이슈만이 아니라, 빈곤, 평화, 인종 화합, 젠더 평등, 환경 보호 등 공적 영역에서의 책임과 능력 등에 대하여 질문을 해야 한다고 주장하였다. 왈리스는 투표는 타락한 세상에서 이루어지는 하나의 불완전한 선택에 지나지 않다고 언급함으로써18 선거 등의 정치적 행위가 종교적 차원의 성스러운 작업으로 승화되는 것을 거부하였다.

2004년의 선거를 앞두고 소저너스를 통해 또 다른 중요한 발표가 있었다. 그것은 보수적인 여러 신학교와 기독교 대학에 속한 200여명의 신학자들과 윤리학자들이 연명한 "폭력 세상에서의 그리스도에 대한 고백(Confessing Christ in a World of Violence)"이었다. 이들은 백악관에 등장하고 있는 '전쟁 신학(theology of war)'이나 테러와의 전쟁에 대한 담론에서 '정의로운 제국(righteous empire)', 미국의 국가와 대통령에 부여된 '신성한 임무(divine appointment)' 등의 언어를 공식적으로 빈번하게 표명하는 행태에 대하여 심각한 우려를 갖고 있었다. 또한 9/11 사태 이후 미국 사회에 폭력이 쉽게 수용되고, 신과 교회, 그리고 국가의 역할이 그리스도에 대한 새로운 '고백' 요구와 쉽게 혼동되는 분위기가 널리 퍼지는 것에 대하여 염려하였다.

"우리의 세상은 폭력과 전쟁으로 파멸되고 있다"로 시작하는 이 고백문은 마태복음 5장 9절의 "평화를 위하여 일하는 사람은 행복하다. 그들은 하느님의 아들이 될 것이다"라는 예수의 가르침을 소개하면서 국내외에서 많은 무고한 사람들이 테러리스트들의 공격에 위협 받고 있음을 드러냈다. 그러면서 이들은 마태복음 5장 44절에서 예수가 말한 "원수를 사랑하고 너희를 박해하는 사람들을 위하여 기도하여라"를 실천하기가 점점 더 어려워지고 있음을 고백하였다.

그러나 미국이 처한 안보 상황이 쉽게 해결될 문제가 아니라는 사실과 함께 아무도 진리를 독점하고 있지 않기에, 지혜로운 국제적 협력 논의가 필요하다는 주장을 거부하는 정책이 종교의 이름으로 정당화되어서는 안 된다고 주장한다. 이들이 직시한 오늘날의 위험은 공포 정치에 의해 악화된 정치에 대한 맹목적 숭배나 우상화이다. 즉 위에서 말한 정치 행위에 대한 절대적 가치 부여를 지향하는 것이다. 따라서 이러한 위기 상황에서 기독교인들은 그리스도에 대한 새로운 고백을 표명하지 않을 수가 없게 되었다. 다음은 고백문의 5가지 핵심 내용이다.

1. 성서가 보여주듯이 예수 그리스도는 어떠한 국가적인 경계도 인정하지 않는다. 그의 이름을 고백하는 사람들은 지구의 어느 곳에나 존재하고 있다. 우리는 국가 정체성보다는 그리스도에 대한 충성을 더 중요시 한다. 기독교가 제국과 타협을 할 때마다 그리스도의 복음은 신뢰를 잃게 된다. 우리는 어느 국민 국가든지 "그 빛이 어둠 속에서 비치고 있다. 그러나 어둠이 빛을 이겨본 적이 없다"라는 구절의 잘못된 가르침을 거부한다. 성서에서 사용된 이 구절은 오직 그리스도에게만 적용된다. 그 어떤 정치적인 또는 종교적 지도자도 전쟁을 지원하면서 이 구절을 억지로 갖다 붙일 권한이 없다.

2. 그리스도는 기독교인들에게 전쟁 반대에 대한 강한 확신을 부여해 준다. 이 임무는 현대의 전쟁이 지니는 무자비한 파괴성으로 더 강화되었다. 십자가 그늘 아래의 기독교인들은 대가를 치루더라도 희생자를 대변하고, 국가가 전쟁을 도모하기 전에 모든 대안을 모색하도록 하는 책무를 가지고 있다. 우리는 일방적인 정책보다는 국제 협력을 지지한다.
우리는 테러에 대한 전쟁이 윤리적이고 법적인 규범에 우선한다는 잘못된 가르침을 거부한다. 결과가 아무리 중요하더라도 몇 가지 결코 행해져서는 안 되는 것이 있는데 고문, 고의적인 민간인 폭격, 대량 파괴 무기의 무차별적인 사용 등이다.

3. 그리스도는 적의 눈에 있는 티뿐만 아니라 우리가 가지고 있는 대들보를 보라고 명령한다. 선과 악의 구별이 나라와 나라, 또는 집단과 집단 사이에 존재하지 않는다. 그것은 인간의 마음을 통해 곧바로 생겨난다.
우리는 미국이 오로지 덕성만을 나타내는 '기독교 국가'이며 미국의 적들은 오로지 사악하다는 잘못된 가르침을 거부한다. 우리는 미국이 세계 대부분의 악을 대표한다는 사실을 거부하는 만큼, 미국이 회개해야 할 것이

전혀 없다는 신념도 거부한다. 모든 사람이 죄를 지었기 때문에 하느님이 주셨던 본래의 영광스러운 모습을 잃어버렸다(로마서 3:23).

4. 그리스도는 원수에 대한 사랑이 복음의 핵심임을 우리에게 보여준다. 우리가 아직 원수였을 때에도 그리스도는 우리를 위해 죽으셨다(로마서 5:8, 10). 하느님이 그리스도의 몸으로 우리와 온 세상에 사랑을 보여준 것을 믿는 만큼 우리는 우리의 원수들에게 사랑을 보여주어야 한다. 원수를 사랑하는 것이 적의 어젠다나 지배에 대한 무조건적인 항복을 의미하는 것은 아니다. 그것은 하느님의 형상으로 만들어진 인간을 악마화 하는 것에 대한 거부를 의미한다.

우리는 어떤 사람들은 법의 보호로부터 제외될 수 있다고 정의를 내리는 잘못된 가르침을 거부한다. 우리는 적으로 간주된 자를 악마화 하는 것을 거부한다. 이는 오직 남용의 길만을 닦아놓을 뿐이다. 우리는 생포된 적으로부터 얻을 수 있는 이득이 무엇이든지 간에 포로의 학대를 반대한다.

5. 그리스도는 용서받은 죄인들에 어울리는 덕성은 겸손이라고 우리를 가르친다. 그것은 모든 정치적 논쟁을 완화 해 주며, 이 복잡한 세상에서 우리의 정치적 인식이 잘못될 수 있다는 것을 깨닫게 해준다.

우리는 정치적으로 미국의 편을 들지 않는 자들을 미국의 적이라고 하거나 미국의 정책에 대하여 근본적인 질문을 하는 자들은 '악인'으로 간주하는 잘못된 가르침을 거부한다. 이러한 조악한 구별은, 특히 기독교인들에 의해 이용될 경우, 세상이 절대 선의 세력과 절대 악의 세력으로 양분되어 있다는 마니교적인 이설의 표현에 불가하다.[19]

선언문에서 지적된 잘못된 가르침의 대부분은 테러와의 전쟁을 선포하고 아프가니스탄과 이라크를 침공하면서 내세운 부시 정권의 전쟁 논리에서 나온 내용이다. 따라서 선언문은 부시의 테러와의 전쟁이 지닌 오류와 허구를 노골적으로 폭로하고 비판하고 있다. 선언문의 말미는 그리스도의 가르침이 세상의 어느 권력에 의해서도 파기되어서는 안 되며, 어느 국가도 하느님의 자리를 침해할 수 없다고 강변한다. 선언문은 그리스도가 주인인 이 세상이 고통받고 있을 때 우리의 주된 임무는 평화를 위한 중재라는 구절로 마친다.

선언문이 부시 정권의 잘못된 전쟁 논리 등에 대해 신랄한 비판을 전개했음에도 불구하고 부시는 2004년의 재선에서 승리한다. 2005년에 왈리스는 왜 우파는 신의 정치를 잘못 행하고 있고 왜 좌파는 신의 정치를 채택하지 않는가를 질문하는 책을 출간한다.[20] 이 책에서 그는 진보적 복음주의가 추구하는 예언자적 비전의 신앙과 정치를 '종교 우익 집단', '자유 세속주의 집단', 그리고 '자유 신학 집단'의 신앙 및 정치와 대비시킨다. 종교 우익은 정의와 같은 보다 중요한 이슈는 무시하고 성이나 문화 이슈에만 치중하였으며, 세속주의자들은 공공 영역에서 신앙을 배제하였고, 자유주의 신학자들은 문화적 순응과 근대화된 교리로 인해 성서 신앙 역사의 토대를 부식시켰다고 주장한다.[21]

왈리스의 책은 〈뉴욕타임스〉 지의 베스트셀러 목록에 15주 동안 오를 정도로 많은 대중과 미디어로부터 주목을 받았다. 특히 대선에서 패배한 민주당원들로 하여금 지금까지 유지하던 종교와의 거리를 좁히고 종교적인 유권자들에게 관심을 갖도록 유도하였다. 왈리스는 사이더와 캠폴로와 함께 사회 정의의 이슈를 가지고 복음주의자들, 특히 30세 이하의 신자들에게 어필하는 데에 성공한다.[22]

저널리스트 데이비드 커크패트릭(David Kerkpatrick)은 왈리스의 책이 출간된 지 한 주 후 "종교 좌파를 향해 고개를 돌리는 민주당"이라는 제목의 글을 뉴욕타임스에 실었다. 공화당이 교회 신자들의 환심을 사는 데 성공한 것에 충격을 받은 민주당은 종교와 정치에 있어서 범상치 않은 한 인물에 주목하기 시작하였는데 그가 바로 짐 왈리스라는 것이다. 2005년 첫 의회가 열리자 민주당 상원의원들은 왈리스를 초청하여 강연을 들었고, 하원의원 15명은 조찬 모임에서 왈리스와 함께 민주당의 세속적인 이미지를 벗어나기 위한 방식에 대하여 토론을 벌였다.

왈리스는 모임에서 상원의원들에게 성서에는 빈곤 문제 해결에 대한 언급이 3,000번 이상이나 있다고 하면서, 민주당이 가난한 자를 돕고 환경을 보호하며 폭력을 경감시키는 정책을 세우고자 한다면 도덕적이고 종교적인 근거를 갖출 필요가 있다고 역설하였다. 이는 민주당이 종교와 부조화한(religious unmusical) 관계를 청산하라고 요구하는 것이었다. 왈리스는 보수적인 종교와의 관계를 위해 민주당이 좌에서 우로 조금 움직여야 한다고 주장하였다. 예컨대 그는 전통적인 종교인들이 심각하게 여기는 음란물과 낙태와 같은 이슈를 다룸에 있어서 민주당이 중립적인 입장을 취해 줄 것을 촉구한 것이다. 낙태 권리에 대한 입장이 무엇이든 간에 민주당은 낙태 발생을 도덕적 문제로 다룰 필요가 있고 그것을 감소시킬 방법을 강구할 필요가 있다고 주장한 것이다.

복음주의 좌파를 대표하는 왈리스와 민주당의 접촉에 대하여 종교 우파가 경계하고 있다는 내용도 커크패트릭은 함께 소개하고 있다. 예컨대 1,600만 명의 신자를 가지고 있는 남침례교의 '윤리와 종교 자유 위원회(The Ethics and Religious Liberty Commission)' 위원장인 리처드 랜드(Richard Land)는 복음주의자 좌파인 왈리스는 보수적인 기독교의 가치에 대해 민주당 당원들에게 교육을 할 자격이 없다고 주장하였다. 아울러 그는 "민주당원들은 그들이 가장 두려워하지 않는 인물을 향하고 있을 뿐이다"라고 민주당과 왈리스의 만남을 폄하하였다.[23]

한편 당시 〈뉴 리퍼블릭 *The New Republic*〉지의 시니어 편집장을 맡고 있던 라이언 리자(Ryan Lizza)는 뉴욕타임지에서 왈리스의 새 책을 소개하면서 진보적 복음주의와 민주당의 만남을 민주당의 과거 재발견이라고 평가하였다. 그에 따르면 마틴 루터 킹 목사가 저격당한 1968년을 정점으로 민주당 내 종교 좌파의 역사는 종식되었고, 이후 몇 십 년 동안 공화당은 종교 정당으로, 민주당은 세속 정당으로 간주되어 왔다. 그러다가 민주당은 지난 몇 번의 치열한 선거에서의 참패를 겪은 후 선거 패배가 부분적으로는 종교적인 유권자의 관심을 끌지 못했다는 점을 인식하기 시작하면서 민주당이 과거를 돌아보기 시작하였던 것이다.[24]

민주당으로 하여금 성서에 뿌리를 둔 정치를 수용하도록 목소리를 높인 것은 왈리스였다. 그를 민주당의 예언자로 소개한 리자는 왈리스의 메시지는 다음과 같이 단순하다고 말한다. 민주당이 도전해야 할 것은 우파의 신앙심이 아니라 우파의 신학이다. 상식적으로 종교 근본주의와 대항하기 위해서는 세속주의를 보다 더 발전시켜야 한다고 하지만, 이러한 생각은 아주 잘못된 것이다. 나쁜 종교에 대한 최선의 대항 세력은 세속주의가 아니라 바로 더 좋은 종교이기 때문이다.

정책을 펼칠 때도 마찬가지이다. 예컨대 경제 문제에 있어서도 민주당이 기업 중심의 시장 경제보다 일반 대중의 복지를 더 위한다면, 보다 성서에 근거한 논리를 가지고 주장을 펼쳐야 할 것이다. 민주주의 사회에서 영향력을 행사하려면 자신의 정책이 공동선을 위하여 더 좋은 정책이라는 확신을 심어줘야 하는데 세속적이거나 인본적인 논리로는 부족하다는 것이다. 다수의 유권자가 종교적 신념 체계에 바탕을 둔 삶의 의미를 갖고 있기 때문이다.

진보적 복음주의가 처음으로 스포트라이트를 받기 시작한 것은 2008년의 대통령 선거에서였다. 많은 젊은이들이 종교 우파의 논리에 반대하면서 진보적 복음주의가 내세우는 '신의 정치(God's politics)'에 관심을 보이기 시작하였기 때문이다. 왈리스가 새롭게 발간한 책의 제목이 말해주듯이 종교 우파의 시대는 지났던 것이다.[25] 젊은 층은 물론 상당수의 복음주의 성직자들 또한 신앙과 사회 정의를 하나로 묶는 작업을 지지하고 나섰다. 더 나아가 이들 진보적 복음주의자들은 선거 캠페인에서도 두각을 나타내며 활동하였다.

진보적 복음주의의 급부상에는 정치 사회적 상황의 변화가 크게 작용하였을 것이다. 부시가 재선에 성공했지만 곧바로 전쟁 명분에 대한 그의 논리는 허구로 드러났고 포로 고문 등의 비인도적 행위가 폭로되었기 때문이다. 다른 한편으로는, 민주당 후보였던 오바마가 종교 친화적 발언을 하고 보수적인 복음주의에 대하여 수용적 태도를 보이면서 민주당을 우향우 하도록 이끌었고, 릭 워렌 목사 등의 근본주의적인 남침례교 목사들이 좌향좌 하면서 민주당과의 거리를 좁히는 데에 한몫을 하였기 때문이다. 워렌 목사는 에이즈 퇴치 운동과 아프리카의 빈곤 문제 해결을 위해 부단한 노력을 보이는 등 다른 복음주의 목사들과 달리 지구촌 차원의 사회 문제에 관심을 보이기도 하였다.[26]

몇몇의 젊은 진보적 복음주의자들이 등장하여 왈리스, 사이더, 캠폴로 등의 전통적인 진보적 복음주의자들과 함께 "붉은 문자 기독교인(Red Letter Christians)"이라는 새로운 단체를 만들었다. 이들은 편향적인 정치를 피하고 사회 정의에 열정적으로 헌신하는 복음주의 신학을 공유하고 있다. 특히 예수가 실제로 한 말이 성서에서 붉은 색으로 인쇄된 것에 착안하여 티셔츠에 예수의 말을 붉은 색으로 인쇄하여 입고 다녔다. 이 모임에는 도시운동가 샤인 클레이본(Shane Claiborne), 타임지 편집장 애미 설리번(Amy Sullivan), 그리고 빈곤 추방 운동가 리사 하퍼(Lisa Sharon Harper)와 함께 새롭게 떠오른 교회 지도자 브라이언 맥라렌(Brian McLaren)[27]과 콜롬비아 대학 교수로 『백악관의 하느님(God in the White House)』을 저술한 랜달 발머(Randall Balmer)가 참여하였다.[28]

진보적 복음주의자들은 오바마가 당선된 이후에도 계속해서 여론의 주목을 받았다. 예컨대 오바마와 개인적인 친분을 가지고 있었던 왈리스는 대통령의 영적 조언자(spiritual advisor) 다섯 명 중 한 명이 되었다.

특이하게도 다른 네 명의 목사들은 대통령을 위한 기도에 초점을 맞추었지만, 월리스는 대통령과의 정책 논의에 더 중점을 두었다. 월리스가 처음 오바마를 만난 것은 1990년대 말 커뮤니티 프로그램 세미나에서였다. 오바마는 주류 개신교, 그리고 무엇보다도 흑인 교회에 속해 있기에 신학적으로도 자유주의적이고 진보적이었으며 낙태와 동성애 권리 등에 있어서도 월리스와 달리 진보적인 입장을 취하고 있었다. 하지만 개인적인 관계는 지속되었다. 월리스에 따르면 두 사람은 "사회 문제에 대한 해결책을 찾는 데에 있어서는 좌와 우를 초월하는 신앙인"임을 고백하였기에 "자본의 소득세 경감과 전쟁 지원은 예수가 중점적으로 지지한 사항이 아니다"라는 엄연한 사실도 공유한다.[29]

그 어느 때보다도 여론의 스포트라이트를 많이 받았지만 그렇다고 해서 진보적 복음주의가 미국 사회에 미치는 종교 우익의 영향력을 넘어설 정도는 아니다.[30] 2010년의 중간 선거에서 나타난 것처럼 티파티 운동에서 정치 우익과 종교 우익의 오바마와 민주당에 대한 반격은 여전히 종교 우익이 건재함을 보여주고 있다. 물론 중간 선거에서의 승리에도 불구하고 인종 차별 등의 과격한 주장으로 인해 종교 우익은 대중으로부터 인기를 잃었고, 2012년의 대선에서 오바마에게 참패하였지만 스카치폴이 말했듯이 여전히 상당한 생존율을 지니고 있다. 또 미국의 역사에서 자주 나타났듯이 정치 사회적 상황이 악화되거나, 도덕적이고 문화적인 위기라고 여겨지는 상황이 전개될 때 보수 우익은 근본주의적 행태를 띠고 다시 등장할 것이다.[31]

진보적 복음주의 운동이 21세기에 접어들면서 낳은 가장 커다란 결과는 복음주의의 정치 참여에 대해 대중의 인식을 바꾸어 놓았다는 데 있다. 이는 모든 보수 신학이 정치적 보수를 의미하지는 않는다는 것이며, 모든 복음주의자들이 공화당을 지지하지는 않는다는 것을 의미한다. 실로 미국의 정치와 종교의 관계에 있어서 종교의 지평이 바뀐 것이 아닐 수 없다. 이러한 정치적인 인식의 변화와 더불어 진보적 복음주의는 시카고 선언 이후 지금까지 줄기차게 전개해왔던 빈곤 문제, 인종 차별주의, 여성 불평등, 평화 증진, 불균형적인 경제 자원 분배, 미국 국가주의와 군사주의, 지구촌 차원의 환경 파괴 등 제반 정치 사회적 문제에 대한 대중의 관심과 지지를 계속해서, 그리고 폭넓게 확보하게 되었다.

제9장

미국 국가주의에 대한 진보적 복음주의의 도전

일반적으로 좌파는 우파의 사회 계급화와 사회적 불평등에 대한 안티테제로서 정치 및 경제 영역에서의 평등을 포함한 사회적 평등을 지지하고 수용하는 정치적 입장을 취한다. 복음주의 좌파(evangelical left) 또는 진보적 복음주의자는 복음주의와 연루된 기독교인들로서 미국에서 정치와 사회 문제와 관련하여 좌파적인 기능을 한다고 할 수 있다. 물론 기독교 사회주의나 사회 복음 등의 기독교 좌파(Christian left)가 존재한다. 이들은 신학적으로 자유주의적이고 정치와 경제적 측면에서는 자유민주주의와 시장 경제를 지향하는 주류 개신교 교단보다 더 진보적이다. 진보적 복음주의를 진보적 좌파라고 부르는 이유는 이들이 주류 개신교가 지니는 자유주의보다는 사회 문제의 인식과 해결 방식에 있어서 기독교 좌파의 생각을 때로는 더 많이 수용하기 때문이다. 물론 이들의 신학은 여전히 보수적이다. 하지만 사고 논리, 즉 세상에 대한 신학적 이해가 바뀌지 않고서는 진보적인 행위 논리가 가능하지 않다는 의미에서 이들은 적어도 사회 문제를 다룸에 있어서는 새로운 의미 체계를 만들어 냈다고 할 수 있다. 진보적 복음주의가 지니는 정치 신학에 관심을 갖는 것은 이러한 이유에서다.

진보적 복음주의가 내세우는 의미 체계, 또는 정치 신학의 정수는 '정의로운 기독 공동체(just Christian community)' 지향에 있다. 이는 미국은 물론 지구촌 차원의 '파괴된 공동체(broken community)'와 희미해진 '공동체 의식(community consciousness)'에 대한 신학적 진단에서 비롯된다. 이에 대한 증거로 사회 곳곳에 널리 확산되어 있는 인종주의, 성차별주의, 가정의 붕괴, 경제 정의의 실종, 파괴적인 군사주의 등의 공동체 균열 현상을 들 수 있다. 미국 정치는 이러한 문제를 해결하기보다는 더욱 악화시켰다는 것이 진보적 복음주의자들의 시각이다. 또한 경쟁적인 이해관계와 이익 집단들 사이에서의 이기적인 권력 투쟁으로 정치는 축소되어 왔고, 이러한 경향은 미국 중심의 '권력 정치(politics of power)'가 지닌 원심력으로 인해 지구촌 차원으로 확산되었다. 따라서 공공선(common good)의 달성을 위해 권력 정치는 '공동체 정치(politics of community)'로 대체되어야 한다는 것이 진보적 복음주의의 주장이다.

정의로운 인간관계와 공동체적인 삶에 필요한 도덕적 요구는 인간이 지니는 이기주의와 이웃에 대한 착취 경향을 바로잡는 데에 기여할 것이다. 이런 점에서 진보적 복음주의는 세속적인 좌파와 같이 정의롭고 평화로운 사회를 위한 처방으로 이웃에 대한 돌봄을 제시한다. 그러나 기독교 신앙에 바탕을 두기에 진보적 복음주의의 의미 체계는 '공적인 공동체 신학(public theology of community)'으로 정리된다. 진보적 복음주의가 내세우는 기독교 공동체는 정의에 바탕을 두기에 종교 우파의 미국 국가주의적인 배타적 공동체와 구별되는 의미 체계를 지닌다.

공동체 신학에 의하면 신은 인간을 창조하면서 모든 사람들에게 본질적으로 존엄과 평등을 부여하였다. 따라서 사회적 조건과 공공 정책은 개인의 권리와 자유를 보장해야 한다. 그러나 신은 동시에 사람들을 상호 의존하면서 서로의 안녕을 위한 호혜적인 책무와 공공선을 위한 이웃으로 이어지는 공동체적인 존재로 창조하였다. 따라서 인간에게 부과된 책무는 개인을 넘어 공공의 영역으로 확대된다. 정치적 정책도 이러한 임무를 성문화하고 집합적인 사회의 프로그램을 설정한다. 결국 사회 정의는 개인의 권리와 공공선 사이의 균형을 위해 절대적으로 필요한 시스템을 제공한다. 따라서 정의는 공공 생활에 있어서 최고의 이상으로 간주되는 것이다. 사회 정의에 대한 성서적 비전은 실질적으로 동등한 기회를 요구하며, 이 기회는 사회 경제적 자원의 동등한 분배에 달려있다고 간주한다.

문제는 조직화된 정치 공동체로서 작용하는 국가가 분배적 정의를 위한 정책을 장려해서 사회 정의를 실현해야 하는데 그렇지 못하는 데에 있고, 더 큰 문제는 복음주의가 이러한 국가와 공모하여 정치 공동체를 배타적으로 몰아가는 데에 기여하고 있다는 것이다.

원래 복음주의는 자유 신학과 달리 성육신, 속죄, 부활 등에 대한 핵심 교리를 강조하고 성서를 문자적으로 수용하며, 성서에 교회의 가장 우선적인 권위를 부여한다. 복음주의 좌파 또한 이러한 신념을 대부분 공유한다. 그렇다면 이들이 전통적인 복음주의와 다른 점은 무엇인가. 한마디로 그것은 세상사에 대해 관심과 참여이다. 또한 세속적인 차원에서 진보 좌파적인 정치와 정책으로 간주되는 것을 지지하기도 한다. 예컨대 이들은 사형을 반대하기도 하고 총기 규제와 복지 프로그램 등을 지지하기도 한다.

물론 복음주의 우파, 또는 미국에서 종교 우익이라 불리는 세력 또한 세상사에 대해 관심을 표방하고 정치적 이슈에 적극 참여하기도 한다. 그러나 이들의 등장 배경은 자유주의 신학이나 세속적인 휴머니즘에 대한 안티테제에 있다. 성서문자주의 대신 성서 고등 비판을 수용하는 자유 신학이나, 진화론을 추구하고 낙태와 동성애 등을 수용하는 인본주의나, 점점 세속화 되는 미국 사회에 대한 강한 경계가 이들을 정치 전면에 나서게 한 것이다. 특히 이들이 문제 삼은 것은 1973년에 있었던 미국 대법원의 낙태 합법화 판결(Roe v. Wade)이었다.

종교 우익의 의미 체계가 문제가 되는 것은 이들의 신학이 초월적이고 보편적인 복음주의를 지향하지 않고, 기독교와 애국주의를 융합함으로써 복음을 이데올로기적 차원으로 추락시켰다는 데 있다. 미국주의(Americanism)는 기독교적인 특성 그 자체라는 신념에 기초하여 '미국 기독교 국가주의(American Christian Nationalism)'를 형성하였기 때문이다. 따라서 기독교 국가주의를 이끄는 종교 우익은 만하임이 말하는 부분적 이데올로기와 전체적 이데올로기의 특성과 기능을 고스란히 지니고 있다. 전체적 이데올로기 차원에서는 소련과 동유럽과의 냉전을 치루면서 반공주의를 앞세웠고, 부분적 이데올로기 차원에서는 민주당과 경쟁 관계에 있는 공화당을 지지하고 선호하는 정치적 당파성을 지니기 때문이다.

한 마디로 종교 우익의 기독교 국가주의적 의미 체계는 이데올로기적 차원은 물론 국제 정치 차원과 국내의 정치 사회적 차원 모두에서 우파의 입장을 지지하는 총체적 이념 덩어리라 할 수 있다. 그러면서 모든 이데올로기가 그러하듯이 기독교 애국주의 또한 항상 대적할 적이나 경쟁 상대(enemies or opponents)를 가지고 있다. 그들의 적과 상대는 국내외의 도처에 존재하였다. 소련과 동유럽의 사회주의 국가들, 공산주의와 모더니즘 등의 이데올로기, 커다란 정부(자유방임주의 지향에 따른 작은 정부 선호의 결과), 민주당, 페미니스트, 동성애자, 낙태주의자 등이 그들이 싸워야 할 대상이다. 또한 사해동포주의와 자유주의를 선호하는 세속화된 유태인들 또한 그들의 적 범주에 포함된다. 반면 이들의 아군은 공화당 정치인, 신자유주의자, 부유한 경제 세력과 이들이 지원하는 폭스뉴스 같은 대중 매체 등이다. 한 마디로 종교 우익의 존재 그 자체는 국제 사회 물론 미국 사회에 대한 이데올로기적 분할과 대립의 상징이다.

기독교 우익이 1970년대 말에 처음 등장했을 때 이들은 정치 전면에 서기보다는 공화당을 후원하고 공화당의 정책에 대해 조언하는 역할 등에만 충실하였다. 예컨대 1981년 도덕적 다수의 원년 멤버였던 팀 라하에(Tim LaHaye)는 국제 문제와 외교 정책 싱크탱크인 '외교 관계 회의(Council on Foreign Relations)'[1]에 대한 종교 우익의 대응을 위해 '국가 정책 회의(Council for National Policy)'를 설립하였다. 여기에는 제임스 돕슨, 팻 로벗슨 등의 보수적인 기독교 사회 활동가들이 참여하였다.[2]

그러나 그들의 지원으로 당선된 레이건 대통령이 국내 문제와 관련하여, 특히 국가의 기독교화에 대한 그들의 요구에 귀를 기울이지 않자 종교 우익은 일반 대중을 상대로 풀뿌리 정치 활동을 시작하였다. 이들은 우선 선거를 통해 지방 의회의 좌석을 하나씩 점령하였고, 지방 행정부를 장악하면서 공화당 대의원으로서 중앙 정치 무대에의 진출을 이룰 수 있었다. 마침내 1989년에 팻 로벗슨이 중심이 되어 기독교 우익과 기독교 국가주의의 상징적 단체인 기독교 연합(Christian Coalition)을 구성하였다.

정치 우익에 대한 자문 역할에서 정치에의 직접적인 참여로 돌아선 종교 우익은 '기독교 국가주의'라는 목적(telos) 달성을 위해 자신들의 정치 행위에 정당성을 부여하는 새로운 의미 체계가 필요했다. 그것은 '지배주의'와 '재구성주의'였다. '지배주의(dominionism)'는 하느님이 기독교인들에게만 세상을 지배할 수 있는 권력을 부여했다고 주장하는 신념 체계이다. 따라서 기독교인들이 노력해야 할 것은 국가 권력을 장악해서 성서의 율법에 따라 나라를 통치하는 것이다. 그러나 모든 기독교인들에게 이런 권력이 부여되는 것은 아니다. 율법을 보수적으로 해석하고 실천하는 기독교인들에게만 해당된다.

이 지배주의는 '기독교 재구성주의(Christian Reconstructionism)'로 불리는 일종의 신정 정치(theonomy)를 내세우는 개신교 종파에서 나온 사상이다. 1960년대와 1970년대에 루쉬두니(R. J. Rushdoony)의 가르침에서 시작한 재구성주의 신학은 신의 율법 통치에 초점을 두면서, 구약시대에 이스라엘을 통치한 율법에 따라 오늘날의 모든 사회는 질서정연하게 재구성되어야 한다고 가르친다. 이 재구성주의 신학 체계는 강경한 캘빈주의에 근거한다. 즉 인간의 자유 의지와 행위보다는 이들을 지배하는 신의 주권(sovereignty of God)에 따른 하느님 나라의 건설을 지향하고 있다.

지배주의의 신학적 논리 전개는 다음과 같다. 신은 천지를 창조한 후 아담에게 존재하는 모든 동식물을 지배할 권리를 부여했다. 그러나 아담이 타락하여 낙원에서 추방된 이후 인간은 만물에 대한 지배 권리를 상실했다. 하지만 예수의 대속에 이어 크리스천들은 세례를 통해 구원을 받아 아담에게 부여되었던 권리를 되찾게 되었다. 따라서 이 세상에 대한 참된 계승자와 관리자는 오직 기독교인들뿐이다. 지금까지는 복음주의가 주장하는 기독 공동체(Christian Community)가 미국 사회에서 하나의 하위문화로 간주되어 왔지만, 이제는 미국 문화 그 자체가 되어야 한다. 이를 위해서는 구약성서의 율법이 시민법을 대체해야 하고 그 율법에 따라 미국 사회를 지배하고 재구성해야 한다.

종교 우익은 이 지배주의와 재구성주의에 바탕을 둔 기독교 국가주의를 미국이 동서 냉전을 승리로 장식하고 지구상의 유일한 강대국이 된 지금까지도 고수하고 있다. 아직은 세상을 재구성하려는 목적이 세계적 차원에서는 물론 미국 내에서도 온전히 달성되지 않았기 때문이다. 따라서 이 목적 달성을 위해 정치 우파와 연합하고 신자유주의 경제 세력과 결탁할 필요가 생긴다. 특히 기독교 국가인 미국이 국제 사회를 재구성하고 지배해야 하기 때문에 미국의 군사적 패권주의와 경제 제국주의는 당연한 것으로 승인되고 지지된다. 그러나 때론 재구성주의자들의 주장이 너무 과격하여 보수적인 복음주의자들에게서도 외면당하기도 한다. 예컨대 이들은 동성애나 배교 등의 도덕적 범죄 리스트를 만들어 이를 어긴 자들을 사형에 처해야 한다고 주장하기도 했다.3

진보적 복음주의는 먼저 미국의 정치에서 이러한 종교 우익의 개별주의적이고 당파적인 지향을 제거하려는 의도를 표방했다. 이는 복음주의 내의 종교 개혁이라 할 수 있다. 대부분의 개혁이 본질을 회복하고 원형으로 돌아가자는 취지에서 시작한 것처럼, 이들은 종교 우익 때문에 미국의 복음주의가 원래의 모습을 상실했다고 주장한다. 이들은 복음주의의 본질이 영적인 재생(spiritual renewal)과 사회적 개혁(social transformation) 간의 긴밀하고 생생한 연계에 있다고 믿는다.

그러나 적어도 표면적으로는 이것이 정치적으로 보수적인 복음주의자들도 공유하는 내용이다. 그들은 근대의 민주적 절차와 사회적 합의로 만들어진 세상사에 대해 종교의 간섭을 배제하고 교회와 국가의 분리가 하나의 비종교적인 원칙에 지나지 않다고 주장하며, 종교의 정치에 대한 간섭을 당연한 것으로 받아들인다. 오히려 정교분리 원칙을 고수하는 것은 계몽주의적 종교 비판의 전통을 이어받은 세속적인 자유주의자들과 정치와 종교의 분리를 철저히 주장했던 재침례파의 전통을 이어받은 침례교였다. 그러나 남침례교의 경우는 침례교 전통에 따라 정교분리를 고수했지만 미국 사회의 세속화에 대한 염려와 반응 때문에 근본주의의 정치 참여에 동조하게 되었다.

진보적 복음주의는 종교 우익의 정치에 대한 종교적 어필을 인정하고 있다. 그러나 정치와의 연계를 통해 복음주의를 공화당의 보수적 이미지와 결합시킨 것에 대해서는 반대하고 비판한다. 복음주의의 호칭을 도용하여 복음주의의 총체적 이미지를 훼손하고 보수 우익의 편향적이고 배타적인 이미지와 동일시했기 때문이다. 즉 근본주의 설교자들과 우파 정치인들의 결탁으로 복음주의 기독교 운동이 지니는 본래적 이미지를 강탈한 것이다. 따라서 진보적 복음주의자들이 제기하는 문제는 종교 우익이 종교적 가치를 정치적 영역으로 끌고 들어간 것에 있지 않다. 그것은 좌와 우를 초월하는 복음주의의 진정한 신앙을 이데올로기적이고 당파적인 신앙으로 전도시켰다는 데 있다. 미국의 한 정치 평론가는 2000년과 2004년의 대통령 선거가 공화당을 미국 역사상 최초의 종교정당으로 탈바꿈하였다고 비판한다.[4]

그렇지만 진보적인 복음주의자들이 스스로를 정치 좌파나 자유주의 신학과 동일시하는 것도 아니다. 종교 우익과 마찬가지로 성서에 대한 정치적 해석을 거부하지 않을 뿐만 아니라 이 세상에서의 정치적 가치 판단도 그 결정적인 원천은 세속적 가치 체계가 아니라 성서적 규점에 있다고 믿기 때문이다. 다만 그들은 공화당과 민주당, 정치 좌파와 우파, 근본주의적 복음주의와 자유 신학 등으로 나누어진 미국의 양당 지배 체제나 이원화된 이데올로기, 또는 진보와 보수로 이원화된 종교적 신념 체계의 어느 곳에도 서기를 원치 않고 있다. 따라서 좌나 우로 편향된 성서 해석을 거부한다는 의미에서 종교 우익과 궤를 달리하고 있을 뿐이다.

그렇다고 해서 진보적 복음주의가 좌파나 우파의 명분 모두를 통째로 거부하는 것도 아니다. 이들은 우파가 우선시 하는 개인의 도덕적 책임과 좌파가 중요시 하는 사회 정의와 사회의 구조적 문제 해결 사이에서 한 쪽에 대한 선택적 요구를 거부하고 두 가지 요구 모두를 수용 하려 한다. 즉 이들은 평화, 정의, 인종 평등 등의 이슈를 자신들만이 선점하고 있다는 자유주의자들의 생각과 자유, 가족, 인간 생명의 존엄성 등의 이슈를 편협하게 해석해서 독점하려는 보수주의자들의 행태를 거부할 뿐이다. 자유주의자나 보수주의자들이 다루는 이슈와 어젠다는 모든 인간의 궁극적인 관심이고 삶과 죽음과 관련된 중요한 주제이기 때문에 진보적 복음주의자들은 좌파와 우파가 각각 강조하는 어젠다를 모두 수용하고 다룬다. 예컨대 왈리스는 진보적 복음주의가 정치 우익과 세속적 좌파 모두에 대한 실질적인 대안으로서 성서적인 신앙을 사회 변혁과 연계시키고, 개인의 회심을 가난한 자의 고통과, 신학적 성찰을 환경 보호와, 핵심적인 종교적 가치를 경제적 우선순위와, 공동체에 대한 요구를 인종과 젠더의 정의와, 영성을 정치와 연계하고 있다고 주장한다.5

그러나 왈리스가 말하는 이러한 주장은 상당히 추상적이다. 실재 현실 정치는 포용적이기보다는 차별적이기 때문이다. 즉 좌와 우 중에서, 그리고 민주당과 공화당 중에서 한 쪽의 손을 들어 줘야 하기 때문이다.6 아니 추상적 논의나 의식적 차원에서는 당파성과 이데올로기를 초월할 수 있지만, 현실에서 정치는 정권을 장악해야 하고 정책을 실질적으로 집행해야 하기 때문이다. 더 나아가 정책을 집행하는 자들은 헤겔이 말하는 보편 의지보다는 마르크스가 말하는 특수 의지에 더 의존하는 경향이 짙다. 아울러 어떠한 정책이든지 그것이 지니는 보편적인 명분에도 불구하고 그 집행은 개별주의적인 결과를 낳는 차선책에 지나지 않는다. 즉 정책 집행에는 그 집행으로 혜택을 보는 자들도 있지만 손해를 보는 자들이 반드시 존재하기 마련이다.

앞서 우리가 살펴본 오바마 또한 좌와 우의 완벽한 화합(perfect union)을 주장하였고, 자신의 자유 신학적인 지향에도 불구하고 보수적인 복음주의에 손을 내밀었지만(예컨대 릭 워렌 목사를 대통령 취임식에 초대하는 등), 티파티 운동을 통해 재결합한 정치적이고 종교적인 보수주의자들의 반격에 2010년의 중간 선거에서 여지없이 참패를 당하고 말았다. 또한 대선에서 좌와 우, 보수와 진보를 넘어서 통합과 화합을 유도한 능숙한 정치적 수사로 젊은 복음주의자들의 지지를 확보할 수 있었지만, 대통령이 되어 추진한 의료보험 개혁인 오바마케어는 좌우 양쪽으로부터의 반대에 부딪히기도 하였다. 아울러 자신의 정치적인 배경이 되는 민주당의 당원이기에 편향적인 정치와 정책 지향을 무시할 수도 없었다.

또한 진보적 복음주의자들은 성윤리와 동성애 권리, 생명의 고귀함과 여성의 권리, 문화적 타락에 대한 투쟁과 인종 차별에 대한 투쟁 등 이원화된 가치 사이의 간극을 초월해야 한다고 대중을 설득하지만 선거 과정에서는 이들 사이의 이원론적 갈등이 더 첨예한 이슈를 제공할 뿐이다.

결국 진보적 복음주의가 내세우는 공적 참여에 대한 비전이 보수적인 기독교인들에는 정치적으로 지나치게 자유주의적이고, 정치적 자유주의자들에게는 너무 신학적이고 사회적으로 보수적인 것으로 간주되기도 한다. 현실은 분명한 것을 원한다. 그러나 앞서 언급한 것처럼 진보적 복음주의자들이 평화와 정의를 위한 시위에 참여하면서 낙태 반대 피켓을 드는 모습을 보인 것에서 알 수 있듯이, 결국 이들이 좌와 우 어디에도 속하지 않고 이를 초월하였다고는 하지만, 실제적으로는 종교적으로나 사회적으로나 선별적으로 보수적이고, 선별적으로 진보적이라 할 수 있다. 또는 필자가 이미 언급한 바와 같이 종교적으로는 여전히 보수적이면서 정치 사회적 차원에서 진보적인 모습을 다분히 지녔을 뿐이라고 할 수도 있다. 하지만 분명한 것은 이들의 일차적이고 직접적인 비판의 대상이 종교 우익에 있기에 성서해석이나 정치 사회적 활동에 있어서는 좌파에 더 근접해 있다는 사실이다.

그렇다면 최근의 진보적 복음주의가 지니는 새로움은 무엇인가? 요엘 카펜터는 새로움은 먼저 운동의 다양한 전개에 있다고 말한다. 도시 내의 사회 문제를 다루는 것에서부터 노예제와 성매매 퇴치를 위한 국제 정의 회복 운동, 인종 화합 운동, 환경 운동은 물론이고, 특히 미국의 백인 지배적인 복음주의 행태에 대한 날카로운 비판 등 정치 사회적 관심의 폭이 다양해지고 지구촌 차원으로 확대되었다는 것이다. 그러나 카펜터는 이러한 모습들이 운동의 새로운 출발점으로 보이지만, 이 모든 것은 복음주의 전통의 연장선에 놓여있음을 확신한다고 말한다.7

복음주의는 태생적으로 변화와 혁신의 내재적 동력을 그 자체 내에 지니고 있기에, 시대의 변화에 따라 늘 새로운 복음주의 운동을 만들어 낼 것이다.8 기본적으로 복음주의 운동은 반동적이며 그 반작용의 근본 구도는 종교와 세상사와의 긴장과 타협의 관계라 할 수 있다. 베버가 말하는 종교와 세속적 영역을 대표하는 정치와 경제 시스템과의 긴장이 지나치게 해소되고 타협적인 관계가 지배적일 때, 종교는 그 본연의 모습을 잃게 된다. 하지만 이에 불만을 가진 복음주의자들은 진정한 기독교의 모습과 진정한 신앙인의 모습을 회복하기 위해 새로운 복음주의 운동을 전개하게 된다. 따라서 새로운 복음주의 운동은 시대적 상황에 처한 종교로 하여금 세상과의 새로운 긴장 관계의 회복을 도모하기에, 복음주의는 근본적으로 늘 새로울 수밖에 없는 것이다.

감리교(Methodism) 설립을 통해 웨슬리가 보여 준 복음주의 운동이 전개된 이후 대부분의 역사적 복음주의 운동은 종교 개혁의 영적인 동력 회복이라는 강한 동기에서 시작하였다. 그것은 개인의 회심 체험 또는 거듭남의 체험을 통해 가능한 것으로, 복음주의자들이 가장 관심을 두는 것은 개인과 신의 관계와 개인의 영원한 운명에 관해서이다. 이러한 관심들은 이 세상의 어떤 문제보다도 우선한다. 그렇다고 해서 이들은 관심이 오로지 다른 세계에만 있는 것은 아니다. 이 세상에서도 그들이 해야 할 임무가 있기 때문이다. 그것은 복음을 전파하고 많은 사람들로 하여금 거듭남의 체험을 하도록 돕는 것이다. 이 과정에서 그들은 사람들의 삶의 생생한 현장인 세상에 관심을 두지 않을 수 없게 된다.

따라서 복음주의 운동은 보수적이든 진보적이든 세상과의 긴장 관계에서 출발하며 특히 복음주의 자체가 세상과의 긴장이 풀렸을 때 생겨난다. 복음주의의 궁극적 목표가 진정한 종교, 진정한 기독교를 확립하는 것이며, 진정한 기독 공동체를 만드는 것이고, 특히 이를 평범한 신자들이 생활 속에서 실천하도록 하는 것이기 때문이다. 따라서 분파에 따라 정도의 차이는 있지만 대개의 복음주의자들에게는 세상 구원이 궁극적인 목표가 아니다. 사회 개혁은 개인의 영적 변화에 대한 장애물 제거를 위해서만 필요할 뿐이다.

따라서 복음주의 운동은 반동적(reactionary)이다. 우파적인 근본주의 복음주의는 타락한 세속 문화에 대한 반작용에서, 진보적 복음주의는 불평등한 사회 구조에 대한 반작용에서 출발하였다. 차이가 있다면 종교 우파는 이데올로기적이고, 종교 좌파는 유토피아적이고 혁명적이다. 특히 진보적 복음주의는 현상(現狀)이나 현재의 지배 체제에 대하여 거부적인 모습을 띤다. 따라서 반체제적이고 반엘리트적이며 상당히 대중적이다. 평신도와 대중을 상대로 전개하는 풀뿌리 운동의 성격이 짙다.

대중성(popularism)을 지닌다는 것은 복음주의 운동의 전개가 비조직적이며 비전략적이라는 것을 말해준다. 사회 윤리나 사상의 의미 체계를 갖추고 시작하기보다는 신앙적 정서 등에 의존하기에, 철저히 준비하고 목표물을 세워서 행동하는(ready, aim, fire) 것이 아니라, 즉흥적이고 감성 폭발이 우선적인 경우가 많다(fire, ready, aim). 이러한 모습은 심령대부흥 운동 등을 중심으로 발전한 보수적인 복음주의가 지닌 특성이고, 진보적 복음주의는 적어도 사회적인 차원에서는 사회사상 등의 논리를 차용하기에 지적 전통과 신중한 사고를 중요시 한다. 하지만 그렇다고 해서 진보적 복음주의가 사회 문제에 접근할 때 조직적인 정책이나 제도를 확립하는 데까지 나아가지는 않는다. 사회 문제에 있어서 나름대로의 주장을 펼치기도 하고 정치적인 운동에 가담하기도 하지만 지속적이지도 않고 전략적이지도 않다. 복음주의 운동의 사회 참여 방식은 기본적으로 각 개인이 선한 사람이 되고 선행을 실천하는 것이기 때문이다.

복음주의의 진정한 목표는 진정한 기독교와 기독 공동체를 되찾는 것이다. 따라서 복음주의가 지향하는 개혁은 사회를 겨냥할 수도 있고 복음주의 교회 자체를 겨냥할 수도 있다. 또한 복음주의 운동이 때로는 어떠한 전략도 갖추지도 못하고 비조직적인 채로 갑작스럽게 전개되기에 휘발성이 강하고 불안정하기도 하다. 그러나 그러한 만큼 폭발적 역동성을 지닌다. 이것이 바로 복음주의가 지닌 내적 동력이며 전통이다. 최근의 미국에서 나타난 새로운 진보적인 복음주의 운동은 이러한 모습을 다분히 보여주었다는 점에서 복음주의 전통의 연속선상에 있다. 모든 새로운 개혁이 역사적 황금기(golden age)로의 회귀, 그리고 의미 있는 때(*kairos*, meaningful time)인 과거로의 복귀를 지향하는 것과 마찬가지로, 복음주의는 완성된 형태의 신앙을 실천하는 참된 신자들로 구성된 과거의 기독 공동체를 회복하고 이룩하는 것을 목표로 한다. 따라서 복음주의 운동이 새롭다는 것은 그만큼 전통을 지향하는 것이라 할 수 있다. 그 운동이 얼마나 지속될지는 미지수지만 말이다.

결론

지금까지 살펴본 바와 같이 미국에서의 기독교 우익의 증가와 기독교 국가주의의 등장은 미국의 국내 정치와 사회는 물론 국제 사회에 상당히 부정적인 영향을 미치고 있다. 이 시점에서 우리는 종교의 사회적 위치와 역할, 특히 종교의 정치적 역할에 대하여 다시금 성찰해 볼 필요가 있다.

여전히 힘을 발휘하고 있는 미국의 근본주의적 종교 우익 세력이 가져올 사회적 영향을 전망하면 다음과 같다. 첫째, 미국의 보수적인 정당인 공화당은 점점 더 종교 우익에 대한 의존도를 높이게 될 것이다. 2016년에 있을 차기 대통령 선거에서 민주당의 승리를 막기 위해 할 수 있는 가장 좋은 수단은 민주당과 차별된 선거 전략을 펼치는 것인데 그것은 종교에 기반을 둔 문화 전쟁 이슈를 계속 들고 나오는 것이다. 예컨대 여성의 권리 이슈, 낙태 문제, 동성애 문제 등이 그것이다. 따라서 진보적인 세력은 여성과 동성애자, 그리고 종교적인 소수자들이 지난 수십 년 동안 이루어낸 시민의 권리를 상실하게 되지 않을까 우려하고 있다.

둘째, 기독교 국가주의의 상징과 이데올로기가 공적인 생활 현장에 더 많이 침투할 것이다. 예컨대 공립학교에서 가르치는 진화론에 대한 반격이 심해지면서, 창조론이나 기독교 국가주의의 역사를 가르치도록 공립학교를 압박할 것이라는 전망이 우세하다. 이미 종교 우익의 복음주의 단체인 '공립학교 성서 커리큘럼 전국 위원회(National Council on Bible Curriculum in Public Schools)'에 의해 개발된 선택 과목은 36개 주의 300개 학군에 제공되었다. 이 과목은 성서를 문학적이고 역사적인 관점에서 가르친다고 주장하고 있다. 그러나 실제로는 성서 문자주의의 방식으로 가르치고 있다.

셋째, 기독교 국가주의자들의 대학에 대한 도전이 심화될 것이다. 2005년에 플로리다 주 하원의 의회 선택 혁신 위원회(House Choice and Innovation Committee)는 공화당 의원들의 주도로 '학문 자유 권리 장전(Academic Freedom Bill of Right)'이라 불리는 법안을 8대 2로 통과시켰다. 공화당의 보수 세력들이 의도한 것은 그들이 '독재 교수들(dictator professors)'의 '좌파 전체주의(leftist totalitarianism)'라 칭한 것에 대항하는 싸움이다.[1] 하원 전체 회의에서는 통과하지 못했지만 이러한 시도는 전국적으로 행해지고 있다. 또한 이들은 공립대학으로 하여금 학생들의 등록금에서 출원하여 학교 내 복음주의 단체를 재정적으로 지원하도록 압력을 행사하기도 하고, 이들 복음주의 단체들이 동성애자 차별 금지 규정에서 면책될 수 있게 하도록 압력을 가하기도 한다.[2]

한편, 한국의 개신교는 미국의 개신교와 밀접한 관계를 가지고 있으며 신학적으로나 신앙적으로도 매우 유사하다고 할 수 있다. 특히 주류 개신교는 미국의 근본주의나 복음주의와 맥을 같이 한다. 신학에 있어서는 미국의 복음주의와 같이 문자주의에 바탕을 두고 있고, 정치 사회적으로는 반공주의는 물론 반북(反北) 등의 우파 이데올로기에 편중하고 있다. 한편 사회적으로도 여성이나 성소수자 등의 권리에 대한 안티

테제의 입장을 보이는 등 지극히 보수적인 입장을 취하고 있다. 이는 문화적으로 다원화된 현대 사회에서 기독교 중심의 문화 독점을 도모하려는 행태에 다름 아니다. 마치 백인 중심의 근본주의 종교 우파가 다인종과 다종교, 그리고 다문화로 구성된 미국 사회에서 문화적 독점을 노리며 보였던 정치 사회적 행태와 유사하다.

한국의 주류 개신교가 미국의 복음주의를 중심 모델로 설정하고 수용하며 모방한 것은 일제강점기와 해방 이후에 이르는 동안에 겪은 정치 사회적 경험 때문이다. 천주교와 함께 개신교는 일제강점기 동안 밀월 관계를 보인 미국과 일본의 틈바구니에서 반일과 친일 사이에서 오락가락하였고, 일제 말기에는 대부분 친일에 매진하였다. 해방 후에는 친미주의와 합쳐진 반공주의로 치달음으로써 일제강점기 동안의 친일 행각을 상쇄하려고 하였다. 또한 이승만, 박정희, 전두환, 노태우 정권을 거치면서 독재정권이나 군사정권을 적극 옹호하고 지원하기도 하였다. 아울러 미국 중심의 신자유주의를 지향하는 경제적 보수주의를 지지하였고, 더 나아가 스스로가 보수적이며 지배적인 기득권 세력이 되어 왔다.

특히 개신교는 이승만, 김영삼, 이명박 등 개신교 출신이 대통령이 되었을 때마다 정치와 종교의 관계에서 파행적인 모습을 자주 드러냈으며, 심지어는 복음을 땅 끝까지 전하라는 기독교의 지상 과제를 정치권의 힘을 빌려 도모하려는 구원 귀족의 모습을 드러내기도 하였다. 예컨대 이승만은 대통령인 자신이 중심이 되어 기독교를 통한 한국의 정치 사회적 구원을 도모하려 하였다. 김영삼과 이명박은 기독교 자체를 절대화함으로써 타종교와의 차별을 노골적으로 드러내기도 하였고, 보수적인 기독교 신자들의 심정적 동조자를 자처함으로써 기독교 근본주의의 등장을 묵인하였으며 때로는 그 배경이 되기도 하였다.[3]

중요한 것은 개신교 신자가 대통령이 되면서 보수적이고 근본주의적인 개신교 집단이, 마치 미국의 근본주의자들처럼, 정치적 영향력을 행사하기 시작했다는 점에 있다. 역사적으로 한국 사회에서 개신교는 복음주의를 중심으로 하였기에 보수적이기는 했지만 전투적이며 배타적인 근본주의의 속성을 표출하지는 않았었다. 종교 다원주의의 역사를 지녀온 한국사회에서 특정 종교의 배타성을 정치 사회적으로 전개한다는 것은 사회적으로 허용되지 않기 때문이다. 그러나 청와대에 입성하면서 이승만은 기독교를 조선왕조의 정치 사회적 이념 체제였던 성리학의 대체 체제로 수용하려 하였고, 김영삼은 종교 편향적인 언행을 통해 타 종교의 심기를 불편하게 하는 등 크고 작은 스캔들을 불러일으켰다.

그러다가 이명박이 대통령이 되자 한국의 보수적인 기독교 세력은 공격적인 대사회적 자세를 취함으로써 근본주의적인 행태를 표면화하기 시작하였다. 타 종교에 대해 공격적이고 차별적인 태도를 보이기 시작하였던 것이다. 심지어 대통령의 임명으로 정부의 요직을 차지한 기독교 신자 출신 공직자들이 나서서 타 종교에 대한 차별적인 정책을 표명하기도 하고 정책을 신앙적으로 펼치기도 하였다. 예컨대 어떤 공직자는 모든 정부 부처를 복음화하려고 시도하였고, 또 다른 공직자는 사회 양극화를 신앙심의 부족으로 여기는 등 사회문제에 대한 종교적 해석과 판단을 주저하지 않았다. 암묵적인 정권의 지지를 받은 보수 기독교 세력들은 종교 차별적인 정권을 옹호하는 한편 타 종교에 대한 비판을 넘어 타 종교를 절대 악으로 규정하는 행태를 서슴지 않았다. 이는 종교 다원주의의 전통을 해치는 것은 물론 한국 사회의 내부적 균열을 야기하는 행태라 아니할 수 없다.

그러나 더 커다란 문제는 한국의 교회 지도자들이 미국의 근본주의자들과 마찬가지로 미국의 기독교 국가주의에 동조하고 나섰다는 데 있다. 지금까지는 반공 이데올로기와 반북 정서, 그리고 친미 정서 등이 인식론적 차원에서나 구호로만 언급되었었다. 그러나 이제는 미국을 신의 축복을 받은 나라로 간주하면서 반미는 악으로 규정하고 미국에 대한 무조건적인 동조를 표방하기에 이르렀다. 결국 이들은 미국의 신자유주의적이고 경제 패권주의적인 정책을 지지함으로써 미국의 기독교 패권주의에 동조하고 나선 것이다. 결국 반공 이데올로기와 신자유주의로 무장한 이들은 사회복지 등에 대해서는 부정적인 태도를 취하였고, 영혼과 육체의 구원은 물론, 물질 축복의 논리를 전개함으로써 한국의 급속한 경제 성장을 신의 축복으로 여기는 등 자본주의 시장 논리를 적극 옹호하고 나섰다. 예컨대 미국과의 쇠고기 협상이나 한반도 대운하 프로젝트 등의 사회적 이슈가 생겨날 때마다 이명박 정부의 정책을 적극 옹호함으로써 친미적이고 친시장주의적인 모습을 드러냈던 것이다.

필리핀의 진보적인 고(故) 신 추기경(Cardinal Sin)은 종교가 정치를 해서는 안 되지만 종교는 정치적일 수밖에 없다고 주장하였다. 여기서 해서는 안 되는 정치는 '특수 이익'을 추구하고 폭력의 독점적 사용을 정당화하는 정치를 말한다. 정치를 해서는 안 되는 이유는 종교인이 무력을 이용하여 세상을 구원하고자 하는 구원 귀족으로 전락하기가 쉽기 때문이다. 반면 종교가 '정치적'일 수밖에 없다는 것은 종교가 보편적 가치에 기준을 두고 정치적인 발언과 활동을 해야 한다는 것을 말한다. 이는 종교의 예언자적 활동을 강조하는 한편, 종교는 정치와 결합해서는 안 된다는 것을 말해 주는 것이다. 종교와 결합한 정치는 자기고양(self-elevation)의 교만(hubris)으로 치달을 위험이 있고, 정치와 결합한 종교는 개별주의적이고 특수한 이익만을 추구하는 주술로 전락하기가 쉽다. 정치는 절대화되고 종교는 상대화되기 때문이다.

카사노바는 정치적일 수밖에 없는 종교가 사회 문제에 적극 참여하는 것을 '종교의 공적 재등장(public resurgence of religion)'이라고 하였다. 그러나 그것은 오로지 시민사회 내의 공적 담론의 장(public sphere of discourse)에서만 이루어져야 할 것이다. 정치권력과 손을 잡거나 정치권력을 이용한다면 그것은 공격적인 투쟁의 형태를 띨 수밖에 없게 되고, 결국은 공격적이며 배타적인 행태를 주저하지 않게 될 것이다. 미국의 근본주의자들이 그러했고 특히 부시 정권의 행태가 더욱 그러했으며, 오늘날 IS 등의 이슬람 근본주의자들 또한 이러한 행태를 주저하지 않고 있다. 이들 집단은 동서 냉전의 종식 후 이데올로기의 대립이 끝나고 서구와 이슬람 국가들이 서로 종교를 중심으로 한 문명의 충돌로 치달을 것이라는 사무엘 헌팅턴(Samuel Huntington)의 선동적이고 이데올로기적인 주장을 몸소 실천하는 것에 다름 아니다.

　미국의 근본주의적 복음주의자들이 표출한 정치 사회적 행태에 대한 지금까지의 논의는 미국 개신교의 역사적 전개 과정에서 나타난 세계 종교 기독교의 보편성 상실, 정치와의 타협과 결합 등으로 표출된 구원 귀족 역할 등에 대한 역사적 실체를 드러내는 것이었다. 하지만 구원 귀족의 출현과 활동의 결과가 미국 내에서만 정치 사회적으로 영향을 미치는 것이 아니다. 세계적 차원에서는 미국 기독교 국가주의가 세계 패권주의로 확대되어 왔다. 거룩한 종교가 세계 패권주의를 지향하는 제국과 결합하게 될 때 아메리카는 '거룩한 제국(Holy Empire)'이라는 모순적인 타이틀을 벗어버리지 못할 것이다. 기독교가 추구해야 할 야훼의 보편주의 정신(spirit of universalism)은 정치와의 타협이나 결합을 통해서는 펼쳐질 수가 없다. 이는 종교적으로 보편주의의 퇴행을 낳을 것이고, 정치 사회적 차원에서는 근본주의의 출현을 가져오게 할 것이며, 신자들에게는 주술적인 신앙에 몰두하게 할 뿐이다. 그리고 세계적 차원에서는 미국 패권주의에 저항하는 테러 세력 등 또 다른 정치 종교 세력의 위협과 공격을 불러올 뿐이다.

부록

종교의 사회적 위치와 역할에 대한 이론적 고찰

A. 종교와 정치 · 경제의 긴장과 타협

종교가 역사성을 갖는다는 말은 종교에서 구분한 성(sacred)과 속(profane)의 경계가 역사 속에서 흐려진다는 것을 의미하기도 한다. 정치와 경제와의 관계에서 그 구분은 더욱 모호해지고 종교는 이 모호함을 정당화하거나 수용할 수 있도록 하고자 견강부회나 결의론(決疑論, casuistry)을 동원한다. 새로운 종교적 의미 체계가 형성되고 이렇게 만들어진 의미 체계는 기존의 사고 논리(logic of thought)와 행위 논리(logic of action)를 새롭게 구성한다.[1] 이 때 종교와 정치 사회적 상황과의 변증법적 조응 관계가 발생하며 이것은 종교인을 포함한 종교 지식인들이 의미적 차원에서 완성한다.

이들에 의해 만들어진 의미 체계 중에서 중요한 것은 종교의 윤리적 교리가 아니라 보상이 주어지는 윤리적 행위 양식(form of ethical conduct)이다.[2] 이는 종교의 대중성 수용 결과의 하나로 성직자와 신자 사이의 성스러움과 속됨의 타협이 있었음을 보여준다. 이 때 세속 영역, 특히 정치와 경제 활동 영역에서의 지배를 위해 헤게모니를 쟁탈하고자 하며, 개인 사유 재산의 극대화를 목표로 하는 평신도들의 주술적 욕구는 종교의 보편주의(universalism)를 개별주의(particularism)로 탈바꿈시킨다. 정신과 육체, 영혼과 물질의 이원론(dualism)이 타협을 하면서 경계가 흐려지고, 타협이 정당화되고, 새로운 의미 체계가 수용되어 죄의식 없이 실천된다.

막스 베버는 청교도주의(Puritanism)가 보편애(universalism of love) 또는 종교의 보편주의를 포기하였다고 말하였다. 이에 대한 언급은 중국 종교(유교와 도교)에 대한 저술을 마치고 인도 종교(힌두교와 불교)에 대한 저술을 시작하기에 앞서 쓴 "종교의 세상 거부와 그 방향"[3]의 이론적인 글에서이다. 여기서 그는 보다 합리화되고 조직화된 세계 종교가 세속적 지배 영역인 정치와 경제 등은 물론 미학적인 영역과 에로스적인 영역, 지적 영역 등과의 관계에서 벌어지는 갈등과 긴장을 어떻게 극복하는가, 또는 극복을 위해 어떠한 의미 체계를 새롭게 구성하는가에 대하여 논하고 있다. 청교도주의 또한 보편종교와 세상과의 긴장을 해소하는 의미 체계를 만들어 내지만 결국 구원 종교의 보편주의를 포기한다고 베버는 말하고 있다. 그의 논리 전개 과정은 다음과 같다.

베버는 종교와 세상 사이의 긴장 관계에 주목하면서, 종교가 제시한 성스러운 가치를 추구하는 생활 방식의 조직화와 합리화에 대해 논한다. 행위 논리의 합리화와 조직화가 중요한 것은 신자들로 하여금 주어진 윤리적 삶의 방식 안에서 내적으로 또는 정신적으로 세상의 고통으로부터 벗어나 편안함을 느낄 수 있는 영속적인 상태에 속하게 해 주기 때문이다. 구원 종교는 거룩한 상태(holy state)의 획득, 즉 구원을 확신하는 습성(habitude)을 신자들이 확보하게 하는 합리적 목표를 지니는

것이다.4

그런데 윤리가 합리적이면 합리적일수록, 그리고 구원 수단으로서의 성스러운 내적 가치를 추구하면 할수록 종교와 세상과의 긴장 관계는 더 커진다. 이 긴장 관계가 역사적으로 크게 나타난 것은 예언자적인 종교와 구원 종교5가 발전한 때였다. 구원 종교가 진정성을 가지면 가질수록, 또는 구체적으로 종교가 의례주의(ritualism)에서 종교적 절대주의로 승화하면 할수록 긴장은 더 커진다는 것이다. 반면에 '세상적인 것들'의 내적이고 외적인 소유를 합리화하고 고양하면 할수록 종교의 입장에서는 이 긴장 관계가 증대한다. 이 긴장 관계는 가족과의 관계에서 처음으로 나타난다. 베버는 마태복음 10장 34절을 인용하면서 부모와 형제와의 결별을 선언한 예수를 언급한다. 자연 관계나 인척 관계를 바탕으로 하는 공동체를 넘어서 신앙 안에서의 보편적인 형제애를 바탕으로 하는 새로운 사회 공동체를 지향하는 것이 구원 종교이기 때문이다. 더 나아가 구원 종교는 마을 공동체 등의 정치 공동체의 기본 원칙인 '우리네 집단(in-group)'과 '다른 집단(out-group)'의 이원론은 물론이고 우리 집단의 도덕적 가치인 호혜(reciprocity)의 윤리와도 긴장하게 된다.6

구원 종교는 가족이나 정치 공동체 내의 이웃 사랑을 넘어서 궁핍한 자를 사랑하고 심지어는 원수까지도 사랑하게 하며 자신이 속한 신앙 공동체를 포함한 모든 사회적 소속 집단을 넘어서게 함으로써 보편적인 형제애와 보편 이익을 지향하게 한다. 그 결과 구원 종교는 특수한 집단의 이익 추구를 목적으로 하는 정치와 경제의 지향에 반(反)할 수밖에 없게 된다. 따라서 종교의 보편적 형제애와 세상의 대립이 가장 분명하게 드러나는 것은 경제 영역과 정치 영역에서이다.7

경제 영역과 종교의 관계에서 나타나는 긴장은 다음과 같이 정리될 수 있다. 정령이나 신에게 영향력을 행사함으로써 원시적 주술은 장수(長壽), 건강, 명예, 자손, 그리고 다음 세계에서의 운명 개선 등을 추구하는 대중의 이해관계에 부응한다. 그러나 고등 종교는 금전적 이익을 지향하는 합리적 경제와 긴장 관계를 가질 뿐인데 이는 종교의 내재적 지향과 경제 행위의 내재적 운영 법칙이 다르기 때문이다. 특히, 근대 자본주의 경제는 목적합리성 중심의 내재적 법칙에 충실하기 때문에 형제애를 강조하는 종교 윤리와는 가까워질 수가 없다. 더욱 더 탈인격적이고 합리적인 자본주의의 발전으로 인해 인간관계의 윤리적 조절이 어렵게 된다. 끈끈한 인간적 결합은 자본주의의 운영에 비합리적인 장애가 될 뿐이다. 베버에 따르면 종교 윤리가 강조하는 인간적이고 인격적인 관계는 경제 행위에 장애가 되기 때문에 자본주의는 형제애 등의 종교 가치와는 대립적인 입장을 취하게 된다.[8]

따라서 궁극적으로 어느 구원 종교도 종교성과 합리적 경제 행위 사이의 긴장을 끝까지 유지할 수가 없게 된다. 종교 공동체는 경제적 수단에의 의존을 거부할 수 없고 대중의 문화적 욕구와 일상적인 이해관계와의 조정을 피할 수가 없다. 한 마디로 종교 구성원인 대중의 주술적 욕구와 타협하지 않을 수 없게 된다. 그나마 순수하게 경제와의 긴장 관계가 가능한 것은 재화의 소유를 거부하는 종교 전문가(religious virtuosos), 예컨대 대중을 상대하는 성직자들에 의해서가 아니라 급진적 윤리를 가지고 수도원에서 은둔하며 생활하는 수도자들뿐이다.[9]

베버에 따르면 원칙에 의거하여 종교와 세속적인 경제 사이의 긴장을 피하는 방식은 두 가지 밖에 없다. 하나는 신비주의이고 다른 하나는 청교도주의이다. 세상으로부터의 도피를 추구하는 신비주의와 달리 청교도주의는 세상에서의 모든 활동은 신의 뜻을 실천하고 신의 축복 상태를 확인하기 위한 일로 일상화(routinization)하였다. 합리적 일상화는 이 세상에서의 금욕주의(inner-worldly asceticism)를 가져왔다. 그러나 모든 사람이 사제라는 루터의 만인사제설을 배경으로 설정하기 때문에 평신도 모두가 종교 전문가가 되는 청교도주의는 종교의 보편주의를 포기하게 된다. 더 구체적으로는 사랑의 보편주의(universalism of love)를 포기하는 종교가 된다. 중세 가톨릭에서는 모든 세상적인 것과 마찬가지로 동물적이며 저속한 것으로 여겼던 경제 행위를 종교가 일상적인 것으로 인정하고 수용했기 때문이다.

물론 청교도주의의 세속적 행위 수용에 대한 정당화와 합리화가 없지는 않다. 신의 창조물인 세상을 가꾸는 것은 신의 의지에 따르는 일이며 자신의 소명을 다하는 것이기 때문이다. 그러나 구원 종교의 원칙적 관점에서 보면 이것은 모든 사람이 달성해야 할 목표로서의 구원을 부인하는 것과 다름없기에 문제가 된다.[10] 축복이 아무런 근거 없이 개별적으로 주어져서 보편적 형제애를 개별주의적 형제애가 대체하게 되었기 때문이다.

청교도주의의 보편성 포기는 캘빈의 운명예정론을 견강부회로 해석한 캘빈주의자들에 의해 시작되었다. 운명예정론을 신봉하는 한편, 캘빈이 가르친 세상에서의 직업(vocation)에 충실하게 살아가는 것을 방법론적인 삶의 방식, 또는 성찰적 삶의 방식(methodical way of life)으로 여겼던 캘빈주의자들은 구원 여부를 확인하는 방법으로 세상에서의 직업에 얼마나 충실했는가를 기준으로 삼았다. 근면, 금욕, 절제 등의 금욕주의적 삶은 부의 축적을 가능하게 하였고, 세상에서의 부는 축복 정도를 측정하는 척도로 해석되었다. 부가 구원의 증표가 되었는데 문제는 모든 사람이 부자가 될 수 없다는 엄연한 현실적 문제가 생겨난다는 데 있다. 모든 사람이 부자가 될 수 없다는 것은 모든 사람이 구원을 받을 수 없다는 것을 의미하기 때문이다.

한편 청교도 윤리는 사업 성공을 위한 윤리나 공리적 윤리로 발전한다. 청교도 윤리는 단순히 인간관계의 윤리에 머무는 것이 아니라 사업상의 관계에 필요한 공리적 성격, 예컨대 신용적인 거래를 위한 사업 윤리의 특성을 지닌다. 따라서 윤리, 또는 윤리적 관계 자체가 목적이 아니라, 사업을 위한, 또는 사업을 통해 이 세상에서의 성공을 위한 처세의 윤리로 발전한다. 벤자민 프랭클린이 설교하듯이 새벽이나 밤늦게까지 들리는 대장장이의 망치소리는 단지 그의 근면함과 성실성을 보여주는 것뿐만이 아니라 신용 증진과도 연결되는 공리주의적 미덕이 된다.[11] 영리 활동이 소명으로 여겨지기 때문이다.

정치적 차원에서 나타나는 종교와의 갈등은 주술적인 종교가 아닌 구원 종교 또는 세계 종교의 발전에 따른 것이다. 구원 종교와 달리 주술적인 종교와 기능적인 신을 섬기는 종교는 기본적으로 정치적 속성, 즉 특정 집단의 이해관계 지향만을 보이는 속성을 지닌다. 하나의 정치 공동체가 다른 정치 공동체와 정치적 투쟁을 벌이듯이 각 공동체의 신 또한 다른 공동체의 신과 적대적인 관계를 가지고 서로 싸워야 하기 때문이다.

정치와 종교의 긴장은 세상 모두를 포괄하는 신을 섬기는 보편 종교가 지역, 종족, 정체(polity) 등에 놓여있는 장벽을 넘어서기 때문에 발생한다. 더욱이 구원 종교가 섬기는 신이 사랑의 신(God of love)일 경우, 또는 보편적 형제애를 내세울 때 그 긴장은 극에 다다른다. 한편 정치의 입장에서는 정치 체제가 합리적으로 발전하면 할수록 더 날카로운 긴장 상태가 종교와의 관계에서 생겨난다.[12] 정치 또한 경제와 마찬가지로 인간에 대한 고려 없이 사실대로(matter-of-fact), 또는 사랑도 증오도 없이 일을 처리하는, 비인격적이고 건조한 합리성을 바탕으로 하기 때문이다.[13]

특히, 근대 관료주의 국가는 내적 정치적 기능, 정의의 실천, 행정 등에 있어서 '국가 이성(reason of state)'이 추구하는 객관적 실용주의의 반복적 적용을 피할 수가 없게 되었다. 또한 국가는 권력의 대내외적인 배분 보호를 절대적인 목표로 설정하기 때문에, 대내외적인 적(敵)과 직면하였을 때 강압적 수단인 폭력 사용을 당연시 여긴다. 그러나 보편적인 구원 종교에게는 이러한 국가의 목표가 무의미한 것으로 여겨진다. 그 이유로 베버는 "악에 저항하지 말라"는 산상수훈을 인용한다. 하지만 이러한 윤리적 해결 방법은 국내나 국제적 법률에 충실해야 하는 국가 이성과 어긋난다. 물론 국가도 '정의(right)'에 나름대로의 의미를 부여하기도 하고 신의 이름을 빌려 정의를 내세운다. 그러나 베버에 따르면 이것은 종교인들에게 신의 이름을 헛되게 하는 것에 지나지 않으며 종교 윤리를 흉내 내는 것으로 밖에 보이지 않는다. 베버는 정치적 추론에서 윤리를 완전히 제거하는 것이 더 깨끗하고 솔직한 것이라고 제안한다. 사실적이고 계산적이며 분노라든가 사랑 따위의 감정이 없으면 없을수록 정치는 보편적 형제애로부터 더 멀어지는 것으로 종교에 의해 간주된다.14

종교 윤리와 정치가 내세우는 윤리의 충돌은 전쟁과 관련될 때에도 생겨난다. 한편으로는 전쟁이 특정 정치 공동체로 하여금 일체감을 갖도록 해 주기 때문에 보편적 형제애를 강조하는 구원 종교와 대립하지만, 다른 한편으로는 적어도 특정 공동체 내에서 자연적으로 형성된 집단주의적 장벽까지도 무너뜨릴 수 있다는 의미에서 종교와 유사성을 보인다.15 다만 인류 전체냐 특정한 정치 공동체냐 하는 단위의 차이만 있을 뿐이다.

전쟁이 나타내는 정치 영역과 종교 영역의 유사성은 죽음과의 관계에서도 나타난다. 정치 집단은 자연사나 사고사가 아닌, 전쟁에서나 국가를 위한 애국적 죽음만을 신성하게 여긴다. 전쟁터에서의 죽음은 운명에 따른 죽음과 다르기 때문이다. 전쟁에서의 죽음은 무언가를 '위해' 죽었다는(die 'for' something) 차원의 의미를 지니기에 신으로부터 받은 소명 안에서(in their callings) 죽은 종교인의 죽음과 견줄만한 것으로 승화된다.16 전쟁에서의 죽음은 정치를 종교적 차원으로 끌어올린다. 세속적인 권력과 종교적 권위와의 대립이 죽음과 관련하여 나타난다고 할 수 있다. 그러나 종교는 전쟁을 통한 집단의 결속을 평가절하 한다. 종교의 시각에서 보면 전쟁에서 나타나는 놀라울 정도의 형제애란 단지 투쟁의 잔인성을 반영할 뿐이기 때문이다. 결국 전쟁에서의 죽음을 고양시키는 정치적 형제애는 종교의 보편적 형제애와 긴장 관계를 지닐 수밖에 없게 된다.[17]

여기서 베버는 정치와의 긴장에 대한 해결책을 제시한 종교는 경제 영역에서와 마찬가지로 청교도주의와 신비주의뿐이라고 강조한다.[18] 신비주의는 급진적이고 반정치적인 태도를 취하거나 정치에 대한 철저한 무관심을 보임으로써 모든 정치적 행위가 지니는 폭력으로부터 일찌감치 스스로를 멀리한다. 그러나 청교도주의는 캘빈주의가 그러했듯이 축복의 보편성보다는 개별성을 강조하는 한편, 직업 소명적인 금욕주의의 강조와 함께 신이 계시로 내린 고정화된 계율만을 믿기 때문에 폭력을 바탕으로 하는 정치와 결합한다. 청교도주의는 세상 안에서의 금욕주의(inner-worldly asceticism)를 강조하면서 신을 대신해 신의 도구(tool)로서 신의 창조물인 이 세상을 가꾸어야 하는 것이 신자들에게 주어진 소명으로 간주한다. 따라서 신의 계율은 세상에 부과되어야 하며 이를 위해 청교도주의는 이 세상의 질서를 유지하기 위한 수단인 폭력 사용을 허용할 수밖에 없게 된다.

캘빈의 제네바에서의 신정 정치가 그랬듯이 제도화된 종교(established religion)는 모든 이의 영혼을 구원할 책임을 느끼기에 신앙에 반하는 어떠한 위험이 등장할 경우 폭력을 사용하면서까지 그것과 대립하게 된다. 또한 죄가 가득한 세상을 구원하고 길들여야 한다는 신의 계율을 부여 받았기에 때로는 십자군 전사를 만들어내기도 한다. 그 결과 앞서 언급한 순수한 구원 종교가 폄하한 전쟁을 '거룩한' 전쟁 또는 성 아우구스티누스가 말하는 '의로운' 전쟁으로 정당화하면서 신의 계명을 위한 전쟁, 신앙을 수호하기 위한 전쟁 등 일종의 종교 전쟁을 만들어

내게 되고 세속적인 전쟁과 구별한다.[19] 베버는 신의 명령을 세상 속에서 실천할 책임을 지고 있는 자들을 '구원 귀족'이라고 하였는데[20] 세상 안에서 주어진 소명에 따라 금욕주의적인 삶을 살면서 동시에 폭력을 동원해서라도 세상을 정화하고자 하는 청교도 또한 구원 귀족이라 할 수 있다.

지금까지의 논의가 미국의 복음주의에 대해 제기하는 이슈는 청교도가 과연 미국에서 어떠한 역사적 과정을 겪게 되는가 하는 것이다. 이는 정치와 종교 관계가 지니는 미국의 역사적 특수성에 대한 질문이며 특히 복음주의가 정치와의 관계에서 어떠한 변화를 보이는가에 대한 질문에 다름 아니다.

B. 현대 사회에서의 종교의 사회적 위치와 역할

미국의 복음주의는 종교 사회학 이론에서 하나의 지배적 패러다임을 이루었던 세속화론과 사유화론을 강하게 반증할 정도로 때로는 시민 종교로, 때로는 근본주의 운동으로 세속 사회에서 여전히 활동하였고, 이 책에서 다룬 진보적 복음주의처럼 다분히 공공성을 보여주기도 하였다. 따라서 미국 사회에서의 정치와 종교의 관계에 대한 논의는 종교의 공공성 테제에 맞추어 전개해야 할 것이다.

뒤르켐, 마르크스, 베버 등의 고전사회학자들에 의해 시작된 현대 사회에서의 종교의 위치와 역할에 대한 논의는 1960년대에 유럽 사회를 배경으로 한 세속화론으로 전개되다가 미국 사회에 대한 논의가 시작되면서 종교의 사유화론과 분화론으로 발전할 정도로 상당한 변화를 겪게 된다. 그러다가 최근에는 종교의 공적 재등장에 대한 논의에까지 이르게 되었다. 따라서 현대 사회에서 종교가 처한 사회적 위치에 대한 논의는 종교의 공공성 또는 종교의 공적 역할에 대한 논의를 중심으로 한다. 이는 근대 사회의 발전이 종교의 공적 지배 체제로서의 기능과 위상 상실을 전제로 해 왔기 때문이다. 계몽주의 사상의 종교에 대한 이데올로기적 비판, 보다 합리적 생산양식에 기반을 둔 산업 사회의 등장, 양심의 자유 또는 종교의 자유를 표방한 프랑스 혁명, 그리고 이에 이어지는 근대 국가 체제의 정교분리 원칙 수용 등이 종교의 공적 위치와 기능의 상실에 대한 역사적 배경이 된다.

근대 사회에서 종교의 사회적 위치에 대한 다양한 연구는 크게 두 가지로 나눠진다. 하나는 "종교는 사라져야 한다."는 당위(oughtness)를 내세운 계몽주의 전통의 이데올로기적 종교 비판이며[21] 다른 하나는 "종교는 사라지고 있으며 사라질 것이다."라는 종교 현실(isness)에 대한 연구와 미래 전망을 제시하는 과학적 탐구이다. 중요한 것은 근대 사회에서 종교가 처한 위치와 사회적 역할 등을 연구하는 종교 사회학자 대부분이 위의 두 가지 입장, 즉 가치 지향적 입장과 가치중립적 입장을 동시에 지니고 있다는 사실이다. 그만큼 종교 사회학은 객관적이고 과학적인 탐구를 지향하기도 하지만 평가적이고 규범적인 지향(normative orientation)도 함께 지니고 있는 것이다.

한편 종교의 공적 위치에 대한 부정적 전망이나 평가와 다르게 현대 사회에서 종교의 사회적 영향력이 축소되지 않았을 뿐만 아니라 적지 않음을 보여주는 역사적 사례가 있어 왔다. 이에 대한 논의는 종교의 공적 재등장(public resurgence of religion) 테제로 발전하여 연구되고 있다. 그렇다면 정교분리 원칙을 기본으로 하는 현대 사회의 정치 사회적 환경에서 종교의 정치 사회적 위치와 역할의 실재와 한계는 무엇인가? 이 장에서는 고전사회학자들의 종교에 대한 시각을 고찰하고 종교 사회학의 핵심을 이루는 세속화 이론을 재평가하면서 종교의 공적 재등장의 실재에 대한 논의를 전개한다.

1. 종교와 세속화 논쟁: 분화론과 사유화론

먼저 근대 사회에서의 종교의 사회적 위치에 대한 논의를 시작한 종교 사회학이, 그 중에서도 특히 초기의 세속화 이론이 왜 과학적이면서도 평가적인 입장을 동시에 취하였고 친종교적 또는 반종교적인 입장을 전제로 하여 발전하였는가를 살펴보고자 한다. 그것은 한편으로 세속화 이론 대부분이 세속화의 원인으로 종교 의미 체계를 거부하는 계몽주의를 제시함에서 볼 수 있듯이, 사상의 합리적 발전과 밀접하게 연관되기 때문이다. 예컨대 합리성을 바탕으로 하는 자연과학적 세계관은 종교적 세계상을 거부하고 대체하였다. 또 다른 이유로 정치적 사건과의 관계를 들 수 있다. 세속화의 외적 요인이라 할 수 있는 프랑스 혁명 등 정치적 사건은 종교를 사회에서 제도적으로 퇴출시켰다. 또 다른 이유로 종교 내적 요인을 들 수 있다. 종교 개혁은 타락한 중세 가톨릭에 대한 비판과 함께 종교의 합리적 발전, 즉 각성(disenchantment)을 강조함으로서 종교의 탈주술화를 꾀하기도 하였다. 그 결과 종교는 과학에 자기 자리를 내어줄 수밖에 없을 정도로, 그 자체가 합리적 발전 과정을 겪게 되었다. 실제로 막스 베버의 『개신교 윤리와 자본주의의 정신』의 중심 테제는 종교 개혁을 통해 종교가 내적 합리화의 과정을 겪게 되었고, 그 결과 종교 개혁의 의도와 관계없이 사회적 차원의 합리화가 이루어져 합리성을 최고의 가치로 여기는 근대 사회가 생겨나게 되었다는 것이다.

현대 사회로의 전환 과정에서 종교는 객관적 분석의 대상이 되기도 하지만 때로는 주관적이거나 객관적인 사실 판단의 대상이 되기도 하였다. 종교 사회학이 여전히 주관적 판단의 오류에서 벗어나지 못하고 있고 종교에 대한 이데올로기적인 비판이 여전히 존재하고 있다는 사실은 21세기에 접어든 오늘날까지도 종교가 사라지지 않고 건재하다는 사실을 보여주는 것이라 할 수 있다. 따라서 종교의 소멸을 주장하거나 예견한 초기의 세속화 이론은 수정되지 않을 수 없게 되었다. 그리고 그 핵심은 종교는 사라지지 않고 다만 사회에서의 위치가 바뀌었다는 사실에 있다. 수정된 세속화 이론은 종교 분화론과 사유화론을 중심으로 발전하였다.

'분화론(differentiation theory)'은 전통 사회의 지배적 의미 체계인 종교가 근대 사회에서 세속적 문화영역인 정치, 경제, 지식, 예술, 그리고 성(性) 등으로부터 분리되어진다고 주장한다. 즉 각각의 세속 영역은 종교로부터 독립 내지 분화됨에 따라 더 이상 종교의 논리에 따르지 않고 각 영역 본래의 세속적 목표 달성을 위한 내적 운영 원리에 입각하여 독자적으로 작동한다는 것이다.22 '사유화론(privatization theory)'은 분화를 겪은 종교가 '공적 영역(public sphere)'에서보다는 '사적 영역(private sphere)'에서 개인의 영혼 구원이나 심리적 문제, 또는 가정 문제 등에 집중한다고 주장한다. 종교가 주변화 되었다는 것이다.

혹자는 종교의 분화와 사유화가 종교로 하여금 종교 본래의 위치로 돌아가 본래적인 기능을 행사하게 한 것이라고 주장한다. 종교의 본래 목적은 개인의 영적 치유에 있기에 역사 속에서 이루어졌던 종교의 정치 사회적 권력화와 영향력 행사는 세속적 권력과의 타협 내지는 야합에 불과하다는 것이다. 이러한 주장은 종교 개혁 당시 대표적 인본주의자였던 에라스무스에 의해서 제기되기도 했고, 이후 재침례파 등이 원시 기독 공동체로의 회귀를 주장하면서 콘스탄티노플 대제에 의한 기독교 인정과 그 이후에 이룩된 로마의 국교화를 세속 권력과의 타협이라고 비판하면서 거론되기도 했다. 오늘날에는 정교분리 원칙 수호를 위한 철저한 감시자인 미국의 침례교도 상당수는 이 입장을 견지하고 있다. 이러한 입장의 주장과 논의 전개는 방법론적으로 가치 환원주의에 빠질 수 있기에 객관적이지 못하다는 비판을 받는다. 그럼에도 불구하고 오늘날 많은 수의 교회가 개인의 영혼 구원 내지는 정신적 문제, 또는 가정 문제에 치중하고 있음은 사실이다.

주목해야 할 것은 분화와 사유화, 즉 거시적 차원에서 종교의 사회적 위치 변화가 종교 내용과 종교 실천에 어떠한 영향을 끼쳤는가 하는 것이다. 미리 결론을 내리면 종교의 퇴행, 또는 역사 속에서 가끔 나타나는 종교의 반동적인 행태의 하나인 종교의 대중화와 주술화 현상이 다시금 발생한다는 것이다. 결정적 이유는 종교의 사유화가 근대 사회의 지배 논리인 자본주의의 시장 논리와 결합하였고, 개인의 사적 이익, 즉 사유 재산의 극대화에 대한 종교적 정당화가 이루어졌으며 종교 실천 또한 개인의 이익 달성을 위한 하나의 수단으로 변모하였기 때문이다.

현대 사회의 지배 체제는 '관료주의 국가 체제'와 '자본주의 시장 경제 체제'이다. 베버에 따르면 근대 국가는 폭력의 독점(monopoly of violence)을 전제로 한다.[23] 한편 자본주의 시장 경제는 돈 또는 자본의 집약(monopoly of money or capital)을 그 목적으로 설정한다. 이 두 지배 체제는 정치 논리와 경제 논리를 사회 전 영역에 확산시켜 다른 세속 영역인 지식, 예술, 그리고 성(性)까지도 이들의 논리에 따라 운영되게 한다. 문제는 종교 또한 정치 논리와 시장 논리에서 자유롭지 못하다는 데 있다. 이 두 세속 논리가 개인의 신앙에는 물론 제도 종교에까지 깊숙이 침투한 것이다. 그 결과 다음과 같은 새로운 현상이 나타났다.

첫째, 개인 신앙의 경우 종교의 사유화는 종교의 객체화 또는 대상화를 가져왔다. 사적 소유의 대상이 된 종교는 개인 선택의 대상이 되고 더 나아가 종교 의미 체계의 개인화까지도 가능하게 한다. 이것을 토마스 루크만은 '보이지 않는 종교(invisible religion)'라고 칭하면서 교회 등의 제도권 중심의 종교와 구별한다.(Luckmann, 1967: 90-91) 한편 종교의 개인 선택의 대상화는 종교 의미 체계의 상품화를 유도하고 신앙 체계의 개인화는 종교의 대중화와 주술화를 유도한다. 문제는 기본적으로 주술성이 강한 대중의 종교적 지향에 근대 사회의 자본주의 시장 경제의 논리가 더해질 때 이 주술성이 배가된다는 사실에 있다. 사유 재산에 대한 한없는 욕구를 자극하는 시장 경제의 지배 논리를 내재화하여 살고 있는 현대인들은 재산 증식을 위해 (도덕 실천적 합리성이 배제된 채) 도구적 이성을 최대한 활용하는 한편 종교까지도 부의 축적을 위한 수단으로 동원하게 된다.

이와 더불어 부의 축적을 정당화 하는 신앙 체계까지도 등장하여 종교는 보편적 가치 대신 특수한 가치의 추구를 정당화하는 이데올로기로 전환된다. 막스 베버가 말하는 개신교 윤리와 자본주의 시장 경제의 선택적 친화에 따른 근대 사회의 형성 테제의 핵심은 종교 개혁이 보여준 종교의 탈주술화, 즉 종교 내용의 합리화가 근대 사회의 합리적 발전을 낳았다는 것이었다. 그러나 오늘날은 거꾸로 근대 사회의 사회 구조적 변동의 결과인 종교의 분화와 사유화가 종교를 시장 논리에 종속시킴으로써 종교를 개인의 이익을 위해 신을 이용하는 주술로 전락하게 하고 있다.

둘째, 교회 등과 같은 제도적 종교 기관은 대중의 주술적 욕구에 부응하기 위해 종교 내용을 주술화하고 상품화하기에 이르렀다. 또한 종교 상품의 효율적인 판매를 위해 시장의 마케팅 기법을 적극 수용함으로써 종교의 주술화를 더욱 촉진하게 되었다. 종교 시설은 물론 설교와 강론, 설법 등의 종교 내용까지도 상품화하기에 이르렀다. 이미 1960년대에 피터 버거는 현대 사회의 종교는 원활한 비즈니스를 위해 카르텔을 형성할 것이고 마케팅에 주력하게 될 것이라고 예고한 바 있다.24 시장 논리가 종교 집단의 의미 체계 내용 구성은 물론 종교 집단의 이 세상에서의 성공적인 운영과 관리를 위한 지배 논리가 된 것을 의미한다.

셋째, 사회 집단으로서의 종교 단체는 정치 논리에 따라 인맥 등의 사회적 연결망을 통한 사회 권력을 형성하고 배분하는 장이 되기도 한다. 사회적 차원에서 종교 집단의 수장이라 할 수 있는 종교 전문인(religious virtuoso)들은 사회 윤리의 최후의 보루로서 사회적 지위와 함께 종교의 세에 따라 주어지는 사회 권력을 소유함에 따라 각 종교의 정치 사회적 위상에 대한 도전이 없는 한 대부분 사회 권력과 현상(現狀)에 안주한다. 이는 더 이상 종교가 정치와 종교의 분리 원칙에 따라 국가 차원의 제도적 권력이 되는 것은 불가능하지만 여전히 사회적 차원의 권력을 유지하고 있음을 말해준다. 현대 사회의 종교는 과거의 공적 지배 체제의 위상을 희생시킨 대신 종교가 차지하는 인적, 물적 세의 정도에 따라 시장 논리와 정치 논리의 틀 안에서 다양한 사회 권력 중의 하나로 존재하게 되었다.

종교를 사회 권력이라 칭하는 것은 가치 지향적 기술일 수도 있다. 그러나 사회 권력의 실체로서의 종교에 대한 학문적 적시는 종교 현상에 대한 사회학적 이해에 다름 아니다. 실제로 종교가 사회적 영향력을 행사하고 있다는 사실에 대한 인식을 바탕으로 한 것이다. 그러나 윤리적 차원의 최후의 보루로서 종교가 행사하는 사회적 권력은 논란의 대상이 되지 않는다. 논란이 되는 것은 종교가 정치와의 관계에서 극단적인 행태를 보일 때이다. 그 한쪽은 지배적인 정치 세력이나 경제 세력과 결합하여 권력보수적인 목소리를 강하게 내는 경우로, 예컨대 미국의 기독교 우익을 들 수 있다. 다른 한 쪽은 정치나 경제의 지배적인 체제에 대항하거나 비판하기를 주저하지 않는 사회비판적 종교 세력을 지칭한다. 이러한 식으로 종교는 사유화 이론이 말하는 종교의 사적 영역에로의 주변화에 만족하지 않고 공적 영역으로 재등장한다.

2. 종교의 공적 재등장과 탈사유화

종교의 공적 재등장 논의를 시작한 카사노바는 1980년대 이후 정치와 종교의 제도적 분리가 반드시 종교의 사유화 또는 종교의 탈정치화나 정치의 탈종교화로만 이어지지 않았음을 보여준다. 오히려 종교는 탈사유화(de-privatization)되어 공적 영역으로 복귀하는 모습을 나타낸다. 대표적인 사례로 그는 미국의 '신기독교 우익'을 중심으로 하는 '기독교 근본주의', 브라질과 중남미의 '해방 신학', 폴란드의 '가톨릭 연대(Catholic Solidarity)', '미국 가톨릭 주교회의' 등을 들고 있다.[25] 이와 함께 비기독교권의 대표적 사례로 호메이니가 주도한 이란의 '시아파 이슬람'의 등장을 들 수 있다.

이들 종교 집단 내지 종교 운동의 공적 재등장이 논란의 대상이 된 것은 이들이 정치와의 관계에서 문제를 불러 일으켰을 때이다. 이는 정교 분리 원칙이라는 사회 계약에 균열이 생겼다는 것을 의미하며 주로 종교가 정치 문제에 개입하거나 정치가 종교적 지향을 꾀하였을 때 발생한다. 예컨대 미국의 부시 정권은 다른 나라와의 전쟁을 종교의 이름을 빌려 적을 악으로 규정하고 전쟁을 성전으로 승화시켜 정당화했고, '도덕적 다수'와 같은 종교 단체는 정치 세력에 편승하여 잃어버린 종교의 사회적 영향력을 회복하고 강화하고자 했다.

종교가 사회적 목소리를 내게 된 동기는 무엇인가? 그것은 무엇보다도 종교가 지니는 내재적 추동력 때문이며 더욱 중요한 요소는 이러한 종교의 내적 동인과 현실과의 조우(遭遇)가 가져오는 현실에 대한 문제의식 때문이다. 이것은 보수적이거나 진보적인 종교 모두에 해당되는 것으로 종교가 제시하는 의미 체계에 현실을 비추어 볼 때 드러나는 종교 원칙과의 부조화에 대한 불만족이 종교로 하여금 사회적 목소리를 높이게 한다는 것이다.

문제는 종교의 대사회적 목소리가 펼쳐지는 과정에서 취하는 방법론적 타당성 여부(사회 계약의 범주에서 전개되는가 아닌가)와 이러한 과정에서 드러나는 종교의 내적 일관성의 유지 여부(보편성을 지니는가 아니면 부분적 이해관계를 지향하는 이데올로기적 성향을 지니는가[26])에 있다. 카사노바가 말하는 공적 재등장을 보여주는 종교 집단과 운동은 담론 모델과 투쟁 모델로, 또는 보편적 가치 지향과 부분적 가치 지향으로 대별된다. 해방 신학, 폴란드의 가톨릭 연대, 미국 가톨릭 주교회의 등이 보편적 가치를 지향하는 담론 모델이라면 미국의 기독교 근본주의 운동과 이슬람 근본주의는 투쟁 모델이라고 할 수 있다. 특히 미국의 기독교 근본주의 운동은 초기의 순수한 종교적 열정에서 비롯된 세속 사회에 대한 도덕적인 문제 제기의 수준에서 벗어나 미국의 정치 우익과 결탁하거나 미국의 신자유주의 세력과 동맹을 맺는 등 지극히 이데올로기적인 색채를 띠기도 했다.

담론 모델을 이해하기 위해 베버와 하버마스(Jürgen Habermas)의 근대 사회에 대한 이론적 전망을 비교학적으로 논할 필요가 있다. 현대 사회의 지배 체제인 관료주의 국가와 자본주의 시장 경제 체제는 물리력과 경제력의 독점을 전제로 한다. 따라서 이 두 체제는 그 발생 배경이라 할 수 있는 개신교 윤리가 제시한 '도덕 실천적 합리성'을 내버리고 목적 달성을 위해 수단 방법을 가리지 않는 '목적합리성' 또는 '도구적 이성'의 하위 체계가 되어버렸다. 그 결과 두 영역은 나머지 세속적 영역인 지식, 예술, 성 등은 물론 종교에까지도 깊숙이 침투하여 탈인격적이고 비윤리적이며, 몰가치적이고 몰규범적인 시장 논리와 정치 논리에 따라 세상을 온갖 '만인에 대한 만인의 투쟁'의 장으로 바꾸어 버렸다. 베버에 따르면 도덕 실천적 규범을 상실한 현대인은 의미의 상실과 함께 자유의 상실로 인해 무미건조한, 그리고 자기보전의 생존 가치만을 절대시하는 삶을 지향하게 되었다.

베버의 현대 사회의 종교에 대한 전망에 따르면 현대 사회는 다신교의 사회가 된다.[27] 이것은 각 개인은 자기 보존을 위한 이해관계 중심의 가치 체계만을 선별적으로 지향하고, 심지어는 유일신을 믿고 보편 종교를 추종하는 자들조차도 자기만의 이해관계와 관련된 신앙 체계를 지향하기에, 개인의 숫자만큼 다양한 의미 체계가 존재한다는 것이다. 물론 베버는 종교의 재주술화나 보이지 않는 종교의 출현에 대하여 언급하지는 않았지만 다신교가 함축하는 종교의 특수한 가치에로의 전락, 즉 주술화와 이데올로기화에 대해 예견했다고 할 수 있다.

이러한 다신교적 종교 현상에 대하여 베버의 문제 제기가 함축하는 것은 인간 사회가 자기와 자기 종족의 보전만 위하는 동물 사회로 전락한다는 사실이다. 특히 보편적 의미 체계의 상실은 개인적 차원의 의미 상실과 자유 상실로 이어지고 사회적 '동의의 부재'를 가져오게 되어 가치와 신념을 바탕으로 한 '확신 윤리(ethic of conviction)' 보다는, 강제력에 의존하는 '법적 윤리(legal ethic)'만이 지배하는 공허한 사회가 될 수 밖에 없다는 것이다.[28]

근대 사회에 대한 베버의 이러한 절망적 전망에 대하여 하버마스는 아직 희망을 버리기에는 이르다고 하며 새로운 형식의 합리성과 함께 새로운 사회 모델을 제시한다. 자본주의 시장 경제와 관료주의 국가 체제의 건조한 지향에 대한 베버의 생각에 하버마스는 전적으로 동의한다. 그러나 이 두 체제의 야합을 비판하면서 사회주의 혁명을 통한 체제 자체의 소멸을 주장한 마르크스와는 생각을 달리한다. 또한 베버가 제시하고 정리한 합리성의 한계를 지적하면서 새로운 차원의 합리성, 즉 '의사소통적 합리성(communicative rationality)'을 제안한다.

하버마스는 베버가 말하는 현대 사회에서의 다양한 신들, 즉 이데올로기들이 난무하는 다원성을 실제적이고 소통적인 합리성의 가능성으로 본 것이다. 그는 베버가 합리성을 너무 사회적 차원의 합리화로 몰았다고 비판하면서[29] 문화적 차원의 합리화를 강조하였다. 즉 성찰적이고 비판적인 가치 영역에서의 합리화가 가능한 것은 소통과 대화를 통한 사회적 동의(social consensus)의 산출이다.

하버마스는 현대 사회의 문제를 '시스템(system)'에 의한 '삶의 세계(life world)'의 식민지화 또는 침식으로 보았다. 그러나 이에 절망한 베버나 사회주의 혁명을 통한 시스템의 재정비를 주장한 마르크스와는 달리 그는 삶의 세계를 강화하여 시스템을 견제하고 시스템과의 균형을 잘 유지해야 한다고 주장한다. 즉 관료주의 국가 체제나 자본주의 시장 경제 체제에 대하여 비판적인 공격을 전개하고 이들 시스템으로 하여금 외부로부터의 규범적 검증 대상이 될 수 있음을 보여주는 한편, 탈인격적이고 몰가치적인 지향에서 벗어나서 재규범화 하도록 유도한다는 것이다. 이러한 논의의 장이 바로 '공적 담론의 장'이라 할 수 있는 '시민사회'이다. 앞서 말한 의사소통적 합리성을 전제로 하여 이루어진 담론의 장은 사회구성원 각자에게 사적인 도덕과 공적인 윤리의 내적 연관성에 관한 질문을 던지고 함께 대답을 찾음으로서 사회적 동의를 이끌어내고 이를 국가나 기업 등의 지배적 사회 시스템에 대한 도덕 성찰적 도전으로 유도한다는 것이다.

그러나 하버마스는 시민사회를 중심으로 한 삶의 세계의 의사소통 합리성을 통한 시스템 견제의 논의 구조 안에서 종교의 역할에 대해서는 부정적인 견해를 보인다. 왜냐하면 그 자신이 세속주의 개념에 충실하고 있기 때문이지만 전통에 충실한 종교의 비합리적 지향이 현대 사회에서 합리화 될 가능성이 없다고 판단되었기 때문이다. 실제로 종교는 현대 사회에서 의사소통 합리성을 전제로 하면서 시스템과의 일정한 거리를 유지하려는 시민사회에 편입되기보다는, 대부분 정치 사회적 차원의 세상사에 무관심함으로써(현세에 대한 강한 거부로 인한 적대적 거리 유지) 현상(現狀)에 대한 묵시적 동의를 하거나 아니면 그 반대로 정치 세력과 지나치게 밀접할 정도로 결탁함으로서 스스로를 이데올로기화하고 있다.

하지만 카사노바는 종교의 공적 담론의 장에의 진입을 허용하지 않는 하버마스와 달리 종교의 공적 영역으로의 등장에 대한 역사적 사례를 제시하는 한편 공적 담론의 장에서의 역할을 강하게 전망하고 있다. 해방 신학이나 폴란드의 가톨릭 연대, 그리고 미국 가톨릭 주교회의 등은 빈부 격차 문제, 소득 재분배에 있어서의 불균등 문제, 핵 문제와 환경 문제, 사회 정의와 인권 문제 등에 있어서 규범적 문제 제기를 전개하였음을 보여준다.

중요한 점은 카사노바가 제시하는 공적 담론의 장에서 할 수 있는 종교의 정치적 역할은 '정치적(political)' 문제로 제한되어야 한다는 것이다. 종교가 정치적이라는 것은 정치가 인간 삶 전체를 구성하는 중요한 부분이라는 사실을 인정할 수밖에 없기에, 인간 삶 전체를 아우르는 것이 종교라면 정치적 부분에 대한 관심 또한 소홀이 해서는 안 된다는 것을 의미한다. 반면 종교가 하지 말아야 하는 정치는 그것이 내세우는 보편적 명분에도 불구하고 그 행위 자체가 보편 이익을 추구하기보다는 특수 이익을 쫓는 이데올로기적 성향을 강하게 지니는 정치 행위를 말하는 것이다. 정치 행위는 보편성을 강조하는 종교의 지향과는 어울리지 않는다. 그러나 현대 사회에는 종교가 '정치적 행위'가 아닌 '정치 행위'를 주저하지 않고 행하는 경우가 적지 않다. 예컨대 미국 기독교 근본주의로 대표되는 종교 운동은 투쟁 모델의 전형으로 정치 행위를 주저하지 않았음을 보여준다.

카사노바가 제시한 종교의 공적 재등장을 나타내는 여러 현상 중 미국 복음주의에서 파생된 근본주의 운동만이 유일하게 세속화 이론에 정면으로 도전하고 있다. 다른 종교들은 세속 사회의 사회적 틀(예컨대 시민사회)안에서 정치 사회적 또는 공적 활동을 전개하는 한편 현대 사회의 정치 사회적 변화에 대한 적응 내지는 타협적 모습을 보여준다. 반면 근본주의는 시민사회로의 편입에 대해서는 물론, 활동을 시민사회 범주 안으로 제한하는 것에 대하여 강한 거부감을 나타내는 것은 말할 것도 없고, 세속화 이론이 기술하고(describe) 있는 종교의 사회적 위치를 종교의 활동 범위에 대한 금지적 처방(proscription)으로 여겨 적극 거부하는 입장을 보이고 있다. 결국 근본주의 운동은 분화는 물론 사유화를 강하게 거부하는 한편, 독립과 분화를 요구하는 세속적 영역의 내재적 목표 달성이 가져오는 사회 세속화의 심화 등 사회적 현상에 대하여 일방적이고 전투적인 공격 자세를 적극 표방한다고 할 수 있다. 세속화에 대한 근본주의자들의 거부는 앞서 말한 바의 세속화 원인의 중요한 한 축인 종교 자체의 합리적 발전, 예컨대 과학적 사고의 성서학에의 접목을 허용하는 고등비판이나 문서비판, 그리고 자유주의 신학의 현실과의 변증법적 조응 관계 등에 대한 비판에서도 나타난다.

이 책에서 다룬 진보적 복음주의는 종교의 공적 재등장 테제에서 어떤 위치를 차지하고 있으며 어떠한 모습을 보여 왔는가? 역사적으로 복음주의는 투쟁 모델의 전형을 이루는 근본주의적 행태를 주로 표방하였지만 최근 들어서는 담론 모델로 변모하기 시작하였다. 진보적 복음주의의 이름 하에서 지금까지 대립적인 경쟁 관계에 있던 사회 복음과 마찬가지로 담론 모델의 모습을 나타내기 시작했던 것이다.

주

서론

1 *The American Heritage Dictionary of the English Language*, Boston: Boughton Mifflin Harcourt, 2011.
2 '천년왕국(millennium)'은 그리스도의 재림을 전이나 후에 이루어질 평화, 번영, 정의가 지배하는 천년 동안을 말하며 계시록에 기록된 내용이다.
3 '종교 내용'은 신학, 교리 등 역사를 통해 축적된 종교의 의미 체계로 종교 집단 내의 의례와 규범의 실천과 정치, 사회, 문화 등에 대한 종교의 대응을 포함하는 '종교 실천과 구분하여 사용한다.
4 José Casanova, *Public Religion in the Modern World*, Chicago: The Univ. of Chicago Press, 1994.
5 정치 신학은 신앙인이 정치에 대해 갖는 신학적 견해로 간단히 정의 할 수 있다.
6 Charles Y. Glock & Robert N. Bellah, ed., *The New Religious Consciousness*, Berkeley: Univ. of California Press, 1976.
7 Michael Gerson & Peter Wehner, *City of Man: Religion and Politics in A New Era*, Chicago: Moody Publishers, 2010, pp. 47-48.
8 Gerson & Wehner, p. 67; 미국에서 전개된 다양한 형태의 복음주의의 역사와 관련하여 우리가 다루는 진보적 복음주의와 가장 두드러지게 대비되는 과거의 복음주의는 레이건 시대에 사회의 공적 영역 전면에 등장하여 지금까지 지속하고 있는 복음주의를 말하며 소위 종교 우익(Religious Right)이 지배하던 시대의 복음주의를 말한다. 이 복음주의는 정치 사회적 어젠다로는 낙태의 법적 허용 종식, 공립학교에서의 기독교 영향력 회복과 유지, 동성애 인권 운동과의 투쟁, 전통적인 가정조직 지원 및 유지 등을 내세운다. 이들 복음주의가 과거의 복음주의와 구별되고 우리가 다루는 최근의 진보적 복음주의와 특별히 구별되는 특징은 직접적인 정치 활동에 종사하는 것으로 특히 공화당과의 밀접한 동맹을 하는 식으로 파당적인 모습을 보인다는 사실이다.
9 Jim Wallis, *The Great Awakening: Reviving Faith & Politics in a Post-Religious Right America*, NY: HarperOne, 2008, p. 5.
10 보다 근본주의적인 블루칼라 복음주의자들은 여전히 과거의 종교 우익과 동질적이지만 젊은 중상류층과 고등교육을 받은 복음주의자들은 종교 우익과 결별하는 경향을 보인다. Gerson & Wehner, p. 68.
11 Jürgen Habermas, *The Theory of Communicative Action V. One: Reason and Rationalization of Society* & *V. Two: Life World and System: A Critique of Functionalist Reason*, Boston: Beacon Press, 1984.

제1부: 복음주의의 역사

1 Max Weber, *The Protestant Ethic and the Spirit of Capitalism*, New York: Charles

Scribner's Sons, 1958.
2   Max Weber, "Protestant Sects and the Spirit of Capitalism", *From Max Weber: Essays in Sociology*, edited and trans. by H. H. Gerth & C. Wright Mills, New York: Oxford Univ. Press, 1958.
3   경건주의는 종교 개혁의 전통에 따라 개인과 신과의 관계, 헌신적인 삶, 엄격한 도덕적 경건 훈련을 강조하였고 그리스도 안에서의 회개, 또는 '다시 태어남(born again)'의 필요성 강조를 복음을 전하는(evangelize) 사명의 핵심으로 여겼다.

제1장. 영국 청교도 혁명

1   종교 개혁의 개신교가 내세운 첫 번째 원칙은 '오직 성서로만(the Bible alone)'이었다. 성서만을 종교의 권위로 인정하겠다는 것인데 이것이 중세의 가톨릭과 부딪치는 이유는 이 원칙이 가톨릭교회의 제도적 권위에 대한 도전이기 때문이다. 가톨릭은 신이 교황에 의해 다스려지는 제도 교회를 제정하였고, 이 제도 교회에 성서적 계시를 해석할 권위를 부여하였으며, 사람들이 영원한 구원을 위한 신의 축복을 받을 수 있게 하는 성례의 수단을 행할 수 있는 특권을 주었다고 믿었다. 이에 대해 개신교는 교회는 타락한 인간의 제도가 되었기에 유일한 종교 권위의 원천인 성서에 비추어 개혁되어야 한다고 주장하였다.
2   카트라이트(1535-1603)는 캠브리지 대학의 교수로 장로파만이 유일하게 성서적 교회 정책을 지녔다고 여겼으며 제네바와 스코틀랜드의 제도화된 기독교를 영국 교회가 지향해야 할 모델로 여겼다. Sydney E. Ahlstrom, *A Religious History of the American People*, New Haven/London: Yale University Press, 1972, pp. 92-93.
3   민감한 주제를 합리화하거나 오도하기 위해 광범위하게 또는 과장해서 논리를 전개하는 것으로 베버에 의하면 주로 종교와 정치 영역에서 많이 활용되는 견강부회를 수반한 해석 방법이다.
4   Weber, *The Protestant Ethic and the Spirit of Capitalism*, p. 37.
5   Ahlstrom, p. 91.
6   Thomas G. Sanders, *Protestant Concepts of Church and State: Historical Backgrounds and Approaches for the Future*, Gloucester, Mass: Peter Smith, pp. 264-265.
7   Justo L. Gonzalez, *A History of Christian Thought: From the Protestant Reformation to the Twentieth Century V. III*, Nashville: Abingdon Press, 1975, pp. 292-293.
8   John Dillenberger & Claude Welch, *Protestant Christianity: Interpreted Thorough its Development*, NY: Charles Scribner's Sons, 1958, pp. 112-113.
10 김중락, 김호연, "크롬웰의 이상사회 정책과 그 성격," 『대구사학』, 76집, 대구사학회, 2004, p. 366.
11 김중락, 김호연, p. 372.
12 Dillenberger & Welch, p. 114.
13 Max Weber, *The Sociology of Religion*, Boston: Beacon Press, 1963, p. 85.
14 가디너(S. R. Gardner)는 참된 지도자를 강한 신념의 소유자, 미래에 대한 비전을 지닌 자, "자기 자신의 모든 힘을 쏟아 눈앞에 닥쳐온 역사적 과업을 과감히 수행하기 위하여 자기를 던지는 사람"으로 간주하면서 크롬웰을 이와 같은 역사적 혁명을 완수하는 인격으로 보았다. 홍치모, "사무엘 로슨 가디너(S. R. Gardiner)와 영국혁명사 연구," 『영국연

구』, 20호, 영국사학회, 2007, p. 317.
15 김중락, 김호연, p. 376.
16 Sanders, p. 267.
17 Weber, *The Protestant Ethic and the Spirit of Capitalism*, 1958, p. 37.
18 앞의 책, p. 45.
19 앞의 책, pp. 64-65.
20 앞의 책, p. 82.
21 앞의 책, p. 213, Note 12.
22 앞의 책, p. 72.
23 앞의 책, pp. 88-89.
24 앞의 책, p. 85.
25 이태숙, "국왕 없는 시기 영국 의회," 『서양사론』, 106호, 한국서양사학회, 2010, p. 194.

제2장. 복음주의와 미국: 신 이스라엘 건설 프로젝트

1 Perry Miller, *Errand into the Wilderness*, Cambridge: The Belknap Press of Harvard Univ. Press, 1956.
2 George McKenna, *The Puritan Origins of American Patriotism*, New Haven & London: Yale University Press, 2007, pp. 1-2.
3 Ahlstrom, p. 151.
4 '계약'은 구약의 중심적인 개념으로 한 나라와 신과의 관계의 성공 여부를 결정짓는 요소이다. 한 나라가 신과의 계약에서 만들어진 율법을 지키면 축복을 받을 것이고 그것을 지키지 못하면 재앙을 받을 것인데 여기서 결정적인 성공의 열쇠는 성서적 율법에 따른 도덕성의 준수 여부이다.
5 Kai Erickson, *Wayward Puritans: A Study in the Sociology of Deviance*, NY: Wiley, 1966, p. 98.
6 McKenna, p. 4.
7 임창건, "미국 청교도 식민지에 나타난 종교의 권력화 현상", 『국제지역연구』 9집 2호, 국제지역학회, 2006, p. 495.
8 Ahlstrom, p. 153.
9 Reichley, A. James(1985), *Religion in American Public Life*, Washington, DC: The Brooking Institution, 1985, p. 56.
10 앞의 책 p. 57에서 재인용.
11 앞의 책 p. 57.
12 'Manifest Destiny'는 19세기에 널리 펼쳐진 신념으로 미국 개척자들은 대륙 전체로 퍼져 나가야 하는 운명이 지워졌다는 것이다. 이들은 미국인들과 미국의 제도는 특별한 가치를 지니고 있기에 서부를 개척하여 구제하는 임무는 거역할 수 없는 운명이라고 믿었다. 문제는 이러한 신념이 19세기 있었던 미국의 제국주의적 팽창과 연결되었다는 사실이다. 따라서 '영토 확장설'로 여기기도 한다. 물론 이것을 정복의 사명으로 보기보다는 미국이 달성한 민주주의를 세계로 확장해야 하는 도덕적 사명으로 보아야 한다는 주장도 있다.
13 George M. Marsden, *Religion and American Culture*, San Diego: Harcourt Brace Jovanovich, Publishers, 1990: pp. 17-18.

제3장. 개신교 근본주의의 출현: 종교의 정치화

1 카사노바에 따르면 역사적으로 미국이 강조하는 종교의 탈제도화는 3단계를 걸쳐 발전하였다. 요약하면 첫째 단계는 19세기 초에 있었던 종교의 '헌법적 탈제도화'이다. 이 첫째 탈제도화의 결과로 정교분리 원칙과 종교 실천 자유의 원칙이 세워졌다. 둘째 단계는 '정신세계의 탈제도화'로 사상과 표현의 자유가 허용되고 실천되어진 것을 말한다. 이는 1차 세계대전을 전후로 등장하였다. 셋째 단계는 1960년대에 일어난 '개신교의 탈제도화'로 행동 방식에 있어서의 자유를 의미한다. '종교의 자유'가 '사상의 자유'를 낳았고, 그 다음 단계로 '행동의 자유'를 낳은 것이다. Casanova, 1994.
2 George M. Marsden, *Fundamentalism and American Culture: The Shaping of Twentieth-Century Evangelicalism 1870-1925*, Oxford: Oxford Univ. Press. 1980, p. 185.
3 세계적인 현상으로서의 근본주의에 대한 연구로 Lionel Caplan이 편집한 *Studies in Religious Fundamentalism*, State University of New York Press, 1987이 있다.
4 Matthew Avery Sutton, *American Apocalypse: A History of Modern Evangelicalism*, Cambridge, MA: The Belknap Press of Harvard University Press, 2014, pp. 82-91.
5 Marsden, 1980, pp. 118-120.
6 Casanova, p. 137.
7 근대 사회의 자유주의적 정치는 성직자와 기독교와의 직접적인 대립과 연관되고 프랑스 혁명을 통한 정부의 세속화와 정부에 대한 종교의 영향력 제거는 결정적으로 반기독교적인 경향을 가져왔다. Marsden, 1990, pp. 103-104.
8 Casanova, p. 135; 이를 정치 공동체(community cult)와 종교 공동체(religious community)의 분리라고도 하는데 공동체의 정치 단위와 종교 단위의 일치와 분리에 대한 논의는 공적 종교와 사적 종교의 역사적 전개 과정과 밀접한 관계가 있다.
9 Casanova, pp. 135-137.
10 1904년 미국을 방문한 베버는 1906년에 발표한 "Protestant Sects and the Spirit of Capitalism"에서 교회의 구성원이 된다는 것은 개인의 사회생활과 사업에 있어서의 중요한 신용의 척도가 될 정도라는 사실과 함께 미국 소도시의 사회 공동체가 교회를 중심으로 해서 유지되고 있음을 보여준다. Weber, 1958, pp. 302-322.
11 소도시(small town) 전체 공동체의 주요한 공공 생활의 상당 부분을 차지하는 프로그램은 교회를 중심으로 만들어지고 진행되었었다. 그러나 근대 거대 산업 사회(modern mass industrial society)의 등장은 소도시에서조차도 과거에 종교가 주로 담당한 사회 통합과 조정의 사회문화적 가치를 끊임없이 위협하게 된다. 이러한 과정에 대하여는 Arthur J. Vidich & Joséph Bensman, *Small Town in Mass Society: Class, Power and Religion in a Rural Community*, Princeton, NJ: Princeton University Press, 1968, 특히 pp. 227-257을 참조.
12 Marsden, 1990, pp. 106-107.
13 카사노바는 북부의 뉴잉글랜드가 캘빈주의 청교도들의 후예들로 이루어졌기에 캘빈의 제네바의 배경이 되는 정치적 실현을 위한 계약 신학에 따라 천국의 지상에서의 실현을 위해 사회 개혁을 주도한 반면, 정교일치를 반대하는 종파적 침례파가 주류를 이룬 남부는 남북 전쟁의 패배 이후에도 여전히 시민사회의 중요한 에토스로 복음주의를 지향하면서도 세상과의 결별과 사적 영역에서의 경건한 종교 행위에 정진하였다고 주장한다.

Casanova, pp. 138-139.
14 Marsden, 1990, pp. 119-120.
15 Gonzalez, 1985, pp. 257-258.
16 Marsden, 1980, p. 4.
17 브라이언은 근본주의자가 아니었다는 주장도 있다. 그는 근본 원칙 중의 원칙인 개인의 구원에 대하여 거의 관심을 두지 않았을 정도라는 것이다. Sutton, p. xiii.
18 Casanova, p. 145.
19 Marsden, 1990, p. 109.
20 Casanova, p. 145.
21 Robert N. Bellah, *The Broken Covenant: American Civil Religion in Time of Trial*, New York: The Seabury Press, 1975, pp. xii-xiii.
22 Glock & Bellah, 1976.
23 Bellah, 1975, pp. 141-142.
24 Reichley, 1985, p. 322.
25 앞의 책, p. 322.
26 구체적으로 임신 후 6개월 안에는 낙태가 허용되어지는데 처음 3개월 동안은 아무런 조건 없이 허용되고 뒤의 3개원 동안에는 주 정부가 '임산부의 건강과 관련하여 합리적으로' 정한 절차 규정에 따라 행해질 수 있다. Reichley, pp. 292-293.
27 '인격주의(personalist)'는 인간은 존재론적인 의미에서 실제적인 가치를 가지며 자유 의지를 가진다는 사상이다.
28 Reichley, p. 161.
29 Casanova, p. 150.
30 Allan J. Lichtman, *White Protestant Nation: The Rise of the American Conservative Movement*, New York: Atlantic Monthly Press, 2008.
31 Marsden, 1990, pp. 268.
32 Max Weber, "Religious Rejection of the World and Their Directions", *From Max Weber: Essays in Sociology*, edited and trans. by H. H. Gerth & C. Wright Mills, New York: Oxford Univ. Press, 1958, p. 332.
33 Weber, 앞의 글, p. 332.
34 네오콘(Neoconservatives)은 국제 문제에 있어서 민주주의의 '공격적(assertive)' 추진과 '미국 국가 이익' 증진을 적극 옹호한다. 이를 위해 군사력 사용도 불사한다. 예컨대 후쿠야마(Francis Fukuyama)를 포함한 40명의 네오콘은 워싱턴의 싱크 탱크 집단인 신세기 미국프로젝트(Project for the New American Century)를 통해 9/11사태 이후인 2001년 9월 20일에 대통령 부시에게 보낸 편지에서 빈 라덴을 생포하든지 사살해야 하며 사담 후세인을 이라크의 권좌에서 제거할 것을 집단으로 연명하여 제안하였다.
35 Lichtman, p. 342.
36 Lichtman, pp. 357-360.
37 Lichtman, p. 347.
38 부시는 이라크 침공을 정당화하기 위해 자크 시라크(Jacques Chirac) 프랑스 대통령에게 에스겔의 예언을 언급하였다. 전쟁은 하느님이 자기 백성의 적을 제거하기 위해 의도된 것으로 전쟁을 통해 성서적 예언이 완성되고 있다는 것이다. Sutton, p. 370.

39　Weber, "Religious Rejection of the World and Their Directions", p. 333.

제2부: 부시의 테러와의 전쟁: 정치와 종교의 반동적 지형 변화

1　"Federal Court Gives 'Early Christmas Present' to Bush, Cheney, Rumsfeld, and Others, Immunizing Them from Civil Inquiry Regarding Iraq War", *Witness Iraq*, 2014. 12. 22.
http://witnessiraq.com/2014/12/22/federal-court-gives-early-christmas-present-to-bush-cheney-rumsfeld-and-others-immunizing-them-from-civil-inquiry-regarding-iraq-war/ 2015년 1월 15일 검색.

2　Corey Hill, "Why an Iraqi Single Mom Is Suing George W. Bush for War Crimes", *Common Dreams*, 2013. 8. 17. http://www.commondreams.org/view/2013/08/17-7 2015년 1월 15일 검색.

3　뉘른베르크 재판소는 침략범죄(crime of aggression), 전쟁범죄(war crimes), 반인류범죄(crimes against humanity)를 국제 범죄로 규정하였다.

4　Robert D. Putnam, & David E. Campbell, *American Grace: How Religion Divides and Unites US*, NY: Simon & Schuster, 2010. 정태식 외 역,『아메리칸 그레이스: 종교는 어떻게 사회를 분열시키고 통합하는가』, 서울: 페이퍼로드, 2013.

제4장. 부시의 근본주의적 정책: 정치의 종교화

1　2000년 11월 7일에 민주당 고어(Al Gore)와 공화당 부시의 대통령 선거가 치러졌지만 거의 2주 동안 미국은 당선자를 결정하지 못하고 있었다. 플로리다 주의 개표 결과 부시가 약간 앞선 정도의 불확실한 상태에서 재검표 요구가 있었기 때문이다. 플로리다 주의 가장 커다란 선거구인 마이애미-다데 카운티의 재검표가 5분의 1 정도 이루어졌을 때 고어는 157표를 더 얻게 되었다. 모든 재검표가 이뤄진다면 플로리다 선거 결과를 좌우할 수 있어 대통령 자리는 고어에게 넘겨질 수 있는 상황이었다. 이에 부시 선거본부는 다데 카운티의 재검표를 중단시키기 위해 11월 22일 보수적인 쿠바계 미국인 공동체를 움직여 재검토 정지를 위한 항의에 돌입하게 하였고 이후 많은 공화당 당직자들이 플로리다로 몰려가서 이에 동조하였다. 결국 위협을 느낀 개표 점검단은 재검토를 영원히 멈추기로 결정하였고 3주 후 미국 대법원은 전국의 재검토 종료를 선언하였다. 그 결과 부시는 고어에 537표를 앞서서 플로리다 주의 선거인단을 확보할 수 있었고 대통령에 당선되었다.

2　George W. Bush, *A Charge to Keep*, NY: William Morrow & Company, INC, 1999, p. 136.

3　앞의 책, p. 6.

4　Stephen Mansfield, *The Faith of George W. Bush*, NY: Jeremy P. Tarcher/ Penguin, 2004, p. 22.

5　Mansfield, 2004, p. 11.

6　Frank I. Lambert, *Religion in American Politics: A Short History*, Princeton: Princeton University Press, 2008, p. 205.

7　Lambert, p. 206.

8　White-Anglo-Saxon-Protestants(영국계 백인 개신교도)

9　Peter Beinart, *The Icarus Syndrome: A History of American Hubris*, New York: Harper

Perennial, 2010, p. 327.
10 Beinart, p. 328.
11 Beinart, pp. 328-329.

제5장. 아프가니스탄과 이라크와의 성전(聖戰)

1   Pierre Tristam, "President Bush Launches Attack on Afghanistan Speech to the Nation on Oct. 7, 2001", *Middle East Issues*. http://middleeast.about.com/od/afghanistan/qt/me081007b.htm 2015년 1월 16일 검색.
2   PUBLIC LAW 107-40—SEPT. 18, 2001, 107th Congress Joint Resolution, www.gpo.gov/fdsys/pkg/PLAW-107publ40/pdf/PLAW-107publ40.pdf 2015년 1월 16일 검색.
3   Francis Boyle, "The Illegalities of Bush's War on Afghanistan", September 17, 2002. *Counterpunch*, http://www.counterpunch.org/2002/09/17/the-illegalities-of-bush-s-war-on-afghanistan/ 2015년 1월 16일 검색.
4   원래 '의로운 전쟁' 이론은 "치명적인 무력의 사용이 도덕적 지지를 받을 만하다"라는 확신을 전제로 한다. 그러기 위해서는 무력 사용의 대상이 우리보다 더 치명적인 악을 행할 수 있다는 것인데 과연 그것을 판단할 정당한 권리를 누가 지니느냐 하는 것이 문제이다. 그런데 대부분의 전쟁이 정의라든가 형평성 등에서 생겨난 갈등 때문이라면 '의로운 전쟁'의 이름하에 행해지는 성전 또는 종교 전쟁은 그 기준을 신에 두고 그 신 또한 자신의 편에 두고 전쟁을 정당화하기에 베버가 말하는 결의론 또는 견강부회의 덫에 걸리기가 쉽다. 따라서 '의로운 전쟁'을 채택하고 행하는 자들은 자신들의 전쟁의 전제로 내세운 도덕적 지지에 대한 확신에 대해 끊임없는 자기 성찰적 질문을 해야 할 것이다. 이라크의 대량 파괴 무기의 소유가 미국의 이익에 해를 가져올 가능성 때문에 치르는 전쟁은 따라서 의로운 전쟁이 아니라고 할 수 있다. 역설적으로 미국의 부시는 대량 파괴 무기의 소유를 증명할 자신이 없기에 종교의 이름으로 전쟁을 포장한 것이 아닌가 생각한다.
5   "Bush declares war: U.S. President George W. Bush has announced that war against Iraq has begun", March 19, 2003, CNN.com./U.S. http://www.cnn.com/2003/US/03/19/sprj.irq.int.bush.transcript/ 2015년 1월 17일 검색.
6   Mark J Rozell, & Gleaves Whitney, *Religion and the Bush Presidency*, New York: Palgrave Macmillan, 2007, pp. 22-25. 2015년 1월 17일 검색.
7   "Transcript of Bush speech", CNN.com. 2005. 12. 14. http://www.cnn.com/2005/POLITICS/12/14/bush.transcript/ 2015년 1월 17일 검색.
8   1997년에 네오콘들이 세운 외교 정책 팅크 탱크 기관인 미국의 신세기를 향한 프로젝트(Project for the New American Century)의 설립 취지문에 체니, 럼스펠드, 월포위츠 등이 동의하였다. 이 취지문에는 미국의 이익과 가치에 적대적인 정권들에 대하여 도전하고 미국의 안보와 번영, 그리고 미국의 원칙을 보전하고 또 이에 친화적인 국제 질서를 학대하는 책임 수용 등이 포함되어 있다. Lichtman, p. 442.
9   그러나 팔웰은 그의 선동적 발언에 대한 비난이 전국적으로 일어나자 자신의 발언에 대해 사과하였다. 그럼에도 불구하고 그의 발언은 수세기 동안 지속된 미국 복음주의의 전통과 어긋나지 않는 것이었다. Sutton, p. 370.
10 Beinart, pp. 338-340.
11 Beinart, pp. 342-343.

12 Kenneth D. Wald, & Allison Calhoun-Brown, *Religion and Politics in the United States*, Lanham, MD: Rowman & Littlefield Publishers, 2011, p. 57.
13 Rozell & Whitney, p. 2.
14 보스도르프는 부시가 9/11 사태 6일 후인 9월 20일에 행한 양원 합동회의 연설을 청교도 신학의 전통인 계약을 새롭게 재개(covenant renewal)하는 시도로 해석하였다. 문제는 부시가 인식하고 있는 청교도주의가 미국의 병을 미국 자체의 죄 때문으로 여기는 것이 아니라 모든 비난을 외부의 적에게 둘러씌우는 것이라는 데 있다. 즉 자신들의 많은 죄에 대하여 강조하지도 않고 공동체를 괴롭히는 질병이 도덕적 타락 때문이 아니라 외부 세력 때문이라고 강조하는 것이다. 따라서 보스도르프는 부시의 연설이 공동체가 표출하는 죄에 대한 반성과 성찰보다는 악으로 간주된 외부의 세력에 의해 제기되는 위협에 더 집중하였다고 비판한다. 한 마디로 부시의 연설에서 나타나는 청교도적인 악에 대한 강조는 항상 미국의 적이 지니는 악이었지, 미국의 악이 아니었다는 것이다. Denise M. Bostdorff, "George W. Bush's Post-September 11 Rhetoric of Covenant Renewal: Upholding the Faith of the Greatest Generation", *Quarterly Journal of Speech*, Vol. 89, No. 4, November 2003, pp. 293-319.
15 Paul Froese, & F. Carson Mencken, "A U.S. Holy War? The Effects of Religion on Iraq War Policy Attitudes," *Social Science Quarterly*, V. 90(1), 2009, pp. 103-104.
16 미 국방성 민간인 국가정보부는 차관과 부차관을 두고 있으며 국방성 내의 정보활동을 보다 원활하게 조정하는 역할을 한다. 이들은 의회의 승인을 거쳐 대통령에 의해 임명된다.
17 Wald & Calhoun-Brown, p. 3.
18 Austin Cline, "William Boykin: Islam Not a Religion ... Not Protected by First Amendment?," 2010. 7. 17. http://atheism.about.com/b/2010/07/17/william-boykin-islam-not-a-religion-not-protected-by-first-amendment.htm. 2015년 1월 17일 검색.
19 Lichtman, p. 440.
20 Lichtman, pp. 442-443.
21 적 전투원은 전쟁에서 사로잡힌 전사이지만 전쟁 포로의 타이틀을 받지 못한 자를 말한다. 왜냐하면 제네바 협정에서 제정한 합법적인 전투원에 대한 규정을 만족시키지 못하기 때문이다. 이들은 비합법적인 전투원으로 간주되면서 제네바 협정에서 전쟁 포로에게 부여하도록 되어 있는 권리를 가질 수 없게 되었다. 제네바 협정에 따르면 합법적인 전투원은 조직화된 명령 체계의 일원이어야 하며 민간인이 아님을 나타내는 기장을 갖춘 제복을 입어야 하며 무기를 들고 다녀야 한다. 따라서 합법적인 전투원으로 생포된 적은 전쟁 포로이기에 살해하지 않는다는 전쟁 규칙이 있기에 이를 존중해야 한다. 그러나 아프가니스탄 침공 이후 미국은 500명 이상의 탈레반 병사들을 사로잡아 적 전투원으로 간주하였는데 그 이유는 이들이 합법적인 전투원이 지녀야 할 이러한 규준을 만족시키지 못한다고 해석되었기 때문이다. 따라서 이들은 군사 법원에 의해 범죄자로 재판을 받게 할 수도 있고 전쟁이 지속되는 한 외부와 연락이 끊긴 상태로(또는 독방에 가두어진 채로) 구금할 수 있으며, 미국의 법 제도의 도움을 받을 수 없게 된다. 한편 문제가 생기기도 하였는데, 사로잡힌 적 전투원 중 두 명이 미국 시민으로 밝혀졌고 이들이 미국 법원에서 재판을 받겠다고 요구하였기 때문이었다.
22 Randall, Balmer, *God in the White House: A History - How Faith Shaped the Presidency from John F. Kennedy to George W. Bush*, New York: Harper One, 2008, pp. 165-168.

제3부: 오바마의 종교 친화 정책과 보수 우익의 반격

1. Rozell & Whitney, p. 9.
2. Wald & Calhoun-Brown, p. 196.
3. 많은 공화당원들은 2006년의 중간 선거와 2008년의 대선 패배를 이라크 전쟁 때문으로 여기고 있다. Jonathan Alter, *The Center Holds: Obama and His Enemies*, New York: Simon & Schuster, 2013, p. 2, n. *.
4. 2004년의 대선에서 복음주의자는 총 유권자의 23%를 차지하고 있었다. 이들 복음주의자들 중 78%가 부시를 지지하였고 21%는 존 케리를 지지하였다. 2006년의 중간 선거에서 공화당 후보들은 전국적으로 9%의 지지 하락을 겪었고 민주당에 53%대 42%로 패배하였다. 이 때 전체 투표자의 24%를 차지한 복음주의자들은 70%가 공화당 후보를, 28%가 민주당 후보를 지지하였다. 2008년의 대선에서는 전체 투표권자의 24%를 차지한 복음주의자들 중에서 74%가 맥케인 후보를 지지하였고 24%가 오바마 후보를 지지하였다. Henry C. Kenski & Kate M. Kenski, "Evangelical Voters in the 2008 Republican Presidential Nomination", *Studies of Identity in the 2008 Presidential Campaign*, ed. by Robert E. Denton, Jr., Lanham, MD: Lexington Books, 2010, p. 130.

제6장. 오바마와 종교의 공적 담론으로의 초대

1. Barack Obama, *The Audacity of Hope*, New York: Three Rivers Press, 2006, p. 216.
2. 워렌은 재선에 성공한 오바마의 2009년 대통령 취임식에서도 기원기도를 하였다.
3. http://sojo.net/blogs/2012/02/21/transcript-obamas-2006-sojournerscall-renewal-address-faith-and-politics. 2015년 1월 27일 검색. 2012년 2월 21일 필기록 게재. 이하 내용은 연설을 참고하였다.
4. Stephen Mansfield, *The Faith of Barack Obama*, Nashville: Thomas Nelson, pp. 99-100.
5. Obama, 2006, pp. 195-198.
6. Stanley Hauerwas & Frank Lentricchia, *Dissent from the Homeland: Essays After September 11*, Durham: Duke University Press, 2003.
7. 베블런은 경제적 생산력을 결핍한 채 헌신적으로 자신의 나태함과 무위(無爲)를 과시적 소비(conspicuous consumption)로 뽐내는 미국 사회의 상류계층을 비판한『유한계급론(*The Theory of the Leisure Class*)』(1899)을 저술하였고, 윌리엄스는『미국 외교의 비극(*The Tragedy of American Diplomacy*)』(1959)과『미국 역사의 지형(*The Contours of American History*)』(1961)을 저술하였다.
8. Andrew J. Bacevich, *The Limits of Power: the End of American Exceptionalism*, New York: Metropolitan Books, 2009.
9. Reinhold Niebuhr & Andrew J. Bacevich, *The Irony of American History*, Chicago: University of Chicago Press, 2008.
10. 니버는 인간 오만의 상징적 사건을 창세기에 나오는 바벨탑(Tower of Babel)으로 표현하면서 역사적 인간 비극의 주된 원인이 인간이 한계를 내적으로 성찰하지 못하는 데서 나온다고 하였다. Reinhold Niebuhr, *Beyond Tragedy: Essays on the Christian Interpretation of History*, New York: Charles Scribner's Son, 1937, p. 32.
11. Arthur Schlesinger Jr., "Forgetting Reinhold Niebuhr", *The New York Times*, Sep. 18,

2005.
12 Reinhold Niebuhr, "The Nation's Crime Against the Individual", *The Atlantic*, 1916. 11. 1. http://www.theatlantic.com/magazine/archive/1916/11/the-nations-crime-against-the-individual/306365/ 2015년 1월 27일 검색.
13 Reinhold Niebuhr, *Moral Man and Immoral Society: A Study in Ethics and Politics*, New York: Scribner, 1960.
14 Beinart, pp. 61-62.
15 Reinhold Niebuhr & Robert McAfee Brown, *The Essential Reinhold Niebuhr: Selected Essays and Addresses*, New Haven: Yale University Press, 1986, pp. xi-xiii.
16 Niebuhr & Bacevich, p. 25.
17 Niebuhr & Bacevich, p. 3.
18 미국 패권주의에 대한 종교적 정당화에 대한 니버의 비판은 미국 내에서의 종교와 정치의 관계에 대해 링컨이 취한 입장과 일맥상통한다. 대부분의 정치인들은 국가 정책과 정책 실천과정에서 신의 축복과 승인을 받았다고 주장하기 위해 종교의 힘을 빌리거나 신의 이름을 불러일으킨다. 그러나 링컨은 "신이 우리 편에 있다(God is on our side)"라고 하기보다는 "우리는 기도하면서 우리가 신의 편에 서 있는가에 대하여 진지하게 고민해야 한다(We should pray and worry earnestly whether we are on God's side)."라고 주장하였다. Jim Wallis, *God's Politics: Why the Right Gets It Wrong and the Left Doesn't Get It*, NY: HaperSanFrancisco, 2005, p. xviii.
19 David Brooks, "Obama, Gospel and Verse," *The New York Times*, April 26, 2007. http://www.nytimes.com/2007/04/26/opinion/26brooks.html?_r=0. 2015년 1월 27일 검색. 이하는 같은 인터뷰에서 인용한 내용.
20 Niebuhr, 1937, p. 286.
21 미국의 보수주의자들은 20세기 후반기의 소련과 동구의 득세나 중국과 북한의 공산화 등의 원인을 제공한 주범이 민주당으로 대표되는 자유주의(liberalism)라고 보았다. 예컨대 루즈벨트의 뉴딜 정책은 일종의 집단주의적인 원칙을 전면에 내세움으로써 소련의 사회주의와 미국의 자유주의 사이의 구별을 모호하게 만들었다는 것이다. 또한 자유주의자들이 추구한 모더니즘 문화는 이전에 미국 사회에 존재하였던 확실성을 모호하게 하였고, 특히 신에 대한 확고한 믿음까지도 흔들리게 하였다고 주장한다. 보수주의자들이 두려워하는 것은 그들의 적인 사회주의 국가들이 광신적 전체주의로 비난받는 이데올로기에 함몰되어 있으면서도 확신의 일치를 보이고 있는 반면, 미국과 서구는 스스로에 대한 불확실성과 의심으로 가득하여 생존 의지(will to survive)까지도 약화되어 있다는 사실이다. 이 모든 것의 배후가 오바마와 같은 집단주의적 지향을 가진 자들이 득실대는 민주당이라는 것이다.
22 Obama, 2006, pp. 95-96.
23 Obama, 2006, p. 97.
24 Obama, 2006, p. 97.
25 상원 후보로 지명된 링컨은 1858년 6월 16일 일리노이 주 공화당 전당대회에서 있었던 "분열된 가정에 대한 연설(House Divided Speech)"에서 "또 한 가정이 갈라져 서로 싸우면 그 가정도 버티어 나갈 수 없다.(마가복음 3:25)"는 성경구절을 인용하면서 "정부는 반

은 노예이고 반은 자유로워진 상태를 계속해서 인정할 수는 없다. 나는 연방국가가 해체되는 것을 원하지 않는다.—집이 무너지는 것을 원하지 않는다.—내가 바라는 것은 집이 갈라지는 것이 멈추어지는 것이다. 문제는 모두가 하나가 될 것이냐 아니면 모두가 타인이 될 것이냐 하는 것이다."라고 선언하였다. "Lincoln's House Divided Speech", UShistory.org. *Historic Documents*, http://www.ushistory.org/documents/housedivided.htm. 2015년 2월 5일 검색.

26 링컨은 그의 두 번째 취임 연설(1865년 3월 4일)에서 남부와의 전쟁에 대하여 "양측은 모두 전쟁을 반대하였다. 그러나 한 쪽은 국가의 존속에 반하는 전쟁을 하고자 했으며 다른 한 쪽은 국가의 소멸에 반하는 전쟁을 하고자 했기에 전쟁이 발발하였다."라고 말했다. "Lincoln's Second Inaugural Address", UShistory.org. *Historic Documents*, http://www.ushistory.org/documents/lincoln2.htm. 2015년 2월 5일 검색.

27 18세기 후반 미국은 노예제의 타당성을 놓고 분열되었다. 기독교인들도 마찬가지로 때로는 성서에 대한 해석을 바탕으로 노예제의 찬반을 놓고 논쟁을 벌였다. 예컨대 성서는 명백하게 노예제를 정당화 한다고 주장하는 극단적인 입장도 있었고, 노예제는 정의와 자유에 대하여 성서가 제시하는 개념에 반하고 있으며 노예제를 찬성하는 자들이 예수가 당시의 노예제 사회를 옹호했다는 증거를 제시하지 못하고 있다고 주장하는 입장도 있었다. 아주 극단적인 입장을 취한 노예제 폐지론자들은 성서가 노예제를 인정하고 있다는 사실을 인정하지만 노예제처럼 사악한 제도를 공격하기 위해서는 성서를 버려야 한다고까지 주장하였다. 한편 온건한 비판자들은 성서의 문자와 성서의 정신은 구별되어야 한다면서 전반적인 성서의 도덕 원칙은 노예제를 비난하고 있다는 입장을 취하였다. 그러나 점차로 종교 집단들은 지역의 이익에 따라 노예제를 찬성하기도 하고 반대하기도 했다. 예컨대 남부와 북부가 갈등을 벌이자 노예제를 반대하였던 남부의 복음주의자들은 지역의 정치적 입장에 따라 노예제를 찬성하면서 노예제에 거룩한 명분을 부여하기 시작하였다. 이들의 논리는 자유는 질서에 달려있으며 노예 제도는 그러한 질서를 부여해 준다는 것이었다. Lambert, pp. 67-73.

28 Obama, 2006, p. 98.

29 Drew Smith, "Barack Obama and the Niebuhr Presidency", *Friend of Justice*, 2011. 5. 20.
http://friendsofjustice.wordpress.com/2011/05/20/barack-obama-and-the-niebuhr-presidency/ 2015년 2월 5일 검색.

30 알린스키 커뮤니티조직 방식은 근대 공동체 조직 운동의 창시자로 사회 운동가이자 작가인 알린스키(Saul David Alinsky(1909-1972))의 이름을 딴 방식이다. 그의 조직 기술은 미국 전역의 가난한 공동체의 생활환경을 개선하는 데에 초점을 두었다. 특히 1950년대에는 시카고를 시작으로 캘리포니아, 뉴욕, 미시간 주 등에 있는 흑인 빈민가 등 문제 지역(trouble spots)의 생활 조건을 증진시키는 데에 주력하였다. 1960년대에는 대학생들과 청년 운동가들이 이 방식을 전략으로 활용하여 학생 운동과 사회 운동을 이끌었고 타임지는 "미국의 민주주의가 알린스키의 아이디어로 달라졌다"라고 평가하기도 하였다. 때로 '뒤에서 이끄는(Leading from behind)' 전략으로 설명되는데 조직가가 조직 대상들이 원하는 것이 무엇인가를 알아내고 그들에게 상당한 권리와 재량권을 준 다음 서서히 자기가 의도한 방향으로 조용히 밀어붙이는 것으로 조직적 저항운동의 대표적 방식이다. http://en.cyclopaedia.net/wiki/Alinskyite, Cyclopedia.net, 2013. 8. 30, 검색.

제7장. 오바마의 종교성 논란과 우파의 도전

1. Barack Obama, *Dreams from My Father: A Story of Race and Inheritance*, New York: Crown Publishers, 2004와 *The Audacity of Hope*를 통해서였다.
2. "Text of Sen. Barack Obama's 'A More Perfect Union' speech," *Los Angeles Times*, 2008. 3. 18.
http://www.latimes.com/news/nationworld/nation/la-na-campaign19mar19-speech,0,3568071. story#axzz2r9Go5bfN 2015년 2월 15일 검색.
3. "Text: Obama's Speech in Cairo," *The New York Times*, 2009년 6월 4일, http://www.nytimes.com/2009/06/04/us/politics/04obama.text.html?pagewanted=all&_r=0 2015년 2월 15일 검색.
4. Alter, pp. 1-2.
5. United Church of Christ는 뉴잉글랜드에 정착한 청교도들의 후예인 회중교회(Congregational Church)와 개혁교회(Reformed Church)가 합쳐져 형성된 미국의 주류 개신교 교단이다. 지극히 다원주의적이고 다양성을 강조하는 진보적 교단으로 미국에서 최초로 동성애자에게 목회 안수를 준 교단으로 유명하다. 또한 동성애자들의 결혼 의식을 집행할 수 있는데 '성별에 관계없이 모든 사람이 결혼할 동등한 권리'를 교단이 인정하기 때문이다.
6. Obama, 2004, p. 50.
7. Obama, 2006, p. 204.
8. Obama, 2006, p. 204.
9. Obama, 2006, p. 206.
10. Obama, 2006, pp. 206-207.
11. Obama, 2006, p. 208.
12. 현대 사회에서는 개인이 지니는 신앙 체계 형성이나 신앙 실천 방식 설정에 있어서 교회나 사찰, 성당 등을 중심으로 하는 종교 기관이나 성직자에 더 이상 의존하지 않는다는 주장이 있다. 이를 사적 의미 체계의 재구성이라 하는데 토마스 루크만은 이것을 '보이지 않는 종교'라고 하였다. 이와 유사하게 개인이 다수의 종교로부터 여러 요소를 마음대로 선택하여 종교적 신념 체계를 형성하는 것을 로버트 벨라 등은 쉴라이즘(Sheilaism)이라고 하였다. Thomas Luckmann, *The Invisible Religion: The Problem of Religion in Modern Society*, New York: Macmillan, 1967; Robert Bellah et al, *Habits of the Heart*, Berkeley: University of California Press, 1996.
13. 로버트 D. 퍼트넘 & 데이비드 E. 캠벨(정태식 외 역), 『아메리칸 그레이스: 종교는 어떻게 사회를 분열시키고 통합하는가』, 서울: 페이퍼로드, 2013, pp. 640-647.
14. Brian Ross and Rehab El-Buti, "Obama's Pastor: God Damn America, U.S. to Blame for 9/11," *ABC News*, 2008. 3. 13. http://abcnews.go.com/Blotter/DemocraticDebate/story?id=4443788&page=1 2015년 2월 15일 검색.
15. 앞의 글. "미국의 자업자득이다(America's chickens are coming home to roost)."라는 말은 케네디가 저격당했을 때 말콤 X(Malcolm X)가 한 말이었다. 흑인이면서 모슬렘 성직자였고 인권 운동가였던 말콤 X는 백인들이 흑인들을 상대로 저지른 범죄에 대하여 혹독하게 고발하고는 했다. 물론 또 다른 인종 차별과 폭력을 불러왔다는 비판을 받기도 하지만 미국 역사에서 가장 위대하고 가장 영향력 있는 흑인 지도자로 불리기도 한다. 말

콤의 어머니는 백인 남자에게 강간을 당한 흑인에게서 태어났고 말콤의 아버지는 흑인 순회 목사였으나 백인우월주의자들에게 살해된 것으로 알려졌다. 그는 『뿌리(Roots)』를 쓴 작가 알렉스 헤일리(Alex Haley)의 도움으로 1963년에 자서전 *The Autobiography of Malcolm X*를 남겼다.

16 Karl Marx, "Critique of Hegel's Philosophy of Right: Introduction", *Karl Marx: Early Writings*, trans. by Rodney Livingston & Gregor Benton, NY: Vintage Books, 1975, p. 244.

17 Wald & Calhoun Brown, pp. 276-278.

18 Lambert, p. 154.

19 물론 자유주의자들은 보수주의자들과 다르다. 보수주의자들은 사회 구조를 현재의 상태로 유지하는데 전념한다. 그러나 자유주의자들은 더 교활하고 더 위험할 수가 있다. 왜냐하면 그들은 지금의 제도를 보다 효율적이고 보다 인간적으로 기능하게 하는 데에 필요한 개선책만 제시함으로써 보다 근본적인 변화에 대한 필요성을 제거하기 때문이다. Jay P. Corrin, "Book Preview - Catholic Progressives in England after Vatican II," *Political Theology Today*, 2014. 1. 28, http://www.politicaltheology.com/blog/book-preview-catholic-progressives-in-england-after-vatican-ii-by-jay-p-corrin/. 2015년 2월 16일 검색.

20 역사적으로 미국의 진보 세력은 그것이 종교 좌파이든, 주류 개신교이든, 아니면 흑인 교회이든, 그것도 아니면 세속적 지향을 가진 무신론적 휴머니즘이든 공화당보다는 민주당에 더 가깝게 자리해 왔다. 특히 1900년대의 '진보적 시대(Progressive Era)'부터 1960년대의 시민 인권 운동에 이르기까지의 진보적인 사회 운동은 무신론자들은 물론 개신교 대부분의 주류 교단과 가톨릭 신자, 유태인, 흑인 모두를 아우르고 있었다. 이들은 낙태 반대, 강력한 국가 방위, 자유 기업 지지 등을 주장하는 우파에 반하여 시민 인권, 베트남 참전 반대, 환경 파괴 반대 등의 이슈에 주력하였다. 그러나 실제로 많은 진보주의자들은 공유하는 가치가 상당함에도 불구하고 현실 정치에서 보인 민주당의 개별주의적인 속성 때문에 민주당을 떠나거나 민주당과 거리를 두었다. 물론 민주당의 한계를 인정하면서 그들의 가치를 실현할 수 있는 차선책으로 민주당에 남아 있는 종교 좌파나 자유주의자들 또한 적지 않다.

21 니버에 따르면 이상주의자들의 실패는 그들 사상의 결함 때문이 아니라 마음속에 있는 이기적인 타락 때문이다. 사상이 실천될 때 이기적인 자아(self)가 모든 이상에 침투하기 때문이다. Niebuhr, 1937, p. 13. 정치인들이 내세우는 보편적인 명분이 정치적 행위로 실천될 때에는 개별주의적인 속성을 드러내고 만다는 것이다.

22 Barack Obama, "On My Faith and My Church," *Real Clear Politics*, 2008. 3. 14. http://www.realclearpolitics.com/articles/2008/03/on_my_faith_and_my_church.html. 2015년 6월 25일 검색.

23 Barack Obama, "A More Perfect Union" speech.

24 인종 문제에 대한 오바마의 발언은 미국의 정치문화가 인종주의가 근본적인 표식이었던 나라에서 반인종주의가 더욱 완성된 나라로의 결정적인 전환을 나타내는 것이었다. 미국의 역사에서 반인종주의가 오랫동안 두드러졌지만 역사상 처음으로 오바마가 대통령이 되면서 공식적으로 지배적인 이슈가 되었다. 물론 오바마의 당선으로 인종주의의 극복이 완성된 것은 아니지만 인종주의 전통은 상당한 도전에 직면해 있는 것이 사실이다.

Jeffrey C. Goldfarb, *Reinventing Political Culture: the Power of Culture vs. the Culture of Power*, Malden, MA: Polity Press, 2012, pp. 37-38.
25 Mansfield, 2011, p. 75.
26 "Rev. Jeremiah Wright National Press Club Address," *American Rhetoric*, 2008. 4. 28. http://www.americanrhetoric.com/speeches/jeremiahwrightntlpressclub.htm. 2015년 6월 25일 검색.
27 퍼트넘 & 캠벨, p. 657.
28 퍼트넘 & 캠벨, 2013.
29 Alter, 2013, p. xi. '투표자 억제 프로젝트(Voter Suppression Project)'는 19개 주에서 민주당 지지자들의 투표를 단념하게 하려고 게임의 규칙을 바꾸는 공화당의 조직적 계획을 말한다. 알터의 저술 6장(pp. 71-82)에서 자세히 논하고 있다.
30 12월 16일 미국 인디언으로 변장을 한 50내지 60명의 보스턴 시민들이 동인도회사가 보낸 차를 모두 보스턴 항구에 던져버렸다. 미국인들이 세금을 인정하지 않는 차를 거부했음에도 불구하고 보냈기 때문이다. 영국 정부는 거칠게 대응하였고 결국 이 사건은 독립운동이라 할 수 있는 미국 혁명(American Revolution)으로 발전하였고 독립 선언에 이어 미합중국 건국을 가져왔다.
31 Jill Lepore, *The Whites of Their Eyes: The Tea Party's Revolution and the Battle over American History*, Princeton: Princeton University Press, 2010, p. 14.
32 Ronald P. Formisano, *The Tea Party: A Brief History*, Baltimore, MD: The Johns Hopkins University Press, 2012, p. 52.
33 퍼트넘 & 캠벨, pp. 685-690.
34 오바마케어는 보수주의자들이 오바마의 건강 보험 개혁을 위한 법안에 붙인 경멸적 용어였지만 2012년에 오바마 스스로가 이를 수용하면서 일반적으로 사용되기 시작하였다.
35 Alter, p. 18.
36 여러 종교에 대한 미국인들의 감정적 호의 정도를 측정한 퍼트넘과 캠벨은 감정 온도계에서 티파티 운동이 무신론자보다 더 낮은 점수를 받았다고 한다. 퍼트넘 & 캠벨, p. 684.
37 대공황이 한창이던 1938년에 뉴딜 정책의 일환인 정부지원 사업(GSA, government-sponsored enterprise)이다. 제1차 대출기관이 저당증서(mortgage)를 바탕으로 발행한 각종 저당증서 담보 부채권을 매각하는 저당 대출 유통 시장(secondary mortgage market)을 통해 대출자로 하여금 추가 대출을 받도록 하는 일을 했다.
38 1970년에 저당 대출 유통 시장을 확대하기 위해 만들어진 정부 지원 사업이다.
39 CNBC는 원래 이름은 Consumer News and Business Channel이었다. 미국의 주도적인 케이블 및 위성 방송사로 주로 비즈니스 뉴스를 다루고 있고 NBC 방송과 함께 NBCUniversal Television Group에 속해 있다. Rick Santelli는 이 뉴스로 인해 티파티 운동을 발진시킨 인물로 평가받고 있다. 그는 위험성이 높은 융자금을 가지고 있어 결과적으로 압류가 예상되는 사람들을 루저(loser, 패자)라고 지칭하기도 하였다.
40 4월 15일은 연방 정부 세금 반환 마감일이다.
41 최근 폭스뉴스의 회장인 로저 에일즈(Roger Ailes)의 독단적인 폭스뉴스 채널 운영을 비판하는 책이 발간되었다. Gabriel Sherman, *The Loudest Voice in the Room: How the Brilliant, Bombastic Roger Ailes Built Fox News and Divided a Country*, Random

House, 2014.
42 FreedomWorks는 보수적인 자유론을 지향하면서 개인의 자유를 가장 중요한 이슈로 다루는 단체이다. 더 나아가 개인 소유(individual ownership)와 경제적 기회(economic opportunity)와 같은 개념을 모든 미국인들을 위한 정치적 이념으로 만드는 창구 역할을 하는 것이 이 단체가 설정한 목표이다.
43 AFP는 보수적인 정치 지지 단체로 2010년의 중간 선거에서 공화당이 하원의 다수당이 되는 데 있어서 주요한 역할을 하였고 선거 정치에서 가장 강력한 힘을 발휘하는 보수적 조직 중의 하나로 불린다. 예컨대 AFP 텍사스 지부는 오바마를 '얼간이 대통령(cokehead in chief)'이라고 부르며 그가 '악마에 사로잡혀(demonic possession)' 고통받고 있다고 주장한 블로그에 상을 주기도 하였다.
44 자유론을 주장하는 자들은 자유(liberty)를 최고의 정치적 목표로 내세우는 정치 철학 체계를 옹호한다. 개인 자유의 우선권과 정치적 자유, 자율적인 협의를 강조한다. 정치적 차원에서는 독재주의(authoritarianism)의 대립적 개념으로 대체로 정부의 권위와 억제에 대해서는 회의적인 태도를 지닌다. 경제적 차원에서는 자유방임주의(laissez-faire)와 사유 재산권(private property ownership)을 지지한다. 도덕적인 차원에서는 자력으로 일어선 인간은 재산권을 획득할 도덕적 힘을 가지고 있다고 믿는다. 이들이 근대 사상의 핵심인 평등이나 우애보다 자유를 더 강조하는 이유는 봉건질서를 중심으로 하는 중세의 중상주의가 중산층의 상업 추구에 대해 과도하게 억제를 했기 때문이었다. Niebuhr, 1937, p. 35.
45 Christopher S. Parker & Matt A. Barreto, *Change They Can't Believe In: The Tea Party and Reactionary Politics in America*, Princeton & Oxford: Princeton Univ. Press, 2013, p. 307, Note 1.
46 Leopore, p. 8.
47 Glenn Beck은 오바마 취임 하루 전에 있었던 폭스 뉴스의 하니티쇼(Sean Hannity가 진행하는 보수적인 토크쇼)에서 대통령을 무솔리니와 비교하였다. 하니티는 오바마가 전국 어린들에게 학교 교육의 중요성에 대하여 강조한 연설이 마치 교리 주입(indoctrination)과 같았다고 비판하였다. '텍사스 교육 위원회(Texas School Board)'는 텍사스 주의 사회 과목 커리큘럼에 대해 재평가하고 자유주의자들이 미국 역사 교육을 오염시켰다고 주장하면서, 창조론을 지지하는 한편 헌법에 따른 교회와 국가의 분리 거부를 주장하였다. 결국 유치원부터 고등학교까지의 커리큘럼을 바꾸었는데 가장 논란이 된 것은 미국의 건국에 대한 역사 왜곡이었다. 미국 혁명에 영감을 준 인물 중에서 중세의 자연신학자 토마스 아퀴나스(Thomas Aquinas)가 포함되었고, '교회와 국가 사이의 분리 벽에 대해 쓴 토마스 제퍼슨은 삭제되었다. 과거의 커리큘럼에서는 '민주주의 사회(democratic society)'로 불리던 미합중국이 새로운 커리큘럼에서는 '입헌 공화국(Constitutional Republic)'으로 불리게 되었다. 실제로 미국의 건국 정신에 영향을 미쳤던 로크, 홉스, 몽테스키외와 같은 사상가들의 이름이 빠졌고, 특히 홉스는 모세로 대체되었다. 성서의 율법이 독립선언문과 연합규약(the Articles of Confederation), 그리고 헌법에 지적인 영향을 미친 것으로 학습되어야 하기 때문이라는 것이다. Leopore, pp. 8-13.
48 Lepore, pp. 15-16.
49 Formisano, pp. 55-56.
50 오바마에 대한 여러 가지 음모 이론의 하나로 버더(birther)들은 오바마가 하와이가 아닌

케냐에서 태어났고 그의 출생증명서는 위조된 것이기에 미국 헌법 2항에 의거하여 그가 대통령 지위에 앉아 있는 것은 위법이라고 주장하였다. 공화당까지 합세하여 오바마를 공격하자 오바마는 2008년 선거가 있기 전에 자신의 하와이 보건당국이 발행한 출생증명서를 제시하였으며 2011년에는 보다 길고 자세한 출생증명서 원본을 제시하기도 하였다.

51 Parker & Barreto, pp. 78-81. 그러나 티파티에 참석하는 여성들은 남성들만큼이나 전투적이고 남자답고 직설적인 수사를 사용하였다. 예컨대 사라 페일린(Sarah Palin)은 자신을 하키 엄마(hockey mom)라고 부르면서 연설에서도 "후퇴하지 마라. 재장전하라(Don't retreat, Reload)"와 같은 전투적인 메타포를 사용하기도 하였다. Formisano, p. 58.

52 Theda Skocpol & Vanessa Williamson, *The Tea Party and the Remaking of Republican Conservatism*, New York: Oxford University Press, 2013, p. 155.

53 이는 심리적으로 유권자를 압박(voter suppression)하여 투표에 참여하지 못하도록 하는 것이다. 티파티 운동가들은 이중투표나 대리투표 같은 부정투표의 가능성이 전혀 없는데도 부정투표 가능성을 내세우면서 유권자들의 신분증 검사를 강화하는 법률을 만들었다. 신분증에서 이름의 철자나 집 주소의 숫자가 하나라도 틀리면 투표권을 주지 않는다는 것이었다. 실질적으로 이는 전통적으로 민주당을 지지해 온 소수인종이나 낮은 소득 계층, 그리고 집을 떠나 있는 젊은 대학생들을 겨냥한 것이었다. 이에 대해 클린턴 전 대통령은 "이는 2012년 선거를 2010년 선거와 같이 만들고자 하는 의도에서 나온 것이다"라고 비난하였다. Skocpol & Williamson, pp. 213-214.

54 Skocpol & Williamson, pp. 208-209.

55 Skocpol & Williamson, p. 209.

56 선거 후 롬니는 수 백 명의 선거 자금 기부자들을 초대한 모임에서 선거에서 진 것은 오바마가 흑인, 히스패닉, 청년, 여성 등을 포함하는 특정의 이익 집단에 '엄청난 재정상의 선물을 제공해서 표를 확보하였기 때문이라고 말하였다. 선거 패배를 오바마의 탓으로 돌린 롬니의 발언은 민주당원들은 물론 공화당원들로부터도 상당한 비난을 받았다. 예컨대 깅그리치는 선물 운운에 '어이없다'는 평가를 내렸다. Ashley Parker, "Romney Blames Loss on Obama's 'Gifts' to Minorities and Young Voters", *New York Times*, 2012. 11. 14. http://thecaucus.blogs.nytimes.com/2012/11/14/romney-blames-loss-on-obamas- gifts-to-minorities-and-young-voters/?_php=true&_type=blogs&_r=0; Dylan Stableford, "Gingrich on Romney's 'gifts' comments: 'It's nuts'", *Yahoo News*, 2012. 11. 18. 2015년 6월 25일 검색. http://news.yahoo.com/blogs/ticket/newt-gingrich-romney-gifts-comments-175918743—election.html;_ylt=A0LEV1zffe5SpUwAJKhXNyoA;_ylu=X3oDMTEzYWQzOTdyBHNlYwNzcgRwb3MDMQRjb2xvA2JmMQR2dGlkA1NXSU1DMF8x. 2015년 6월 25일 검색.

57 Skocpol & Williamson, p. 217.

58 2006년에 골드버그는 미국 기독교 국가주의에 관한 저술에서 2008년 대선에서 민주당 후보가 대통령에 당선되더라도 종교 우파의 기독교 국가주의의 성장을 막을 수는 없을 것이고, 다만 이 기독교 국가주의 운동의 에너지가 새로운 방향으로 틀어지게 할 뿐이라고 주장함으로써 티파티 운동의 등장을 예견하였다고 할 수 있다. Michelle Goldberg, *Kingdom Coming: The Rise of Christian Nationalism*, NY: W. W. Norton & Company, 2006, p. 190.

제4부: 진보적 복음주의의 정치 사회적 동력

1   Brian Steensland & Philip Goff ed. *The New Evangelical Social Engagement*, Oxford & New York: Oxford University Press, 2014, p. 9.

제8장. 복음주의의 사회 참여로의 성대한 복귀

1   제2 각성 운동(Second Great Awakening)은 19세기 초에 미국에서 일어난 개신교 부흥 운동이다. 원래 1790년경에 시작하였지만 1800년대에 들어서서 활성화되다가 1820년 이후 감리교도와 침례교도 사이에서 급증하기 시작하였고 1840년대에 절정에 이르렀다.
2   Joel Carpenter, "What's New about the New Evangelical Social Engagement?", Brian Steensland & Philip Goff ed. *The New Evangelical Social Engagement*, NY: Oxford University Press, 2014, pp. 265-266.
3   Brantley W. Gasaway, *Progressive Evangelicals and the Pursuit of Social Justice*, Chapel Hill: The University of North Carolina Press, 2014, p. 5.
4   앞의 책, p. 7.
5   *The Uneasy Conscience of Modern Fundamentalism*, 1948.
6   Carpenter, p. 267.
7   앞의 책, p. 268.
8   Gasaway, p. 9.
9   Gasaway, p. 2.
10 사이더(Ronald James Sider (1939년 9월 17일 생))는 캐나다에서 출생한 미국인 신학자이자 사회 활동가이다. 그는 '복음주의 사회 행동(Evangelicals for Social Action)'을 설립하였는데 이 조직은 사회 경제적 문제의 성서적 해결을 추구하는 싱크 탱크로 Sojourners와 The Other Side 등도 함께 한 단체이다. 온타리오의 워털루대학에서 유럽사를 공부한 후 예일대학에서 신학 석사와 박사 학위를 받았다. 인종 차별주의와 빈곤 문제 등에 대한 복음주의의 무관심을 목격한 그는 『기아 시대의 풍요한 크리스천(*Rich Christians in an Age of Hunger*)』을 저술하였다. 또한 그는 도시 내의 불의에 맞서고자 사회 정의를 위한 성서적 대응 방식을 추구한 끝에 '복음주의의 사회적 관심(Evangelical Social Concern)'의 이름으로 추수감사절 워크숍을 열기도 하였다.
11 "Chicago Declaration of Evangelical Social Concern", *The Just Life*, http://thejustlife.org/home/2008/05/01/chicago-declaration-of-evangelical-social-concern/ 2015년 1월 2일 검색.
12 Carpenter, pp. 271-274.
13 짐 왈리스(Jim Wallis, 1948년 6월 4일 생)는 기독교 저술가이자 정치 활동가이다. 미시간의 디트로이트에서 태어나 복음주의적인 가정에서 성장했고 젊은 시절 민주사회를 위한 학생회(Students for a Democratic Society)에서 활동하였고 시민 인권 운동에 참여하였다. Michigan State University와 일리노이 주에 있는 Trinity Evangelical Divinity School in Illinois에서 수학하면서 다른 젊은 신학생들과 함께 소저너스 공동체를 세우고 소저너스 잡지를 창간하였다. *Faith Works: How Faith Based Organizations Are Changing Lives, Neighborhoods, and America*(2000), *The Soul of Politics: Beyond "Religious Right" and "Secular Left"*(1995) 등의 저술이 있다.
14 Gasaway, p. 11.

15 "Chicago Declaration of Evangelical Social Concern", *The Center for Public Justice*, http://cpjustice.org/stories/storyReader$928, 2015년 1월 9일 검색.
16 Luis E. Lugo, "The Call to Renewal", *The Center for Public Justice*, May-June, 1996, http://www.cpjustice.org/stories/storyReader%24860
17 캠폴로는 모니카 르윈스키(Monica Lewinsky)와의 스캔들로 곤혹을 치루고 있던 빌 클린턴 대통령의 정신적 조언자 중의 한 명이기도 하였다.
18 Jim Wallis & Wes Granberg-Michaelson, "God Is Still Not A Republican, Or A Democrat", *Sojourners*, Faith in Action for Social Justice, 2012. 11. 5. http://sojo.net/blogs/2012/11/05/god-still-not-republican-or-democrat, 2015년 1월 9일 검색.
19 "Confessing Christ in a World of Violence", ed. by Selwynn 0n Nov. 9, 2004, Democratic Uncerground.com에서 재 발췌, http://www.democrati cunderground.com/discuss/duboard.php?az=view_all&address= 104x2649308, 2015년 1월 9일 검색.
20 Wallis, *God's Politics*, 2005.
21 Gasaway, p. 12.
22 Gasaway, p. 12.
23 David D. Kirkpatrick, "Democrats Turn to Leader of Religious Left," *New York Times*, 2005. 1. 17. http://www.nytimes.com/2005/01/17/politics/17wallis.html?_r=0, 2015년 1월 10일 검색.
24 Ryan Lizza, "'God's Politics': The Religious Left", *New York Times*, 2006. 2. 6. http://www.nytimes.com/2005/02/06/books/review/06LIZZA.html?_r=0, 2015년 1월 11일 검색.
25 Jim Wallis, *The Great Awakening. Reviving Faith & Politics in a Post-Religious Right America*, NY: HarperOne, 2008.
26 그러나 워렌 목사가 진보적 복음주의자로 불릴 정도는 아니다. 낙태와 동성애 권리 등의 사회적 이슈에 있어서 그는 여전히 보수적인 입장을 취하고 있고, 오늘날의 진보적 복음주의의 원조라 할 수 있는 사회 복음을 강하게 비난하고 있기 때문이다. 워렌은 사회 복음이 구원, 십자가, 회개 등에 관심을 두지 않는다고 주장한다. 그가 사회 복음에 대하여 공공연하게 신랄한 비판을 전개한 것은 아마도 사회 문제에 대한 그의 관심으로 복음주의 진영에서 그가 사회 복음주의자라는 인상을 줄까 두려워서라는 주장이 있다. Paul Raushenbush, "Rick Warren and the Social Gospel", *Beliefnet*, http://www.beliefnet.com/columnists/progressiverevival/2008/12/rick-warren-and-the-social-gos.html, 2015년 1월 11일 검색. 한편 워렌 목사는 신자들의 세속적인 삶의 문제에 대한 상담 치료 등에 전념함으로써, 종교 실천의 차원에서는 자신의 뿌리인 전천년왕국설의 흐름에서 벗어나 있다. Sutton, p. 368.
27 2005년 타임지는 릭 워렌과 빌리 그래함 부자를 포함하는 미국에서 가장 영향력 있는 복음주의자 25명 중 한 명으로 맥라렌를 선정하였다. "The 25 Most Influential Evangelicals in America", *Time*, 2005. 2. 7.http://content.time.com/time/specials/packages/article/0,28804,1993235_1993243_1993300,00.html, 2015년 7월 1일 검색. 그는 포스트모던, 포스트식민지 기독교 신앙을 강조한다. 예컨대 꾸밈없는 영성(naked spirituality)을 위해 간단하고, 할 수 있으며, 지속적인(simple, doable, and durable) 신

앙 실천으로 신과 함께 하는 삶을 깊이 있게 할 것을 권하고 있다. 그는 자신의 신학 안에 포스트모던 사상과 문화는 물론, 종교간 대화, 환경 문제, 공공 정책, 사회 정의, 지구촌의 위기 등에 대하여 폭넓은 관심을 끌어 들이고 있다.

28 발머는 케네디부터 현 부시에 이르기까지 백악관의 주인공인 대통령들의 신앙 형성 과정에 대한 역사서를 발간했다. 미국 대통령들의 개인적인 삶과 정치적인 삶에 있어서 종교가 미친 영향에 대하여 기술하면서 특히 20세기 후반에 들어 종교가 정치화되고 정치가 종교화된 과정에 대하여 언급하고 있다. Balmer, 2008. 발머는 종교 우익에 대하여 강하게 비판하기도 하였다. 종교 우익 지도자들은 그들의 양떼를 예수 그리스도의 복음으로부터 멀어져 방황하게 하였고 공화당이라는 깊은 구렁에 빠뜨렸다고 주장한다. Randall Balmer, "Jesus is not Republican", *The Chronicle of Higher Education*, 2006. 6. 23. http://chronicle.com/article/Jesus-Is-Not-a-Republican/14930, 2015년 1월 11일 검색.

29 Laurie, Goodstein, "Without a Pastor of His Own, Obama Turns to Five", *New York Times*, 2009. 3. 14. http://www.nytimes.com/2009/03/15/us/politics/15pastor.html, 2015년 1월 11일 검색.

30 종교 좌파의 복음주의내의 영향력은 제한될 수밖에 없다. 진보적 복음주의 조직에 참여하는 활동가의 숫자가 적을 뿐만 아니라 부유한 기부자와의 연대가 없기 때문이다. Sutton, p. 342.

31 근본주의적 복음주의 운동의 핵심 교리인 전천년왕국설 중심의 종말론이 21세기에 들어 수그러들면서 이 세상을 하느님 나라로 만들고자 하는 운동이 더 힘을 얻게 되었다. 그러나 비극적인 사건이 일어날 때마다 전천년왕국설은 불사조처럼 다시 등장할 것이다. Sutton, p. 368.

제9장. 미국 국가주의에 대한 진보적 복음주의의 도전

1 외교관계회의는 우파 음모론의 중심에 있는 조직으로 여기지기도 하였다. 팻 로벗슨은 *The New World Order*에서 "백악관에서 국무성, 외교관계회의, 3자 간 회의, 그리고 말단 뉴에이지 비밀 그룹까지 연결되는 하나의 고리가 존재한다. 그것은 하나의 세계 질서만이 존재해야 하고 국가 주권(national sovereignty)은 폐기되어야 하며, 하나의 세계 정부, 세계 경찰, 세계 재판소, 세계은행, 세계 화폐가 있어야 하고, 한 무리의 세계 엘리트가 이 모두를 담당해야 한다."라고 주장하였다. Goldberg, p. 11, 각주 *에서 재인용. 음모론이 종교 우익의 비판 대상이 된 것은 하나의 정부는 사탄에 의해 지도되는 것으로 종말론(apocalypse)에서 말하는 임박한 종말의 징조로 간주되기 때문이다. 한편 삼자간 회의(Trilateral Commission)는 록펠러(David Rockefeller)가 북미, 서유럽, 그리고 일본 간의 보다 긴밀한 협조를 위해 1973년에 세운 비정부 논의 기구를 말한다.

2 조지 W. 부시가 1999년에 이 단체에서 연설을 하였고 부통령 딕 체니와 국방장관 도널드 럼스펠드도 이 회합에 참여했다고 한다. Goldberg, p. 12. 따라서 부시는 기독교 국가주의를 미국 정부에 끌어들였다는 평가를 받고 있다. 예컨대 열정적인 종교인인 애쉬크로프트(John Ashcroft)를 법무장관에 임명하였고, 많은 기독교 국가주의 베테랑들이 연방정부의 요직을 차지하도록 하였다. 앞의 책, p. 16.

3 Goldberg, p. 13.

4 Kevin Phillips, *American Theocracy: The Peril and Politics of Radical Religion, Oil, and Borrowed Money in the 21st Century*, New York: Viking, 2006, p. vii.

5   Gasaway, p. 4.
6   골드버그는 종교 우파가 영적 타락 가능성에도 불구하고 공화당과의 결합으로 강력한 정치력을 확보한 것과 같은 방식으로는 진보적 복음주의가 특정한 정당과 손을 잡지는 않을 것이라고 주장한다. Goldberg, p. 193.
7   Carpenter, p. 265.
8   Carpenter, p. 277.

결론:
1   이 법안에 따르면 교수가 학문적으로 검증된 이론일지라도 그 이론만을 고집하는 것은 스스로가 독재자가 되어 강의실을 지배하는 것에 불과한 것이 된다. 즉 이는 교권을 이용하여 자신의 관점을 학생들에게 주입하는 것이므로, 교수들은 자신들의 관점과 다른 대안적인 이론도 가르쳐야 한다는 것이다. 따라서 진화론만을 가르치고 창조론(Intelligent Design)을 부정하거나, 나치의 유태인 대학살(Holocaust)이 없었다고 생각하는 학생들에게 유태인 대학살을 가르치는 교수는 학생들에 의해 고소될 수도 있다는 것이다. "FL stamps out dictator professors", The Math Forum@Drexel, 2005. 3. 24. http://mathforum.org/kb/thread.jspa?forumID=187&threadID=1130908&messageID=3708214. 2015년 7월 15일 검색.
2   Goldberg, pp. 180-189.
3   정태식, "종교와 정치의 긴장과 타협: 한국 개신교 대통령의 구원 귀족 역할",『신학 사상』, 제156집, 한국신학연구소, 2012.

부록: 종교의 사회적 위치와 역할에 대한 이론적 고찰
1   종교에 대한 임시적 정의 또는 도구적 정의(acting definition)를 내린다면 종교는 삶의 존재 양식에 대한 의미 체계로 인간과 만물의 존재 이유와 과정, 결과, 그리고 목적 등에 대한 포괄적 의미와 설명을 제시하는 '사고 논리'이 논리가 제시하는 삶의 목적(telos)을 달성하기 위한 수단으로서의 삶의 방식, 또는 행동 지침을 제시 해 주는 '행위 논리'로 구성된다. 베버가 말하는 세계에 대한 해석(interpretation of the world)이 사고 논리라 할 수 있고 종교 윤리(ethics of religions)는 행위 논리라고 할 수 있다.(Weber, 1958d: 324)
2   Weber, 1963, p. 321.
3   Weber, "Religious Rejection of the World and Their Directions", p. 332.
4   Weber, 앞의 글, pp. 327-328.
5   구원 종교는 구제(救濟) 또는 구속(救贖) 종교라고도 하며 고통, 악, 유한성, 죽음과 같이 근본적으로 부정적이거나 불가능한 상황에서 인류를 구출하는 것을 지향하는 종교를 말한다.
6   앞의 글, pp. 328-329. 벤자민 넬슨(Benjamin Nelson)은 유대인들이 유족 간의 형제애(tribal brotherhood)의 원칙에 따라 세운 이자놀이(usury) 금지가 기독교 역사에서 어떻게 역사적으로 변형되어 실천되었는가를 다룸으로써 우리 집단과 타 집단 사이에서 행해진 흥정 방식과 이자놀이에 대한 베버의 언급을 추적하였다. Benjamin Nelson, *The Idea of Usury*, Chicago: Univ. of Chicago Press, 1969.
7   Weber, "Religious Rejection of the World and Their Directions", pp. 329-330. 종교에

서 말하는 보편주의는 기본적으로 구원의 보편주의, 즉 모든 사람이 구원의 대상이 된다는 사고 논리 차원의 의미를 지니는 동시에 보편적 형제애라는 행위 논리 차원의 보편 윤리를 포함한다.

8   앞의 글, p. 331.
9   앞의 글, p. 332.
10 앞의 글, p. 332.
11 Weber, *The Protestant Ethic and the Spirit of Capitalism*, pp. 48-50.
12 Weber, "Religious Rejection of the World and Their Directions", p. 333.
13 앞의 글, p. 334.
14 앞의 글, pp. 334-335.
15 앞의 글, p. 335.
16 앞의 글, p. 335.
17 앞의 글, p. 336.
18 앞의 글, p. 326.
19 앞의 글, pp. 336-337.
20 앞의 글, p. 336.
21 계몽주의적 종교 비판을 편의상 다음의 세 가지로 구분할 수 있다. 첫째, 인식론적 비판으로 원시적 종교관이 과학과 합리성에 의해 대체되어야 한다는 주장(Comte, Spencer), 둘째, 정치적 종교 비판으로 종교는 구체제(ancient regime)의 보루이며 구체제적 반동이라는 주장(Voltaire, Marx), 셋째, 도덕윤리-인본주의적 비판으로 인간 해방을 위해 인간 소외를 야기하는 종교는 소멸되어야 한다는 주장(Feuerbach, Freud) 등이다.
22 Weber, "Religious Rejection of the World and Their Directions", pp. 328-357.
23 Weber 앞의 글, p. 334.
24 Peter Berger, *The Sacred Canopy: Elements of a Sociological Theory of Religion*, Garden City, NJ: Doubleday, 1967, p. 138.
25 Casanova, 1994.
26 여기서 말하는 종교의 보편성은 보편적 형제자매애(universal brotherhood and sisterhood)를 말하며 보편 이익을 의미하기에 특수 이익이나 개별주의(particularism)와 구별된다.
27 Max Weber, "Science as a Vocation", *From Max Weber: Essays in Sociology*, edited and trans. by H. H. Gerth & C. Wright Mills, New York: Oxford Univ. Press, 1958. pp. 147-148.
28 베버는 합리적인 유교적 삶의 방식이 외적 조건에 의해(from without) 결정되기에 내적으로부터(from within) 결정되는 청교도주의와는 다르다고 한다. Max Weber, *The Religion of China*, New York: Free Press, 1951, p. 247. 정치 종교로서의 유교와 구원 종교로서의 개신교가 나타내는 법적 윤리와 확신 윤리에 대하여는 Wolfgang Schluchter, *Rationalism, Religion, and Domination: A Weberian Perspective*, Berkeley: University of California Press, 1989, pp. 94-95를 참조하라.
29 Habermas, 1984a, p. 143.

참고문헌

김중락, 김호연(2004), "크롬웰의 이상사회 정책과 그 성격," 『대구사학』, 76집, 대구사학회.
이태숙(2010), "국왕 없는 시기 영국 의회," 『서양사론』, 106호, 한국서양사학회.
임창건(2006), "미국 청교도 식민지에 나타난 종교의 권력화 현상," 『국제지역연구』, 9집 2호, 국제지역학회.
정태식(2007), 『카이로스와 텔로스: 정치 종교 사회의 사상사적 의미 체계』, 도서출판 영한.
_____(2008a), "현대 사회에서의 종교의 사회적 위치와 공공성," 『신학 사상』, 142집, 한국신학연구소.
_____(2008b), "종교의 정의(定義)에 대한 역사사회학적 일고찰: 막스 베버의 이념 표상적 구성을 바탕으로," 『현상과 인식』, 32권 3호, 한국인문사회과학회.
_____(2009a), "세속화 이론의 관점에서 본 종교의 정치참여 문제 – 미국 개신교 근본주의를 중심으로," 『신학 사상』, 제146집, 한국신학연구소.
_____(2009b), "공적 종교로서의 미국 개신교 근본주의의 정치적 역할과 한계," 『현상과 인식』, 제33권 1/2호, 한국인문사회과학회.
_____(2010), "아프가니스탄 국가건설의 불안정에 대한 역사사회학적 일고찰 — 미시적 정체성과 거시적 정체성의 대립을 중심으로 —," 『사회과학 담론과 정책』, 제3권 2호, 경북대학교 사회과학연구원.
_____(2011a), "현대 사회에서 종교의 정치 사회적 위치와 역할," 『신학과 사회』, 제25집 1호, 21세기기독교사회문화아카데미.
_____(2011b), "청교도주의의 보편종교로서의 한계에 대한 역사사회학적 고찰," 『현상과 인식』, 35권 4호, 한국인문사회과학회.
_____(2012), "종교와 정치의 긴장과 타협: 한국 개신교 대통령의 구원 귀족 역할," 『신학 사상』, 제156집, 한국신학연구소.
_____(2014), "종교와 사회발전: 티파티 운동을 통해 나타난 오바마에 대한 종교우익의 반동적 저항과 미국의 정치 종교 지평 변화," 『현상과 인식』, 38권 1/2호, 한국인문사회과학회.
퍼트넘 D. 로버트 & 캠벨 E. 데이비드(정태식 외 역)(2013), 『아메리칸 그레이스: 종교는 어떻게 사회를 분열시키고 통합하는가』, 서울: 페이퍼로드.
홍치모(2007), "사무엘 로슨 가디너(S. R. Gardiner)와 영국혁명사 연구," 『영국연구』, 20호, 영국사학회.
Ahlstrom, Sydney E.(1972), *A Religious History of the American People*, New Haven/London: Yale University Press.
Alter, Jonathan(2013), *The Center Holds: Obama and His Enemies*, New York: Simon & Schuster.
Armey, Dick & Kibbe, Matt(2010), *Give Us Liberty: A Tea Party Manifesto*, NY: HarperCollins Publishers.
Bacevich, Andrew(2009), *The Limits of Power: the End of American Exceptionalism*, New York: Metropolitan Books.

Balmer, Randall(2008), *God in the White House: A History - How Faith Shaped the Presidency from John F. Kennedy to George W. Bush*, New York: Harper One.
Baum, Gregory(1975), *Religion and Alienation: A Theological Reading of Sociology*, New York, Paulist Press.
Beinart, Peter(2010), *The Icarus Syndrome: A History of American Hubris*, New York: Harper Perennial.
Bellah, Robert N.(1975), *The Broken Covenant: American Civil Religion in Time of Trial*, New York: The Seabury Press.
Bellah, Robert et al.(1996), *Habits of the Heart*, Berkeley: University of California Press.
Berger, Peter(1967), *The Sacred Canopy: Elements of a Sociological Theory of Religion*, Garden City, NJ: Doubleday.
Bostdorff, Denise M.(2003), "George W. Bush's Post-September 11 Rhetoric of Covenant Renewal: Upholding the Faith of the Greatest Generation", *Quarterly Journal of Speech*, Vol. 89, No. 4.
Bush, George W.(1999), *A Charge to Keep*, NY: William Morrow & Company, INC.
Carpenter, Joel(2014), "What's New about the New Evangelical Social Engagement?", Brian Steensland & Philip Goff ed. *The New Evangelical Social Engagement*, NY: Oxford University Press.
Caplan, Lionel, ed.(1987), *Studies in Religious Fundamentalism*, New York: State University of New York.
Casanova, José(1994), *Public Religion in the Modern World*, Chicago: The Univ. of Chicago Press.
De Coulanges, Numa Denis Fustel(1980), *The Ancient City: A Study on the Religion, Laws, and Institutions of Greece and Rome*, Baltimore, MD: Johns Hopkins University Press.
Dillenberger, John & Welch, Claude(1958), *Protestant Christianity: Interpreted Thorough its Development*, NY: Charles Scribner's Sons.
Erickson, Kai, *Wayward Puritans: a Study in the Sociology of Deviance*, NY: Wiley, 1966.
Formisano, Ronald P.(2012), *The Tea Party: A Brief History*, Baltimore, MD: The Johns Hopkins University Press.
Froese, Paul & Mencken, F. Carson(2009), "A U.S. Holy War? The Effects of Religion on Iraq War Policy Attitudes," *Social Science Quarterly*, V. 90(1).
Gasaway, Brantley W.(2014), *Progressive Evangelicals and the Pursuit of Social Justice*, Chapel Hill: The University of North Carolina Press.
Gelernter, David(2005), "Americanism – and Its Enemies," *Commentary*.
Gerson, Michael & Wehner, Peter(2010), *City of Man: Religion and Politics in A New Era*, Chicago: Moody Publishers.
Glock, Charles Y. & Bellah, Robert N. ed.(1976), *The New Religious Consciousness*, Berkeley: Univ. of California Press.
Goldberg Michelle(2006), *Kingdom Coming: The Rise of Christian Nationalism*, NY: W. W. Norton & Company.

Goldfarb C. Jeffrey(1991), *The Cynical Society: The Culture of Politics and the Politics of Culture in American Life*, Chicago: The Univ. of Chicago Press.

_____(2012), *Reinventing Political Culture: the Power of Culture vs. the Culture of Power*, Malden, MA: Polity Press.

Gonzalez, Justo L.(1975), *A History of Christian Thought: From the Protestant Reformation to the Twentieth Century V. III*, Nashville: Abingdon Press,

_____(1985), *The Story of Christianity, V. 2, San Francisco*: Harper & Row, Publishers.

Habermas, Jürgen(1984a), *The Theory of Communicative Action V. One: Reason and Rationalization of Society*, Boston: Beacon Press.

_____(1984b), *The Theory of Communicative Action V. Two: Life World and System: A Critique of Functionalist Reason*, Boston: Beacon Press.

Hankins, Barry (ed.)(2008), *Evangelicalism and Fundamentalism*, New York: New York University Press.

Hauerwas, Stanley and Lentricchia, Frank(2002) *Dissent from the Homeland: Essays After September 11*, Durham: Duke University Press.

Hedges, Chris(2006), *American Fascists: The Christian Right and the War on America*, NY: Free Press.

Hunter, James Davison(1987), *Evangelicalism: The Coming Generation*, Chicago: The University of Chicago Press.

Kenski, Henry C. and Kenski, Kate M.(2010), "Evangelical Voters in the 2008 Republican Presidential Nomination", *Studies of Identity in the 2008 Presidential Campaign*, ed. by Robert E. Denton, Jr. Lexington Books.

Lambert, Frank I.(2008), *Religion in American Politics: A Short History*, Princeton: Princeton University Press.

Lepore, Jill(2010), *The Whites of Their Eyes: The Tea Party's Revolution and the Battle over American History*, Princeton: Princeton University Press.

Lichtman, Allan J.(2008), *White Protestant Nation: The Rise of the American Conservative Movement*, New York: Atlantic Monthly Press.

Luckmann, Thomas(1967), *The Invisible Religion: The Problem of Religion in Modern Society*, New York: Macmillan.

Mansfield, Stephen(2004), *The Faith of George W. Bush*, NY: Jeremy P. Tarcher/ Penguin.

_____(2011), *The Faith of Barack Obama*, Nashville: Thomas Nelson,

Marsden, George M.(1980), *Fundamentalism and American Culture: The Shaping of Twentieth-Century Evangelicalism 1870-1925*, Oxford: Oxford Univ. Press.

_____.(1990), *Religion and American Culture*, San Diego: Harcourt Brace Jovanovich, Publishers.

Martin, David(1978), *A General Theory of Secularization*, New York: Harper & Row Publishers.

_____(2005), *On Secularization: Towards a Revised General Theory*, VT: Ashgate Publishing.

Marty, Martin E.(1986), *Modern American Religion Vol. 1: The Irony of It All, 1893-1919*, Chicago & London: The Univ. of Chicago Press.
_____(1991), *Modern American Religion Vol. 2: The Noise of Conflict, 1919-1941*, Chicago & London: The Univ. of Chicago Press.
_____(1996), *Modern American Religion Vol. 3: Under God, Indivisible, 1941-1960*, Chicago & London: The Univ. of Chicago Press.
Marx, Karl(1975), *Karl Marx: Early Writings*, trans. by Rodney Livingston & Gregor Benton, NY: Vintage Books.
Marx, Karl & Engels, Frederick(1975), *Marx Engels: On Religion*, Moscow: Progress Publishers.
May, Henry F.(1991) "The Jeffersonian Moment," in the *Divided Heart: Essays on Protestantism and the Enlightenment in America*, NY; Oxford Univ. Press.
McKenna, George(2007), *The Puritan Origins of American Patriotism*, New Haven & London: Yale University Press.
McLoughlin, William G.(1978), *Revival, Awakenings, and Reform*, Chicago & London: The Univ. of Chicago Press.
Mickkethwait, John and Adrian Wooldgidge(2004), *The Right Nation: Conservative Power in America*, New York: The Penguin Books Press.
_____(2009), *God is Back*, London: Penguin Books.
Miller, Perry(1939), *The New England Mind: The Seventeenth Century*, Cambridge: The Belknap Press of Harvard Univ. Press.
_____(1956), *Errand into the Wilderness*, Cambridge: The Belknap Press of Harvard Univ. Press.
Nelson, Benjamin(1969), *The Idea of Usury*, Chicago: Univ. of Chicago Press.
Neuhaus, Richard John & Cromartie, Michael ed.(1987), *Piety & Politics: Evangelicals and Fundamentalists Confront the World*, Washington, D.C.: Ethics and Public Policy Center.
Niebuhr, Reinhold(1937), *Beyond Tragedy: Essays on the Christian Interpretation of History*, New York: Charles Scribner's Son.
_____(1960), *Moral Man and Immoral Society: A Study in Ethics and Politics*, New York: Scribner.
Niebuhr, Reinhold & Bacevich, Andrew J.(2008), *The Irony of American History*, Chicago: University of Chicago Press.
Niebuhr, Reinhold & McAfee Brown, Robert(1986), *The Essential Reinhold Niebuhr: Selected Essays and Addresses*, New Haven: Yale University Press.
Obama, Barack(2004), *Dreams from My Father: A Story of Race and Inheritance*, New York: Crown Publishers.
_____(2006), *The Audacity of Hope*, New York: Three Rivers Press.
Parker, Christopher S & Barreto, Matt A.(2013), *Change They Can't Believe In: The Tea Party and Reactionary Politics in America*, Princeton & Oxford: Princeton

University Press.
Penning & James M. and Corwin E. Smidt(2002), *Evangelicalism: The Next Generation*, Grand Rapids, MI: Baker Academic.
Phalen, William J.(2011), *American Evangelical Protestantism and European Immigrants, 1800-1924*, Jefferson, North Calina, and London, McFarland & Company, Inc., Publishers.
Phillips, Kevin(2006), *American Theocracy: The Peril and Politics of Radical Religion, Oil, and Borrowed Money in the 21st Century*, New York: Viking.
Putnam, Robert D. & Campbell, David E.(2010), *American Grace: How Religion Divides and Unites US*, NY: Simon & Schuster.
Reichley, A. James(1985), *Religion in American Public Life*, Washington, D.C.: The Brooking Institution.
Rozell, Mark J & Whitney, Gleaves(2007), *Religion and the Bush Presidency*, New York: Palgrave Macmillan.
Sanders, Thomas G(1985), *Protestant Concepts of Church and State: Historical Backgrounds and Approaches for the Future*, Gloucester, Mass: Peter Smith.
Schluchter, Wolfgang(1989), *Rationalism, Religion, and Domination: A Weberian Perspective*, Berkeley: University of California Press.
Sherman, Gabriel(2014), *The Loudest Voice in the Room: How the Brilliant, Bombastic Roger Ailes Built Fox News and Divided a Country*, NY: Random House.
Shupe, Anson and Hadden, Jeffrey K. ed.(1984), *Prophetic Religions and Politics: Religion and the Political Order V. I*, New York: Paragon House.
_____(1988), *The Politics of Religion and Social Change: Religion and the Political Order V. II*, New York: Paragon House.
_____(1989), *Secularization and Fundamentalism Reconsidered: Religion and the Political Order V. III*, New York: Paragon House.
Sider, Ronald J.(2008), *The Scandal of Evangelical Politics: Why Are Christians Missing the Chance to Really Change the World*, Grand Rapids, MI: BakerBooks.
Skocpol, Theda & Williamson, Vanessa(2013), *The Tea Party and the Remaking of Republican Conservatism*, New York: Oxford University Press.
Spitz, Lewis W.(1985), *The Protestant Reformation 1517-1559*, New York: Harper & Row, Publisher.
Stark, Rodney and Bainbridge, William Sims(1985), *The Future of Religion: Secularization, Revival, and Cult Formation*, Berkeley: Univ. of California Press.
Steensland, Brian & Goff, Philip ed.(2014), *The New Evangelical Social Engagement*, Oxford & New York: Oxford University Press.
Sutton, Matthew Avery(2014), *American Apocalypse: A History of Modern Evangelicalism*, Cambridge, MA: The Belknap Press of Harvard University Press.
Tocqueville, Alexis de(1969), *Democracy in America*, New York: Harper & Row, Publishers.
Thomas, Scott M.(2010), "A Globalized God: Religions' Growing Influence in

International Politics", *Foreign Affairs*, November/December.
Vidich, Arthur J. & Bensman, Joséph(1968), *Small Town in Mass Society: Class, Power and Religion in a Rural Community*, Princeton, NJ: Princeton University Press.
Vidich, Arthur J. & Lyman, Stanford M.(1985), *American Sociology: Worldly Rejections of Religion and Their Directions*, New Haven: Yale Univ. Press.
Wald, Kenneth D. & Calhoun-Brown, Allison(2011), *Religion and Politics in the United States*, Lanham, MD: Rowman & Littlefield Publishers.
Wallis, Jim(2005), *God's Politics: Why the Right Gets It Wrong and the Left Doesn't Get It*, NY: HaperSanFrancisco.
_____(2008), *The Great Awakening: Reviving Faith & Politics in a Post-Religious Right America*, NY: HarperOne.
Weber, Max(1951), *The Religion of China*, New York: Free Press,
_____(1958a), *The Protestant Ethic and the Spirit of Capitalism*, New York: Charles Scribner's Sons.
_____(1958b), "The Social Psychology of the World Religions", *From Max Weber: Essays in Sociology*, edited and trans. by H. H. Gerth & C. Wright Mills, New York: Oxford Univ. Press.
_____(1958c), "Protestant Sects and the Spirit of Capitalism", *From Max Weber: Essays in Sociology*, edited and trans. by H. H. Gerth & C. Wright Mills, New York: Oxford Univ. Press.
_____(1958d), "Religious Rejection of the World and Their Directions", *From Max Weber: Essays in Sociology*, edited and trans. by H. H. Gerth & C. Wright Mills, New York: Oxford Univ. Press.
_____(1958e), "Science as a Vocation", *From Max Weber: Essays in Sociology*, edited and trans. by H. H. Gerth & C. Wright Mills, New York: Oxford Univ. Press.
_____(1963), *The Sociology of Religion*, Boston: Beacon Press.
Williams, William Appleman(1988), *The Contours of American History*, New York: W. W. Norton & Company.
Wilson, Bryan(1966), *Religion in Secular Society: A Sociological Comment*, London: C. A. Watts & Co. Ltd.
_____(1976), *Contemporary Transformations of Religion*, Oxford: Clarendon Press.
_____(1982), *Religion in Sociological Perspective*, Oxford: Oxford Univ. Press.
Zernike, Kate(2010), *Boiling Mad: Inside Tea Party America*, Times Books Henry Holt and Company, New York.

⟨DVD⟩
George W. Bush: Faith in the White House(2004), Grizzly Adams Productions, Inc.

거룩한 제국
아메리카·종교·국가주의

초판 1쇄 발행 2015년 11월 13일

지 은 이   정태식

펴 낸 이   최용범
펴 낸 곳   페이퍼로드
출판등록   제10-2427호(2002년 8월 7일)
           서울시 마포구 연남로3길 72(연남동 563-10번지 2층)

이 메 일   book@paperroad.net
홈페이지   www.paperroad.net
커뮤니티   blog.naver.com/paperroad
Tel (02)326-0328, 6387-2341 | Fax (02)335-0334

ISBN   979-11-86256-09-1 (03210)

- 책값은 뒤표지에 있습니다.
- 잘못 만들어진 책은 구입하신 곳에서 바꾸어 드립니다.
- 이 책은 저작권법에 따라 보호 받는 저작물이므로 무단 전재와 무단 복제를 금합니다.

- 이 저서는 2011년 정부(교육부)의 재원으로 한국연구재단의 지원을 받아 수행된 연구입니다.
(812-2011-1-B00046, 연구과제명: 복음주의와 미국의 정치(Evangelicalism and American Politics))